ARCHIVES HISTORIQUES

DU POITOU

V

POITIERS
IMPRIMERIE DE H. OUDIN FRÈRES.
RUE DE L'ÉPERON, 4
1876

SOCIÉTÉ

DES

ARCHIVES HISTORIQUES

DU POITOU.

LISTE GÉNÉRALE

DES MEMBRES

DE LA SOCIÉTÉ DES ARCHIVES HISTORIQUES DU POITOU.

ANNÉE 1876.

Membres titulaires:

MM.

Barthélemy (A. de), membre du Comité des travaux historiques, à Paris.

Beauchet-Filleau, correspondant du Ministère de l'instruction publique, à Chef-Boutonne.

Beaudet (A.), licencié en droit, à Saint-Maixent.

Bonsergent, associé correspondant national de la Société des Antiquaires de France, à Poitiers.

Bricauld de Verneuil, attaché aux Archives de la Vienne, à Poitiers.

Chamard (Dom), religieux bénédictin, à Ligugé.

Chasteigner (Cte A. de), membre de plusieurs Sociétés savantes, à Ingrande (Vienne).

Clervaux (Cte de), membre de plusieurs Sociétés savantes, à Saintes.

Delayant, bibliothécaire de la ville, à la Rochelle.

Delisle (L.), membre de l'Institut, à Paris.

Desaivre, docteur en médecine, à Niort.

MM.

Favre (L.), à Niort.
Fillon (Benjamin), à Saint-Cyr-en-Talmondais (Vendée).
Frappier (P.), secrétaire de la Société de Statistique des Deux-Sèvres, à Niort.
Gouget, archiviste de la Gironde, à Bordeaux.
Ledain, membre de l'Institut des provinces, à Poitiers.
Lelong, archiviste de la Corse, à Ajaccio.
Lièvre, pasteur, président du Consistoire, à Angoulême.
Ménard, ancien proviseur, à Poitiers.
Ménardière (de la), professeur à la Faculté de Droit, à Poitiers.
Montaiglon (A. de), professeur à l'École des Chartes, à Paris.
Palustre (Léon), directeur de la Société française d'archéologie, à Tours.
Port (C.), archiviste de Maine-et-Loire, à Angers.
Rédet, ancien archiviste de la Vienne, à Poitiers.
Rencogne (de), archiviste de la Charente, à Angoulême.
Richard (A.), archiviste de la Vienne, à Poitiers.
Richemont (L. de), archiviste de la Charente-Inférieure, à la Rochelle.
Rochebrochard (L. de la), membre de la Société de Statistique des Deux-Sèvres, à Niort.
Tourette (L. de la), docteur en médecine, à Loudun.

Membres honoraires :

MM.

Auber (l'abbé), chanoine de la cathédrale, à Poitiers.
Bardonnet (A.), vice-président de la Société de Statistique, à Niort.
Boutetière (Cte de la), membre de la Société des Antiquaires de l'Ouest, à Chantonnay (Vendée).
Brosse (de la), membre de la Société des Antiquaires de l'Ouest, à Poitiers.
Corbière (Mis de la), à Poitiers.
Deschastelliers, curé de Notre-Dame, à Poitiers.

MM.

Desmier de Chenon (Mis), à Domezac (Charente).

Dubeugnon, professeur à la Faculté de Droit, à Poitiers.

Férand, ingénieur en chef du département de la Vienne, à Poitiers.

Guignard, docteur en médecine, à Poitiers.

Janvre de Bernay (Vte), à la Touche-Poupart (Deux-Sèvres.)

Lecointre-Dupont, père, membre de plusieurs Sociétés savantes, à Poitiers.

Marque (G. de la), à Poitiers.

Orfeuille (Cte R. d'), membre de la Société des Antiquaires de l'Ouest, à Versailles.

Oudin, avocat, à Poitiers.

Rochejaquelein (Mis de la), député des Deux-Sèvres, à Clisson (Deux-Sèvres).

Rochethulon (Mis de la), ancien député de la Vienne, à Beaudiment (Vienne).

Romans (Bon Fernand de), à la Planche d'Andillé (Vienne).

Tranchant (Charles), conseiller d'État, ancien conseiller général de la Vienne, à Paris.

Tribert (G.), conseiller général de la Vienne, à Marçay (Vienne).

Tribert (L.), sénateur, à Champdeniers.

Bureau :

MM.

Rédet, président.
Richard, secrétaire.
Ledain, trésorier.
Bonsergent, membre du Comité.
Bardonnet,   id.
Boutetière (de la),   id.
Lecointre-Dupont,   id.

PRÉFACE

Il y a plusieurs années, pendant un séjour prolongé à La Rochelle, je fus frappé de l'intérêt que présentait un manuscrit du xviiie siècle conservé à la Bibliothèque publique de cette ville ; c'était le procès-verbal des séances de l'Assemblée générale des églises réformées de France et de Béarn de 1620 à 1622. Arcère avait eu ce manuscrit à sa disposition, et nous savons par lui que c'était une transcription dont l'original était conservé en l'abbaye de Saint-Maixent.

Plus tard, à la Bibliothèque nationale, je trouvai d'autres exemplaires du même document[1] ; l'un d'eux me sembla devoir être pris en grande considération, parce qu'il porte les signatures des membres du bureau de l'Assemblée lors de la dernière séance ; c'est donc un texte original et contemporain.

Après avoir obtenu, le 23 mars 1861, de M. le ministre d'État l'autorisation de publier ce manuscrit, je le fis transcrire ; diverses circonstances firent que cette édition ne put paraître jusqu'au moment où la *Société des Archives historiques du Poitou* consentit à consacrer un des volumes de sa collection à ce texte, qui intéresse à la fois l'histoire générale de la France, au commencement du xviie siècle, et celle du Poitou, de l'Aunis et de la Saintonge.

---

1. Parmi ces exemplaires qui ne sont que simples copies, non authentiques, je citerai le n° 15,826 (*Fonds Fr.*) provenant de la Bibliothèque Coislin, qui est complété par une table sommaire des matières. Le n° 20,940, consacré aux procès-verbaux de l'assemblée de Loudun, contient, à partir de la page 205, un extrait des actes de l'Assemblée de la Rochelle fait par M. de La Goutte, avocat au présidial de cette ville.

— x —

Le manuscrit dont je me suis servi porte le n° 3847 du Fonds français; jadis il portait le n° 9341. C'est un volume en papier, de 0.29 de hauteur sur 0,22 de largeur. Il est doré sur tranches et relié aux armes de Béthune, brisées d'un lambel. Sur le dos, les fers portent, dans une couronne de laurier, deux P, sous une couronne de comte. C'est le chiffre de Philippe de Béthune, frère puîné de Sully, qui fut comte de Selles et de Charost, et forma cette riche collection de manuscrits léguée au roi par son fils Hippolyte. Peut-être le comte de Charost eut-il ce volume à la mort de son frère aîné, arrivée huit ans avant la sienne; il ne prit aucune part aux événements politiques dont l'Assemblée de La Rochelle fut l'âme, et il semble que Sully dut être l'un des personnages auxquels une copie authentique des actes de l'Assemblée put être offerte.

Il eût été curieux de pouvoir mettre la main sur les archives mêmes de l'Assemblée qui avaient été déposées dans le Trésor et chartrier de la ville de La Rochelle [1]. Mais elles furent enlevées en 1628, après le dernier siége, par ordre de Richelieu; depuis, des recherches multipliées ont été sans résultat. On suppose qu'elles ont pu disparaître, à Paris, dans les incendies de 1737 et de 1670 [2].

Je suis parvenu, cependant, à réunir un certain nombre de documents relatif à l'Assemblée de La Rochelle; j'avais d'abord songé à les donner à la suite des procès-verbaux, à titre de pièces justificatives; mais cette collection, assez considérable, aurait augmenté le volume dans des proportions exagérées. Je me réserve donc d'en faire l'objet d'une publication séparée qui, par le fait, sera un complément du présent volume, et un recueil de pièces, la plupart inédites, relatives à l'histoire de la guerre civile du premier quart du XVIIe siècle.

J'ai cru devoir donner le texte des Actes de l'Assemblée en respectant scrupuleusement la rédaction du copiste; en présence du nombre considérable de noms d'hommes qui se répètent à chaque page, il m'a semblé plus commode pour le lecteur de réunir à la Table les notes recueillies sur chacun de ceux-ci.

---

1. *Voy.* p. 386 et 444.
2. *Bull. de la Soc. de l'histoire du Protestantisme*, t. II, p. 9 et *seq.*; t. IV, p. 472.

Je ne puis terminer sans remercier ici MM. Delayant, L. Sandret, Lièvre, Em. Travers, Tamizey de Laroque, J. Roman, du concours qu'ils ont bien voulu me prêter. Sans leur obligeance, il m'eût été impossible de donner des notes exactes sur un certain nombre de personnages qui figurent dans cette publication; je leur dois aussi la connaissance de documents inédits d'une grande valeur.

NOTICE HISTORIQUE

I.

L'assemblée de la Rochelle devait se composer de 80 députés au moins; parmi ceux qui furent convoqués, il y en eut plusieurs qui ne parurent pas; le Dauphiné, par suite de l'influence de Lesdiguières, n'était pas représenté.

Les réunions, très-fréquentes, étaient présidées par un bureau composé d'un président, d'un président adjoint et de deux secrétaires; ce bureau était réélu tous les mois. Les finances étaient gérées par un receveur général, qui conserva ses fonctions pendant toute la tenue de l'Assemblée.

Lorsque les assemblées générales étaient convoquées avec l'agrément du roi, celui-ci accordait une somme, sur laquelle était donnée une indemnité à chacun des députés, suivant son exactitude aux séances. A la Rochelle, cette ressource manquait, et on dut prendre sur les fonds disponibles un crédit pour allouer 3 livres 5 sous par jour aux membres de la noblesse, et 43 sous aux membres du tiers et aux ministres (p. 430).

Voici les listes des présidents et vice-présidents élus chaque mois; on trouvera à la suite la liste générale des députés de l'Assemblée :

	Présidents.	Présidents adjoints.
	1620.	
25 décembre,	Bessay,	Clémenceau.
	1621.	
25 janvier,	Châteauneuf.	La Chapelière.
25 février,	La Cressonnière.	Rossel.
25 mars,	Castelnau.	Hespérien.

25 avril,	2. Chasteauneuf,	Basnage.
25 mai,	2. Bessay.	2. Rossel.
25 juin,	Mittois.	2. Clémenceau.
26 juillet,	Loubye.	2. Hespérien.
25 août,	Fréton.	La Cloche.
25 septembre,	Saint-Simon.	Licquières.
25 octobre,	Saint-Bonnet.	3. Rossel.
25 novembre,	2. Saint-Simon.	Guérin.
25 décembre,	Lescun.	Rostolan.

1622.

25 janvier,	La Muce.	Espinay.
25 février,	3. Saint-Simon.	Beauchamps.
25 mars,	Favier.	3. Clémenceau.
25 avril,	2. Mittois.	2. La Cloche.
25 mai,	Du Pont-de-la-Pierre.	Du Cré.
25 juin,	Couvrelles.	2. La Chapellière.
25 juillet,	4. Saint-Simon.	3. Hespérien.
25 août,	2. Fréton.	Marchatz.
25 septembre,	2. La Muce.	Rival.
25 octobre,	5. Saint-Simon.	4. Clémenceau.

Députés de l'Assemblée par provinces.

Anjou.

1. Louis BERNE, s^r du Pont-de-la-Pierre.
2. Daniel de LA GOUTTE.
3. Jacques RIFFAULT.
4. P. MASSIOT.

Angoumois, Saintonge, Aunis.

5. Jean-Casimir DOCOK DE COUVRELLES.
6. Jean-Ant., baron de St-SIMON.
7. P. LE CERCLIER DE LA CHAPELIÈRE.
8. LA GRANGE.
9. J. PRÉVÉRAUD DE LA PITERNE.

Poitou.

10. Jonas de BESSAY.
11. Jacques CLÉMENCEAU.
12. Etienne CHESNEVERT DE LA MILTIÈRE.
13. André MALLERAY.
14. Ol. de St-GEORGES DE VÉRAC.
15. H. BASTARD DE LA CRESSONNIÈRE.

Anjou.

16. Nic. d'Espinay.
17. P. Menuau.
18. Eléazar de La Primaudaye.
19. Ch. Boussiron de Grandry.
20. Henri de Clermont d'Amboise.
21. Bouilly.

Orléanais, Berry, Sologne, Maine, Dunois, Blésois.

22. J. Guérin.
23. Boullereau.
24. Jacques de Courcillon.
25. Jean de Jaucourt.
26. Lermois.

Bretagne.

27. Dav. de Chauvin de La Muce.
28. P. de La Place.
29. And. Le Noir de Beauchamp.
30. Heinleix.

Normandie.

31. Georges de Mittois.
32. Benjamin Basnage.
33. Allain.

Isle-de-France, Picardie, Champagne, Pays chartrain.

34. Abraham de La Cloche.
35. Th. Brachet de La Milletière.
36. La Haye.

Bourgogne.

37. J. de Loriol d'Asnières.
38. P. Collinet.
39. Mars de Baleyne.
40. Fossias.
41. Bouvot.

Cévennes et Gévaudan.

42. Jacq. de Cambis de Serignac.
43. Caylar de Saint Bonnet.
44. J. Bonnye.
45. Montmezart.
46. La Taule.

Bas-Languedoc.

47. P. de Favier.
48. P. Rossel.
49. Rodil.
50. L. Freton.
51. La Grange.

Béarn.

52. Rostolan.
53. Cazaubon.
54. J. P. de Lescun.
55. Benzein.
56. Loubye.
57. J. Capdeville.
58. David Bourgade.
59. Rival.

Haut-Languedoc.

60. Licquières.
61. J. Guérin.
62. Fr. de Béthune-Orval.
63. David Bousquet de Veilles.
64. A. Durand de Sénégas.
65. Texier.

Basse-Guyenne.

66. Th. Hespérien.
67. Isaac Geneste de La Tour.
68. Pierre-Buffière de Chasteauneuf.

69. Caumont de Castelnau.
70. Puyferré.
71. Savary.

Vivarais.

72. De Pierregourde-Chateauneuf.

73. Marchatz.
74. Avias.

Provence.

75. Du Cré.

Il faut ajouter à ces 75 délégués les députés généraux Chalas et Favas, ainsi que les représentants des grands seigneurs qui ne résidaient pas à La Rochelle, mais qui avaient adhéré à l'Assemblée.

Celle-ci avait adopté un sceau qui servait à authentiquer les commissions confiées par elle aux personnes chargées de lever des troupes; le *Bulletin de la Société de l'histoire du Protestantisme* en a donné une empreinte (t. IV, p. 472), que l'on retrouve dans le livre de M. Anquez (p. 514), d'après un original conservé dans la collection Du Puy (t. 100). La légende porte *Pro Christo et rege*; le type représente un personnage ailé, le visage tourné vers le ciel, un livre ouvert dans la main gauche, s'appuyant de la droite sur la croix. Ce personnage foule aux pieds une figure que l'on suppose être la mort. Ce type se retrouve, comme vignette, sur le titre d'un certain nombre de livres imprimés à Paris et à Saumur.

II.

Pendant le premier quart du xviie siècle, La Rochelle, à diverses reprises, fut la ville dans laquelle les protestants tinrent des assemblées. Cette ville, qui formait une espèce de république indépendante, semblait leur offrir un asile sûr.

A la suite de l'Assemblée générale de Saumur, en 1611, un règlement avait autorisé des assemblées de cercles, composées chacune des représentants de trois provinces au moins. La première réunion de cercle eut lieu à La Rochelle le 26 septembre 1612, contre le gré de la régente, au sujet du remplacement du lieutenant du roi à Saint-Jean-d'Angély par Rohan. Malgré celui-ci, malgré une sédition populaire, le Conseil de ville, cette fois, sut arrêter la guerre civile ; la Cour, reconnaissante, accorda les demandes des protestants avec tant de bienveillance, que Du Plessis, lui-même, se plaisait à le constater. Il lui semblait qu'on ne pouvait guère désirer mieux pour le moment, à moins de vouloir absolument compromettre le parti.

L'Assemblée générale, régulièrement convoquée à Grenoble en 1615, s'était successivement transportée à Nîmes et à Montauban ; en 1616, elle s'établissait à La Rochelle, pour se séparer le 2 juin, après la signature du traité de Loudun. Cette réunion était intervenue dans les troubles civils en soutenant le prince de Condé. Le roi dissimula son mécontentement, et les protestants n'eurent pas à se plaindre des mesures qui furent prises alors.

En 1617, nouvelle assemblée générale à La Rochelle, motivée, cette fois, par la méfiance des Rochelais, qui voyaient le duc d'Epernon, gouverneur de Saintonge, Aunis et Angoumois, menacer les priviléges et l'indépendance de la ville. Le cercle, réuni le 16 novembre 1616, sous la pression d'une émeute, convoqua l'assemblée de son propre mouvement pour le 14 avril suivant. Le roi, sur les instances de Du Plessis, accorda au cercle ce qu'il demandait, au point de vue des entreprises du duc d'Epernon ; mais les lettres de convocation étaient lancées ; on ne pouvait ou on ne désirait pas contremander les députés. La réunion eut lieu au jour fixé, et illégalement, puisque l'autorisation royale n'avait pas été requise. La Cour ne voulut pas recevoir les délégués de l'Assemblée, accourus sous le prétexte de féliciter le roi à l'occasion de la mort du maréchal d'Ancre. L'assemblée se sépara en juin, après avoir rédigé des cahiers que les députés généraux devaient présenter au roi. Dans ces cahiers, après le vœu de voir rendre la liberté à Condé, nous apercevons poindre une autre question qui prendra une place importante dans les événements qui vont se dérouler. Nous voulons parler de la question du Béarn.

Jeanne d'Albret avait interdit le catholicisme en Béarn et confisqué les biens du clergé. Henri IV, en montant sur le trône, accorda aux protestants de France l'édit de Nantes et aux catholiques du Béarn l'exercice du culte. Il avait bien songé à réunir cette province au royaume ; mais l'occasion favorable ne s'était pas présentée pour la réalisation de ce projet Néanmoins les Béarnais ne cessaient de redouter la perte de leur autonomie ; ils la redoutaient d'autant plus qu'en faisant communes les affaires des protestants de la principauté avec celles des protestants de France, ils donnaient le prétexte d'établir, au point de vue politique, l'union qu'ils cherchaient au point de vue religieux.

Sous la régence de Marie de Médicis, l'autorité royale était amoindrie d'abord par les menées ambitieuses des grands seigneurs en lutte entre eux, ou en méfiance contre la domination de la Cour et des favoris ; ensuite par cet esprit de révolte et d'insubordination qui se réveille dans toute société humaine lorsque les masses sentent que l'autorité est faible et indécise. Au milieu de ces tiraillements, les protestants cherchaient à conserver, à consolider et à étendre leurs priviléges. Les évêques catholiques de Béarn multipliaient leurs efforts pour obtenir que, dans cette province, le culte, seulement toléré, fût rétabli comme avant Jeanne d'Albret, et que les biens confisqués fussent rendus au clergé. Quant aux Béarnais, ils semblaient, comme les Rochelais, prêts à défendre leur autonomie les armes à la main.

La dernière assemblée de La Rochelle avait donc décidé, malgré les avis de Du Plessis, la jonction des églises du Béarn avec celles de France ; celles ci devaient assister les premières, en cas d'oppression et de nécessité, par quelque modification en l'état soit ecclésiastique, soit politique. Néanmoins, dans le conseil de la Régente, ceux qui voyaient la nécessité de défendre l'autorité royale étaient parvenus à faire décider la réunion de la Navarre et du Béarn ; l'influence du maréchal d'Ancre et de sa femme, gagnés, dit-on, à prix d'argent, paralysa l'effet de cette mesure. Les lettres-patentes, déjà rédigées, ne furent pas expédiées.

Cependant Louis XIII, fatigué du rôle de roi fainéant qu'on lui faisait jouer, indigné de l'insolence de Concini, et poussé par un parti dirigé par Luynes, désireux d'arriver au pouvoir, s'affranchit tout à coup de la tutelle de sa mère. Concini est assassiné ; l'un des fils de La Force, le marquis de Montpouillan, jusque-là en faveur auprès du roi, est éloigné. Cette révolution de Cour eut pour résultat de précipiter la réunion du Béarn. Les catholiques y poussaient en faveur de la religion ; Luynes y voyait un moyen d'annihiler la maison de La Force. En cherchant à diriger l'État suivant ses vues et dans son intérêt, Luynes, bien avant Richelieu, réalisait la plus grande partie du plan rêvé par Henri IV. Il établissait la suprématie du pouvoir royal au-dessus de cette république féodale des grands seigneurs, à la tête de laquelle était Bouillon, qui, dans Sédan, s'entendait avec les Nassau, ses parents, et les Provinces-Unies; d'autre part Rohan, Soubise, La Trémouille, Chastillon, la maison de La Force, qui dominaient dans le midi et sur le littoral depuis l'Aunis jusqu'en Espagne. Enfin, il attaquait la position politique et militaire des protestants; « il n'était plus possible, disait Cousin [1], de supporter une faction qui, profitant de la position de la Couronne, reprenait ses anciens projets et, sous le manteau de la liberté religieuse, aspirait à la domination et faisait échec à la royauté. Conduite par deux chefs habiles, à la fois astucieux et hardis, le duc de Bouillon et le duc de Rohan, elle s'était mêlée à toutes les révoltes, s'appuyant sur de nombreuses places fortes et surtout sur l'étranger. »

Louis XIII, le 25 juin 1617, ordonna le rétablissement complet du culte catholique dans tout le Béarn, ainsi que la main-levée des biens ecclésiastiques. Cette mesure énergique fut cependant tempérée par un complément dont l'équité ne peut pas être contestée. Le roi maintenait l'exercice de la religion réformée; de plus, pour ne pas enlever aux églises protestantes les moyens de subsister, il décida que tout ce qui était entretenu sur les revenus ecclésiastiques, jadis confisqués sur les catholiques, et maintenant restitués, serait dorénavant assis et assigné sur son propre revenu, tant en Béarn que dans son ancien domaine ci-devant réuni.

Les volontés royales ne furent pas exécutées par suite de l'opposition dont ne pouvaient triompher ni les commissaires envoyés par la Cour, ni La Force, malgré sa bonne volonté; La Force ne réussit qu'à encourir la disgrâce du roi et la méfiance de ses coreligionnaires. Lescun, que nous allons retrouver à La Rochelle, était à la tête des mécontents; à son instigation, le cercle d'Orthez se réunit le 15 mai 1618, et prend la responsabilité de convoquer une assemblée générale pour le 15 août. Celle-ci, afin de résider dans un lieu plus central, se transporta à La Rochelle au commencement de 1619.

---

1. *Journal des Savants*, Mai et Juillet 1861. *Le duc et le connétable de Luynes.*

Là, l'influence conciliatrice de Du Plessis et de Rohan contrebalança puissamment celle de Lescun, qui ne songeait à rien moins qu'à tout brouiller; l'assemblée se montra accessible aux idées de transaction [1]; loin de chercher à exciter les esprits, elle se sépara le 22 avril, volontairement, engageant les Béarnais à s'accommoder. La Cour, étonnée et reconnaissante de ses bonnes dispositions, donna son approbation aux assemblées illégales qui avaient précédé, accorda la sauvegarde aux députés d'Orthez et de La Rochelle, contre lesquels elle avait d'abord pris les mesures les plus sévères; enfin elle octroya un brevet autorisant une assemblée générale à Loudun pour le 25 septembre.

L'injonction pacifique de l'assemblée de La Rochelle de 1619 ne pouvait être agréée par les Béarnais; Lescun était celui qui soutenait avec le plus d'énergie (et sa voix était entendue avec faveur) qu'il y avait lieu d'en appeler à une autre assemblée générale. Du Plessis déplorait cette conduite; nous trouvons le même sentiment exprimé dans une lettre inédite, du 10 avril, écrite par André Rivet à la duchesse de La Trémouille [2] : « Tout ce qui me soucie le plus est que nous ne sommes pas trop en bonne posture pour attendre quelque rétablissement à nos affaires. Car ceux de Béarn appellent à la prochaine assemblée générale du jugement qu'a fait celle de La Rochelle, qu'il faut qu'ils se résolvent à un accommodement; et La Rochelle sur cela et autre chose est plus que jamais divisée, tellement que je crains bien qu'ils se taillent eux-mêmes du mal et à leurs voisins. J'attens ce qu'ils auront faict dimanche en l'élection du maire, où les factions auront paru. M. de Rohan a tournoyé autour d'eux, ores à St-Jehan, ores à Fontenay, ores à Niort, et la maison de ville avoit délibéré de l'envoyer visiter et inviter; mais les bourgeois s'y étant opposez, rien n'a esté faict. On dit que M. de L'Oudrière a fort aidé à ce but, et je ne sçay pourquoy. Le peuple de là parla de Monseigneur avec beaucoup d'advantage; mais c'est un peuple et fort inconstant, et très-mal conduit, par des

---

1. « L'assemblée de la Rochelle estoit en bonne trempe, écrivait André Rivet à la duchesse de la Trémouille le 26 février, on n'y parloit que d'accommodement de l'affaire du Béarn, et je croy bien que les autres affaires feront oublier ou passer doucement cestuy-là. » (Arch. de M. le duc de la Trémouille).
2. Arch. de M. le duc de la Trémouille.

gens qui n'ont ni le zèle de Dieu ni la tranquillité publique pour but, et qui ne demandent qu'enfermer en leurs nouvelles murailles la substance de leurs voisins et les richesses de la mer. Dieu nous garde des intérêts particuliers. »

L'assemblée de Loudun avait pour mandat de dresser les cahiers de doléances qui devaient être présentés au roi par les députés généraux; de plus à désigner six candidats, parmi lesquels le roi aurait à choisir ces deux délégués. Elle tint séance jusqu'au 18 avril, et se sépara, non sans de longues hésitations, dominée par l'idée de rester en permanence jusqu'à ce qu'il ait été fait droit à ses réclamations. Il fallut qu'à plusieurs reprises on lui rappelât son mandat; dans les dernières semaines, ces avertissements étaient accompagnés de menaces. « Les protestants assemblés à Loudun, dit encore Cousin, attentifs à attiser les troubles qui pouvaient affaiblir l'autorité royale et favoriser leurs rêves d'indépendance, s'avisèrent d'envoyer à la reine une députation, comme si elle eût encore été régente; et l'imprudente Marie l'avait reçue, au lieu de la renvoyer au roi, caressant ainsi ouvertement les prétentions des protestants, en même temps qu'elle s'adressait sous main à la catholique Espagne [1]. »

Les demandes de l'assemblée de Loudun portaient sur les points suivants : 1º le remplacement à Lectoure du gouverneur Fontraille, devenu catholique; 2º l'admission au parlement de Paris de deux conseillers protestants; 3º la prolongation des places de sûreté pendant quatre années, à dater du 1er août 1620; 4º l'allocation de 150,000 écus aux pasteurs pendant trois ans, plus une somme égale pour les frais de l'Assemblée; 5º l'admission des délégués du Béarn à présenter au roi leurs raisons sur les mesures que celui-ci entendait faire adopter.

Les députés de Loudun décidèrent ensuite, en principe, que si ces articles ne recevaient pas une solution favorable dans un délai de six mois, à partir de la clôture de l'Assemblée, celle-ci se réunirait de nouveau au jour et lieu fixé par la province de La Rochelle. Luynes, qui fut le principal négociateur pour arriver à la dissolution de l'assemblée de Loudun, promit alors que, « *bien qu'il*

---

1. *Id.* loc. cit. Juin.

n'eût pas qualité pour prendre à cet égard un engagement formel et par écrit, il ferait tout son possible pour moyenner auprès du roi la permission de se réunir » en cas de retard dans la suite donnée aux réclamations.

Le roi choisit pour députés généraux Jean de Favas et Chalas.

Voilà où en étaient les affaires des protestants au commencement de 1620. L'assemblée de Loudun ouvrait la porte aux mesures de violence ; malgré Bouillon et Lesdiguières, elle prenait une attitude de rebelle ; Du Plessis était d'autant plus découragé que, prévoyant l'avenir, il s'apercevait que ce dont il avait espéré voir sortir la paix, avait complétement trompé son attente.

Cependant le parti catholique, laïcs et religieux, se remuait en Béarn pour obtenir du roi qu'il fît respecter son autorité ; Marca était leur délégué à Paris. Les cardinaux de Retz et de La Rochefoucauld appuyaient les vœux pressants de l'Assemblée du clergé ; Condé, rappelant le temps où il était en révolte, alors que, selon lui, le roi, en prenant l'avance, aurait pu l'anéantir, Condé poussait vivement à user de la force, et sans tarder. Luynes, naturellement prudent, hésitait ; mais le roi voulut tenter la fortune. Parti le 7 juillet 1620, il traversa son royaume à la tête d'une faible armée, ne rencontrant sur son chemin que des sujets soumis, et marchant vers le Béarn, où l'opinion se calmait à mesure que Louis XIII approchait. A Poitiers, il fut rejoint par une députation béarnaise le 8 septembre ; les protestations de soumission étaient si formelles que le roi et Luynes étaient sur le point de s'en contenter ; Condé, les PP. Arnoux et de Bérulle obtinrent, non sans peine, que l'on continuât jusqu'à Bordeaux, afin que les promesses des Béarnais reçussent au moins un commencement d'exécution.

A Blaye, il rencontra La Force député, à son tour, par les Béarnais pour obtenir que le roi ne vînt pas en personne, mais envoyât quelque délégué. Bien accueilli, La Force fit parade d'un grand zèle à accomplir sa mission ; il repartit après avoir promis de faire enregistrer à Pau les édits de main-levée. On paraissait convaincu, à la Cour, que tout était arrangé. Mais La Force échoua deux fois ; le roi approcha ; il était à Grenade, sur les confins du Béarn, lorsque toute cette émotion s'apaisa ; deux députés viennent lui annoncer, le 13 octobre, que les édits sont enregistrés : on avait antidaté cet enregistrement pour cacher la dernière opposition.

Louis XIII avait été amené, par la force des événements, trop près du Béarn pour ne pas en passer la frontière et faire acte d'autorité. Il vint à Pau, où il reçut les hommages de chacun et de nombreuses promesses de fidélité pour l'avenir. Le 7 novembre, il était de retour à Paris, après avoir complétement modifié l'organisation militaire du Béarn, reconstitué les assemblées des États dans leur forme primitive et, enfin, incorporé la Navarre et le Béarn à la Couronne.

Les Béarnais étaient domptés, mais non soumis. Si le synode national d'Alais, réuni du 1er octobre au commencement de décembre, se montra réservé, le cercle politique de Montauban, pendant l'expédition même du roi, jetait les hauts cris sous la pression de J.-P. de Lescun, convoquait l'assemblée provinciale de Milhau, qui commença ouvertement les préparatifs de guerre, et demandait la convocation de l'assemblée générale des églises de France à La Rochelle ; dans les Cévennes et le Gévaudan, en Bas-Languedoc, à Anduze et à Nîmes, les protestants s'organisaient pour la lutte. Notons que, dès le 13 octobre, le jour même où Louis XIII recevait la soumission du Béarn, le vicomte de Favas, à l'instigation des Béarnais mécontents et de Lescun, mettait le Corps de ville de La Rochelle en demeure de donner suite aux décisions de l'assemblée de Loudun.

Nous devons nous arrêter un moment ici pour établir les faits sous leur jour véritable.

Déjà, par une lettre très-sage du 29 août 1620, Du Plessis avait cherché à maintenir le vicomte de Favas dans les rangs des modérés : il importait, en effet, que le député général eût une ligne de conduite prudente [1]. Voyant ses efforts sans résultat, il écrivait le 16 octobre à la duchesse de La Trémouille ; après lui avoir dit combien le roi était irrité contre les députés de Béarn : « Cepen-

---

1. *Lettres et mém. de Philippe de Mornay,* édit. de 1651, t. II, p. 417. Dans cette lettre, il témoigne son regret de ne pas l'avoir vu à Saumur où il avait rencontré son fils ; il lui recommande la prudence et de laisser les affaires aller selon leur ordre.

« dant M. de Favas presse la convocation de l'assemblée de La
« Rochelle, laquelle ne se peut tenir d'un mois ou six semaines,
« irritera le Roy, sera inutile au Béarn et jettera en péril nos
« églises. C'est pourquoi je vous disois par mes dernières que
« puisque M. de Bouillon ne la trouvoit de saison, il estoit à propos
« qu'il rendist ses amis et confidens capables de ses sentimens et
« raisons pour prévenir les inconvéniens..... Cependant le Roy
« déclara le 7e de ce mois à M. de Favas en plein conseil qu'il
« mettoit M. de Blainville l'ainsné dans Lectoure, et lui en avoit
« jà baillé les provisions, qu'il feroit lever les modifications du
« Parlement de Paris et recevoir les conseillers, et qu'il eust à
« escrire à La Rochelle qu'ils ne convoquassent point l'As-
« semblée [1]. »

Sept jours après, il donne à M. Bouchereau des détails sur ce qui
se passe à La Rochelle : « Sur des lettres de M. de Favas et à l'in-
« stance de ceux du Béarn, Messieurs de La Rochelle nommèrent
« six commissaires de la maison de ville et six de la bourgeoisie
« pour délibérer sur la convocation de l'Assemblée, laquelle fut
« résolue le 14e et assignée au 25e du prochain. Le lendemain y
« arriva M. de La Chesnaye, de la part du Roy, avec des commina-
« tions, assaisonnées de bonnes intentions de S. M. à l'exécution
« des choses promises. Les susdits rassemblés jugèrent qu'il n'y
« avoit lieu de révoquer, par ce que mesme partie des lettres
« estoient jà envoyées aux provinces..... vous scavès jusques où
« cela nous peut porter [2]. »

---

1. *Id.* t. II, p. 437.
2. *Id.* p. 448. Je donne ici le texte des lettres de convocation.

   Messieurs,

   « Vous aurez appris, tant par le rapport des depputez qui estoient naguères en
   « l'assemblée de Lodun que par les actes de ladite Assemblée, la charge qui nous
   « fut donnée de la convocquer derechef au cas que, dans six mois après la sépa-
   « ration d'icelle, les choses qui luy avoient été promises ne fussent exécutées de
   « bonne foy selon qu'elles sont contenues par le mémoire qui fut dressé et en-
   « voyé par Messieurs les duc des Diguières et de Chastillon, fondées sur la pa-
   « rolle du roy et de Messieurs le Prince et duc de Luynes ; et, à ceste fin, Messieurs
   « noz depputez généraux furent chargez de nous donner advis de l'exécution ou

La conduite des Rochelais en cette circonstance était dictée par un sentiment dans lequel il ne faut chercher ni des considérations religieuses, ni la politique générale ; c'était une question d'intérêt personnel. Après les tentatives du duc d'Épernon, la réunion du Béarn et de la Navarre inspiraient aux Rochelais une crainte sérieuse pour leur propre indépendance. Ce n'était pas sans raison que l'assemblée de Loudun avait choisi le Corps de ville de La

---

« inexécution desdites choses promises. Nous avons appris, depuis ce temps-là,
« que non seullement les artifices de nos malveuillans avoient été si puissans
« que de rendre illusoires les bonnes et saintes intentions de Sa Majesté irritée
« contre ses subjects de la religion réformée de Béarn ; qu'elle s'acheminoit à main
« armée contre eux pour les contraindre par la force à l'exécution de l'arrest de
« main-levée donné en son conseil en faveur des ecclésiasticques dudit pays, ce
« qui nous a grandement contristés pour la désolation que nous appréhendons
« qu'en reçoivent lesdites églises. C'est pourquoy pour nostre concience et ne
« pas être prévaricateurs à la charge qui nous a esté commise par laditte As-
« semblée, quoyque nous recongnoissions qu'en ceste occurrence elle nous
« pourra charger de beaucoup d'ennuis envers ceulx qui interprétent à contre-
« sens les meilleures et plus sainctes intentions de nos églises, nous avons cru
« que par la vertu du pouvoir à nous donné par ladite Assemblée de Lodun,
« nous vous devions donner jour pour faire trouver les depputez de vostre pro-
« vince en ceste ville dans le XXVᵉ jour du mois de Novembre prochain ; afin que,
« tous ensemble, puissions par très-humbles supplications et requestes envers
« sadite Majesté pourvoir à la désolation desdites églises de Béarn et fléchir la
« bonté de nostre roy à leur continuer et à toutes les autres églises de ce
« royaume le doux repos dont elles ont jouy depuis ung si long temps soubz le
« règne florissant de deffunt Henry-le-Grand son père, d'heureuse mémoire, et
« soubz le sien depuis son advénement à la couronne, sans souffrir que la malice
« de nos adversaires puisse apporter aucune altération à ses édictz. Le temps
« que nous vous désignons, Messieurs, est court, mais aussy le mal semble pres-
« ser et serions blasmez et devant Dieu et devant les hommes sy nous négligions
« ceste affaire et abandonnions noz frères pour lesquelz nous ne sçaurions re-
« doubler trop souvent noz vœux et prières ardantes à Dieu, à ce qu'il destourne
« le mal qui les menace, et nos supplications envers Sa Majesté pour ne les voir
« réduire à toutes sortes d'extrémitez par la rigueur de ses armes. Ce qu'espé-
« rans de sa bonté et des bons et salutaires conseils qui contribueront en ceste
« occurrence si importante voz depputez au temps et lieu désignez, nous de-
« meurons,

« Messieurs,
« Vos très humbles et très affectionnez serviteurs, les Maire, Eschevins, Pairs,
« Bourgeois et habitans de la ville de la Rochelle.

« De la Rochelle, ce 14 Octobre 1620, et au dessus : A Messieurs des Conseilz
« de la Basse Guyenne. »

Rochelle pour être le promoteur et l'hôte de la réunion projetée. Le jour où Favas vint annoncer que Louis XIII entendait entrer dans la ville avec telle escorte qu'il voudrait, les bourgeois de La Rochelle ne pensèrent plus qu'à organiser la résistance et à chercher, auprès des protestants, un appui qui leur assurât des chances de succès.

Le 22 octobre, le roi, de Grenade, interdisait les réunions d'assemblées générales, et particulièrement la réunion de celle qui était annoncée devoir se tenir à La Rochelle, et, le 27, il écrivait dans ce sens à Du Plessis ; le 6 novembre, celui-ci cherchait à excuser ses coreligionnaires, et suppliait le roi de faire quelque chose de notable pour calmer les esprits, puisque tout ce qui avait été promis n'était pas encore réalisé[1]. De son côté, le duc de Rohan parlait dans le même sens, avec plus de hardiesse ; il ne prétendait pas discuter sur ce qui avait été promis de la part du roi lors de la séparation de l'assemblée de Loudun ; mais il affirmait, le 8, que les députés étaient partis, convaincus qu'ils obtiendraient l'autorisation de se réunir dans les six mois ; il exposait aussi que la *bonté si grande de Louis XIII lui ferait supporter quelques petits défauts de formes*[2]. Un passage de cette lettre mérite d'être rappelé ici : « Par la lettre que V. M. m'a faict l'honneur de m'escrire le
« 25ᵉ de septembre, et que je n'ay reçue que le 6ᵉ de ce mois, elle
« me commandoit de luy faire connoître l'estat de sa province du
« Poictou, et que je l'advertisse si l'auctorité qu'elle m'y a donnée
« a le crédit que je puis avoir envers ses subgects de la religion,
« pour les contenir en devoir et obéissance. Sur quoy je ne puis
« céler à V. M. la grande allarme qui est en Poictou, formée sur
« les gens de guerre qui y sont demeurés, sur les menaces qu'on
« faict de les mettre dedans les faubourgs des villes, les bourgs de
« Marans, Maillezais et autres, le long des marais ; sur les prédi-
« cations qui se font ès carrefours des villes et sous les halles,
« pour exciter des séditions et désordres ; sur ce que plusieurs
« gentilshommes catholiques s'asseurent publiquement de gens de
« guerre ; sur le partage qu'ils font de nos honneurs, biens et vie
« comme si tout cela estoit desja donné pour proie. »

---

1. *Id.* t. II, p. 451, 455.
2. *Bull. de l'hist. du Protest.*, t. VI, p. 362.

Du Plessis avait grandement raison de ne pas insister sur les petits défauts de forme et sur l'illusion des députés de Loudun, qui supposaient n'avoir pas besoin d'autorisation pour se réunir. Le 9 novembre, Schomberg passait à Saumur et venait conférer avec Du Plessis; de cet entretien, il résulte qu'à Loudun, Lesdiguières, Chastillon et Du Plessis, pour obtenir la séparation de l'Assemblée, avaient promis que si, dans six mois, on n'avait pas fait droit aux réclamations, on aurait permission de se réunir; que Condé et Luynes avaient donné leur parole de faire en sorte que le brevet fût accordé pour s'assembler légalement; que le roi lui-même aurait donné la même espérance aux députés généraux [1]. Ces faits sont incontestables, mais ne justifient pas ceux qui convoquèrent l'Assemblée *sans avoir demandé ni obtenu de brevet*, alors qu'ils savaient parfaitement que, dans l'état présent des affaires, le roi y était peu disposé. Aussi Lesdiguières, le duc de Rohan et la duchesse de La Trémouille déploraient ce qui avait été fait; le duc de Montbazon s'exprimait dans les termes les plus vifs; Rivet disait : « J'ay toujours crié que ceste convocation de La Rochelle estoit inutile, hors de saison, dommageable et périlleuse, et qu'elle empireroit le général de nos affaires sans, en particulier, en amander aucune. On a voulu néanmoins entrer dans ce labyrinthe duquel on ne sçait pas où sortir [2]. »

A partir de ce moment, Du Plessis ne songea plus qu'à trouver un expédient qui permît à l'Assemblée de se séparer ou d'obtenir du roi la permission de délibérer. Le 13 décembre, il envoyait ses instructions aux députés d'Anjou, Espinay et Menuau : il poussait à ce que les députés généraux se rendissent à cet effet en Cour, Favas au moins, puisque Chalas était alors malade. Le 28 décembre, l'Assemblée lui répondit en ces termes [3] :

« Monsieur, n'ayant pu former nostre Assemblée plustost que le 25 de ce mois, nous avons attendu jusques icy à vous envoyer de nos nouvelles. Ce long delay est venu de ce que plusieurs provinces avoyent retardé leurs députés, afin d'amplifier leurs mémoires sur les affaires qui sont survenues depuis la convo-

---

1. *Lettres et Mém. de M. Du Plessis*, t. II, p. 461 et seq.
2. Id. p. 468, 482, 501.
3. *Id.* p. 487, 495, 498.

cation. Il ne reste plus à venir que les députés de Dauphiné, de Vivarais et de Provence, lesquels nous espérons de voir icy dans peu de jours, Dieu aydant. Cependant le premier soin que nous avons eu a esté d'escrire à Messieurs nos députés généraux à ce qu'ils aillent promptement en Court pour là recevoir et présenter de nostre part au Roy une requeste par laquelle nous faisons, avec toute humilité, connoistre à S. M. l'innocence et la justice de toutes nos églises en la tenue de ceste Assemblée, et la nécessité d'icelle pour le bien de son service. Nous escrivons aussi à toutes nos provinces et à Messrs nos Grands sur le mesme subject, les priant de nous envoyer chacun un des leurs, avec pouvoir et mémoire, qui tesmoignent leur zèle à conserver et l'union et le salut de nos églises. En quoy voyant comme vous avés desja heureusement travaillé des premiers, en présentant par les vostres vivement à plusieurs du Conseil la justice de nostre procédé, fondé sur la parole du Roy ; nous vous prions de toute affection de nous ayder soigneusement de vos bons advis et sentiments, tant sur les choses que nous vous pourrons communiquer, que sur celles que vostre prudence jugera nécessaire de nous faire considérer, vous asseurant de recevoir tout ce qui nous viendra de vostre part, comme de dons excellens de Dieu sur vous, et vos saints labeurs le méritent ; reconnoissans pour un bénéfice singulier de sa bonté de ce qu'il luy plaist vous conserver et ceux qui vous ressemblent, pour esclairer son Église au chemin qu'elle doit tenir parmy ces ténèbres et ces dangers, dans lesquels on tasche en ce temps de l'envelopper et de la perdre.

Attendans de vos nouvelles, nous prions Dieu pour vostre prospérité et sommes, Monsieur, vos très humbles et très affectionnés serviteurs. Les députés des Églises réformées de France et souveraineté de Béarn assemblés à la Rochelle, et pour tous : *Signé : Bessay*, président ; *Clémenceau*, adjoint ; *Malleray*, secrétaire ; *La Milletière*, secrétaire. »

Le duc de Rohan partageait alors les vues de Du Plessis, et lui demandait conseil le 21 décembre ; il lui mandait qu'on lui faisait des avances à la Cour pour qu'il s'occupât de la séparation de l'Assemblée ; qu'à ce prix on « leveroit toute criminalisation contre La Rochelle et les députés, et mesme on donnoit espérance de reculer les gens de guerre de Poictou » ; mais le peuple de Saint-Jean-d'Angély, où il résidait alors, se remuait et vouloit se cotiser et travailler aux fortifications ; il tremblait que ce mouvement ne s'accrût et ne fût connu : ce serait *lever le masque* ; il y avait donc lieu d'obtenir une solution sans tarder. Ainsi raisonnaient le duc de Bouillon et Lesdiguières, qui avait déjà conseillé à l'Assemblée de se séparer [1].

On ne pouvait avoir un député général plus dangereux que le vicomte de Favas, derrière lequel étaient Lescun et La Force.

---

1. *Id.* p. 502, 503, 507.

Lescun paraît dans ces événements le seul peut-être dont le caractère ardent fût électrisé par son dévouement à ses croyances et à son patriotisme provincial ; il le paya de sa tête. La Force avait vu son autorité diminuée par la réunion du Béarn, où il avait pu constater combien son crédit était faible ; il se savait auprès du roi des ennemis dangereux. Son caractère est ainsi défini dans des notes secrètes : *brave, sage, fidèle à ce qu'il promet, ambitieux et hardy, mais non séditieux.* C'était un grand seigneur mécontent, qui sut, comme Bouillon, comme Lesdiguières et d'autres, faire l'indispensable pour la cause protestante, mais se ménager l'avenir. Sa famille joue un rôle actif dans les guerres dont nous nous occupons : le marquis de Castelnau, le marquis de Montpouillan, le marquis de Théobon, le comte d'Orval, Favas, etc., tenaient tous, de près ou de loin, à la maison de La Force.

Favas, lui, dévoré d'ambition, vain, inconstant, brave, avait rêvé un jour d'obtenir le bâton de maréchal ; loin de la Cour, c'était un religionnaire intransigeant ; en présence du roi, il savait obtenir de lui de larges libéralités. Après avoir joué un jeu qui aurait pu perdre bien d'autres moins heureux, il mourut tranquillement chez lui, en 1654, bien vu de la Cour. Il était juste, du reste, que le duc de La Force, revenu en faveur, assurât une vieillesse tranquille à celui qui, pour le public, avait porté seul la responsabilité des faits auxquels le duc avait pris lui-même la plus grande part.

Mais revenons à l'assemblée de La Rochelle.

Le mois de janvier 1621 se passa en tentatives d'accommodement ; la Cour était disposée à y prêter l'oreille en traitant avec Du Plessis, Rohan et La Trémouille, mais sans aucune immixtion de l'Assemblée ; Du Plessis croyait prudent d'en charger les députés généraux, et ne demandait pas mieux que de s'employer, mais discrètement, sans rien faire qui pût blesser ceux-ci [1]. Favas partit pour la Cour, tandis que son collègue Chalas, qui était dans

---

1. Du Plessis, toujours politique, ne craignait rien tant que d'être compromis auprès du roi ; on le voit dans une lettre du 4 janvier au président Jeannin dans laquelle il aime à rappeler ses vieux et récents services. (*Id.* p. 506.)

les vues de Du Plessis, et que l'on disait malade, restait en province, conférant avec Lesdiguières et Sully.

Lesdiguières, du reste, était parfaitement au fait de ce qui se passait à La Rochelle : on le voit par sa lettre du 3 janvier à Du Plessis, dans laquelle il lui dit, tout en lui demandant des renseignements sur l'Assemblée, qu'il y a trois factions qui se divisent la ville : celle du maire et des échevins, celle de l'Assemblée, celle des *habitants, qui y ont formé une espèce de démocratie* [1].

Favas présenta sa requête au roi ; mais celle-ci était rédigée en termes si peu mesurés qu'elle ne fit qu'empirer les affaires. Il multipliait les griefs de ses coreligionnaires, plaidait la cause de l'Assemblée de La Rochelle avec une certaine hauteur, demandait le retrait des troupes du Poitou, de la Guyenne et du Béarn. Le 19 janvier, l'Assemblée apprenait l'insuccès de cette démarche, et adressait à Favas la lettre suivante pour être remise au roi. On ne peut nier qu'il n'y eût là une soumission humble ; mais, au fond, la réussite était impossible, puisque l'Assemblée voulait, avant tout, être admise à discuter comme si elle eût été légale, tandis que le roi n'entendait traiter que lorsque les députés auraient regagné leurs provinces [2]. L'obéissance, à ce moment, aurait tout arrêté, et la Cour ne devait pas ignorer que l'Assemblée, pendant qu'elle présentait ses supplications, commençait déjà à organiser la lutte armée, ce qu'aucun édit ne lui avait donné le droit de faire.

« Sire, Nous ne pouvons, en la condition déplorable où la malice de nos ennemis nous a réduits en ces dernières occurrences, recevoir une playe plus sensible que le reffus faict par vostre Majesté de voir et les lettres et les remonstrances qui luy ont esté présentées de nostre part par le s^r de Favas l'un de nos députez généraulx ; et toutes fois au milieu de ces amertumes nous avons creu, Sire, ne pouvoir rencontrer un plus asseuré refuge que vers Vostre Majesté ; nous te-

---

1. *Id.* 503. Le Corps de ville de La Rochelle se composait du maire, de 48 pairs et de 51 bourgeois. Mais, depuis quelques années, cette municipalité avait été ébranlée par un parti d'ambitieux, s'appuyant sur la populace et quelques habitants, riches et alliés entre eux, qui se donnaient la qualification de *francs-bourgeois;* ceux-ci influençaient le prêche des ministres et pesaient par l'intimidation sur le Corps de Ville dans lequel ils étaient arrivés à faire entrer six d'entre eux sous le nom de *syndics* ou *tribuns*.

2. Il résulte clairement d'une lettre de Du Plessis à l'Assemblée (25 janvier), qu'après ce premier échec Rohan vint trouver à Loudun Du Plessis et La Trémouille afin de tenter encore une démarche collective auprès du roi, démarche

nons vostre royalle bonté l'asile sainct auquel seul nous devons recourir, et vostre justice l'anchre dernière et sacrée de nos espérances icy bas. C'est pourquoy, Sire, nous prenons derechef la hardiesse de nous jetter en toute humilité aux pieds de V. M. pour la supplier de ne reffuser pour la seconde foys ny l'oreille ny les yeux aux très-humbles supplications et remonstrances que nous luy adressons. Et nous nous promettons que, comme dans le soulagement de nos misères nous n'avons jamais eu autre but que de nous conserver en la très-humble subjection, fidélité et obéissance que nous luy devons, aussy trouvera elle en ce peu de lignes qu'elles contiennent par la sincérité de nos proceddures et la vérité de nos justes plaintes, une plaine justification de nostre innocence contre les artifices de nos malveillans et ennemis de la tranquillité publicque ainsy que de nostre repos, taschans par leurs conseilz violans de la porter à nostre ruine. Surquoy, Sire, pardonnez nous sy, en cet endroit, nous osons vous dire qu'il y va du bien de vostre service de retrancher de bonne heure le cours des désordres que la suite de ce malheur peut entraîner avec soy, en ne permettant que le sacré respect de vostre auctorité et la foy inviolable de vos éditz soit de ceste façon impunément violés par tant d'infractions qui se voyent chacun jour et de toutes parts en vostre royaume; c'est en la tollérance d'une plus longue oppression à l'endroit de vos plus fidelles sujetz, Sire, que les ennemis conjurez de la grandeur de vostre estat tascheront de vous ravir le plus précieux joyau de vostre couronne, que le tiltre glorieux de juste vous a acquis dés vos plus tendres années, ne se proposans rien de mions que V. M., fermant l'oreille à nos justes doléances ils verront par nostre perte la porte ouverte aux effects pernicieux de leurs malheureux desseins. Mais, Sire, comme V. M., repassant par sa mémoire l'histoire de ces derniers siècles, recongnoistra que noz pères ny nous n'avons jamais eu et les vies et les biens chers que pour les employer au maintien et affermissement de vostre couronne, aussy nous promettons nous de vostre royalle bonté que comme père de son peuple elle ne nous reffusera les remèdes nécessaires pour nostre conservation ; et nous continuerons à prier Dieu pour la prospérité de vostre règne que nous souhaitons autant long et heureux à V. M. que en ans comblez de bénédictions célestes, demeurans en ceste dévotion jusques au tombeau, Sire, vos très-humbles, très fidelles et très obéissans sujetz et serviteurs, les depputez des églises reffrormées de vostre royaume de France et souveraineté de Béarn, assemblez à La Rochelle, et au nom de tous : *Bessay* président, *Clemenceau* adjoint, *Maleray* secrétaire, *La Milletière* secrétaire. A La Rochelle le 20e jour de Janvier 1621. »

En même temps que l'Assemblée engageait Du Plessis, Rohan et La Trémouille à tenter une nouvelle concession du roi en maintenant son existence, elle écrivait à Lesdiguières pour le mettre au

---

officieusement demandée par la Cour ; le 29, l'Assemblée lui répondait longuement et l'engageait à se défier de « ceux qui ont pris ceste méthode de décrier toutes nos assemblées comme odieuses et pleines d'ombrages contre l'auctorité du roy ». Elle l'invite à rester en union avec elle et à faire tous ses efforts pour que le roi reçoive les députés généraux en son nom, ou des députés pris dans son sein.

courant des affaires et le sommer d'envoyer un délégué, avec pouvoir de jurer et signer en son nom l'union des églises et la soumission aux résolutions générales de l'Assemblée. Cet appel, du 30 janvier, se croisa avec une lettre du 1ᵉʳ février, dans laquelle Lesdiguières, après avoir accusé réception de celle qui lui avait été adressée le 28 décembre, et qui ne lui était parvenue qu'un mois après, faisait connaître son opinion de manière à ne laisser aucun doute. Il expose que l'Assemblée n'est pas autorisée; qu'elle n'a pas de raison de persister, puisque, de toutes les anciennes réclamations, il ne reste que l'affaire du Béarn, en quelque sorte suspendue d'un commun accord; que les Béarnais, ne voulant pas suivre ses avis, avaient attiré tous les malheurs par leur faute; que l'on aurait dû charger les députés généraux seuls, ou lui-même et Chastillon d'agir auprès du roi. Enfin, que le plus pressé était de se séparer, afin qu'il pût se rendre utile auprès du roi, « attendu qu'ils sont assemblés sans permission ».

Malgré ces avis, le mois de février 1621 se passa encore en démarches tentées pour faire traiter l'Assemblée avec le roi. Celle-ci fit une nouvelle requête plus humble encore que les précédentes, appuyée par La Force et Du Plessis [1]. A ce moment, nous voyons ces deux personnages prendre une attitude toute différente ; Du Plessis, considérant que la question qui *achoppe aujourd'hui les affaires, gist en ce que le roy, pour conserver son auctorité, veut que l'assemblée se sépare*, s'efforce de trouver un biais pour qu'elle se sépare sans se séparer ; les députés se disperseraient dans des villes du voisinage, de manière à pouvoir se rassembler promptement s'il n'était fait droit à leurs réclamations. La Force, qui venait d'être appelé à la Cour, et qui ne s'était pas rendu à cette invitation, sous divers prétextes, paraissait prévoir le moment où la résistance allait devenir indispensable, et rechercher l'appui de l'Assemblée dans le cas où il tomberait en disgrâce complète; à aucun prix il ne voulait s'éloigner du Béarn, où il tenait à rester le premier, même au nom de l'Assemblée.

A la fin de février, le roi n'avait pas encore consenti à recevoir

---

1. *Correspond. du duc de Caumont La Force*: mém. t. II, p. 490, 494. — *Lettres et mém. de M. Du Plessis*, t. II, 574, 575, 578.

Favas, chargé de lui remettre les nouvelles demandes de l'Assemblée; Lesdiguières continuait à dire de dures vérités à celle-ci, et le bruit commençait à courir que le roi se préparait à venir à la tête d'une armée faire exécuter ses ordres : c'était la suite et le complément de l'expédition du Béarn. Pendant ce temps, le duc de Bouillon, vivement sollicité, proposait, comme Du Plessis, *de rompre le bureau par une feinte, sans sortir de la ville, comme n'osant se retirer dans les provinces à cause qu'ils sont criminels*; il engageait à jeter des forces dans Saumur et La Rochelle; promettait, dès que le roi se mettrait en marche, de faire un appel aux princes étrangers, et semblait regretter que sa santé, altérée par la goutte, l'empêchât de prendre une part active à la campagne que l'on pouvait prévoir [1].

Cependant Du Plessis, La Trémouille, Rohan et Soubise, d'accord avec la Cour, voulaient faire encore une tentative pour la paix. Le 3 mars, ils se réunissaient à Niort avec des délégués de l'Assemblée et du Corps de ville, ainsi que des gentilshommes du Poitou et de Saintonge; la réunion fut unanime pour inviter les Rochelais à entrer dans une voie d'accommodement et à se séparer. Chasteauneuf répondit que cela « leur estoit impossible; qu'ils avoient pris des résolutions toutes contraires, et que mesme, depuis qu'ils estoient partis, il s'estoit encore résolu en leur Assemblée de nouveau qu'ils subsisteroient ». Mais, ainsi que l'écrivait La Tabarière à Du Plessis, on oubliait de dire que cette nouvelle résolution avait été prise sous la pression de quelques séditieux qui, craignant qu'à Niort le parti de la modération ne l'emportât, auraient envahi l'Assemblée et, par intimidation, imposé leur opinion. Cette petite intrigue avait été préparée avant le

---

1. Le duc de Bouillon, l'un des derniers représentants de la féodalité, resta fidèle à la politique d'Henri IV. Sa conduite prudente avec l'Assemblée de la Rochelle fait deviner le fond de sa pensée. Il fit des démarches réitérées auprès du roi pour obtenir que celui-ci consentît à recevoir des délégués de l'Assemblée; d'un autre côté, il engageait vivement celle-ci à user de modération, et refusait le commandement qu'elle lui offrait. A la fin il n'hésita pas à se réconcilier avec Rohan, son ancien rival, pour arriver à la paix. Bouillon rendit de vrais services à la cause protestante; il voulait la tolérance religieuse, mais n'admettait pas que les ministres et les consistoires formassent un État dans l'État. (*Rev. des Deux-Mondes*, 15 déc. 1876; 1er Janvier 1877.)

départ des députés pour Niort. A la suite de cette conférence, les affaires empirèrent : Soubise, La Trémouille et Rohan, changeant de politique, offrirent leurs services, ce qui attira à ce dernier de durs reproches de la part de Parabère, gouverneur de Niort, protestant zélé, mais sujet fidèle ; il « reconnut avoir failly, mais que son intention n'avoit point péché ».

Presque en même temps, le 29 février, Favas avait été reçu par le roi, qui lui avait répété qu'il l'entendrait toujours avec plaisir comme député général, mais qu'il ne « voulait rien recevoir ni ouïr de ceux qui étaient assemblés à La Rochelle » ; l'Assemblée, à cette nouvelle, avait maintenu sa décision de rester en permanence, tout en disant aux députés généraux de tâcher, en leurs propres noms, d'obtenir ce qu'elle désirait. Luynes, informé de ce qui s'était passé à Niort, fut aussi net que le roi, et le refus de La Force de se rendre à la Cour ne fit qu'envenimer les affaires.

Cependant La Force armait en Béarn contre Poyanne ; le conseil de Poitou, Saintonge et Angoumois, réuni à Saint-Jean-d'Angély, adhérait aux décisions de l'Assemblée de La Rochelle ; le marquis de Chasteauneuf était condamné par le Parlement de Bordeaux à avoir la tête tranchée ; d'autres députés étaient menacés ; en réponse aux incessantes instances de Lesdiguières, l'Assemblée répétait que tant que le roi n'aurait pas fait quelque chose qui rendît confiance et bon espoir, elle demeurerait réunie jusqu'à ce que ses membres puissent se retirer vers ceux qui les avaient envoyés, et leur porter la satisfaction qu'ils attendent. Enfin, le 13 avril, le roi écrivait à Du Plessis qu'en présence de la désobéissance de l'Assemblée, des armements qui se faisaient en Béarn, il se disposait à se mettre en marche et à se rendre à Tours pour y aviser ce qu'il aurait à faire. Il lui annonçait en même temps que Luynes recevait la dignité de connétable. Voici en quels termes Du Plessis écrit à ce sujet aux députés d'Anjou près de l'Assemblée :

« Messieurs, je vous ai escrit par le dernier ordinaire. Depuis, et l'onzieme du présent au soir j'ay reçeu les lettres du roy, dont je vous envoye copie, datées de Paris du 3e, en quoy se void la nonchalance des postes. Ceste résolution en laquelle s'affermit Sa Majesté m'a fait estimer que je devois employer ceste occasion, conformément aux dernières lectres que j'ay receues de Messieurs de l'Assemblée, pour faire un dernier effort vers Sa Majesté et Messieurs de son conseil par toutes sortes de raisons, submissions et supplications, afin de destourner ce malheur du royaume, et ceste désolation de nos églises. C'est pourquoy j'ay fait partir aujourd'huy mon fils de Villarnoul, en poste, avec lettres et instructions vers Sa Majesté fort preignantes, à Monsieur le Connestable pareillement, et à bonne partie de Messieurs du Conseil ; lequel en outre, conjointement avec M. le duc de Lesdiguières, MM. les députés généraux, et MM. des Isles et d'Iray, poursuivra la conclusion de ceste fascheuse affaire, avec le repos et contentement de nos églises, dont Dieu nous vueille faire la grâce. Icy je ne vous répète point combien est nécessaire d'y penser sérieusement, et d'en faire promptement une fin. Car je vous ay donné advis que les Suisses estoient arrivés à Orléans, et vous avez cy-close une lettre de Monsieur Imbert, qui dit que le roy y estoit attendu ; comme aussi présentement j'aprens que les fouriers de Sa Majesté y sont arrivés. C'est donc à vous à vous résoudre à peser la charge dont vous avez à respondre, et ne vous engager pas à tels qui vous voudroyent engager sous vaines espérances, qu'ils n'ont pas le pouvoir de garantir. Je n'ay pas manqué de solliciter encor M. le duc de Lesdiguières de ce que vous avez désiré de moy ; mon voisin aussy tout de mesme. Mais il faut que je vous dise librement que je m'aperçois que plusieurs redoutent vostre compagnie. Et c'est à vous à juger pourquoy. Pour moy il y a longtemps que je fais plus que je ne puis, et avec peu de gré et sans ressource. Mais Dieu me fera la grâce de ne me lasser jamais de bien faire. Seulement me desplait-il que je ne vois presque personne qui sente la condition où je suis. Je salue, Messieurs, bien humblement vos bonnes grâces, etc. De Saumur, le 13 avril 1671. »

Pendant que l'Assemblée chargeait neuf de ses membres de rédiger l'*Ordre général*, qui fut voté le 10 mai, et qui avait pour but de régler les milices et les finances pendant la guerre dont elle prenait la direction et la responsabilité, les partisans de la paix faisaient les dernières tentatives. Du Plessis multipliait ses instances auprès de tous ceux qu'il connaissait à la Cour ; Lesdiguières écrivait à l'Assemblée et au Corps de ville pour les prévenir qu'ils couraient à leur perte. « Le roy, disait-il, hasardera sa vie et son estat plutôt que de négocier avec l'Assemblée » ; il n'était que temps, sans perdre une minute, de charger M. de Favas de donner des assurances de soumission et de retirer des lettres pour la sûreté des députés [1]. A ce moment la paix était encore possible.

L'ordre et règlement général de milices et de finances pour les églises réformées de France et souveraineté de Béarn divisait la France en huit départements ; à la tête de chacun était un chef général [2]. Les chefs désignés étaient : 1.º le duc de Bouillon, géné-

---

1. Arch. de M. le vicomte de Sallemart ; communication de M. Roman.
2. Anquez, *Hist. des assemblées politiques des réformés de France*, p. 341 et seq.

ralissime; 2° le duc de Soubise; 3° le duc de La Trémouille; 4° et 5° le duc de La Force; 6° le duc de Rohan; 7° Châtillon; 8° Lesdiguières. Le 1er, le 3e et le 8e ne furent jamais chefs de départements que sur le papier; Lesdiguières fut remplacé par Montbrun. Il faut, plus tard, reconnaître, du reste, que cet ordre général ne fut exécuté que très-imparfaitement; l'Assemblée était peu obéie dans la plupart des provinces. On fit beaucoup de bruit de l'*ordre général*, que l'on décora du nom de *lois fondamentales de la république des prétendus réformés*; l'acte en lui-même était absolument blâmable, mais il faut reconnaître qu'il n'eut pas grand effet, excepté dans le sud-ouest. On ne peut nier toutefois que l'Assemblée générale, par cette mesure et par le règlement de l'amirauté, se mettait en état de rébellion ouverte.

Louis XIII partit le 1er mai 1621; il était le 3 à Orléans, le 4 à Blois, le 8 à Tours, le 11 à Saumur, le 14 à Bourgueil, le 18 à Parthenay, le 23 à Fontenay; là il reçut la soumission de Maillezais et de Marans. Le 24 il était à Niort; entre ce jour et le 23 juin, date de la reddition de Saint-Jean-d'Angély, nous voyons le roi à Aulnay, à Brioux, à Chizé, à Saint-Julien-de-l'Escap, suivant les opérations du siége [1].

Du Plessis, relevé de son gouvernement de Saumur, conseillait toujours la soumission, et énumérait à ses correspondants ordinaires, Chalas et les députés d'Anjou près de l'Assemblée, la mauvaise tournure que prenaient les affaires; il s'étonnait surtout de ce que les délibérations les plus secrètes prises à La Rochelle fussent aussitôt connues à la Cour. L'Assemblée, opiniâtre dans sa prétention de traiter avec le roi, lançait un long manifeste dans lequel elle énumérait ses griefs; Louis XIII, de son côté, datait de Niort une déclaration par laquelle tous les députés qui se trouvaient à La Rochelle et à Saint-Jean-d'Angély, et leurs adhérents, étaient qualifiés de criminels de lèse-majesté, et leurs biens saisis.

Au moment du siége de Saint-Jean, on essaya de ménager la paix; nous avons un mémoire présenté à Niort, le 28 mai, par Chalas à Luynes et Lesdiguières, demandant que le sieur Chauffepié

---

1. *Journal de J. Hérouard*, t. II, p. 257 et seq.

soit envoyé à La Rochelle pour proposer les termes dans lesquels elle offrirait de se dissoudre ; Du Plessis avait peu de confiance dans cette démarche, mais engageait vivement Chalas à rester à la Cour pour saisir une bonne occasion, et cela malgré les ordres de l'Assemblée.

Saint-Jean rendu au roi, la position ne changea pas ; « la perte de Saint-Jean, écrivait d'Iray à Mme de La Trémouille, et autres villes n'esmeuvent en aulcune sorte l'Assemblée, de laquelle on n'attend que du mal ; n'est-ce pas un tesmoignage que Dieu est courroucé contre nous, de dire qu'il n'y a pas un mois que Mgr eust peu obtenir de S. M. que la ville de Pons eust demeuré soubs son obéissance, en l'estat qu'elle estoit, que les habitans le désiroient ; et, cependant, il a fallu que par la révolution de l'Assemblée en l'envoy de M. le marquis de Chasteauneuf, la ville soit maintenant réduite à estre sommée sans aulcune puissance suffisante de résister[1]. » Cependant on cherchait encore à arrêter la guerre : « Mgr, écrit encore d'Iray, le 1er juillet, vient présentement de partir pour aller à Jarnac presser le seigneur du lieu d'aller à La Rochelle pour la seconde fois, afin de les exhorter à se mettre à leur debvoir. Mgr de Rohan a despesché M. Des Iles à La Rochelle pour les exhorter à solliciter à l'obéissance[2]. » — L'Assemblée rédigea une requête pour demander au roi de permettre à ses délégués de venir se jeter à ses pieds et lui demander la paix : cette démarche ne parut pas suffisante à la Cour, qui exigeait avant tout la séparation sans conditions ; on ne voulait pas admettre de représentants d'une réunion qui n'avait pas le droit d'exister et à qui, maintes fois, on avait ordonné de se dissoudre, laissant aux députés généraux le soin de veiller aux intérêts du parti.

L'Assemblée, à ce moment, était tiraillée par diverses factions ; dans son sein, plus d'un membre penchait pour la soumission ; le Corps de ville, le 1er juillet, lui faisait dire qu'il y avait lieu de

---

1. Arch. de M. le duc de La Trémouille ; d'Iray était un des agents les plus actifs de La Trémouille : aussi dans ses lettres on voit qu'il était soupçonné de trahison par l'Assemblée ; on allait même jusqu'à l'accuser d'avoir empêché le duc d'accepter le commandement qui lui avait été offert.
2. *Id.*

faire bonne considération de l'accommodement proposé par Lesdiguières et La Trémouille ; mais les Rochelais, ou du moins les démagogues rochelais, n'étaient point de cet avis ; le même jour, ils envoyaient deux délégués dire qu'il n'y avait pas à songer à la paix, et qu'il fallait suivre Rohan, qui se prononçait ouvertement pour la guerre [1]. L'Assemblée, comme c'est l'habitude, se laissa intimider par ceux qui criaient le plus haut ; le 22, elle avertissait les provinces de se mettre en vigoureuse et légitime défense.

En même temps, elle cherchait à l'étranger des secours en hommes et en argent, ainsi qu'un appui moral qui pût peser sur Louis XIII. On eut quelques ressources pécuniaires par des collectes auxquelles prirent part des coreligionnaires anglais et hollandais comme simples particuliers ; on eut quelques soldats, volontaires ou mercenaires, enrôlés sans que les gouvernements y prissent une part officielle ; mais on ne put obtenir cet appui moral, qui aurait singulièrement entravé le plan du roi de France. Il est vrai qu'à moins d'avantages personnels considérables, il serait difficile de comprendre que des gouvernements, monarchies ou républiques, se posassent comme champions d'un parti en pleine rébellion contre un État allié.

L'Assemblée et la ville de La Rochelle avaient envoyé des délé-

---

1. A ce moment Rohan semblait prendre au sérieux son titre de généralissime des forces des protestants qui lui avait été conféré après que Bouillon l'avait refusé. La faveur toujours croissante de Luynes le poussait, suivant la coutume d'alors, à tenter de la guerre civile pour lutter contre son rival, et se préparer, à l'heure favorable, une brillante rentrée en grâce.

Nous voyons (*Bibl. nat. ms. Fr.* 4,102 *f.* 21) une lettre de Sully, adressée à Rohan, le 18 Juillet, dans laquelle je relève ces passages : « Quoique en tous temps et toutes occasions vos opinions et les miennes ayent quasi toujours esté oposées et que j'aye fort peu profité à vous vouloir persuader, néantmoins, voyant les succès du tout contraires à vos espérances et par trop conformes à mes apréhentions, je laisse maintenant au sang et la nature ses accoustumées opérations, en vous conjurant de bien penser à vous, et dessus de faux fondemens ne vous laisser emporter dans les dernières extrémitez des désolations, mais les prévenir par prudence, à quoy je m'offre de vous adsister... Les foibles et obstinées résistances de ceux de Béarn, et ensuite, les téméraires impertinences d'une Assemblée composée de gens sans expérience ny intelligence de milice ny d'affaires d'estat, envers lesquels toutes remonstrances contraires à leur sens et à leurs procédures ont esté du tout inutiles, ont esté les causes que je ny ay jamais voulu envoyer ny déférer. »

gués en Angleterre et en Hollande. La lettre suivante, de André Rivet, laisse voir l'accueil qui était préparé aux députés rochelais dans les Pays-Bas ; elle est datée de Leyde, du 12 juillet [1] :

« . . . . On sait icy qu'il y a des députez partis de La Rochelle il y a un mois, et s'estonne-t-on de ce qu'ilz ne sont arrivez. Je ne pense pas qu'ilz puissent obtenir grand secours, et je veoy bien qu'on ne veut pas qu'ilz éclattent icy ni qu'ilz y fassent bruit. Son Excellence m'en a parlé, qui n'approuve nullement que l'assemblée, si mal préparée à la résistance, ait attiré ce mal sur noz églises par sa persistance, et ne manquera pas à leur en dire son advis. Néantmoins il est porté de bonne affection, et désire grandement qu'on recherche quelques moyens d'accord en s'humiliant au roy, pourveu que La Rochelle demeure sauve, et que les choses soient mises en l'estat auquel elles estoient quand Sa Majesté vint à Saumur. »

Quant aux Anglais, ils cherchèrent bien à pousser le roi à la modération ; mais leurs efforts les plus énergiques tendirent à persuader à l'Assemblée que la soumission était le seul moyen de sortir de la terrible impasse dans laquelle étaient les protestants. Pendant ce temps, Lesdiguières écrivait (12 juillet) à MM. de Frère et de Morges une lettre dans laquelle il laissait voir le fond de sa pensée. Il espère alors que le synode de Die prendra de bonnes résolutions et se gardera bien d'imiter l'Assemblée de La Rochelle, qui se rend odieuse à tous les gens de bien, même aux protestants, et que l'on quitte peu à peu ; il énumère les places qui se sont rendues : Saint-Jean, Pons, Castillon, Sainte-Foy, Bergerac, Nérac, et prévoit la reddition prochaine de Clérac ; il se réjouit enfin de ce que le Dauphiné, n'ayant pas adhéré à l'Assemblée, et n'ayant pas envoyé de députés, n'en sera que mieux traité par le roi [2].

M. Anquez a trop fidèlement retracé les événements qui se sont passés alors en France pour qu'il y ait lieu de répéter ici, et moins bien que lui, ce qu'il a narré [3]. Je n'ai qu'à m'occuper spécialement de l'Assemblée elle-même.

La soumission des protestants paraissait près d'être complète quand l'échec de l'armée royale devant Montauban vint rendre

---

1. Arch. de M. le duc de La Trémouille.
2. Communication de M. Roman.
3. *Op. laud*, p. 351 et seq.

quelque courage aux Rochelais. Après un siége de deux mois et demi, Montauban avait vu les assiégeants renoncer à l'entreprise ; ils décampaient le 18 novembre, et prenaient leurs quartiers d'hiver en Guyenne et en Haut-Languedoc. Le 14 décembre, Luynes était emporté par la fièvre, après la seconde reddition de Montheurt.

Nous reprendrons plus bas la suite des faits qui se passèrent en 1622 ; mais, auparavant, il est utile de jeter un coup d'œil sur la position que tenait l'Assemblée dans La Rochelle même.

L'Assemblée était l'hôte de la ville, mais les susceptibilités locales lui enlevaient toute autorité et tout droit d'ingérence dans le territoire relevant du maire de La Rochelle : il en résultait de nombreux conflits ; les Rochelais n'entendaient pas être dominés, pas plus par le roi que par l'Assemblée. Celle-ci dirigeait toute la campagne, en droit sinon en fait, dans tous les pays soulevés, excepté en Aunis. C'était au point que la ville étant bloquée par terre, on ne voit, dans les délibérations, aucune allusion aux faits de guerre qui se passaient sous les remparts. C'est à peine si, avec ce seul document, on s'imaginerait que l'armée royale campait aux portes. Le jour où Favas trouva un prétexte pour se brouiller avec l'Assemblée, dont il était membre comme député général, il se fit agréer lieutenant du maire. Cette position lui permit de jeter des germes de discorde entre le Corps de ville et l'Assemblée ; elle lui permit aussi de jouer le rôle double auquel il dut plus tard de n'avoir aucun désagrément de sa conduite passée. En effet, sa présence dans le Corps de ville et la modération de celui-ci prouvent assez qu'il y poussait aux idées de pacification.

Dans les derniers mois de 1621, le roi avait résolu de compléter le blocus de La Rochelle en lui enlevant la liberté qu'elle avait de rester, par mer, en relations suivies avec la France et l'étranger. Attendant toujours, mais en vain, les secours de l'Angleterre et de La Hollande pour résister à la flotte royale, les Rochelais mirent sur pied leur marine ; bien qu'ils n'aient obtenu que des succès modérés, ils étaient maîtres de la mer ; Royan et Oleron étaient en leur pouvoir. Au commencement de décembre la nouvelle de la levée du siége de Montauban et d'un avantage remporté par le marquis de La Force sur les gendarmes du connétable ranime les espérances de l'Assemblée, qui nomme Soubise lieutenant général en Saintonge.

Au mois de janvier 1622, les événements se succédèrent rapidement; les négociations pour la paix continuaient sans que l'Assemblée interrompît la guerre. Woodfort, envoyé par l'ambassadeur de la Grande-Bretagne, venait à La Rochelle insister pour une prompte soumission; il était d'avis qu'il fallait envoyer au roi deux des membres de l'Assemblée les plus inconnus, les moins compromis; ou, mieux encore, deux membres choisis hors de son sein. Rohan demandait à poursuivre la négociation qu'il avait entamée avec Luynes, et qu'il espérait voir aboutir. L'Assemblée, tenant bon, destituait Chalas, qu'elle ne trouvait pas assez dévoué à ses projets, remplaçait Lesdiguières par Montbrun en Dauphiné; puis elle chargeait Rohan de s'occuper de la pacification, mais à la condition de ne rien conclure sans son avis et consentement; enfin elle lançait Soubise vers Royan pour tenir tête au duc d'Epernon, tandis que Favas se faisait autoriser à aller tenir la campagne en Basse-Guyenne [1]; elle nommait La Ravardière vice-amiral sur les côtes de Poitou, de Bretagne et de Normandie. En février, Soubise quittait la Saintonge pour passer en Bas-Poitou; il remporta des avantages à Longeville, à La Chaume, aux Sables-d'Olonne, à La Chaise-le-Vicomte, mettant la main sur les blés et sur le sel, et pillant le pays. Au milieu d'avril, il était à l'île de Riez.

Cependant Louis XIII, sachant combien sa présence à la tête d'une armée avait eu des résultats favorables pour la soumission du Béarn, se décida à venir encore en personne prendre part à la lutte; il partit le 20 mars, secrètement, à cheval, tandis que « tout le monde l'attendoit au Louvre pour le voir passer [2] », voulant se soustraire à ceux qui désiraient le retenir à Paris pour y attendre

---

1. Soubise faisait la guerre de bonne foi, mais en manquant à la parole donnée par lui de ne plus porter les armes contre le roi, depuis la prise de Saint-Jean-d'Angély. Favas tenait une conduite peu franche; il était en relations suivies avec les partisans de la Cour, entretenait des correspondances avec Bordeaux, décourageait ses coreligionnaires, et préparait avec la Force sa soumission. Dès ce moment il se rendit suspect à l'Assemblée qui bientôt le répudia.

2. J. Hérouard, II, 271.

des députés envoyés par Lesdiguières. Il était le 24 à Orléans, le 27 à Beaugency, le 31 à Blois, le 5 avril à Tours, le 7 à Saint-Florent, le 9 à Ancenis, le 14 à Legé, puis à Challans ; la veille, Condé était venu lui apprendre, au conseil, que Soubise, avec toutes ses forces, était entré dans l'île de Riez. Cette campagne, commencée par le fait le 14 avril, était terminée le 20 par la défaite et la retraite précipitée de Soubise, qui n'avait pas osé tenir contre le roi. Louis XIII se dirigea alors vers le Languedoc, en passant par La Roche-sur-Yon, Niort, Saint-Jean-d'Angély, Saintes, Royan, dont il reçut la soumission le 11 mai, après un siége de quinze jours. Je crois utile de donner ici une relation inédite de cet épisode, d'après une lettre des archives de M. le duc de La Trémouille. Il est curieux de rappeler auparavant le jugement du duc de Rohan sur ces événements : « Le roi, dit-il, alla droit, le long de la rivière, jusqu'à Nantes, prenant cette route sur les heureux progrès de Soubise, lequel avec deux mille hommes, au milieu des forces du duc d'Épernon en Saintonge et Angoumois, du comte de La Rochefoucault en Poitou et de Saint-Luc dans les isles, avoit pris et fortifié l'île d'Oleron, pris Royan, la tour de Mournac, Saugeon et autres lieux, défait tout à plat le régiment de Saint-Luc, forcé en plein midi La Chaume et pris les Sables ; bref avoit donné une telle épouvante dans le pays, que, sans la venue du roi, il étoit le maître de la campagne. » Voici maintenant la lettre du sieur d'Iray au duc de La Trémouille :

« Monseigneur,

Vous avés appris par M. de Bellujon les particularités de l'entrevue de Mrs de Lesdiguières et de Rohan et ce qui se passe en Daulphiné et Languedoc, où ceux de la religion font de grandes plainctes de M. de Chastillon pour leur faire a présent guerre ouverte et le pis qu'il peut, à ce que rapportent les depputés qui assistent M. de Bullion, lequel, à ce qu'il croit, porte les ouvertures d'un accommodement général, tant par ce qui s'est passé et résolu en ladicte entrevue que par l'avis que donne en particulier mondit s^r de Lesdiguières, portant à ce qu'on dit son sentiment et advis du moyen que Sa Majesté peut tenir pour donner la paix et ce qu'il seroit raisonnable qu'elle accorde. Avec eux ont passé Mrs de Guise et des Isles Maison, le dernier à charge d'aller à La Rochelle et en amener des depputés et un de la part de M. de Soubise à Saint Maixent, où ilz doibvent tous séjourner attendant des nouvelles dudit s^r de Bullion qui est allé tout droit vers Sa Majesté, laquelle a toujours monstré beaucoup d'inclination et de désir de donner la paix à son estat. Mais aprésent aulcuns doubtent que ce qui s'est passé près de l'isle de Rié ne tarisse l'espérance qu'on en pouvoit avoir; ce que plusieurs prennent au contraire, estimans que Sa Majesté prendra ce moyen pour faire veoir à ses subjects de la religion que la paix qu'elle leur donnera deppendra purement de sa bonté, afin qu'ils n'en ayent obligation qu'à luy seul et luy en rendent les grâces qu'ils doibvent. Je ne doubte point, monseigneur, que le bruict commun ne vous ait porté ce qui s'est passé audit Rié, à quoy aulcuns et mesmes quasi tous ceux qui y estoient imputent trahison et d'aultres y croyent seulement de l'improvidence aux chefz, qui bien difficilement s'en peuvent excuser. Je vous ay cy devant escript, monseigneur, l'arrivée de M. de Soubise à Lusson, son partement de là pour son logement aux Essars, d'où il partit pressé pour sçavoir Sa Majesté près de luy, et hasta le plus qu'il luy fut possible son voyage audit Rié où il se présenta le mardi 12ᵉ du courant, mais non plus tost que M. du Boys de Kergrois avec quelques trouppes de cavalerie et infanterie que le Roy luy avoit commandé de conduire et se jetter dans ladicte isle de Rié ; fut sommé et reffusa l'entrée à M. de Soubize qui fit donner l'assault et emporta l'isle, mais sans moyen de retenir les soldatz qui aussy tost se jettoient au pillage en toute l'estanduc de l'isle qui, dit-on, en contient sept lieues en environ. Après il falut combattre ledit sʳ du Bois de Kergrois qui avoit entré par une aultre des advenues de l'isle ; cependant qu'en l'isle on fait employer le temps à ramasser ou rallier les soldatz, Sa Majesté arriva mais n'entra point dans l'isle, où le jeudi 14ᵉ Mʳˢ d'Esplan et Marillac virent M. de Soubize, auquel ils parlèrent en public et l'exhortèrent de n'attendre point les forces et puissances de Sa Majesté qu'il avoit sur les bras, mais de recercher leur salut en sa bonté sans l'attendre de leur résistance, qui ne pouvoit estre que très foible contre une si belle armée, et plusieurs aultres discours que V. E. juge convenables en telle matière. Ils parlèrent aussi en particulier à M. de Soubize, où, dit-on, se trouvèrent Mʳˢ de Bessay et Freton. Cependant Sa Majesté se tenoit là sans en aulcune sorte tesmoigner de vouloir entrer en l'Isle, les tenant enfermés, et à sa mercy s'ilz en eussent sorti, cela durant quelque temps que ceux de l'isle s'employoient à former les advenues, ce qu'ilz taschèrent de faire mais non jamais d'exécuter; sur quoy on tint conseil si on cappituleroit, si on se retrancheroit, ou, si lorsque la mer seroit basse on se retireroit à gué; le dernier fut pris et suivy, de sorte que, la nuit du vendredy au sabmedy qui estoit du 15ᵉ au 16ᵉ, chacun se mit en estat de partir, et de fait la cavalerie passa à gué et partie de l'infanterie jusques à la gorge, le mousquet et la bandulière sur la teste. Il y avoit quelques petites barques restées sur la vase où la pluspart de l'infanterie se jetta espérant se sauver par la mer lorsque la marée retourneroit, mais on croit que cela aura été taillé en pièces. Quant à ce qui se passa, on avoit donné rendez vous aux officiers de l'armée pour se trouver à la Chaize-le-Vicomte, mais comme ilz marchoient, M. de Soubize à la teste, un de la file s'endormit, et au lieu de suivre, son cheval le mena par un aultre chemin et, après luy ce qui suivoit, ce qui ne fut recogneu que longtemps après la mesprise. On cerche des guides, on n'en trouve point ; au jour, chacun disoit sçavoir les chemins, de sorte que ce qui restoit se sépara en six ou sept bandes dont la plus part tirent à La Chaize où on ne trouve rien, de là à Bourguerau où on devoit aussi avoir des nouvelles de leur général; on ne l'y trouve non plus. Enfin on crie qu'on se sépare et sauve qui peut, voylà tout en route; M. de Soubize estoit suivi de six ou sept vingtz chevaux ; il a passé, mais seulement six, en la forest de Chizé jusques où il a esté poursuivi et s'est, selon l'apparence, retiré vers La Rochelle; le reste a esté pris ou dévalisé, tout le bagage perdu ; les chemins et les prisons sont pleines de gens et ce qui a eschappé a esté mis en chemize, c'est la plus grande grâce qu'ilz ayent receu. C'est la plus grande et estrange desroutte qu'on puisse imaginer, car elle est universelle, mais, à ce que nous apprenons, moins sanglante, d'aultant que les communes et les paisans se contentent de prendre les fuyards ou les desvaliser. De demander la raison pourquoy, lorsqu'il seurent certainement que Sa Majesté approchoit, ilz ne se retirèrent de Lusson en Aunix par le marais, ilz respondent que, de La Rochelle, on manda à M. de Soubize qu'il n'y espérast point de retraitte s'il n'y portoit du pain, qu'on n'en auroit point pour ses trouppes ; cependant on ne peut oster de l'esprit de tout ce qui estoit là, horsmis des chefz, qu'ilz n'ayent esté trahis et livrés et que cela n'ait esté concerté. Sa Majesté coucha hier à Fontenay et la royne sa mère, à Sainte-Hermine. On attend quelqu'un de vostre part à la Cour, Monseigneur, pour se joindre aux depputtés des Églises pour demander en leur nom la paix à Sa majesté ; ceste négociation sera bientôt liée, mais cela ne durera que peu et les depputtés ne verront point Sa majesté qu'après que les choses seront accordées. . . . . A Thouars le 23ᵉ April 1622.   D'Iray.

A partir de la défaite de Soubise, le prestige de l'Assemblée de La Rochelle tomba complétement; Freton, l'un de ses membres, fut incarcéré comme suspect, par le Corps de ville, dès son retour, et ses collègues ne purent obtenir son élargissement avant le 6 août, jour de son acquittement; Favas, soutenu par la ville à titre de lieutenant du maire, fut poursuivi par l'Assemblée et déchu de ses fonctions le 29 septembre; Soubise, retiré à Ré, n'osait se montrer à La Rochelle, et partait le 25 mai pour l'Angleterre, sous prétexte d'aller chercher des secours. Les divisions entre le Corps de ville et l'Assemblée s'accentuaient de jour en jour ; c'était à propos des dizièmes sur les prises maritimes que l'Assemblée s'était réservés; à propos des congés de course aux capitaines de marine que l'on ne voulait pas laisser donner par l'Assemblée; à propos des sommes souscrites en Angleterre et en Écosse; à propos de M. de Favas. Jusqu'au milieu d'août, le parti de la guerre eut encore quelque influence; on comptait que l'Angleterre enverrait des troupes, que le comte de Mansfeld ferait une diversion en s'avançant jusqu'à la Loire. Mais la réalité vint dissiper ces illusions aux yeux des plus crédules. Le roi d'Angleterre et le prince de Galles conseillaient la soumission; Bouillon, chargé de s'assurer du concours de Mansfeld, le laissait se diriger d'un côté opposé; on ne pouvait douter que la flotte royale ne pût facilement barrer le passage aux auxiliaires recrutés par Soubise, contre lesquels, du reste, les éléments conspiraient. Le

21 août, l'Assemblée recevait une longue lettre de Rohan, datée du 14 juillet, par laquelle il la mettait au courant des affaires, lui parlait de son traité avec le duc de Bouillon pour entrer en campagne si on n'avait pas obtenu la paix le 1er septembre ; recommandait de presser l'arrivée des secours attendus d'Angleterre; protestant enfin de son dévouement. Le 1er septembre, une nouvelle lettre de Rohan était rédigée sur un autre ton ; il demandait un nouveau et absolu pouvoir pour arriver à une paix générale, qu'il jugerait tolérable et sûre, avec assurance de n'en abuser. Le Corps de ville de La Rochelle, le 27, s'empressa de donner son adhésion, et l'Assemblée en fit autant, renonçant enfin à la direction générale des affaires et à figurer en première ligne dans ces arrangements. Le 22 octobre, la paix était signée; la nouvelle en arrivait le 9 novembre, et était accueillie avec joie : le même jour l'Assemblée, réduite à un petit nombre de députés, cessait officiellement ses séances, ne voulant plus se réunir que pour mettre de l'ordre dans ses affaires intérieures.

Le Corps de ville devait être d'autant plus pressé de voir finir les hostilités que la position n'était plus tenable. Le blocus par terre isolait La Rochelle, jusqu'à un certain point, depuis longtemps, ainsi qu'il résulte de la communication de Rohan relatée au mois d'août dans les actes de l'Assemblée (pag. 398) ; à la fin d'octobre, un combat naval, défavorable aux Rochelais, avait eu lieu, et complétait le blocus par mer. Voici ce que nous lisons dans une lettre du sieur d'Iray adressée le 2 novembre à M. de La Trémouille :

« Jeudi et vendredi il y auroit eu un grand combat sur la mer près de Ré, auquel messieurs de Guise et de La Rochefoucault qui estoient dans un vaisseau appelé Nostre-Dame furent attaqués par le vice amiral des Rochelois, appellé *Macquin*, et les aultres vaisseaux tant d'une part que d'aultre faisant leur debvoir de combattre, que six vaisseaux des Rochelois furent calés à font et aultres bruslés d'un et d'autre costé, le dit Macquin pris prisonnier par Monsr de Guise (qui quitta ses armes pour prendre une picque) avec cinquante aultres de La Rochelle. »

Les succès de la flotte royale continuèrent les jours suivants, et on doit au duc de Guise la justice de reconnaître que, prévenu de ce qui se faisait pour la paix, il agit alors avec la plus grande modération. Le 6 novembre, dès qu'il eut appris, par une députation de la ville, que la paix était signée, il en prévint l'amiral Guiton, qui, acculé dans *la Fosse-de-Loys*, ignorait les événements et allait être écrasé.

Nous ne pouvons terminer cet exposé sans donner quelques détails sur Rohan et sur les circonstances qui amenèrent la paix. Le gouverneur général du Poitou, à ce moment, dirigea avec un certain éclat les opérations militaires ; son rôle ne manqua pas de grandeur. D'un autre côté, je ne sache pas que l'on ait jamais résumé exactement les faits qui amenèrent et accompagnèrent le traité de Montpellier.

Après la défaite de Soubise à l'île de Riez, le roi arriva à Bordeaux, recevant, en chemin, la soumission de Royan, Taillebourg, Tonneins, Mont-de-Marsan et de plusieurs autres places moins importantes ; à Bordeaux, il déclara Rohan criminel de lèse-majesté, déchu de ses honneurs, emplois, pensions et prérogatives ; cet acte, vérifié au Parlement de Paris, ne fut publié qu'après la rupture des conférences sur la paix qui se faisaient entre Rohan et Lesdiguières. Le comte de La Rochefoucauld, gouverneur de Poitiers, fut alors pourvu du gouvernement et de la lieutenance générale de la province. Le roi continua ensuite sa marche à travers le Languedoc ; ce fut à Saint-Antonin qu'il apprit le départ de Soubise pour aller chercher du secours en Angleterre ; il prit alors contre lui des mesures semblables à celles dont il avait usé contre Rohan. Voilà les deux frères officiellement déclarés rebelles. La Force, plus prudent, voyant le roi arriver en Guyenne, s'empressa d'abandonner l'Assemblée de La Rochelle et de traiter avec Louis XIII, après la reddition de Royan, au prix du bâton de maréchal et de 200,000 écus. Son exemple est suivi par Lusignan.

Rohan, réduit à l'extrémité, entouré de gens affolés de peur ou prêts à se rendre, se retrancha dans Montpellier, où il fit pendre quelques-uns de ceux qui poussaient à se soumettre au roi ; celui-ci commença le siége de cette ville le 1er septembre. Vers la fin du mois, Rohan reconnut qu'il n'avait de secours à attendre de personne, et que, s'il prolongeait la lutte, les partisans de la guerre à outrance ne manqueraient pas de rendre les conditions plus dures ; il se décida donc à acquiescer au projet de traité ébauché jadis avec Lesdiguières. Le 9 octobre, le duc de Chevreuse et le maréchal de Créqui, au nom du roi, en arrêtèrent les articles à Nîmes ; aussitôt ils furent discutés et ratifiés sous les murs de

Montpellier entre les deux négociateurs et les députés des Cévennes, de Montpellier, de Nîmes et d'Uzès ; le 18, Rohan se rendait au quartier royal, où, à genoux, il demanda pardon à Louis XIII d'avoir porté les armes contre lui ; le roi lui répondit simplement : « Soyez plus sage à l'avenir, je veux oublier les choses passées. » Le lendemain Rohan revint avec Calonges, gouverneur de Montpellier, et les députés des églises, auxquels le roi dit aussi : « Volontiers je vous pardonne, à condition que vous serez plus sages à l'avenir que vous n'avez été : soyez-moi bons sujets, et je vous serai très-bon roi. »

Dans tous ces pourparlers, il ne fut fait aucune allusion à l'Assemblée de La Rochelle ; les députés protestants qui y prirent part représentaient leurs provinces seulement. Ce fut à Lyon que les députés de la ville de La Rochelle vinrent rendre leurs devoirs au roi et demander la démolition du Fort-Louis, suivant ce qui avait été arrêté dans le dernier traité de paix.

Le traité particulier conclu avec Rohan portait en substance : qu'il aurait pour les frais de la guerre 600,000 livres, payables en un seul terme, et qu'en attendant il jouirait des revenus du duché de Valois, évalués à 30,000 livres de rente ; qu'en échange du gouvernement général de Poitou et des gouvernements particuliers de Saint-Jean-d'Angély, de Saint-Maixent, de Maillezais, etc., il aurait ceux de Nîmes et d'Uzès et 20,000 livres de rente en argent ; que sa pension et celle de Soubise seraient rétablies ; que les villes de La Rochelle et de Montauban continueraient à être places de sûreté sans y faire de démolition, mais que les fortifications de Montpellier seraient rasées ; oubli des crimes de rébellion de ceux qui avaient pris part aux dernières guerres. C'étaient les conditions que l'on pouvait accepter dès le mois de mars 1622, époque à laquelle Rohan écrivait à Lesdiguières : « Suivant le pouvoir à moy donné par l'Assemblée générale, je ferai demander la paix à S. M. par des députez exprez, au nom des églises de France, avec tous les debvoirs et soumissions que besoin sera[1]. » La ténacité de l'Assemblée de La Rochelle à vouloir traiter directement avec le roi fit durer la guerre cinq mois de plus, sans aucun profit.

---

1. D. Vaissette, *pr.* V. 365.

ACTES
DE L'ASSEMBLÉE GÉNÉRALLE
DES ÉGLISES RÉFORMÉES DE FRANCE
ET SOUVERAINETÉ DE BÉARN
(1620-1622.)

AU NOM DE DIEU.

Actes de l'Assemblée génétralle des Églises réformées de France, et souvéraineté de Béarn, tennue en la ville de La Rochelle, le vingt cinquiesme jour du mois de décembre mil six cens vingt, en laquelle ont comparu les depputez des provinces cy après nommez :

Premièrement pour La Rochelle : Mrs du Pont de La Pierre et de La Goutte pour la Maison de ville et Mrs de Riffault et de Massiot pour le corps des bourgeois habitants.

Pour la province de Xaintonge, Aulnis et Angoumois : Mrs de Couvrelles, de Saint-Simon, de La Chapellière, de La Grange et de La Piterne.

Pour la province de Poitou : Mrs de Bessay, Clemanceau, de La Milletière et de Malleray ; défaut de la dicte province : Monsr de Vérac.

Pour la province d'Anjou, Touraine, Le Mayne, Lodunois et le Grand-Perche : M^{rs} d'Espinay et de Menuau ; deffaillans de la dicte province : M^{rs} le marquis de Clermont, de La Primaudaye et de Bouilly.

Pour la province d'Orléans, Berry, Souloigne, La Marche, Blezois et Dunois : M. Guérin ; deffaillans de la dicte province : M^{rs} le baron d'Anjau et Boullereau.

Pour la province de Bretaigne : M^{rs} le baron de La Musse, de La Place, de Beauchamps et de Heinleix.

Pour la province de Normandie : M. le baron de Mitoys ; deffaillans : M^{rs} de......

Pour la province de l'Isle de France, Picardie, Champagne, et païs Chartrain : Mrs de la Cloche et de La Milletière ; deffaillant M^r de La Haye.

Pour la province de Bourgongne : M^{rs} d'Asnières et de Colinet ; deffaillant : Mr Bouvot (ou Bonnat).

Pour la province des Seveines et Gévaudan : M^{rs} le baron de Sérignac et de Saint Bonnet, Bonnye, de Montmezart et de La Taulle.

Pour la province du Bas Languedoc : Mrs de Fabvier, de Rosel et Rodil ; deffaillans : Mrs de Freton et de La Grange.

Pour le Béarn : Mrs de Rostolan et Cazaubon ; deffaillantz : Messieurs de Lescun, de Benzin et de Capdeville.

Pour la province du haut Languedoc et haulte Guienne : Mrs de Lignières et Guérin ; deffaillans : M^{rs} le conte d'Orval, le baron de Sénégas, et Texier.

Pour la province de la basse Guienne : Mrs Hespérien et de La Tour ; deffaillans : M^{rs} le marquis de Chasteauneuf, le baron de Castelnau et Puyferré.

N'ont comparu aucuns députez des provinces de Vivarestz, Provence et Dauphiné.

Après l'invocation du nom de Dieu et avant que procéder à la nomination du président, adjoint et secrétaires, a esté résolu par la pluralité des voix recueillies par teste, sur la proposition faite par quelques provinces, que les présidentz adjoinctz et secrétaires soient changez tous les mois ; et néantmoins qu'après le second mois passé il sera en la liberté de nommer les mesmes qui avoient esté esleuz la première fois et ainsi conséquemment ; en suitte ont esté nommez par la pluralité des voix recueillies par teste : pour président, M. de Bessay ; pour adjoinct, M. Clémanceau, pasteur de l'Église de Poitiers ; et pour sécretaires Mrs de Malleray, advocat au Présidial de Poitiers, et de La Milletière, advocat au Parlement de Paris.

La Compagnie a trouvé bon, sans aucune autre délibéracion, d'envoyer vers M. le Maire et Capitaine de ceste ville pour le visiter en sa maison et après, au conseil, vers Mrs du Corps de Ville pour leur faire les complimens de la part de l'Assemblée, et les asseurer de son service ; et, pour ce faire, ont esté nommez Mrs de Couvrelles, de Favier, de Collinet, Rodil et Guérin.

Du 26 Décembre.

Mrs de Couvrelles, Favier, Colinet, Rodil et Guérin ont fait leur rapport vers M^r le Maire et vers Mrs du Corps de Ville et ont asseuré la Compagnie qu'elle seroit visitée l'après-dinée par Mrs du Corps de Ville, bourgeois et habitans, pour lesquelz recevoir ont esté nommez : Mrs de Saint-Simon, d'Asnières, d'Espinay, de La Grange et Cazaubon.

Messrs Du Pont de La Pierre, de La Goutte, Riffaut et Massiot, députez de la ville de La Rochelle en l'Assemblée géneralle, ayant fait entendre les causes de la convocation d'icelle, la Compagnie a trouvé ladite convocation bien faite et en a remercié la province de La Rochelle en la personne de ses députez.

Il a esté arresté qu'on escriroit à Mrs de Favas et de Chalas, députez généraux, pour les prier de se rendre à la Cour le plus diligemment qu'ilz pourront.

Du 27. Mrs de Saint Bonnet et de Montmezart, députez de la Province des Sevènes, ont comparu en l'Assemblée.

Mrs de Fief Mignon, Gendreau, Viette, Goyer et Touppet ont fait entendre à l'Assemblée y avoir esté députez tant de la Maison de ville que corps des Bourgeois, pour l'asseurer de son entière affection à son service et voulloir absolument dépendre des résolutions qu'elle prendra ; de quoy ils ont esté remerciez.

La Compagnie a trouvé bon d'escrire aux provinces et à Messrs les Grands pour les advertir de l'estat présent des affaires généralles, avec promesse de les en informer plus amplement dans peu de jours ; et prier Mrs les Grands d'envoyer icy quelqu'un de leur part pour résider près de l'Assemblée, avec mémoires et instructions d'eux signez et pouvoir de se soubzmettre aux résolutions d'icelle.

Du 28. Les sermentz d'union et de silence ont esté jurez et signez par tous les députez de l'Assemblée suivant le formulaire accoutumé et tel qui s'ensuit :

Nous, soubzsignez députez des Eglises Réformées de France et souveraineté de Béarn, assemblez en ceste ville de La Rochelle en suitte et continuation de l'assemblée tenue à Lodun par permission du Roy, nostre souverain seigneur, pour luy faire très-humbles remonstrances et supplications des choses appartenantes au bien, repos et conservation desdictes Eglises, ayant par cy devant expérimenté et reconnu par tesmoignages très-evidentz combien l'union et concorde leur est à ceste fin nécessaire, et qu'elle ne peut longuement subsister sans une bonne et estroitte conjonction des uns avec les autres, mieux gardée, et observée, et entretenue qu'elle n'a esté par le passé ; et pour ceste raison désirans à l'advenir oster toutes semances de partialitez entre lesdites Eglises et obvier à toutes impostures, menées et pratiques par lesquelles plusieurs mal affectionnez à nostre Religion taschent à les dissiper et ruiner, qui leur donne subjet plus que jamais de rechercher d'un commun accord et consentement les moiens de leur juste, nécessaire et ligitime deffence et conservation pour les opposer, quand besoing sera, soubz l'autorité et protection du Roy aux effortz et viollances de leurs ennemis ; avons, au nom desdictes Eglises, pour leur conservation et seureté, pour le service de Sa Majesté, bien de l'Estat et affermissement de la paix et tranquilité publicque, en continuant les traitez de l'union si devant faitz et arrestez entre lesdictes Eglises et signez par leurs députez soubz l'obéissance de

Sa Majesté, comme dit-est, renouvellé et confirmé et, et tant que besoin seroit, renouvellons et confirmons par ces présentes la susdicte union entre toutes les susdictes Eglises ; protestons et jurons sainctement devant Dieu, tant en noms que dessus qu'en nostres propres, de demeurer inséparablement unis et conjoinctz soubz la très-humble subjection du Roy, que nous reconnoissons nous avoir esté donné de Dieu pour nostre souverain seigneur, le souverain empire de Dieu demeurant en son entier ; et ce non seullement en doctrine et discipline ecclésiastique conforme à la généralle confession de foy desdictes Eglises arrestée aux synodes nationnaux, mais aussi en tous devoirs et offices de charité publicque et particulière en tout ce qui despend de la mutuelle conservation, ayde, support et assistance desdictes Eglises, les uns envers les autres, mesmement en la présente poursuitte de nos très-humbles requestes et supplications ; Promettons en outre et jurons es dictz noms de ne faire, ny entreprendre chose aucune concernant les affaires publicques et le commun intérest desdictes Eglises que de leur commun advis et consentement par le moien d'une bonne intelligence et corespondance qui sera cy après par la grâce de Dieu soigneusement continuée et entretenue entre lesdictes Eglises : ce qu'estans prestz à signer de nostre sang propre, nous avons aussi signé ces présentes ès dictz noms d'un commun consentement.

Nous soubzsignez députez des Eglises Réformées de France et souveraineté de Béarn, assemblez en la ville de La Rochelle en suitte et continuation de l'assemblée tenue à Lodun par permission du Roy, promettons, soubz l'autorité et protection de Sa Majesté et selon qu'il a esté accordé ès assemblées précédentes et qu'il est cy-dessus couché au précédent serment, de procurer l'observation d'icelle en tous lieux et spécialement dans les provinces qui nouz ont envoiez, et en lieux ou nous serons ; Item de ne proposer aucuns advis en ceste assemblée que nous ne jugions en noz consiances estre conforme à la raison et équitté ; et que nous déposerons toute passion et affection mauvaise et intéretz particuliers pour n'avoir autre but que l'honneur de Dieu, le bien, repos et advancement desdictes Eglises, service de Sa Majesté, et bien de l'Estat; Item d'observer et faire observer et exécutter de tout nostre pouvoir en nos dictes provinces et tous autres lieux ou nous serons en quelque considération, qualité ou dignité tout ce qui sera conclud et arresté en la présente assemblée par la pluralité des voix et d'employer nos vies, autoritez et biens pour cet effect et de nous soubzmettre entièrement et despendre en toutes choses des résolutions, conclusions et réglemens qui ont esté ou seront pris et dressez en ceste compagnie, sans nous en départir jamais en aucune façon, et pour quelque cause que ce soit, jusqu'à ce qu'autrement en ait esté ordonné et résolu par la dite assemblée ou autre suivante génseralle; et de ne revéler directement ou indirectement par escrit ou par parolles à aucunes personnes, quel qu'elle soit, les propositions et advis des assistans ny les résolutions qui seront jugées par ladite assemblée devoir estre tenues secrettes; et que si aucun estoit recherché ou molesté pour observer et mettre à exécution lesdictes résolutions, conclusions et réglementz, ou pour s'estre trouvez aux assemblées générales provincialles ou conseilz, d'employer pour son indemnité nos biens et vies et de ne nous despartir de la présente assemblée sans congé d'icelle.

La Compagnie ayant jugé nécessaire d'emprunter la somme de 1600 l. pour subvenir aux fraitz des voiages plus pressez et ayant prié M. Riffault de les luy faire trouver, ledit sieur s'est offert de les prester. Ladite Compagnie a accepté ses offres, l'en a remercié et prié de les retenir entre ses mains pour les distribuer selon qu'elle le jugera bon, luy promettant par le présent acte de l'en rembourcer à sa volonté.

Il a esté trouvé bon d'escrire à M. de Laferrière, gouverneur de Vézins et l'asseurer qu'aux occasions l'on se souviendra de luy.

M. le duc de Rohan ayant fait entendre ses bonnes intentions à l'Assemblée, il en a esté remercié par lectre et prié, en cas qu'il escrive à la Cour, de continuer à défendre l'innocence de la dite Assemblée comme il a cy devant fait.

Pour dresser les remonstrances très humbles que la Compagnie a jugé devoir faire présenter au Roy, ont estez nommez Mrs de Couvrelles, Favier, La Chapelière, d'Espinay, La Miletière et La Tour-Geneste.

Du 30e. Mr de Fréton, l'un des députez du Bas Languedoc, a comparu en la dite Assemblée. M. de Chastillon a écrit à l'Assemblée par Monsr de Fréton, protestant par ses lectres de ses bonnes intentions envers elle et de ses submissions à toutes les résolutions qu'elle prendra; de quoy il a esté remercié par lectre.

Il a esté jugé nécessaire d'escrire au Roy, à Monseigneur le Prince, à M. le duc de Luine, M^rs le chancellier, garde des sceaux, de Schomberg et de Pont-Chartrain.

La Compagnie a arresté que, doresnavant, les mémoires et instructions qui seront donnez aux députez des provinces qui auront à se trouver aux assemblées générales seront paraphez par les modérateurs des assemblées provinciales, et que mention sera faitte au pied d'icelles des feuilletz et articles qu'elles contiendront; et que, présentement, les mémoires et instructions de toutes les provinces seront paraphez par le modérateur de la présente Assemblée en la forme susdicte.

M. de Lermois, député de Berry, a envoyé à l'Assemblée ses excuses.

Du 31e. Mrs de Chasteauneuf, Marchas et Anias députez de la province de Vivaretz ont comparu en l'Assemblée.

M^rs de l'Eglise de ceste ville ont envoyé salluer l'Assemblée par M^rs de L'houmeau et Blanc, pasteurs, avec M^rs d'Angoulin et Aigret, anciens, dont ilz ont esté remerciez.

M. Allain, l'un des députez de la province de Normandie, a comparu en l'Assemblée.

Sur la question envoyée aux provinces par l'Assemblée générale de Lodun si l'on oppineroit doresnavant par province ou par teste, advenant qu'une province ou plusieurs requissent qu'on oppinast par province; la Compagnie, ayant eu l'advis de chacune province par les mémoires donnez à ses députez, a jugé, suivant la pluralité, qu'à l'advenir on oppineroit par teste.

La Compagnie ayant vu pareillement l'advis des provinces sur la question envoyée par ladite Assemblée de Lodun si les députez des provinces pourroient en l'Assemblée générale oppiner contre les mémoires et instructions a eux donnez, a jugé, suivant la pluralité des advis des provinces, que les députez ne pourroient oppiner contre leurs mémoires et instructions.

M. Riffault a esté prié de rembourser M. de Montmezart de la somme de 36 l. qu'il auroit fournie au messager qui est allé en Dauphiné ; ce que ledit Sr Riffault a fait présentement.

Du premier Janvier 1621.

M. le conte d'Orval a escrit à l'Assemblée, promettant par ses lettres toutes sortes de submissions aux résolutions d'icelle ; la priant aussi de le voulloir excuser s'il ne vient en ladite Assemblée, pour suivre sa vocation, attendu qu'il se trouve empesché pour les affaires de sa province, laquelle a chargé M. de Veilles, son subsidiaire, de s'i rendre au plus tost. La Compagnie a arresté qu'il sera fait responce à mondit S^r le conte d'Orval pour le remercier et l'asseurer de son affection envers luy.

Sur la remonstrance qui a esté faite en la Compagnie, par les députez de La Rochelle, qu'il seroit expédiant de prier M. le baron de Chandolant de veiller à la seureté de Marans, dont il a la garde, la Compagnie a arresté qu'on luy escrira pour le prier de veiller soigneusement à la sureté de ladite place jusques à ce qu'il y ait esté pourveu.

Du 2e Janvier. M. de Rohan a escrit à l'Assemblée et fait entendre par le sieur de La Noue, son maistre d'hostel, la résolution qu'il a de se conformer entièrement aux résolutions d'icelle ; dont il a esté loué et remercié, tant en la personne dudit sieur de La Noue que par lectre, et prié derechef d'envoyer quelqu'un de sa part pour résider près de l'Assemblée avec mémoires et instructions signez de luy.

Les remonstrances qui ont esté dressées pour présenter au Roy et les lectres escrites à Sa Majesté, avec les autres lectres cy-dessus resolues, ont esté envoyées à M. de Favas, estant de présent à Niort, pour les porter au plus tost à la Cour; lequel a esté prié par lectre de la Compagnie de luy donner advis huit jours après son arrivée près du Roy de ce qu'il y aura à espérer sur le contenu desdictes remonstrances.

Du 4e. M. de Veilles, substitué à Monsr le comte d'Orval, et député pour la province du Haut Languedoc, a comparu en l'Assemblée à laquelle il a rendu lectres des députez de l'abrégé de la dite province tenant à Montauban, par lesquelles ilz protestent voulloir despendre des résolutions d'icelles (*sic*). Ladite Assemblée a arresté qu'il sera escrit à l'abrégé du Haut Languedoc pour luy faire entendre qu'elle a envoyé ses remonstrances au Roy par M. de Favas, député général, dont elle attend responce au premier jour; attendant quoy elle trouve bon que le dit abrégé subsiste, se louant de l'ordre, zèle et prudence dont il a uzé cy devant; et sera exhorté d'en user ainsi à l'advenir et de faire savoir à la dite Assemblée ce qui se passera audit abrégé le plus souvent qu'il se pourra.

L'Assemblée considérant le danger auquel se peuvent trouver dans peu de temps les villes de Saumur, Georgeau, et Sancerre, a jugé nécessaire d'escrire à M. de Sully et M. Du Plessis pour les prier et exhorter de veiller à la seureté et garde des dites places et y employer ce qu'ilz jugeront nécessaire; comme aussi au conseil de la province de Berry afin qu'ilz pourvoient, selon le temps et avec prudence, à la conservation desdites villes de Georgeau et Sancerre jusqu'à ce qu'autrement y ait esté pourveu par la dite Assemblée ; que si la province est contrainte pour la nécessité présente de faire de la despance, elle en sera rembourcée par le général des églises.

M. le duc de Rohan a fait entendre à la Compagnie par ses lettres qu'il auroit despesché au Roy, suivant ce qu'elle avoit désiré de luy. La dite Compagnie ayant eu communication de la dite despesche, y reconnoissant l'affection et zèle qu'elle avoit attendu du dit seigneur duc, a arresté qu'il en sera affectueusement remercié par lectres.

M. de La Haye, député de l'Isle de France, a escrit à l'Assemblée la suppliant de le voulloir tenir excusé s'il ne se rend en ce lieu suivant sa vocation.

Du 8ᵉ Janvier. M. Duplessis, gouverneur de Saumur, a escrit à l'Assemblée, protestant par ses lectres voulloir employer son sang et sa vie pour le service de Dieu et conservation des Eglises.

Sur ce que l'Assemblée a esté informée par divers advis et autres preuves, qui ne sont que trop notoires, que les ennemis du Roy et de la tranquilité publicque font leurs effortz de haster la ruine de cet estat par la nostre (*un blanc dans le texte*) d'employer tous moiens ouvertz et couvertz pour y parvenir. Ladite Assemblée, pour prévenir contre toutes machinations, surprises et viollances qui pourroient estre attentées contre les places dont la garde nous a esté commise par Sa Majesté pour nostre seureté et conservation, a trouvé bon d'escrire tant aux gouverneurs des provinces faisant profession de la Religion, qu'aux conseilz des dites provinces et aux gouverneurs des places, communaultz, et autres personnes qualifiées, à ce que tous et un chacun d'iceux tendent à la conservation de l'estat, du repos public, et bien du service du Roy, donnant ordre que l'union se conserve entre nous en toutes les provinces ; que les gouverneurs des dites provinces et places ne s'esloignent chacun d'eux de leur gouvernement ; et que les places soient réparées de fortifications et pourveues de munitions nécessaires ; le tout pour se tenir en estat d'une juste et légitime deffence. Et que, pour cet effect, coppies du présent acte leur sera envoyée afin qu'il y soit par eux diligemment et soigneusement pourveu.

Du 11. Monsʳ le Duc de La Trimouille a escrit à l'Assemblée, luy promettant par ses lettres d'envoyer au plus tost un gentilhomme vers elle avec mémoires et instructions suivant ce qu'elle auroit désiré de luy et des autres grands.

Mʳˢ les députez de l'abrégé de Montauban ont aussi escrit à l'Assemblée, l'asseurant d'exécuter avec vigueur toutes les résolutions d'icelle, dont ilz ont esté remerciez.

M. de Jaucour, substitué à M. le baron d'Anjau, député de Berry, a escrit à l'Assemblée, s'excusant de ce qu'il ne s'est encore rendu en ceste ville au lieu de M. d'Anjau détenu malade ; l'asseurant de le faire néantmoins, s'il est jugé nécessaire. La Compagnie a trouvé bon d'escrire au conseil de la province de Berry et le prier qu'en cas qu'il aye desja semont le dit sieur de Jaucourt de se rendre en l'Assemblée à cause de l'indisposition du dit sieur d'Anjau, qu'il procède à la nomination de deux personnes de la qualité de ceux qui deffaillent pour se rendre au plus tost en la dite Assemblée, laquelle a autorisé le conseil de la dite province sur ce subject sans tirer à conséquance toutesfois.

Le conseil de la province de Berry a escrit à l'Assemblée protestant de vouloir despendre des résolutions d'icelle.

Du 12. Sur que Mʳ Du Plessis, gouverneur de Saumur, a escrit à l'Assemblée luy donnant à entendre les ouvertures qu'on luy faisoit de se servir de l'entremise de quelques uns de Mʳˢ nos Grands, et de luy, pour un accommodement, offrant d'y apporter de sa part tout ce que l'Assemblée trouvera bon ; la dite Assemblée, luy faisant responce, l'a remercié de ses offres et luy a pareillement déclaré qu'elle n'entend se servir d'autre voye que du ministère des députez généraulx ou autres députez de son corps pour faire entendre directement à Sa Majesté tout ce qui concerne les très humbles supplications et remonstrances qu'elle a à luy faire ; en suitte de quoy la dite Assemblée a aussi trouvé bon d'escrire à M. de Favas et luy envoyer coppies tant des lectres de M. Du Plessis que de la responce sur icelle, afin qu'il soit plainement informé des intentions et volontez de l'Assemblée.

Du 13°. M. le marquis de Chasteauneuf, député de la province de la Basse Guienne, a comparu en l'Assemblée et fait entendre ses excuses pour ne s'estre trouvé en ce lieu au jour assigné. La dite Assemblée ayant ouy les dites excuses les a trouvées justes et raisonnables.

M. de Soubize a escrit à l'Assemblée, tesmoignant par ses lettres l'affection qu'il a au bien des Eglises.

L'Assemblée considérant que les menaces et préparatifs des ennemis de l'estat et de nous, ne donne que trop d'appréhension à toutes les Églises de ce royaume et mesmes que leurs mauvaises résolutions, qu'ilz acheminent de longue main, n'ont commancé et ne continuent encore ou ne pourront avoir suitte à l'advenir que sur le pied qu'ilz prennent principalement d'une oppinion de désunion parmy nous, de foiblesse et de manque de moiens pour nostre propre secours et conservation ; et partant, qu'il est nécessaire, autant que faire ce peut, de retrancher à nos malveillans, tant en occurance présente que sy après, toutes occasions de hardiesse et entreprise et toute espérance de facilité à nous ruiner ; après avoir desja pourveu autant qu'il a esté possible a l'ordre du maintien d'une bonne union et correspondance aux fortifications et munitions et bonne garde des places de nostre seureté ; recconnoissant que le principal moien pour establir et entretenir le bon ordre et la plus sûre précaution contre de si pernicieux desseins est d'avoir un bon fonds pour subvenir aux plus urgentes nécessitez dont les dites églises pourroient estre pressées ; ladite Assemblée, ayant sur ce meurement considéré, a esté d'advis de faire une colecte par toutes les dictes églises ; et, à ceste fin, d'en escrire aux conseilz des provinces à ce que par leur vigilance, en exécutant l'arresté de l'Assemblée, tous les particuliers, membres de chacune église, soient soigneusement et vivement exhortez à contribuer franchement, libérallement et charitablement, en ceste occasion si importante, des biens que Dieu leur a donné, chacun selon son pouvoir; et, par ce bon effect de leur zèle, tesmoigner leur unanime consentement et leur courageuse affection en la subsistance et conservation du général de toutes les églises, aux nécessitez et utilitez duquel tout ce qui se recueillera sera soigneusement et fidellement employé selon l'ordre qui en sera estably, ainsi que le temps et les affaires le requerront, sans qu'il puisse estre diverty ailleurs, pour quelque cause et occasion que ce soit; afin que, par une telle prévoyance, autant requise pour le temps présent pour nous préserver de toutes surprises, tandis que nous cerchons et attendons les effectz de la bonne volonté du Roy en l'octroy de noz justes requestes, que pour pouvoir à l'avenir destourner et nous garantir des efforts de ceux qui cerchent le troubles de la paix et tranquilité publicque, et ce faisant nous maintenir, pour demeurer fermes en l'obéissance que doivent tous fidelles subjectz à leur Roy ; protestant la dite Assemblée devant Dieu n'avoir autre intention que de cercher soubz l'autorité et protection de Sa Majesté, et pour le bien de son service, le moien de conserver les dites églises contre les entreprises et machinations de ceux qui ont conjuré la ruine d'icelles.

Du 18. M. le duc de Rohan a escrit à l'Assemblée en responce de celles qu'elle luy avoit escrit sur la résolution qu'elle avoit pris d'escrire à tous les gouverneurs de fortifier et munir les places de seureté ; par sa lecture ledit seigneur duc promet de satisfaire à ce qui a esté résolu et de se soubzmettre en toutes choses aux résolutions de ladite Assemblée.

Les députés du colloque de Périgord, les maires et consuls de la ville de Bergerac, ont escrit à l'Assemblée, la suppliant de voulloir trouver bon que M. de Castelnau, l'un des députez de la basse Guienne et gouverneur de la ville de Bergerac, demeure en la dite ville et soit excusé de se trouver en l'Assemblée, attendu que sa présence est nécessaire en son gouvernement tant à cause des troupes ennemyes qui en sont proches, que pour faire travailler diligemment et puissamment par son autorité aux fortifications de la dite ville de Bergerac. La dite Assemblée a arresté que l'on feroit responce tant au colloque, que Maire et consulz du dit Bergerac, pour leur faire entendre qu'elle a envoyé le jugement des excuses de tous les députez absans aux provinces.

M. d'Anguitar est venu en l'Assemblée à laquelle il a protesté de son affection et entière volonté à se soubzmettre et obéir à toutes les résolutions qu'elle prendra, dont il a esté remercié.

M. de Castelnau, gouverneur du Mont-de-Marsan, a envoyé lettre de créance à l'Assemblée par le sieur Guichinay, laquelle exposant il luy auroit fait entendre l'estat de la dite place, laquelle ne peut estre seurement gardée si on ne luy baille moien de ce faire, attendu que la garnison n'est composée que de sept soldatz; ce qui l'auroit obligé par le passé à faire de grandz fraitz et despences. La dite Assemblée reconnaissant l'affection et le zèle que le dit sieur de Castelnau a tesmoigné à la garde de la dite place a arresté qu'il luy sera fait responce et prié de voulloir continuer le mesme soin que par le passé, l'asseurant qu'aux occasions, et selon les moiens, elle luy donnera tout contentement.

M. de Puy Ferré, l'un des députez de la Basse Guienne, a envoyé à l'Assemblée lectre d'excuse.

L'Assemblée ayant eu advis que l'on taschoit de praticquer toutes les communaultez faisant profession de la religion pour les destourner de l'union des Eglises, et qu'on se voulloit servir des chambres my-parties pour ce faire; ladite Assemblée a trouvé bon d'escrire à toutes les chambres et les prier que, demeurans unies avec ceste Compagnie, elles n'entreprennent rien contre les résolutions d'icelle.

Du 19. Sur l'appel interjetté par le sieur de La Piterne de certain arresté et ordonnance de la province de Xaintonge, la Compagnie ayant ouy le dit s^r de La Piterne en ses moiens d'appel, et ladite province par ses députez, a trouvé qu'il y a esté mal jugé par ladite province; et, en réformant, a ordonné que ledit sieur de Piterne sera payé par ladite province pour le temps qu'il a employé en l'Assemblée générale de Lodun, a raison de 4 l. par jour, attendu que pareille somme auroit esté ordonnée par ladite province au sieur Chaillou codéputé dudit La Piterne en ladite Assemblée de Lodun.

M. de Favas, député général des églises, a escrit à l'Assemblée, luy faisant entendre que le Roy n'ayant voulu recevoir les remonstrances de ladite Assemblée; il auroit, par commandement de Sa Majesté, présenté une requeste soubz son nom, contenant en sommaire les mesmes choses que les dites remonstrances, laquelle auroit esté rejettée sans responce par escrit. Ladite Assemblée a jugé nécessaire, afin de faire connoistre à un chacun la candeur de ses actions et la mauvaise affection qu'on porte au général de la Religion, d'envoyer coppie par toutes les provinces et aux grands tant de la lectre dudit sieur de Favas escritte à l'Assemblée que de la requeste par luy présentée.

Du 20e. L'Assemblée, délibérant de la despesche qu'elle auroit à faire à M. de Favas a trouvé bon de luy escrire en toute dilligence et le remercier de son soing, vigilance et prudence, et le prier de voulloir encore, au nom de Dieu, insister avec toute humilité envers sa Majesté, pour faire recevoir ses dites remonstrances et luy présenter la lectre qu'elle luy escrit de nouveau et de donner advis au plus tost à ladite Assemblée de ce qui se passera.

M. Rifault est prié par la Compagnie de dellivrer au sieur Castaing, envoyé par M. de Favas vers elle, douze pistoles, revenans à la somme de 87 l. 12 s. dont elle l'a gratifié, laquelle somme luy sera allouée en son compte, avec la somme de 4 l. donnée à un vadepied envoyé à Niort ; et encore la somme de 22 l. 10 s. donnée à l'imprimeur pour certain nombre d'exemplaires des remonstrances deslivrées par égales portions aux provinces, suivant l'ordonnance de l'Assemblée ; touttes lesquelles sommes joinctes en une montent cent quatorze livres, deux solz.

Du 22ᵉ. Les députez du Conseil de la province d'Anjou ont escrit à l'Assemblée par M. de La Primaudaye, l'un des députez d'icelle, par lesquelles ilz excusent à l'Assemblée ledit sieur lequel a esté receu ce jourd'huy en ladite Assemblée et lesdites excuses jugées d'autant plus admissibles qu'elles sont receues de ladite province d'Anjou.

Messrs de Veilles et Allain ont esté nommez par l'Assemblée pour aller trouver Mrs les ducz de Rohan et de la Trimouille, et leur rendre les lectres qu'elle leur escrit et les prier, savoir : Mr de Rohan, d'envoyer quelqu'un des siens vers M. de Suilly pour luy rendre les lectres de l'Assemblée ; et Mr de La Trimouille, d'envoyer pareillement quelqu'un des siens vers Mr le duc de Bouillon, pour luy rendre aussi les lectres de ladite Assemblée ; et, de plus, ledit sieur de Veilles a esté chargé d'aller jusques à Saumur trouver M. Duplessis pour l'informer de ce qui a esté jugé nécessaire.

M. de Valdan, lieutenant de M. de La Boulaye au gouvernement du chasteau de Fontenay, a escrit à l'Assemblée en responce de celle qu'elle luy avoit escrite, donnant asseurance, ledit sieur par ses lectres, de voulloir entièrement despendre des résolutions d'icelle.

Du 25ᵉ. En suitte de la résolution prinse cy devant pour le changement de mois en mois de ceux qui auroient la direction de l'Assemblée, après l'invocation du nom de Dieu, ont esté nommez par la pluralité des voix recueillies par teste : Mʳ le Marquis de Chasteauneuf pour président ; Mʳ de La Chappellière pour adjoinct ; et Mʳˢ de La Grange et de La Goutte pour secrétaires. Signé *Bessay, présidant, Clémanceau adjoint, Maleray sécretaire, La Milletière sécretaire.*

AU NOM DE DIEU.

Continuation des actes de l'Assemblée générale des églises réformées de France et souveraineté de Béarn, tenant à La Rochelle.

Du 25ᵉ Janvier. Après l'invocation du saint nom de Dieu, et que, par la pluralité des voix, suivant l'ordre estably dès le commancement en l'Assemblée, ont esté nommez pour la direction d'icelle durant le mois qui commance ce jourdhuy : Mʳ le marquis de Chasteauneuf, présidant ; Mʳ de La Chappellière adjoint ; Mʳˢ de La Grange et de La Goutte sécretaires ; Mʳˢ de Bessay, Clémanceau, Maleray et de La Milletière ont esté unanimement louez et remerciez par toute l'Assemblée de l'affection, vigilance et fidellité qu'ilz ont apporté à la conduite et modération d'icelle durant le mois précédant.

Sur les remonstrances faites par les habitans de l'Eglise et marquisat de Royan et, ouy sur ce le sieur de La Chambre, leur député, à ce que les munitions estans en ladite place soient soigneusement gardées pour la seureté et conservation d'icelle, sans qu'il soit permis à Monsieur de Candelay, cy devant gouverneur de ladite ville, de les vendre ou en disposer autrement ; ladite Assemblée a arresté qu'avant pourvoir sur l'opposition desdictz habitans, ledit sieur de Candelay sera ouy sur le droit qu'il peut prétendre ausdites munitions ; et que, pour cest effect, luy en sera escrist par ladite Assemblée pour luy oster tout subject de plainte ; et néantmoins, pour l'importance de la conservation de ladite place, que lesdites munitions ne pourront estre transportées hors de ladite ville jusques à ce qu'autrement y ait esté pourveu ; et, qu'à ceste fin, il en sera escrit ausdits habitans et à M. de La Chaisnaye, commandant en la dite place, pour y tenir la main et faire bon et loyal inventaire desdites munitions ;

Et sur ce qui concerne la requeste présentée par les soldatz de la garnison du dit Royan, pour avoir payement des arrérages qu'ilz prétendent leur estre deubz, suivant le certificat qu'ils rapportent, dudit sieur de Candelay ; a esté arresté que l'Assemblée, ayant esgard à leurs longs et fidelles services, aura soing de faire pourvoir à leur contentement aux occasions qui s'en offriront ; les exhortant cependant de continuer à leur fidélité et affection.

Du 26 Janvier 1624. M[r] de La Bourdellière a présenté à la Compagnie lectre de créance de M[r] le duc de La Trimouille, avec le pouvoir de luy signé, pour jurer et signer en son nom le serment de l'union de nos églises ; promettre d'y demeurer incéparablement uny et conjoint soubz la très humble obéissance du Roy, et se soubzmettre aux résolutions qui seront prises en ladite Assemblée ; dont il a esté très affectueusement remercié en la personne dudit sieur de la Bourdellière et par lectres qui luy ont esté escrittes.

S'ensuit la teneur dudit pouvoir.

Nous Henri de La Trimouille, duc de Touars, pair de France, à Mʳ de La Bourdellière, salut. Nous vous avons donné et par ces présentes donnons pouvoir et autorité de jurer et signer pour nous, en l'Assemblée géneralle de La Rochelle, le serment de l'union ; et promettre que nous demeurerons inséparablement unys et conjoinctz soubz la très humble obéissance du Roy, avec les Eglises réformées ; de nous soubzmettre comme dès à présent nous nous soubzmettons aux résolutions qui seront prises par Mʳˢ les députez de ladite Assemblée. En tesmoin de quoi nous avons signé ces présantes et fait contresigner à l'un de nos sécretaires et cacheter du cachet de nos armes. A Touars, le 22 Janvier 1621. Signé : *Henri de La Trimouille*, et plus bas par Monseigneur : *Rogier*, et cacheté en placart du cachet des armes de mondit Sieur.

Après quoy, ledit sieur de La Bourdellière a presté et signé en l'Assemblée, au nom de mon dit Sʳ de La Trimouille, le serment général de l'union des Eglises ; ensemble le serment particulier des députez de ladite Assemblée, selon qu'ilz sont incérez dans les actes d'icelle.

Du 27 Janvier. Mʳ de Laudebaudière a présenté à la Compagnie lectre de créance de Monsʳ le duc de Rohan, avec le pouvoir de luy signé pour jurer et signer en son nom le serment de l'union de nos églises ; promettre d'y demeurer inséparablement uny et conjoint soubz la très humble obéissance du Roy et se soubzmettre aux résolutions qui seront prises en ladite Assemblée ; dont il a esté très affectueusement remercié en la personne dudit sieur de Laudebaudière et par les lectres qui luy en ont esté escrites.

S'ensuit la teneur dudit pouvoir.

Nous Henry de Rohan, duc pair de France, prince de Léon, conte de Porhouet, seigneur de Blain, conseiller du Roy en ses conseilz et capitaine de cent hommes d'armes de ses ordonnances, gouverneur et lieutenant général pour Sa Majesté ès pays de Haut et Bas Poitou, Chastelleraudois et Lodunois, ville et ressort de Saint Jehan d'Angely, au sieur de Laudebaudière, salut. Nous vous donnons tout pouvoir et autorité de jurer et signer pour nous en l'Assemblée généralle, qui tient à la Rochelle, le serment d'union ; et promettre que nous demeurerons inséparablement uny et conjoinct soubz la très humble subjection du Roy avec les églises réformées de ce royaume et nous soubzmettre comme dès à présent nous soubzmettons aux résolutions qui seront prinses par M^{rs} les députez de ladite Assemblée. En tesmoin de quoy nous avons signé ces présentes de nostre main, à icelles fait apposer le cachet de nos armes et contresigner par nostre secrétaire ordinaire. Au chasteau de Saint Maixant, le 25 Janvier 1621. Signé : *Henry de Rohan* et plus bas : par Monseigneur : *Du Chesnay* et cacheté en placart des armes de mondit Sieur.

Après quoy le sieur de Laudebaudière a presté et signé en l'Assemblée au nom de mondit Sr de Rohan le serment général de l'union de nos Eglises ; ensemble le serment particulier des députez de ladite Assemblée selon qu'ilz sont incérez dans les actes d'icelle.

Mrs de Veilles et Allain aians esté députez vers M^r le Duc de Rohan, après avoir ensemble veu et conféré avec mondit S^r en la ville de St-Maixant d'où ledit sieur de Veilles est passé outre vers M. le Duc de Trimouille et Mr Duplessis Mornay, suivant la charge qu'il en avoit de l'Assemblée ; ledit sieur Allain est aujourdhuy retourné et a rapporté lectres de M. de Rohan responcives à celles de l'Assemblée, avec remerciement de ce qu'elle a voulu envoyer vers luy, en asseurance de sa ferme résolution en ladite Assemblée selon le pouvoir qu'il en a donné audit sieur de Laudebaudière cy-dessus transcript ; dont le sieur Allain a esté remercié par la Compagnie.

Du 28 Janvier. Sur ce qui a esté proposé touchant les députez qui ne se sont trouvez en ceste Assemblée, ayans esté nommez par les provinces, il a esté ordonné que ceux desdits députés qui ne feront parroistre par attestation vallable du conseil de leur province des causes de leur absence par maladie, ou pour avoir esté emploiez et retenuz par la dite province pour les affaires de nos églises depuis leur nomination, ne pourront estre receuz en ladicte Assemblée, quoy qu'ilz alléguassent d'autres excuses, sauf toutesfois pour le regard des provinces entières de Dauphiné et Provence dont n'est venu aucun député ; lesquels seront receuz à proposer leurs raisons et excuses qui seront jugées en ladite Assemblée.

Du 29. Le Sr Gombault, enseigne de la Compagnie de M^r le marquis de La Caze, gouverneur de la ville de Pons, ayant présenté à la Compagnie les lectres dudit s^r marquis avec celle de Mr de Bonnefoy, lieutenant audit gouvernement, et du conseil establi audit Pons ; ensemble les mémoires concernans ce qui est nécessaire à la conservation de ladite place, et ouy sur ce ledit sieur Gombault ; il a esté ordonné qu'ils se retireront vers le conseil de la province de Xaintonge assigné en la ville de Saint Jehan d'Angely au 3e du mois prochain auquel, pour cest effect, l'Assemblée escrit afin de pourvoir sur leurs mémoires et remonstrance ; comme aussi a esté escrit audit sieur marquis de ne s'esloigner de ladite place et donner ordre que les capitaines et autres officiers de la garnison d'icelle y facent résidance actuelle, surtout durant la subsistance de ceste Assemblée, selon qu'il leur a cy-devant enjoint.

Suivant la résolution prise en l'Assemblée d'escrire à tous M^{rs} nos Grandz pour les informer de l'estat présent de nos affaires et leur faire particulièrement reconnoistre les sentimens de l'Assemblée sur les adviz receuz de la part de Mrs de Rohan, de La Trimouille, et M^r Du Plessis touchant la négociation et entremise d'un accommodement qui s'est proposé en cour ; il leur a esté ce jourdhuy escrit et pareillement à mesdits Mrs de Rohan, de La Trimouille et Du Plessis, tant pour les remercier de leurs bonnes volontez que pour les supplier les voulòyr employer à ce que la dite Assemblée soit ouye en ces remonstrances par la bouche de M^rs les députez généraulx de nos églises, agissant au nom de la dite Assemblée, ou autres qu'elle pourra députer de son corps vers Sa Majesté; ne pouvant approuver toute autre entremise qu'elle estime préjudicier à nos ordres et réglemens et du tout contraire au bien et union des dites Églises.

Du 30e. Les actes de l'Assemblée géneralle expédiez depuis lundy 25e de ce mois jusques à aujourdhuy ont esté louez publicquement en ladite Assemblée qui les a approuvez, et ordonné que doresnavant les actes de chacune semaine seront ainsi leus et approuvez en fin d'icelle.

Du 1er *Febvrier.*

Mr de Veilles est retourné de devers M^rs les ducs de Rohan, de La Trimouille et Mr Duplessis desquelz il a rapporté lectres à l'Assemblée, avec asseurance de la part de mes dicts sieurs de leur ferme résolution en l'union de nos églises, et despendre et exécuter entièrement ce qui sera arresté en la dite Assemblée; ayant aussi le dict sieur de Veilles rapporté que mesditz sieurs de Rohan et de La Trimouille avoient despesché deux gentilshommes vers M^rs les ducs de Suilly et de Bouillon avec les lettres et instructions de la dite Assemblée selon qu'ilz en avoient esté priez de la part; dont le dit sieur de Veilles a esté loué et remercié par la Compagnie.

Les députez de la province de Normandie ont présenté lettre du conseil de la dite province à l'Assemblée du vingt un Janvier dernier pour luy faire entendre l'estat des affaires d'icelle province et les asseurer de despendre entièrement de leurs bonnes et justes intentions.

Comme pareillement ont esté, par les députez de la souveraineté de Béarn, présenté lectres de l'Assemblée politicque de la dicte souveraineté du 27ᵉ Décembre 1620 par lesquelles ilz représentent l'estat calamiteux de la dite province qu'ilz feront plus particulièrement entendre par un gentilhomme qu'ilz ont député, au lieu du sieur de Benzein cy-devant nommé pour la noblesse, lequel pour bonnes considéracions ne se peut trouver en ceste Assemblée.

Mʳ de La Primaudaye député de la province d'Anjou ayant représenté à la Compagnie son indisposition, nonobstant laquelle il s'estoit efforcé de se venir rendre à son debvoir, et que voyant sa maladie se rengreger à cause du mauvais air de ce lieu que les médecins ont jugé luy estre du tout contraire, il désiroit se retirer en sa maison pour pourvoir à sa santé, requérant en avoir la permission. La Compagnie, reconnoissant la maladie du dit sieur de La Primaudaye, a jugé qu'il n'estoit raisonnable de luy desnier son congé qu'elle luy a accordé ; l'exhortant néantmoins de patienter tant que son mal luy pourra permettre, et à la charge de retourner en ceste Assemblée lorsque Dieu luy aura redonné sa santé, ce qu'il a promis.

Sur ce qui a esté proposé que les titres, brevetz, lettres du Roy, actes des assemblées, cahiers respondus et aultres papiers importans concernans les affaires de nos églises qui ont esté cy devant mis et laissez au Trésor des chartres de ceste ville de La Rochelle ne sont en ordre ny inventoriez pour les pouvoir aisément trouver lorsqu'on en a besoin. L'Assemblée a commis Mʳˢ de La Goutte et Rifault députez en icelle pour, avec ceux que Mʳ le Maire et Mʳˢ de la dite ville y voudront nommer, mettre tous les dictz titres et papiers en ordre et en faire et dresser inventaire qui sera mis au Trésor et duquel sera pris coppie en ceste Assemblée pour y avoir recours quand besoing sera.

Du 2ᵉ. Sur ce qui a esté remonstré à l'Assemblée par Mʳ Guérin, l'un des députez du Haut Languedoc et haulte

Guienne, de la part des habitans de la ville de Millau en Rouergue, qu'ayant pleu au Roy dès le mois d'Octobre 1615, à la très humble supplication de l'Assemblée géneralle estant lors convocquée à Grenoble, et depuis transférée à Nismes et à la Rochelle, accorder ausditz habitans lectre d'abolition pour raison des excez survenus en ladicte ville de Millau en l'an 1614 desquelz Sa Majesté voulloit la mémoire estre esteinte et abolie, pour le repos particulier de ladite ville, à laquelle il remettoit toutes peines et amandes; et qu'en conséquance de la dite abolition soit intervenu arrest du conseil de Sa Majesté du 6 mars 1620 par lequel deffences sont faites au sindic du clergé du diocèze de Rhodès de faire aucunes poursuittes des interestz civilz qu'ilz pourroient prétendre à cause desditz excès; ce néantmoins ledict sindic auroit le 7 Octobre dernier obtenu, par surprise, commission dudit conseil et en contre d'icelle fait assigner lesdictz habitans pour lesdictz interestz civils, ce qui leur est une indeue vexation et qui peut troubler le repos de la dite ville et de la province; Ladite Assemblée ayant esgard aux lettres d'abolition et arrest sur ce intervenu, et qu'il importe grandement au repos et tranquilité de la province de Rouergue, et particulièrement de la dicte ville de Millau, que l'intention de Sa Majesté soit en cela effectuée pour ne renouveller la mémoire des choses passées que sa clémance de débonnaireté a voulu estre assoupies; attendu mesmement qu'il s'agist d'un corps du clergé contre une communaulté, et qu'aucun particulier ne demeure intéressé par les susdictz excez; a arresté en suitte de ce qui fut ordonné en l'assemblée géneralle de Lodun que Sa dite Majesté sera de nouveau très humblement suppliée par M^{rs} les députez généraux des Eglises de ce royaume de vouloir, conformément aux susdites lettres d'abolition et arrest, descharger les habitans de ladicte ville de Millau des interestz civilz prétenduz à l'encontre d'eux par ledit clergé, interdisant à la Chambre de Castres et tous autres juges d'en prendre aucune connoissance; et, qu'à ceste fin, il sera escrit ausditz sieurs députez généraulx pour en faire toutes les instances et requisitions nécessaires au nom de la dite ville de Millau.

Le dit jour 2 Febvrier, le sieur Castaing est venu en poste vers l'Assemblée, de la part de Mr de Favas, pour donner advis de l'estat des affaires et des poursuites et instances faittes par ledit sieur de Favas vers Sa Majesté au nom de l'Assemblée à laquelle il a présenté les lettres dudit sieur de Favas. Les envoyez de Mrs les ducz de Rohan et de La Trimouille pour résider près de l'Assemblée y ont esté appellez pour assister au concert qu'elle vouloit faire avant que délibérer sur l'occurence présente des affaires, mesmes sur la dépesche dudict sieur de Favas.

Mr de Laudebaudière, envoyé par Mr le duc de Rohan, a présenté lectre à l'Assemblée qu'il luy avoit escrite par homme exprès.

M. de La Cressonnière, député de la province de Poitou, et substitué à M. de Vérac, l'un des nommez pour la noblesse de la dite province, est comparu en l'Assemblée avec lectres du conseil de la province portant les causes de son retardement qui ont esté jugées recevables ; et a presté et signé les sermens d'union et particulier des députez de la dicte Assemblée.

Du 4. A esté arresté que les propositions se pourront faire en l'Assemblée par les provinces et par les particuliers ayans esté premièrement formez à la table.

Sur la proposition faite touchant la despesche de Mr de Favas a esté résolu qu'il feroit de nouveau une troisiesme instance à Sa Majesté au nom de la dite Assemblée pour essayer d'obtenir justice sur nos plaintes et remonstrances, et qu'à ceste fin en seroit derechef escrit à Sa Majesté.

A esté aussi résolu, après que la procédure de Mr de Favas a esté approuvée, qu'il ne pourroit rien demander ny représenter qu'au nom de l'Assemblée et qu'il fera instance à ce que les remonstrances qui luy ont esté cy devant envoyées par la dicte Assemblée puissent estre reçeues.

Sera député de ceux de l'Assemblée vers M^rs nos Grandz, pour leur faire entendre la despesche receue de Mr de Favas, et leur donner advis de la troisiesme instance que ledit s^r de Favas est chargé de faire à Sa Majesté sur nos remonstrances, avec supplications à mesditz s^rs les Grands de se rendre intercesseurs envers Sadite Majesté à ce que nosdites remonstrances soient favorablement reçeues et respondues ; et en cas que ne puissions avoir accez vers Sa Majesté, pour savoir l'ordre que nous avons à garder pour nous préparer à une légitime deffence suivant les instructions qui seront baillées ausditz députez.

Sera pareillement escrit aux provinces pour leur donner advis à ladicte despesche faite à Mr de Favas et, attendant la responce, les exhortons de plus en plus se munir et fortifier pour se mettre en estat d'une juste et légitime deffence, comme aussi de travailler soigneusement et dilligemment à la colecte dont il leur a esté cy devant escrit.

Sur la demande faitte par les députés de la province du Haut Languedoc et Haute Guienne, suivant la charge et mémoire qu'ilz ont de leur province, la Compagnie a arresté que, par les lectres qui seront escrittes aux provinces, elles seront admonnestées de donner advis à leurs députez en cette Assemblée de l'ordre qu'elles jugeront le plus convenable et nécessaire pour la conservation de leurs provinces en cas que les choses se portent aux extrêmes, ce que Dieu ne veille, pour y estre pourveu par la dicte Assemblée selon qu'elle jugera plus à propos pour le bien général desdites Eglises.

Du 5 Febvrier. M. de Bacalan, lieutenant général de Castel Maüron, député de l'abrégé de la province de La Basse Guienne, a présenté à la Compagnie les lettres dudit abrégé du 30 du mois dernier, et représenté bien particulièrement à l'Assemblée le bon estat de ladicte province et la résolution qu'ilz ont de demeurer fermes en l'union de nos églises et exécutter entièrement ce qui sera résolu et arresté en ceste Assemblée ; comme pareillement ledict sieur de Bacalan à présenté à l'Assemblée les lettres de Mrs de Puiolz, gouverneur de Clérac, et des consuls dudit Clérac, ensemble celle de M^r le baron de Lusignan, gouverneur de Puymerol, de Mr de Vivans, gouverneur de Tournon, et de M^r de La Garde, gouverneur de Thonneins-dessoubz, tous lesquelz donnent assurance de leur zèle et affection au bien de nos églises et de leur résolution a exécutter tout ce qui sera arresté en ladicte Assemblée.

Du 6. Ce jour ont esté receues et leues en l'Assemblée les lettres de M. le Duc de la Trimouille et de M. Du Plessis responsives à celles qui leur avoient esté envoyées par homme exprès, pour leur donner advis de l'occurance présente des affaires.

Les lettres escrites par l'assemblée à Sa Majesté ensemble celles de Mr de Favas, sur le subject de la troisiesme despesche à luy adressée par le retour du sieur Castaing, comme aussi les lectres aux provinces et à tous nos Grands, avec les instructions pour ceux qui sont députez vers eux, ont esté leues et signées en l'Assemblée.

Du Dimanche 7e Febvrier. La Compagnie s'est extraordinairement assemblée pour adviser aux despesches et faire partir le sieur Castaing, renvoyé vers Mr de Favas, ensemble M. de Veilles député vers M. de Bouillon.

Du 8e. Ce jour ont esté receues et leues les lettres de Mr Boisse Pardaillan et marquis de Miranbeau son fils, ensemble de M^r de La Forest, gouverneur de Castillon, et des consulz de Sainte-Foy, protestans tous de leur dévotion et fidélité en l'union de nos églises et en l'exécution des résolutions de l'Assemblée.

Ont esté aussi receues lectres de la province de Xaintonge, Angoumois et Aulnix à l'Assemblée pour donner advis de l'estat de la dicte province, avec instance qu'en cas de nécessité on jettast l'œil sur ceux qu'on jugeroit capables d'estre chefs pour commander en la dicte province.

L'assemblée mixte de la souveraineté de Béarn, tenue à Pau, a pareillement escrit le 28 Décembre touchant l'envoy et nomination des députez en cette compagnie au lieu de ceux qui avoient esté nommez, lesquelz se sont vallablement excusez.

M^r de La Force, gouverneur et lieutenant pour le Roy en ses royaumes de Navarre et souveraineté de Béarn, a aussi escrit à l'Assemblée pour l'asseurer de la continuation de son zèle et dévotion au bien et conservation de nos églises ; avec promesse d'envoyer bien tost quelqu'un de sa part pour résider près de ladite Assemblée, soubzcrire et se soubzmettre aux résolutions d'icelle ; comme pareillement les députez du Conseil en ladite souveraineté de Béarn ont escrit à l'Assemblée pour tesmoigner leur dévotion et résolution à s'asujettir à ce qui sera par elle ordonné.

Sur ce qui a esté représenté à l'Assemblée par Mr de Bacalan, député de l'abrégé du conseil de la Basse Guienne, a esté arresté que ledict abrégé fera instance vers Mr de Téaubon, cy-devant nommé pour député en ceste Assemblée, pour le prier d'y venir ; et en cas qu'il feust encore indisposé, ledit abrégé est autorizé d'en nommer un autre, comme aussy de faire pareille nomination au lieu de Mr de Puyferré et substituez qui se sont cy devant excuzez ; et si, à l'advenir, quelque conseil de province demande le mesme pouvoir à cette Assemblée, il luy sera accordé.

Sur la proposition faite par les députez de la Basse Guienne au nom de leur province, a esté arresté que l'abrégé du conseil de la dicte province ayant esté établi en la ville de Clérac pour la nécessité des affaires, et auparavant la tenue de ceste Assemblée; les députez du dict abrégé seront louez, ce qu'ilz ont fait jusques à présent, approuvé et continué jusques à la fin du mois, et que le colloque du Bas Agenois s'y joindra; à la charge néantmoins que, le dict mois passé, la dicte province se remettra à l'ordre accoustumé du conseil qui sera observé et fera les functions suivant les réglemens.

Et sur ce qui a esté représenté de la part des consuls des villes de Clérac et Tonneins, en la province de la Basse Guienne, par M. de Bacalan, député de l'abrégé du conseil de la dicte province tenant à Clérac, touchant les réparations et fortifications faites esdictes villes; la Compagnie, louant et approuvant entièrement le bon devoir des habitans des dictes villes à l'exécution de ses résolutions et embrassant ceste affaire comme concernant le bien général de nos églises et très-important à la conservation des dictes places, a arresté qu'elle employera tous moiens possibles et légitimes pour les garentir des poursuittes qui se font à l'encontre d'eux pour raison des dictes fortifications, et de ce qu'à l'occasion d'icelles ilz ont esté contraintz de démolir quelque bastimens et occupper les fondz de quelques particuliers; et que, pour cet effect, il en sera fait article exprès dans nos plaintes et remonstrances à Sa Majesté afin de pourvoir à leur indemnité, comme au desdommagement raisonnable de ceux qui sont intéressez pour la démolition des dictz bastimens et prise du dit fonds; confirmant en cela les actes faictz et passez es dictes communaultez. Comme pareillement la dicte Assemblée aura esgard, autant qu'il luy sera possible, aux grands fraitz et despens faits par les dictes villes et communautez pour les dictes fortifications et munitions d'icelles.

Mr de Saint-Bonnet est party ce jourd'huy pour aller vers M^r le duc de Suilly, Mr de Chastillon et M^r le duc de Lesdiguieres avec lettres et instructions de la dite Assemblée pour leur représenter l'estat présent des affaires et avoir sur cela leurs bons et prudens advis; mesmes pour les prier, comme par cy-devant, d'envoyer quelqu'un de leur part en icelle pour jurer et signer l'union et réglement, et s'assubjettir à l'exécution des résolutions qui y seront prises.

Mr Hespérien est pareillement party pour aller vers M^r de La Force, gouverneur et lieutenant général pour le Roy en ses royaume de Navarre et souveraineté de Béarn, avec lettres et instructions de la dicte Assemblée pour le mesme effect.

Les députez estans en ceste Assemblée ont envoyé, chacun en leurs provinces, les lectres de la dicte Assemblée pour leur donner aussy advis de l'estat des affaires sur la dernière dépesche de Mr de Favas, en savoir leurs sentimens sur l'occurance d'icelle, avec les moiens de pourvoir à une juste et légitime deffence en cas d'oppression.

Sur la réquisition faitte par les députez de l'Isle de France au nom de leur province, a esté trouvé bon d'otoriser le conseil de la dicte province de nommer un député du corps de la noblesse pour se trouver en la dicte Assemblée, aultre que celuy qui avoit esté cy-devant nommé et son substitué qui se sont excusez ; à condition, néantmoins, que le dict député sera tenu de se rendre en ceste Assemblée dans le 20e de ce mois de Mars prochain.

L'Assemblée désirant pourvoir à la seureté de ceux qui sont présentement députez vers M^{rs} nos Grands et aultres qui y pourroient estre cy-après envoyez, ou vers les provinces et ailleurs, selon que les affaires le requerront, a arresté que si, par malheur, il avenoit que les ditz députez ou aucuns d'iceux feussent pris et retenuz par nos malveillans, les provinces prendront soing que, pour la conservation des dicts députez, quelques-uns d'entre les Catolicques romains des plus considérables soient promptement saisiz et arrestez jusques à la pleine et entière liberté des dictz députez, et que, pour cet effect, il en sera escrit par toutes les provinces.

Du 9ᵉ. Mʳ de Saint-Simon a demandé congé à la Compagnie d'aller jusques en sa maison, ce qui luy a esté accordé à la charge de retourner dans Lundy prochain, comme il a promis ; et a esté chargé de voir Mʳˢ de Chalas et de Chandolan, gouverneur de Marans, ausquelz l'Assemblée escrit ; et visiter l'estat de la place et reconnoistre le soing qu'ilz ont eu de la faire fortifier et munir selon qu'il leur a esté cy-devant escrit par la susdite Assemblée.

Mʳ de la Tour Geneste, député vers Messieurs les ducz de Rohan et de la Trimouille, et de là, ayant charge de passer à Saumur vers Mʳ Duplessis, est party avec lettres et instructions vers mes ditz sieurs.

Lettres au sieur de La Ferrière, gouverneur du chasteau de Vézains en Anjou, ont esté leues en l'Assemblée, par lesquelles il supplie estre pourveu à la nécessité et conservation de la dicte place. Sur quoy luy a esté fait responce et les députez de la province d'Anjou chargez d'escrire au receveur d'octroy en leur province pour fournir, s'il est possible, jusques à 600 livres au dict sʳ de La Ferrière sur ce que qui luy est deu d'arrérages du payement de sa garnison.

A esté escrit, par le messager ordinaire de cette ville, à Mʳ de Favas sur des plaintes de tous les gouverneurs des places de nostre seureté de ce que, depuis un an en ça, ilz n'ont reçeu aucune chose de l'entretenement de leurs garnisons, afin qu'il en face plainte au Conseil de Sa Majesté, et remonstrer que, s'il n'y est promptement pourveu, il sera malaisé d'empescher les dictz gouverneurs et capitaines des places d'arrester les deniers selon qu'il leur a esté cy-devant permis par les brevetz de Sa Majesté.

Du 10ᵉ. Mʳ de Laudebaudière, député de Mʳ le duc de Rohan pour résider en ceste Assemblée, a demandé d'aller en sa maison ; ce qui luy a esté accordé à la charge de retourner dans huit jours ; ce qu'il a promis faire

Ce jour ont esté receues et leues en l'Assemblée lectres de

M. de Loudrière pour tesmoigner de son affection et entière submission aux résolutions d'icelle; dont il a esté remercié par lettres de la dicte Assemblée.

Du 11e. M. de Cré, pasteur de l'Église de Monasque en Provence et député de la dicte province, s'est présenté en l'Assemblée avec ses lectres d'envoy du 20 septembre 1620, lesquelles, ayant esté veues et considérées, ont esté trouvées entièrement deffectueuses et la province griefvement censurée pour n'avoir en cela suivy et observé l'ordre prescrit par les réglemens. Ce néantmoins, pour les bons tesmoignages renduz du dit sieur de Cré par plusieurs de la Compagnie, et aultres bonnes considérations, mesme du zèle et affection qu'il a fait paroistre s'estant acheminé seul de la dicte province, nonobstant le danger et difficulté des chemins, il a esté trouvé bon de recevoir le dict sieur de Cré, lequel a esté exhorté de rapporter dans la fin du mois de Mars prochain les actes de sa nomination en bonne forme; ce qu'il a promis faire.

M. de La Cressonnière, gouverneur de Maillezays, et l'un des députez de la province de Poitou, a demandé congé à l'Assemblée d'aller jusques à Maillezays, afin de pourvoir aux fortifications et munitions de la dicte place: ce qui luy a esté accordé, à la charge de retourner dans huit jours; ce qu'il a promis faire.

Du 13e. M. de Loubice (*sic*) substitué à M. de Benzein, député de la souveraineté de Béarn pour la noblesse, s'est présenté à l'Assemblée avec lettres d'envoy de l'assemblée mixte de la dicte souveraineté tenue à Pau, et aultres lectres du conseil de la province, et a presté le serment général de l'union, ensemble le serment particulier des députez de l'Assemblée qu'il a signé.

Ledit sieur de Loubice a aussi présenté lectres de la part de M. de La Force par lesquelles il asseure l'Assemblée d'envoyer icy quelqu'un de sa part et de se soubzmettre aux résolutions qui y seront prises.

Du 15. M. de Saint-Simon est retourné ce jourd'huy de sa maison et a rapporté estre allé à Marans, où il a présenté les lectres de l'Assembée à Mrs de Chalas et de Chandolan, desquelz il a rapporté responce et nous a fait entendre l'estat auquel il a trouvé la place.

Du 16. M. de Fresche a présenté à la Compagnie lectres de M. de La Force, ensemble le pouvoir de luy signé pour jurer en son nom le serment d'union des églises avec promesse d'y demeurer inséparablement uny soubz la très humble obéissance du Roy; et, après avoir ouy la lecture des sermens accoustumez, a iceux prestez au nom de mon dit sieur de La Force et au sien particulier.

S'ensuit la teneur dudit pouvoir de mon dit sieur de La Force.

Constitué en sa personne Messire Jacques Nompart de Caumont, sieur et marquis de La Force, baron de Castelnau, La Ferté, Les Mirandes, Tonnins-dessus, Aymé, Montpouillan, et autres places, conseiller du Roy en ses conseilz d'estat et privé, gouverneur et lieutenant général en ses royaume de Navarre et païs souverain de Béarn, lequel bien certioré de la permission qu'il a pleu au Roy de donner aux églises réformées de son royaume de France et païs souverain de Béarn de faire une assemblée géneralle, et désirant vivre en l'union d'icelles soubz le bénéfice des édictz de Sa Majesté et leur en donner une loyale et entière connaissance, a fait et constitué par ces présentes son procureur spécial le sieur Ysaac de Fresche, sieur de Lee; et oultre pour, en son nom, se présenter à l'Assemblée générale des églises réformées qui présentement se tient dans la ville de La Rochelle; et y prester, faire et renouveller en ladicte Assemblée le serment d'union accoustumé; promettre si, que ledict sieur constituant promet de despendre et se joindre aux résolutions qui seront prises en icelle pour le maintien et conservation desdictes églises réformées dudict royaume de France et pays souverain de Béarn, soubz l'obéissance de Sa Majesté ; et de ce faire a donné et donne à sondit procureur plain pouvoir et mandement spécial, promettant soubz sa foy et parolle avoir pour agréable et ratifier ce que par son dict procureur sera fait ainsi que dessus et de tout le relever indemne. Fait à Pau, le 4e jour du mois de Febvrier 1621. Tesmoing M. Pierre Segalas, Jehan de Vitrac et moy Pierre d'Estaudan, sécrétaire et notaire général qui le présent ay reçeu et signé. Ainsi signé : *Caumont, d'Estaudan, Segalas* tesmoing, *de Vitrac* tesmoing.

Lecture faitte des lectres envoyées par le Conseil de la province de Berry à l'Assemblée ; la dicte province a esté louée du bon devoir auquel elle se met et arresté qu'il sera escrit audit conseil pour les exhorter de continuer ; comme pareillement aux eschevins de Sancerre afin de se soubzmettre à l'ordre qui sera estably par le conseil de ladicte province.

Du 19. Lecture faitte des lectres de M. de Favas en présence de Mrs lez députez des Grands, a arresté qu'elles seront communicquées aux maire, eschevins, et bourgeois et habitans de ceste ville de La Rochelle, afin de pourvoir sur le contenu d'icelles qui ont esté mises ès mains de Mrs de Couvrelles, Rousel, et Allain, pour les leur présenter.

M. de La Cressonnière, gouverneur de Maillezays, et l'un des députez de la province de Poitou, ayant eu cy-devant congé de l'Assemblée est de ce jourd'huy retourné.

M. de Laudebaudière, député de M. le duc de Rohan, ayant cy-devant eu congé est retourné et a rapporté lectres de M. le duc de Suilly à l'Assemblée du quatriesme Febvrier responsives à celles qui luy avoient esté portées de sa part par un gentilhomme envoié vers luy par M. le duc de Rohan, suivant la prière qui luy en avoit esté faite par ladicte Assemblée à laquelle mondit sieur de Rohan a pareillement escrit.

Du 20. M^rs les maire, eschevins, pairs, bourgeois et habitans de La Rochelle ayans député vers l'Assemblée afin qu'il luy pleust nommer quelques uns de son corps pour assister au conseil extraordinaire estably près ledict sieur maire, afin d'aviser aux affaires les plus pressantes et importantes; la compagnie a député Mrs de Bessay, de La Cressonnière, de Freton, Rousel, de Maleray, et Allain pour assister audit conseil jusques au dernier jour du mois prochain; auquel temps sera par ladicte Assemblée procédé à nouvelle nomination, se réservant néantmoins la liberté de continuer lesdictz sieurs ou partie d'iceux, selon qu'elle jugera le plus à propos après le dict mois expiré.

Ce mesme jour, M^rs du consistoire de ceste ville de La Rochelle ont député vers l'Assemblée pour tesmoigner de leur devoir en l'exécution de ce dont ilz ont esté priez et exhortez par icelle, mesmement sur le fait de la collecte ordonnée par toutes les églises.

Du 22. Mr de Loudrière a escrit à l'Assemblée, continuant de tesmoigner de son affection au bien de nos églises, et sa ferme résolution à l'exécution des choses qui seront arrestées en la dicte Assemblée, qui luy a fait responce.

M^r de La Tour, député vers Messieurs les ducs de Rohan et de La Trimouille, et M^r Du Plessis est retourné ce jourd'huy avec les lectres de mesditz sieurs responcives à celles de l'Assemblée, pour témoigner la continuacion de leur affection au bien et advancement de nos églises et à l'exécution prompte des résolutions de ladicte Assemblée ; comme aussi a rapporté ledict s^r de La Tour coppies des lettres escrittes par mesditz sieurs à sa Majesté, pour la supplier très-humblement et, conformément à la prière qui leur estoit faitte par la dicte Assemblée, de vouloir recevoir ses très-humbles remonstrances et supplications par les mains de Mr de Favas ; ayant au surplus rapporté le dict sieur de La Tour à la Compagnie la conférance qu'il a eue avec mesditz sieurs et leurs advis et sentimens sur chacun desdictz articles de ses instructions ; en quoy la Compagnie a jugé qu'il s'est très-dignement acquitté de sa charge et en a esté remercié.

Ce jour ont esté reçues lettres de Mr de Favas, du 13e de ce mois, par la voie du messager de ceste ville, portant advis de la réception de la dépesche de la Compagnie par le s^r Castaing, envoyé de sa part, ensemble de l'estat présent des affaires ; comme pareillement le dict sieur de Favas a envoyé les deux brevetz originaux du 12e May dernier portant : l'un la continuation pour cinq ans, à commencer du premier jour de Janvier dernier, des places qu'il a pleu à sa Majesté accorder pour la seureté de nos églises ; et l'autre la continuation trois ans durant après les premiers expirez de 45,000 l. que sa Majesté a accordé par chascun an à ses subjectz de la Religion, pour employer aux affaires secrettes qui les concernent. Lesquelz deux brevetz, l'Assemblée a ordonné estre mis avec les aultres titres et chartres concernant les affaires de nos églises au trésor des chartres de cette ville de La Rochelle, les ayant à cette fin deslivrez ès mains de M^{rs} de La Goutte et Riffault, cy-devant nommez pour faire inventaire desdictz titres et chartres.

S'ensuit la teneur desdictz deux brevetz :

Aujourd'hui 12e du mois de May 1620, le Roi estant à Paris, désirant favorablement traitter ses subjectz faisant profession de la Religion prétendue réformée et leur donner toute occasion de continuer en la fidélité qu'ilz lui doivent; sa Majesté, pour bonnes considérations et par l'advis des princes, officiers de la Couronne et principaux de son conseil, leur a prolongé la garde des villes, places et chasteaux qui leur avoient esté baillées et délaissées pour leur seureté par le feu Roy Henry le Grand, son père d'heureuse mémoire, par son brevet du dernier avril 1598 et qui sont desnommées dans un estat qui fut lors expédié; et ce pour le temps et espace de cinq ans en la mesme forme et manière, clauses et conditions portées par ledict brevet de l'an 1598. Pour tesmoignage de quoy sa Majesté m'a commandé de leur expédier le présent brevet qu'elle a voulu signer de sa main et estre contresigné par moy, son conseiller secrettaire d'Etat et de ses commandemens. Signé : *Louis*, et plus bas : *Phillippeaux*.

Aujourd'hui 12 Mai 1620, le roy estant à Paris, ayant ci-devant par son brevet du 6 May 1616 accordé à ses subjectz faisans profession de la Religion prétendue réformée, la somme de 45,000 l. par an pour trois années consécutives pour employer aux affaires secrettes qui les concernent; et ce oultre et par-dessus les sommes de 135,000 l. et 450,000 l. à eux cy-devant octroyées, tant par le feu Roy, son père, de très-glorieuse mémoire par son brevet du 4ᵉ Avril 1598, que par sa Majesté, par autre brevet du premier Octobre 1611 ; et encores que, les dictes trois années estant expirées, ladicte gratification deust cesser, néantmoins pour les obliger d'autant plus de lui rendre la fidélité et obéissance qu'ilz luy doivent, elle leur a continué et accordé la dicte somme de 45,000 l. par chascun an pour trois années consécutives pour employer en leurs affaires secrettes, à commancer du jour de l'expiration des précédentes; veult et entend qu'ilz en soient assignez avec les autres sommes susdites, en vertu du présent brevet qu'elle a voullu signer de sa main et fait contresigner par moy, son conseiller, secrétaire d'Etat et de ses commandemens. Signé : *Louis* et plus bas : *Phillippeaux*.

A esté aussi, ce jourd'huy et par mesme voie, receu lectre de Mʳ Du Candal responsives touchant l'entretien des garnisons.

Mʳ de La Piterne, député de l'Assemblée vers Mʳ de La Chesnaye, l'aisné, commandant en l'absence de son frère, au gouvernement de Royan, et vers les habitans de la ville et marquisat dudict Royan, est retourné ce jourd'hui avec lectres dudict sʳ de La Chesnaie et habitans, responcives à celles de l'Assemblée et portans tesmoignage de leur zèle et affection et entière résolution à l'exécution des ordonnances et arrestz de la dicte Assemblée : dont le dict sieur de La Piterne a esté loué et remercié.

Mʳ de Henleix, l'un des députez de la Province de Bretaigne, ayant représenté à l'Assemblée, comme il avait fait dès le commancement d'icelle, la grande indisposition nonobstant laquelle il n'avoit laissé de continuer son devoir jusques à présent ; que son mal estant rengregé ; il la supplioit qu'il luy fust permis de se retirer en sa maison pour pourvoir à sa santé : ce que la Compagnie a jugé ne luy pouvoir desnier et néantmoins reconnoissant le zèle et affection dudit sieur de Henleix et combien les personnes de sa probité et suffisance peuvent utilement servir, l'a exhorté de patianter, tant que son mal luy pourra permettre ; et en cas qu'il fut contraint de s'absenter, de retourner lorsqu'il aura plu à Dieu luy redonner sa santé ; ce qu'il a promis.

Du 23. Ce jour ont esté receues lettres de l'abrégé de la province du Haut-Languedoc et Haute-Guienne tenant à Montauban, avec un extrait des actes dudict abrégé, pour représenter ce qui s'y est passé depuis la subsistance d'icelluy et l'estat auquel est à présent la dicte province ; comme aussi ont esté receues lectres de Mrs de Ceillus, gouverneur de Calumes, et d'Alteyrac, gouverneur d'Esseves, tesmoignans leur fidellité et affection à l'union de nos églises.

M^{rs} les maire, eschevins, bourgeois et habitans de la ville de La Rochelle, ayant désiré que l'Assemblée escrivist diverses lectres de recommandation à plusieurs seigneurs, gentilshommes et églises particulières, pour leur départir le secours et assistance dont ilz les requerront ; la Compagnie a trouvé bon d'escrire lesdictes lectres, remettant à la prudence du dict sieur maire de les adresser, selon qu'il jugera à propos.

Du 24. Mr Diray, secrétaire de Monsieur le duc de la Trimouille, ayant esté envoyé par mondit sieur, suivant la prière de l'Assemblée, vers M^r le duc de Bouillon est retourné ce jourd'huy avec les lectres responsives à celle de l'Assemblée, tesmoignant la continuation de son zèle et affection au bien de nos églises et sa ferme résolution de ne se séparer jamais de l'union d'icelles ; avec promesse d'envoyer en bref quelqu'un de sa part en la dicte Assemblée ; et a esté ledict sieur Diray remercié de la peine qu'il a prise en ce voiage avec lectres responsives à mondict sieur de La Trimouille son maître.

Sur la réquisition faitte par les députez de la province du Haut-Languedoc et Haute-Guienne touchant l'envoy des députez qui restent à venir, de ceux qui ont esté cy devant nommez par ladicte province pour se trouver en cette Assemblée, a esté résolu que ce qui a esté, dès le 8 de ce mois, arresté pour le mesme subject, sur la proposition de Mr de Bacalan, député de l'abrégé de la Basse-Guienne, sera observé.

Et sur ce qui a esté représenté par lesdits députez du Haut-Languedoc et Haute-Guienne, de la part de l'abrégé de ladicte province séant à Montauban, touchant les munitions, réparations et fortifications faites ès villes et places de ladicte province, suivant ce qui en avoit esté escrit et ordonné par l'Assemblée à toutes les provinces ; la Compagnie louant et approuvant le bon devoir des gouverneurs et habitans desdictes villes et places, et embrassant cette affaire comme concernant le bien général de nos églises et très-important à la conservation desdictes places, a arresté, conformément à ce qui en a esté cy devant résolu pour la province de la Basse-Guienne, qu'elle employera tous moiens possibles et légitimes pour les garentir des poursuites qui se pourroient faire à l'encontre d'eux ; mesmes de ce qu'à l'occasion desdictes fortifications ilz auroient été contraintz de démolir quelques bastiments et occuper le fonds de quelques particuliers ; et que, pour cet effect, article exprès en sera incéré dans noz plaintes et remonstrances à sa Majesté, afin de pourvoir à leur indemnité par toutes voyes justes et raisonnables ; ce qui aussi sera praticqué pour toutes les autres provinces qui pourroient être poursuivies pour raison desdictes munitions et fortifications.

Ce jour ont esté reçeues lettres de M ^rs^ de Favas et Chalas, députez généraux en Cour, du 18 du présent mois, portant advis de ce qui s'est passé en la poursuitte des affaires, depuis leur dernière depesche ; avec lettres particulières dudict s^r^ de Chalas portant que, si tost qu'il a eu advis et lectres de l'Assemblée, il s'est acheminé en Cour pour la continuation de sa charge. Lesquelles lettres ont esté envoyées par M^r^ de La Noue qui s'en estoit chargé à Paris, selon qu'il a escrit à l'Assemblée, laquelle l'en a remercié par ses lettres, ensemble de ses offices et submissions aux résolutions de ladicte Assemblée.

Du 25 Febvrier. Mr Riffault, l'un des députez en l'Assemblée de la ville et province de La Rochelle, ayant cy devant presté une somme à la Compagnie pour subvenir aux fraitz des voyages et autres affaires plus importans et pressez, a fourny sur icelle les sommes ci-après mentionnées pour divers voiages faitz de l'ordonnance de la dicte Assemblée depuis un mois qui écheoit ce jourd'hui assavoir : le 25 du présent mois, à un messager envoyé à Grenoble qui devoit passer vers M^rs^ de La Force et de Chastillon, 60 l. ; le 6e dudict mois au s^r^ Castaing, envoyé par Monsieur de Favas, douze pistolles valans 87 l. 12 sols ; à Mr de Veilles allant devers M^r^ le duc de Bouillon, 300 l. ; à Mr de Saint-Bonnet allant vers Mrs de Seuilly, de Chastillon et duc de Lesdiguières 400 l. ; à Mr Hespérien allant vers M^r^ de La Force, 75 l. ; à M^r^ de La Tour allant vers Mrs de Rohan et de La Trimouille et M^r^ Du Plessis, 30 l. ; aux s^rs^ de Veilles, Saint-Bonnet, Hespérien et La Tour ordonnez pour les fraitz desditz voiages ; desquelles sommes ils tiendront conte à leur retour. Plus a esté depuis payé par le dit s^r^ Riffault à un messager envoyé à Sainct-Maixant, cent cinq solz ; à un autre envoyé à Touars et Saumur, 9 livres 17 solz ; et le 10 dudict mois à un lacquais envoyé vers mes dictz sieurs les ducs de Rohan et de La Trimouille, 6 livres 8 sols ; revenant toutes lesdictes sommes à 974 l. 2 solz, 6 deniers, lesquelles ont esté payées et délivrées contant par ledict s^r Riffault en présence de ladicte Assemblée, dont il demeure deschargé et qui luy sera allouée et tenue en compte sur ladicte somme par luy prestée en vertu du présent acte.

Suivant la résolution prise dès la formation de l'Assemblée pour le changement de mois de ceux qui auront la conduite et direction d'icelle ; après l'invocation du saint nom de Dieu ont esté esleuz et nommez à la pluralité des voix recueillies par teste, suivant les réglemens : M^r de La Cressonnière pour président, Mr Rosel pour adjoint et M^{rs} de La Piterne et de La Tour Geneste pour secrétaires, lesquelz commencent d'exercer leur charge ce jourd'hui. Signé : *De Combort*, président, *de La Chapellière*, adjoint, *de La Grange*, secrétaire, et *de La Goutte*, secrétaire.

AU NOM DE DIEU.

Continuation des actes de l'Assemblée génaralle des Eglises réformées de France et souveraineté de Béarn, tenant en la ville de La Rochelle.

Du 25e Febvrier. Après l'invocation du saint nom de Dieu, par la pluralité des voix, suivant l'ordre establi dès le commancement et formation de l'Assemblée, ont esté nommez pour la direction d'icelle durant un mois qui commence ce jourd'huy : M. de La Cressonnière, présidant, M. Rozel adjoint, Mrs de la Piterne et de La Tour secrétaires.

M^{rs} le marquis de Chasteauneuf, de La Chappelière, de La Grange et de La Goutte ont esté louez et remerciez par toute l'Assemblée de l'affection, vigilance, prudence, et fidellité qu'ilz ont apportée en la conduite et modération d'icelle durant le mois précédant.

Ont esté nommez pour assister au conseil de M. le maire au lieu et place de M. de La Cressonnière et M. Rosel, M^{rs} le marquis de Chasteauneuf et de La Chapelière.

Le sieur Patrus, pasteur de l'église de Jarnac, a présenté à la Compagnie lectres de la part de M. de Jarnac par laquelle il proteste de son affection et zèle au bien général de nos églises et de demeurer inséparablement dans l'union d'icelles, et de se soubzmettre aux résolutions qui seront prises en ladite Assemblée : de quoy il a esté remercié tant en la personne du dict s^r Patrus que par lectres qui luy ont esté escrittes.

Sur la demande et requisition faite par les députez du Haut-Languedoc la Compagnie a arresté qu'il sera escrit à Mrs de la Chambre de Castres sur l'occurance des affaires présentes et pour le bien de ladicte province.

Du 26 Febvrier. M. de Veilles, cy devant député de la part de l'Assemblée vers M. le duc de Bouillon, est retourné ce jourd'huy avec lettres responsives à celles de l'Assemblée, tesmoignant mondit sieur par icelles la continuation de son zèle et affection au bien général de nos églises et sa ferme résolution de ne se séparer jamais de l'union d'icelles ; ayant ledict sieur de Veilles rendu compte de sa députation et fait rapport des advis et sentimens de mondit sieur le duc de Bouillon sur chacun article des instructions qui luy avoient esté données ; il a esté remercié et loué pour s'estre dignement acquitté de sa charge.

M^{rs} les ducs de Rohan et de La Trimouille ont escrit à cette compagnie pour luy donner advis du jour qu'ilz ont pris pour se trouver à Fontenay pour conférer ensemble suivant la prière de l'Assemblée.

Du 27 Febvrier. M⁀ʳˢ noz députez généraux ont escrit à la Compagnie pour l'advertir de leurs instantes poursuittes pour obtenir audiance de Sa Majesté.

M. le marquis de La Caze, gouverneur de la ville et chasteau de Pons, a escrit à la Compagnie pour protester de son zèle et affection au bien général de nos églises et de demeurer dans l'union d'icelles et despendre entièrement des résolutions de l'Assemblée, offrant d'employer son bien et sa vie pour cet effect ; suppliant l'Assemblée de pourvoir et subvenir aux nécessitez de la ville de Pons et aux grands fraitz qu'il leur convient faire, et aux habitans d'icelle pour la continuation de leurs fortifications qu'ils ne pourroient parachever sans son assistance ; et d'avoir égard aussi à son zèle, affection et à sa naissance pour l'employer aux occasions et occurances qui se présenteront. La Compagnie a arresté qu'il sera escrit audit sʳ marquis de La Caze pour le remercier tant de sa bonne volonté et de ses offres, que pour l'asseurer qu'en toutes occasions elle fera bonne considération de son zèle et de sa naissance pour l'employer aux occurances ; et que pour l'assistance requise pour la ville de Pons, elle fera tout ce qui luy sera possible pour luy donner contentement lorsqu'elle en aura les moiens en main.

Les habitants de ladicte ville de Pons ont aussi escrit à la Compagnie et député lez sieurs Gombault et Paboul, lesquelz ayans esté ouys sur ce qu'ils avoient à représenter de la part desdictz habitans, tant sur la nécessité de leur ville et aultres choses portées par leurs instructions et mémoires ; la Compagnie a ordonné qu'il sera escrit ausdictz habitans de Pons pour les asseurer de sa bonne volonté, et qu'elle fera bonne considération de leurs remonstrances pour les assister de tout ce qu'elle pourra aux occasions et lorsqu'elle en aura les moiens en main, tant en ce qui regarde leurs fortifications que munitions requises ; pour le surplus contenu en leurs mémoires, en useront suivant leur prudence, qui sera donnée en créance ausdictz Gombault et Paboul pour le faire entendre ausditz habitans.

Mr de Jaucourt, député de la province de Berry, s'est présenté à ceste compagnie suivant la lectre qui luy a esté escritte par le conseil de sa province et l'acte dressé en icelluy, et a esté admis et reçeu en ladicte Compagnie en conséquence de l'arresté cy devant fait en faveur de la dicte province de Berry.

M^{rs} le marquis de Chasteauneuf et de Fretton, de Cérignac, de La Chappellière, Allain et Rodil ont esté députez par la Compagnie pour se trouver à la conférance de Fontenay, en conséquence des lectres de M^{rs} les ducz de Rohan et de La Trimouille.

Du 1er Mars.

Pour examiner les fraitz faitz par Mrs de Veilles et de la Tour ont été nommez Mrs de Mitois, Guérin, pasteur, et La Milletière de Poitou.

Ceux qui assisteront de ceste Compagnie au travail du fort de la Porte Neuve seront prins selon l'ordre du rolle qui a esté fait par M. Rifault pour y assister en personne tant que faire se pourra et, en l'absence des premiers, ont esté nommez M^{rs} de La Musse et de La Primaudaye.

M^{rs} noz députez généraux ont escrit à la Compagnie pour tesmoigner la dilligence qu'ilz apportent pour pouvoir avoir audiance de Sa Majesté.

M^{rs} les maire, eschevins, pairs, bourgeois et habitans de cette ville de La Rochelle ont député en ceste compagnie Mrs David, Pineau, Goyer et Touppet pour protester de la continuation de leur bonne volonté et affection envers elle, et la remercier du soing et fidélité qu'elle a apportée, tant à la conservation de nos églises et particulièrement de ceste ville, que pour la bonne correspondance qu'elle a entretenue avec eux jusques à présent; et, parce qu'ilz ont estimé et reconneu que la subsistance de cette Assemblée est du tout nécessaire pour le bien et conservation de leur ville, ont prié et requis la dicte Assemblée de voulloir continuer leur subsistance en icelle et d'y convier et appeller leurs amis; l'asseurant de vouloir despendre entièrement de leurs résolutions, et suivant l'ordre qui y sera estably; avec promesse de luy faire bon traitement et à leurs amis; la Compagnie les a assurez et remerciez et assurez de sa bonne vollonté et affection et de continuer soigneusement à veiller à la conservation de leur dite ville autant qu'il sera possible, et d'entretenir tousjours avec eux la bonne correspondance qu'elle leur a tesmoigné par le passé; et, pour leur en donner de plus particuliers tesmoignages et asseurances, a député vers M. le maire et son conseil Mrs de Veilles, Bony et Malleray qu'elle a chargé de leur faire entendre ses bonnes intentions, et de les asseurer que ladicte Assemblée a résolu de subsister en leur ville tant et si longuement qu'elle jugera que les affaires de nos églises et le bien particulier de ladicte ville le requerra.

Mr de Grandry, député de la province d'Anjou, s'estant présenté en ceste compagnie pour être admis en icelle en conséquance de la lettre d'envoy de la dicte province, la Compagnie faisant bonne considération du zèle et affection dudict sieur de Grandry et des bons tesmoignages qui luy ont esté renduz, a arresté qu'il sera admis et receu en icelle, à la charge néantmoins de rapporter attestation du consistoire de son église touchant la maladie au subject de laquelle il a esté empesché de se trouver plus tost en ceste Assemblée.

Du 2e Mars. La Compagnie a escrit à Messieurs nos députez généraulx pour respondre à celle qu'ilz avoient escritte à l'Assemblée.

Sur certains advis donnés à la Compagnie touchant quelque lectre escritte à M^r de La Chesnaye, commandant à Royan, au préjudice des bonnes et sincères intentions de l'Assemblée, a esté résolu qu'il sera escrit tant audit sʳ de La Chesnaye qu'aux habitans dudict Roian pour ne donner lieu à telz et si pernicieux escritz et les exhorter de demeurer dans l'union desdictes églises.

Du 3ᵉ. Mʳˢ de Veilles, Bony et Maleray, députez par la Compagnie vers Mʳ le maire et son conseil pour les remercier de leurs protestations et des témoignages de leur affection, ont assuré la Compagnie de la bonne volonté desdictz sieurs de demeurer unis avec elle et de dépendre entièrement de ses résolutions.

Mʳ le duc de Lesdiguières a escrit à la Compagnie en responce de celle que l'Assemblée luy avoit ci-devant escritte.

Le conseil de la province du Dauphiné a aussy escrit à la Compagnie pour luy protester de l'affection et zèle de ladite province et qu'elle se portera avec toutes sortes d'affection à exécuter les choses qui luy ont esté ordonnées par l'Assemblée, et qu'ilz ont exhorté leurs députez de se trouver et rendre en cette Compagnie.

Mʳ de Maranat, gouverneur de Mauvezin, ensemble les consulz et consistoire dudict lieu, ont escrit à la Compagnie, l'assurant de leur zèle et affection au bien général de nos églises et de voulloir dépendre entièrement des résolutions de l'Assemblée et demeurer inséparablement dans l'union desdictes églises.

Lectre de Mʳ Rapin, gouverneur du Mas-Grenier, ont esté rendues à la Compagnie par lesquelles il proteste de son affection et obéissance aux résolutions de l'Assemblée.

Du 5 Mars. Mʳ de Boisrond s'est présenté ce jourd'hui à la Compagnie pour la saluer et assurer de son zèle et affection au bien général de nos églises, et protester de voulloir non seullement demeurer inséparablement dans l'union d'icelles, mais aussi d'exécuter les résolutions de l'Assemblée et d'employer sa vie et son bien pour son effect : dequoy il a esté remercié.

Mrs le marquis de Chasteauneuf, de Freton, de Sérignac, de La Chappellière, d'Allain et Rodil sont retournez ce jourd'huy de Niort où ils auroient esté députez pour conférer avec Mrs les ducs de Rohan et de La Trimouille et de Soubize sur les affaires présentes ; et, ayant rendu conte de leur charge et députation, suivant les instructions que la Compagnie leur avoit données, ont esté louez et remerciez.

Mr le duc de Lesdiguières a escrit à la Compagnie, faisant response à celle qu'elle luy avoit ci-devant escrit.

Lettres de Mr de La Force ont esté rendues à cette Compagnie par Mr de Fresche, son député, par lesquelles il asseure la Compagnie de la continuation de son zèle et affection ; luy donnant advis du commandement qui lui avoit esté fait de se rendre en Cour dans huit jours : de quoy il se seroit excusé ; mais, craignant qu'autre commandement lui soit fait, supplie l'Assemblée de luy donner ses conseilz et bons advis en cette occurance, pour ne s'esloigner de ses sentiments, et en suitte assistance en cas de nécessité. La Compagnie, considérant le grand zèle et affection que mon dict sieur de La Force a tousjours tesmoigné au bien général des Eglises et que, suivant le désir de l'Assemblée, et à sa prière, il n'a voulu partir de son gouvernement ny aller en Cour, l'a remercié en la personne dudict sieur de Fresche ; pour luy tesmoigner le soing qu'elle désire prendre de sa conservation a résolu de luy porter toutes sortes d'assistance en cas qu'il soit inquietté, de s'intéresser en ses intéretsz ; et afin que cette résolution ne demeure sans effect, a ladicte Assemblée arresté qu'il sera escrit aux provinces de la Basse Guienne, Haut et Bas Languedoc et Seveines pour les exhorter d'assister mondit sieur de La Force et de le secourir de tout leur pouvoir en cas d'oppression et de nécessité ; et, à mesme effect, sera aussi escrit à Mrs le duc de Suilly, de Chastillon, conte d'Orval, marquis de La Force, de Pardaillan et de Luzignan, de Téaubon, de Castelnau, de Chalosse, et aultres ; et les lettres luy seront envoyées pour s'en servir aux occasions et ainsi qu'il jugera par sa prudence estre à propos.

Du 6 Mars. Sur l'advis que les députés de la province de Xaintonge, Aulnis et Angoumois ont donné à la Compagnie de la convocation de leur conseil à mardy prochain en la ville de Saint Jehan d'Angely, auquel se doivent trouver quelques gentilshommes, pasteurs, et du tiers estat de chacun coloque de la dicte province ; pour fortifier les députez dudit Conseil de leurs advis, l'Assemblée a arresté qu'il sera escrit audict Conseil lettres de créance pour faire entendre particulièrement aux députez dudit conseil les intentions et sentimens de la Compagnie ; ensemble l'estat présent de nos affaires et a député vers eux M^{rs} de La Chapelière et Guérin qui sont aussi chargez de communiquer avec le conseil estably audict Saint Jehan sur les nécessitez de ladicte ville.

Le conseil établi en la ville de Saint Jehan d'Angely a escrit à la Compagnie et député vers elle le sieur Grenon, l'un des eschevins de ladicte ville, pour l'asseurer de leur entière submission de despendre des résolutions de l'Assemblée et d'exécuter ses commandemens ; en suitte a représenté l'estat de ladicte ville avec les choses qui leur manquent pour la conservation d'icelle et pour la mettre en estat d'une juste et légitime défense, suivant les instructions et mémoires qui luy en ont esté donnez, lesquels il a communiquez à la Compagnie ; la suppliant de leur donner assistance et moien tant pour parachever les fortifications encommancées que pour achetter et se fournir de munitions de guerre selon ses dictz mémoires. La Compagnie, faisant bonne considération tant de la fidélité, affection et zèle des habitants de ladicte ville que de l'importance de ses nécessitez, a résolu de l'assister de tout son pouvoir ; mais, parcequ'elle n'a les moyens à présent en main, a arresté qu'il sera emprunté au nom de ladicte Assemblée certaines sommes de deniers et des munitions pour leur envoyer : dont elle payera rente jusques au payement du principal ; et pour en faire la recerche seront nommez commissaires ; et en ce qui regarde la collecte faitte en ladicte ville, a aussi la dicte Assemblée arresté qu'elle sera envoyée en ceste ville pour en estre ordonné ainsi qu'il sera jugé expédiant et nécessaire pour le bien des affaires générales.

Mrs de Laudebaudière et de La Bourdelière ont présenté aujourd'hui à la Compagnie lectres de créance de Mrs de Rohan, de La Trimouille et de Soubise.

La Compagnie, pour tesmoigner la bonne union et correspondance qu'elle désire entretenir avec M^{rs} de ceste ville, et leur faire entendre ce qui s'est passé en la députation de M^{rs} le marquis de Chasteauneuf, de Freton, de Sérignac, de La Chapellière, d'Allain et Rodil vers Mrs de Rohan, de La Trimouille et de Soubise, a député Mrs de Couvrelles, Clemanceau et Allain.

Lettres ont esté rendues à la Compagnie de M^{rs} de La Roche-Chalais et de Nanteuil, par lesquelles ilz protestent de leur zèle et affection et de voulloir despendre des résolutions de l'Assemblée.

Du 8 Mars. M^{rs} nos députez généraux ont escrit à la Compagnie pour luy donner advis qu'ilz ont eu audiance du Roy, et luy ont envoyé l'escrit contenant les parolles qu'ilz ont tenues à Sa Majesté avec la responce qui leur a esté faite, portant que Sa Majesté prendroit tousjours plaisir de les ouyr parlans comme députez généraulx ; mais qu'elle ne veult point ouyr parler de l'Assemblée de La Rochelle, ny recevoir rien qui vienne de sa part.

Mr de Heinleix est party ce jourd'hui pour aller en sa maison suivant le congé de la Compagnie.

Mrs de Laudebaudière et de La Bourdelière se sont présentez à la Compagnie et, suivant les lectres qu'ils avoient rendues à l'Assemblée de la part de Mrs de Rohan, de La Trimouille et de Soubize, ont exposé leur créance et donné par escrit les advis desdictz sieurs et de ceux de Mrs de Bouillon et Du

Plessis sur les affaires présentes ; suppliant ladicte Assemblée d'en faire bonne considération.

Mrs de Couvrelles et Allain, députez vers M^{rs} de la maison de ville, ont rapporté leur avoir fait entendre la charge qui leur avoit esté donnée par la Compagnie et l'ont asseuré de l'affection, union et bonne volonté des dictz sieurs et de voulloir despendre entièrement de la volonté d'icelle.

M^{rs} le présidant de cette ville, le bailly d'Aulnis, du Jau conseiller au siége de ladicte ville, Goyer, La Touschebrisson et de Hargues, députez vers la Compagnie de la part de M^r le maire, et de M^{rs} les eschevins, pairs, bourgeois et habitans de ceste ville ont remercié l'Assemblée de la bonne union et correspondance qu'elle a entretenu avec eux jusques à présent, et prie de continuer à l'advenir ; protestans de voulloir de leur part demeurer dans cette mesme union et de voulloir entièrement despendre des résolutions de l'Assemblée ; et en suitte luy ont fait entendre les advis et sentimens que M^{rs} les ducz de Bouillon, de Rohan, et de La Trimouille et Mrs de Soubize et Du Plessis leur ont fait porter dans leur conseil par leurs députez sur les affaires présentes ; et l'ont priée d'en faire telle et si bonne considération qu'elle jugera estre pour le bien de nos églises et particulièrement de leur ville : de quoy l'Assemblée leur a tesmoigné avoir beaucoup de contentement, les a remerciez et leur a donné des assurances de sa bonne volonté et de voulloir continuer envers eux la mesme union et correspondance qu'elle leur a tesmoigné par le passé ; et qu'elle fera telle considération des advis et sentimens de M^{rs} nos Grands qu'elle estimera estre pour le bien général de nos églises et de ceste ville.

Mr de Grandry ayant rapporté l'attestation de son église, dont il estoit chargé par ordonnance de la Compagnie, a esté admis et receu en icelle.

Sur la remonstrance faitte par Mr Riffault d'avoir payé deux cens trois journées employées au fort de la Porte Neufve, suivant la charge qui lui avoit esté donnée par la Compagnie, et suivant le rôlle qu'il a rapporté, montant les dictes journées à la somme de 84 livres, ledict payement luy a esté allouée avec descharge.

Du 9. M'Hespérien, député vers M^r de La Force, est retourné ce jourd'hui et a rapporté lectre tant dudict sieur, responsives à celle de l'Assemblée, que du Conseil des trois ordres de la souveraineté du Béarn; et, ayant rendu conte de sa députation suivant les mémoires qui luy avaient estez donnez, a esté loué et remercié.

Lettres de Mr de Chastillon ont esté rendues à la Compagnie par les députez de la province du Bas Languedoc, par lesquelles il asseure l'Assemblée de la continuation de sa bonne volonté et affection et voulloir despendre des résolutions d'icelle; et par icelle luy donne aussi connaissance de ce qui s'est passé à Privas.

Les conseils du Bas Languedoc et Seveines ont escrit à la Compagnie pour l'asseurer de leur bonne volonté, zèle et affection et vouloir entièrement dépendre des résolutions de l'Assemblée.

Mr de Boisse Pardaillan a aussi escrit à la Compagnie, l'asseurant de son affection à suivre et exécuter les résolutions de l'Assemblée.

Sur les advis que Mrs de Bouillon, de Rohan, de La Trimouille, de Soubize et Du Plessis ont envoyé en cette Compagnie par Mrs de Laudebaudière et de La Bourdelière sur l'occurance des affaires présentes, portant que pour tesmoigner à Sa Majesté de plus en plus sa très humble obéissance, lever le prétexte aux mauvais conseillers, fortifier les bons et esclaircir les scrupules des nostres, Sa Majesté ne demandant qu'une simple séparation, ils estimoient qu'on le pourroit faire en rompant l'Assemblée, les députez demeurans comme personnes privées en ceste ville, ou se retirans dans les places de seureté proche, jusques à ce qu'ils fussent relevez de la criminauté. La Compagnie ayant meurement délibéré sur lesditz advis suivant la résolution qu'elle avoit ci-devant prise, a jugé du tout nécessaire de subsister tant et si longuement que le bien de nos églises le requerra.

Du 10 Mars. M^{rs} de La Chapellière et Guérin, députez vers le Conseil de la province de Xaintongè, sont partis ce jourd'huy pour se trouver en l'assemblée dudict conseil à Saint Jehan.

Sur la proposition faite d'escrire tant à M^{rs} les ducz de Rohan, de la Trimouille et de Soubize pour leur faire entendre les sentimens de la Compagnie, sur leur advis, qu'à M^{rs} noz députez généraux; ladicte Compagnie, pour certaines considérations et sur l'espérance qu'elle a de recevoir bien tost nouvelles desdictz sieurs députez, suivant leurs lectres, a trouvé bon de différer pour quelques jours; et cepandant a arresté qu'il sera procédé à la confection d'un cayer de demandes pour envoyer ausditz sieurs députez, et que, pour ce faire, seront nommez commissaires; laquelle résolution sera communiquée aux députez de Mrs de Rohan, de La Trimouille et de La Force, ce qui a esté fait.

Du 11. Pour dresser le cahier des demandes ont esté nommez M^{rs} le marquis de Chasteauneuf, de Couvrelles, d'Hespérien, Bony, de La Milletière de Poitou et de Malleray.

M. de La Haryée, gouverneur de la ville et chasteau de Tartas, a escrit à ceste Compagnie et fait représenter par M. Dadou, son filz, député vers elle, qu'il auroit fait de grands fraitz et despances par le passé pour la conservation et garde de la dicte place de Tartas qui lui auroient causé de grandes incommoditez; et, qu'à présent, il lui seroit impossible de la conserver plus longuement, principalement en ce temps fascheux et plain de deffiance, s'il n'est pourveu à son incommodité par le moien de quelque assistance; de quoy il supplie l'Assemblée. La Compagnie, considérant l'importance de la dicte place et le peu de moien qu'a ledit s^r de La Haryée de la conserver, a arresté qu'il sera escrit tant au dict s^r pour l'asseurer que lorsqu'elle aura les moiens en main, elle luy donnera toute sorte d'assistance, et pour le prier aussi de vouloir traitter du gouvernement avec quelqu'un de la religion ; qu'à M^{rs} de La Force et de Bénac, pour les supplier de faire traitter avec luy ; et cepandant, pour luy donner moien de subsister et conserver la dicte place, les conseilz des églises de la souveraineté de Béarn et de la province de La Basse Guienne seront priez et exhortez d'entretenir dans ladicte place, pendant un mois, dix soldatz ; pour cet effect leur sera escrit.

Du 12. M. de Saint Bonnet député vers Mrs de Suilly, de Lesdiguières et de Chastillon, est retourné ce jourd'huy et a rapporté lectres de leur part responsives à celles que l'Assemblées leur avoit escrites et, ayant rendu conte de sa députation suivant ses instructions, a esté remercié.

Sur ce qui a esté remonstré, par les députez de la souveraineté de Béarn, que les divisions et les différens qni ont esté jusqu'à présent par plusieurs années entre M^{rs} de La Force et de Bénac ont causé et apporté un grand préjudice tant au général des églises de la dicte souveraineté qu'aux particuliers ; la Compagnie, pour prévenir les maux qui pourroient naistre d'une telle division, et considérant combien il importe d'appaiser telz différens, tant pour le bien des églises de la dicte souveraineté que pour le repos de leurs maisons, a jugé du tout nécessaire d'estouffer telles divisions pour les faire vivre en paix et union par le moien d'une bonne réconciliation à laquelle il sera travaillé au plus tost ; et, pour ce faire, ont esté nommez M^{rs} de La Cressonnière président, de Bessay et Freton, de Jaucourt, d'Hespérien, de La Milletière de Paris et de La Grange, ausquelz les députez de ladicte souveraineté feront entendre l'estat desdictz différans, lesquelz lesdictz commissaires jugeront en l'otorité de ceste Assemblée.

Du 15. Lettres de M. de Bouillon ont esté rendues à ceste Compagnie par le s^r de La Coste, de ceste ville, par lesquelles il assure l'Assemblée de la continuation de sa bonne volonté et affection au bien général de nos églises.

Le s^r Movion, de ceste ville, a aussi rendu lectres à cette Compagnie de la part de M^rs noz députez généraulx pour leur donner advis de ce qui s'est passé en leur charge sur les occurances des affaires présentes.

M^rs de La Chappellière et Guérin, députez vers le Conseil de la province de Yaintonge, Aulnis et Angoumois, sont retournez ce jourd'huy et ont présenté lettres à la Compagnie tant de la part de Mrs de Rohan, de Soubize et du Conseil de la province, avec les mémoires addressez audict Conseil; et ayant rendu conte de leur députation suivant la charge qui leur avoit esté donnée, ont esté remerciez et louez.

M^rs de La Cressonnière, présidant, de Bessay, de Freton, de Jaucourt, d'Hespérien, de la Milletière, de Paris, et de La Grange, commissaires nommez pour travailler à la reconciliation de M^rs de La Force et de Benac ont rapporté avoir pris connoissance de leurs différans sur ce qui leur a esté représenté, tant par les députez de la souveraineté de Béarn que par M. de La Roque, frère de Mrs de Bénac et du Fresche député de M. de La Force, et avoir donné leur jugement sur iceux; lequel a esté approuvé par la Compagnie et a arresté que lesdictz s^rs de La Rocque et du Fresche seront appellez en ladicte Compagnie pour ouyr la prononciation dudict jugement et acquiesser à icelluy selon leur promesse; lesquelz dits sieurs s'estans présentez en l'Assemblée, et ayant entendu la lecture dudict accord, y ont acquiessé et icelluy signé; et se sont embrassez, donnant tous leurs interestz aux prières de ladicte Assemblée et du général; et, afin que cest arresté ne demeure sans effect, la Compagnie a ordonné tant à mesdictz s^rs de La Force et de Bénac qu'au conseil des églises de ladicte souveraineté de Béarn, et les supplie et charge qu'en exécutant le susdict jugement ils facent embrasser les susdictz s^rs de La Force et de Bénac.

Sur ce qui a esté proposé qu'il seroit nécessaire d'escrire à M^rs nos députez généraux tant pour faire responce à leurs lectres et leur donner advis de nostre estat, que de les prier de nous faire savoir le nom des escrivains et de ceux qui donnent advis de ce qui ce passe en l'Assemblée, dont ilz font mention en leurs dictes lectres, et d'en rechercher soigneusement la vérité; la Compagnie a trouvé bon de leur escrire pour cet effect, en attendant qu'il sera procédé à la confection d'un cayer des demandes pour les envoyer au plus tost.

Sur ce que M. Rifault a remonstré avoir payé 348 journées d'hommes employées au fort de La Porte Neufve, suivant le roolle qu'il a présenté, montant lesdictes journées à la somme de 139 livres, 4 solz, ledict payement luy a esté alloué avec descharge.

Du 16 Mars. Pour examiner les fraitz de Mr de Saint-Bonnet, ont esté nommez Mrs de Malleray et Allain qui en feront raport à la Compagnie.

Le cayer des demandes dressé par M^rs le marquis de Chasteauneuf, de Couvrelles, d'Hespérien, Bony, La Milletière de Poitou, et Malleray a esté veu et examiné par la Compagnie et approuvé.

Du 17. M. de Banage, député de la province de Normandie, s'est présenté ce jourd'huy à la Compagnie et ayant rapporté lectres de ladite province a esté reçeu et admis en ladicte Compagnie suivant sa vocation.

Les frais du voiage de Mr de Saint-Bonnet ayans esté examinez par Mrs de Malleray et Allain, commissaires nommez, se sont trouvez monter la somme de 580 livres; et défalquant la somme de 400 l. que le dict s^r de Saint-Bonnet a receue, luy reste à payer la somme de 180 l. laquelle lui sera payée.

Sur ce que M^{rs} nos députez généraux ont escrit à la Compagnie que quelques instances et poursuites qu'ilz ayent fait envers le Roy, et M^{rs} les ministres de l'Estat, de recevoir nos très humbles rémonstrances et nostre troisiesme lettre, Sa Majesté avoit fait refus de l'un et de l'aultre, ne voullant ouyr ne recevoir aucune chose de la part de l'Assemblée; mais qu'il prendroit à plaisir de les ouir parlant en qualité de députez généraux et au nom de toutes les églises réformées de ce royaume; la Compagnie, pour tesmoigner de plus en plus son obéissance et submission respectueuse et pour retarder les effectz de la justice et bonté de Sa Majesté envers lesdictes églises, a arresté que le cayer dressé par les commissaires nommez par ladicte Compagnie pour la compilation d'icelluy sera envoyé ausdictz sieurs députez généraulx avec lectres pour les prier de présenter au Roy ledict cahier en leur nom et au nom de toutes nos églises, et, en ceste qualité, d'en procurer la responce avec effect de laquelle ilz tiendront l'Assemblée advertie au plus tost.

Du 18. Mr de Castelnau, député de la province de la Basse Guienne, s'est ce jourd'huy présenté en ceste Compagnie, en laquelle il a esté admis et receu suivant sa vocation.

Sur les advis que M^{rs} nos députez généraux ont donné à la Compagnie par leurs lettres dernières qu'après avoir longtemps espéré et attendu quelque accomodement et justice à nos plaintes, ilz n'avaient enfin et après plusieurs délais, trouvé qu'une ferme résolution au conseil du Roy à voulloir une séparation de l'Assemblée avec pardon ; la Compagnie, considérant le préjudice d'une telle si honteuse et dommageable séparation, a arresté qu'il sera escrit et fait responce ausditz sieurs députez généraux pour leur faire entendre que ladicte Assemblée ne se peut séparer soubz une condition si désavantageuse et infamante ; ains, au contraire, de subsister tant et si longuement que le bien de nos églises le requerra.

M^{rs} les contes de La Suze et de Roussi ont escrit à cette

Compagnie pour l'asseurer de leur zèle et affection au bien général de nos églises, et vouloir despendre entièrement des résolutions de l'Assemblée.

La Compagnie, pour tenir advertis M^{rs} nos Grands de la résolution qu'elle a prise d'envoyer à nos députez généraux le cahier de nos demandes et d'en poursuivre les responces, tant en leur nom que de toutes nos églises, afin de recercher par toutes voyes légitimes les moiens de pouvoir obtenir justice, a arresté qu'il leur sera escrit tant pour leur faire entendre nos bonnes intentions et leur donner advis de la responce faite ausditz sieurs députez généraux, que pour les prier de favoriser par leurs recommandations la justice de noz plaintes et demandes.

Du 19. M^r de La Primaudaye, suivant le congé que luy a cy devant donné la Compagnie, est party ce jourd'hui pour aller en sa maison et a promis de retourner dans quinze jours.

Mrs de Laudebaudière et de La Bourdelière, ayans demandé congé pour aller en leurs maisons, leur a esté accordé à la charge de retourner dans douze jours; ce qu'ils ont promis fayre.

Mr de Beauchamp, ayant aussi demandé congé pour quatre ou cinq jours, luy a esté accordé et est party ce jourd'hui.

Pour examiner les fraitz faitz par M^{rs} de La Chapellière et Guérin, tant au voiage de Niort que celuy de Saint-Jehan, ont esté nommez Mrs de Mitois, Guérin, pasteur, et La Milletière, de Poitou.

La Compagnie, pour certaines considérations, a ordonné qu'à Mr Dadou, fils de M^r le baron de La Hariée, gouverneur de Tartas, la somme de soixante livres luy sera donnée par Mr Riffault ; ce qu'il a fait présentement et luy sera alloué.

Pour les fraitz du voyage du sieur Duvines, que la Compagnie a envoyé à la Cour, ledict s^r Rifault luy a deslivré la somme de cent cinquante livres qui luy sera aussi allouée.

Les fraitz faitz par Mr Hespérien, en son voiage de Béarn, ont esté examinez par les commissaires nommez pour faire l'examen d'iceux et se sont trouvez monter la somme de 119 livres 19 solz : sur quoy, défalquant 75 livres qu'il a receu, luy reste la somme de 44 livres 19 solz.

Les fraitz que Mʳ de Veilles a faitz, tant au voiage de Sédan que de Saumur, Saint Maixant et Touars, ont aussi esté examinez par les mesmes commissaires et se sont trouvez monter 498 livres 2 solz ; et déduisant la somme de 300 livres qu'il a receue luy reste à payer 198 livres 2 solz.

Du 20. Mʳ du Parc d'Archiac, lieutenant du Roy au gouvernement de Saint Jehan s'est présenté en ceste Compagnie pour la salluer et asseurer de son affection, et vouloir entièrement dépendre des résolutions d'icelle ; et a supplié l'Assemblée de voulloir avoir esgard à la nécessité de ladicte ville de Saint-Jehan, suivant l'assistance requise par le conseil de ladicte ville.

Mʳˢ de La Chappellière et Guérin, cy devant députez tant vers le conseil de la province de Xaintonge, Aulnis et Angoumois, que celuy de ladicte ville de Saint-Jehan, pour informer des nécessitez de ladicte ville et des choses nécessaires pour la mettre en estat d'une juste et légitime deffence dont lesdictz habitans pourroient manquer, ont rapporté avoir trouvé beaucoup d'affection et de résolution esdictz habitans ; mais que s'estant informez des nécessitez de ladicte ville et des choses requises pour la mettre en bon estat, ont reconneu beaucoup de deffaulx et de manquemens dans icelle ; de sorte qu'il seroit impossible aux dictz habitans de continuer et parachever leurs fortifications encommencées, ny d'achetter les munitions de guerre et autres choses requises et nécessaires sans une notable assistance ; la Compagnie, faisant bonne considération du zèle et affection desdictz habitans, et considérant l'importance d'icelle, leur a accordé cinq milliers de poudre, quatre milliers de plomb et un tonneau de souffre pour leur estre envoyé présentement, en attendant que la Compagnie leur donne plus de contentement à l'advenir, tant sur les autres choses que sur la somme de 6000 livres par eux demandée ; et, cependant, a arresté que la collecte faitte en la dicte province de Xaintonge sera apportée au plus tost en ceste ville, pour ce fait en estre ordonné selon qu'elle jugera expédiant.

Du 22 Mars. Mr Savary, député de la province de la Basse Guyenne, substitué de Mr de Puyferré, s'est ce jourd'hui présenté en ceste Compagnie, y ayant apporté acte du conseil de ladicte province et a esté admis et receu en icelle.

Sur ce que Mr Rifaut a représenté que, suivant la charge qui lui auroit esté donnée par la Compagnie, il auroit payé 423 journées d'hommes employés au fort de la Porte Neufve, plus cinq journées à dix solz par jour, montant lesdictes journées à la somme de 171 livres 14 solz ; ledict payement luy a esté alloué avec descharge.

Du 23. Lectres ont esté rendues à la Compagnie par Mr Savary, de la part de Mr de Boisse Pardaillan, portant créance pour un chef que ledict Savary doit exposer en temps et lieu que besoing sera, et, en l'autre, asseure ladicte Assemblée de son affection au bien général de nos églises.

Les députés de la province de Vivarestz ont rendu à la Compagnie lettres, tant des consuls et consistoire de Privas que du conseil de la dicte province, pour donner advis à l'Assemblée de ce qui s'est passé audit Privas, et de l'estat auquel ilz sont à présent ; et ensuitte lesdictz députez, ayans charge de leur dite province, ont remonstré à la Compagnie que comme ladicte ville de Privas, par moiens légitimes, s'est redimée et affranchie de la servitude où elle avoit esté jettée et réduitte par la malice de leurs ennemis, ils craignent et appréhendent que ces mesmes ennemis, animez et esmeus par ceste délivrance, et qui ont desjà les armes en main ne redoublent leurs animositez pour les courir sus et les opprimer ; suppliant la Compagnie de faire bonne considération de ceste affaire, d'approuver leurs actions et procédures, et en cas qu'ils feussent attacquez et poursuivis par la force, de leur donner le secours nécessaire pour leur conservation ; et pour cet effet exhorter et enjoindre à toutes les provinces voisines et prier M^rs le duc de Lesdiguières et Chastillon de les voulloir assister de leurs forces ; et, cas advenant que ceux qui les ont assistez fussent poursuivis par justice, et eux aussi, pour le razement dudit chasteau de Privas, la Compagnie embrasse leur cause comme un fait général et contribue à leur indemnité. L'Assemblée, considérant l'importance de cette affaire, a approuvé l'action d'une juste et légitime défense faite par les habitans audict Privas pour le recouvrement de leur première liberté, et embrasse dès à présent leurs interestz comme un fait qui regarde le général ; promettant de leur porter toutte l'assistance que faire ce pourra en cas de besoin et d'oppression ; et pour cet effet sera escrit tant à Mrs de Lesdiguières et de Chastillon qu'aux provinces du Bas Languedoc, Seveines et Dauphiné pour les assister et secourir de tout leur pouvoir ; et en oultre de procurer avec autant d'affection qu'il leur sera possible leur descharge, tant pour leur intérest public que particulier.

Du 25. Suivant la résolution prise dès la formation de l'Assemblée pour le changement de mois en mois de ceux qui auront la conduitte et direction d'icelle, après l'invocation du saint nom de Dieu, ont esté ce jourd'hui esleuz et nommez à la pluralité des voix recueillies par testes, suivant le réglement : M^r le baron de Castelnau, présidant ; M^r d'Hespérien, adjoint ; Mrs de Montmezart et Allain secrettaires. Signé : *De La Cressonnière*, présidant, *Rozel*, adjoint, *de La Piterne*, secrettaire, et *La Tour*, secrettaire.

AU NOM DE DIEU.

Continuation des actes de l'Assemblée génoralle des églises réformées de France et souveraineté de Béarn tenant à La Rochelle.

Du 25 Mars 1621. Après l'invocation du nom de Dieu et que par la pluralité des voix, suivant l'ordre estably dès le commancement de l'Assemblée, ont esté nommez pour la direction d'icelle, durant le mois qui commance ce jourd'huy : M^r le baron de Castelnau de la Force, présidant ; Mr Hespérien, adjoint, et Mrs de Montmezart et Allain, secréttaires.

M^{rs} de La Cressonnière, Rozel, La Piterne et La Tour ont esté unanimement louez et remerciez par toute l'Assemblée de l'affection, vigilance et fidélité qu'ils ont apporté à la conduitte et modération d'icelle durant le mois précédant.

Les députez de la ville et province de La Rochelle ont représenté à la Compagnie avoir donné la coppie de la lectre de M^{rs} les députez généraux, la despesche qui leur a esté faitte par l'Assemblée et la lectre escritte à toutes les provinces, à M^{rs} les maire, eschevins, pairs, bourgeois et habitans de ladicte ville qui les ont chargez d'en remercier ladicte Compagnie, et l'asseurer de leur bonne union et correspondance qu'ils luy ont cy-devant par plusieurs fois protestée, et de leur intention de despendre entièrement de ses résolutions, dont ils ont esté remercié.

Du 26. L'Assemblée ayant eu advis que les troupes et gens de guerre estans ci-devant en garnison à Confolan se seroient venus loger dans la ville de Vouvans, proche de la ville de Fontenay, et isles de Maillezaye, place de seureté, et à dessain de se saisir desdictes isles et chasteau de Maillezaye ; et par ce moien bouscher l'un des principaux passages qui favorise la communication des provinces d'Anjou et de Poitou avec celles de la Xaintonge et de La Rochelle ; la Compagnie, jugeant l'importance de ceste affaire par le préjudice et dommage que pourroit souffrir la ville de La Rochelle et provinces voisines par la prise et saisie dudit passage, a arresté de prier M#r# de La Cressonnière, gouverneur pour le Roy esdites isles et chasteau de Maillezaye, et l'un des députez de la présente Assemblée, de faire couller promptement dans lesdictes isles et chasteau, et là où il trouvera le plus à propos, le nombre de 200 hommes de guerre avec le moindre esclat qui se pourra ; et afin que personne n'en puisse recevoir aucun dommage, ny interpréter ceste levée pour aucun acte d'hostilité, la dicte Assemblée a prié le dict s#r# de La Cressonnière d'emprunter la somme de six mille livres, tant pour employer aux fortifications et munitions de ladicte place, que pour payer la solde d'un mois desdictz 200 hommes ; promettant ladicte Assemblée de rembourser ledict s#r# de La Cressonnière de la dicte somme de 6000 livres des premiers et plus clairs deniers qu'elle aura en main ; et en cas qu'elle n'en eust avant la séparation, elle demeurera et demeure dès à présent, avec le général desdictes églises, obligée au payement de ladicte somme. Ce qu'ayant esté promis et effectué par le s#r# de La Cressonnière, il en a esté remercié par ladicte Assemblée.

M#r# de La Cressonnière est party ce jourd'huy avec lettres de l'Assemblée pour aller trouver M#r# le duc de Rohan, gouverneur de la province de Poitou, afin de pourvoir ausdites isles et chasteau de Maillezaye, et pour conférer avec luy des moiens d'empescher l'approche desdictes troupes et gens de guerre, et qu'ils ne se saisissent de la ville de Fontenay et aultres places.

Du 29. Sur ce qui a esté représenté à la Compagnie qu'en suitte des résolucions prises par icelle de fortifier et pourvoir les places de nostre seureté de munitions nécessaires pour se tenir en estat d'une juste et légitime deffence, les habitans de la ville de Tonneins-dessus veullent se retirer à la Cour du Parlement de Bourdeaux pour s'en faire descharger; l'Assemblée a trouvé bon d'escrire ausditz habitans, d'acquiesser à ce qui a esté cy devant ordonné pour ce subject tant par M. le duc de Rohan et le conseil de la province, que de nouveau par l'Assemblée de Sainte-Foy et de ne se pourvoir ailleurs pour ce subject qu'en ceste Compagnie.

L'Assemblée ayant eu advis certain qu'il s'est donné plusieurs jugemens et arrestz contre les députez en icelle que l'on s'efforce de voulloir faire exécutter, les effigier et razer leurs maisons, a trouvé bon d'escrire à M^{rs} les députez généraux afin qu'ils facent entendre au conseil du Roy que, si l'on passoit à l'exécution desdictz arrestz et jugemens, ce seroit tout-à-fait porter les affaires aux extrêmes, et que telles procédures seroient prises pour une manifeste persécution; qu'elle a fait entendre à toutes les provinces de se mettre en devoir d'empescher l'actuelle exécution par toutes sortes de voyes, mesmes opposer la force à la force si besoin est, afin que lesdictz députez ne demeurent flestris et ruinez contre les promesses qui leur ont esté données par lesdictes provinces; et a résolu en oultre ladicte Assemblée de ne se séparer point que le dommage que lesdictz députez recevront et souffriront ne soit entièrement réparé, à ce compris Messieurs les députez généraux; et, à ces fins, lectres en ont esté escrites tant à M^{rs} lesdictz députez généraux qu'aux provinces avec coppie du susdit acte.

M. de La Cressonnière est retourné ce jourd'huy, et a rendu à la Compagnie lectres de créance de M. le duc de Rohan responsives à celle qu'elle luy avoit escritte; et sur la créance par luy exposée a esté résolu d'escrire à Mrs de Valedan et d'Artiganoues, lieutenant de la ville et chasteau de Fontenay soubz M. de La Boulaye, gouverneur de ladicte place, pour les advertir de veiller soigneusement à la conservation d'icelle; et, en cas de besoing d'hommes, leur faire offre de leur en fournir cinquante pour un mois.

Du 30 Mars. M. le vidame de Chartres a escrit à l'Assemblée en responce de celle qu'elle luy avoit escrit, protestant de sa submission et obéïssance à toutes ses résolutions.

Les députez du conseil des églises de l'Isle de France ont aussi escrit à l'Assemblée.

Du 31. En suitte de la résolution cy devant prise pour le changement de mois en mois ou continuation de ceux qui doivent assister au conseil de M. le maire, ont esté nommez M^{rs} de La Cressonnière, de Freton, de Veilles et de Banage, Rodil et Guérin.

Mrs de Mirande, le baillif d'Aulnis, Touppet et de Hargues, députez de Messieurs les maire, eschevins, pairs, bourgeois et habitans de la ville de La Rochelle, ont représenté à la Compagnie que, par conseil d'estat du Roy du 6 Mars dernier, a esté ordonné que les sièges des élections et buraux des receptes, crues et taillon seroient transférez, assavoir : celuy de Saint-Maixant a Luzignan, celuy de Niort à Partenay, celuy de Fontenay à Vouvans, celuy de Touars à Bressuire, celuy de Mauléon à Mortagne et celuy de La Rochelle à Surgère; et enjoint aux esleus, receveurs des tailles et aultres officiers desdictes élections, de se transporter esdictz lieux pour faire l'exercice de leurs charges; pour la signification duquel arrest et de l'attache donnée par les trésoriers de France à Poitiers, le 24 dudit mois de mars, un huissier se seroit transporté en cette ville; et l'affaire ayant esté mise en délibération au conseil de la dicte ville, il les auroient (*sic*) chargez d'en représenter l'importance en ceste Compagnie, afin d'y adviser comme à une affaire générale; protestant de suivre tout ce qui sera sur ce résolu. Sur quoy, après que lesdictz s^{rs} ont esté remerciez, l'Assemblée ayant meurement délibéré, a arresté qu'il sera escrit à M^{rs} les députez généraux qu'ilz facent entendre à M^rs les ministres de l'Estat, et à ceux qui approchent la personne du Roy, que cet arrest est non seulement contre toutes les formes de justice et d'équitté, mais d'une manifeste contravention aux éditz et brevetz; et partant, que si l'on passoit outre a l'excution *(sic)* dudict arrest, cela seroit pris pour une ouverte persécution; et pour s'i opposer il sera escrit tant à M^rs les ducz de Rohan et de La Trimouille qu'aux gouverneurs et officiers des dictes villes et conseilz des provinces, à ce que chacun connoisse l'artifice et les mauvais prétextes de noz ennemis; et pour le regard de ceste ville, que les députez du Conseil de mon dit s^r le maire y représenteront : que l'Assemblée reconnoissant l'intérest qui leur est fait par ledict arrest, advoue tout ce qui sera par eux délibéré et conclud, tant pour empescher la signification d'iceluy que pour prévenir les mauvais desseins et surprises qui pourroient estre brassées dans l'estendue de leur gouvernement.

Lectres de M^rs les ducz de Rohan et de La Trimouille ont esté leues à la Compagnie, par lesquelles ilz protestent de la continuation de leur affection au bien des églises, et donnant advis de l'envoy de M^r de La Roche de Grane vers l'Assemblée par M^r le duc Desdiguières *(sic)*.

M^r de La Roche de Grane a présenté à la Compagnie lectre de M^r le duc de L'esdiguières *(sic)*, escrite de La Chapelle-La-Roine, du 24me mars dernier portant créance, laquelle ledict sieur de La Roche a exposée et donnée par escrit, signée de luy.

Du 2 avril. L'Assemblée fait response par ledict s^r de La Roche de Grane aux lettre et créance par luy apportées de la part de M^r le duc de Lesdiguières, par laquelle, outre ce ce qu'elle luy avoit cy devant escrit contenant les justes causes et raisons de sa convocation, elle luy fait entendre qu'il nous est impossible de nous résoudre à aucune séparation sans avoir premièrement justice sur nos plaintes et remonstrances; le suppliant de s'employer à ce que noz députéz généraux puissent estre favorablement ouis sur le cahier par eux présenté au nom des églises; se remettant ausditz sr députez qui luy représenteront plus particulièrement les justes causes et raisons de nostre subsistance.

Le sieur Duvines, cy-devant envoyé par l'Assemblée vers Mrs noz députez généraux, est retourné ce jourd'hui avec leurs lectres, contenans le peu d'espérance qu'ilz ont jusques icy de pouvoir obtenir aucune justice sur nos plaintes et remonstrances; et comme ilz ont de nouveau présenté au nom des églises un cahier et icelluy fait voir à Mr de Pont-Chartrain, comme aussi ilz donnent advis d'avoir veu Mr le duc de Lesdiguières depuis son arrivée en Cour, duquel ilz n'ont peu apprendre aultre chose, sinon qu'il nous falloit résoudre à une séparation ou à nous bien deffendre; promettans nous donner advis par exprès de ce qu'ilz auront peu obtenir sur le cahier duquel ilz ont envoyé coppie.

L'Assemblée a escrit par ledict sieur de La Roche de Grane à Mrs noz députez généraux, leur donnant advis du retour dudict Duvines, et leur faisant derechef bien particulièrement entendre nostre ferme résolution à demeurer tousjours bien unis; ensemble les causes et raisons de notre subsistance pour les représenter à Mr le duc de Lesdiguières; leur faisant aussi entendre la translation des receptes hors des villes et places de nostre seureté, afin qu'ilz en facent plainte comme d'une infraction manifeste aux éditz et brevetz à nous accordez; comme pareillement de l'approche des trouppes et gens de guerre près les places de nostre seureté, et menaces qui courrent de toutes partz contre nous.

A esté escrit par l'Assemblée à Mrs les ducz de Rohan et La Trimouille, pour leur donner advis de la dépesche desdictz députez généraux et de la response qui leur a esté faitte ensemble à Mr le duc de Lesdiguières par ledit sr de La Roche de Grane, desquelles leur a esté envoyé coppies, leur donnant, par mesme moien, advis de la translation desdictz bureaux et recepte, afin qu'ilz y pourvoient autant qu'il leur sera possible, selon qu'il a esté cy-devant résolu.

A esté pareillement arresté d'escrire à toutes les provinces pour les tenir adverties de la dicte translation des receptes, ensemble des poursuittes qui se font contre les députez de l'Assémblée, de l'approche desdictes trouppes et gens de guerre; comme aussi de la dernière dépesche desdictz s^{rs} députéz généraux et de la responce dudict s^r de La Roche dont leur a esté envoyé coppies ; les exhortant au surplus de continuer en une ferme et bonne union de laquelle dépend principalement nostre seureté et conservation ; les asseurant de la ferme résolution de l'Assemblée à ne se point séparer qu'elle n'ait obtenu justice sur les plaintes et remonstrances de nos églises.

Les lectres de M^{rs} nos députéz généraux, et celle de M^r le duc de Lesdiguières à l'Assemblée, avec la créance dudict sieur de La Roche, ont été communiquées à M^r le maire et à ceux de son conseil par les députéz de ceste Compagnie audict conseil.

Mr de Chauvernon, pasteur de l'église de Taillebourg a présenté à l'Assemblée lettres et créance de Mr Duplessis-Bellay, gouverneur de soubz M^r de La Trimouille des ville et chasteau de Taillebourg. Sur quoy ladicte Assemblée a trouvé bon d'escrire audict s^r Du Plessis, et luy faire entendre, par ledict sieur de Chauvernon, qu'elle fait très bonne considération de l'importance de ladicte place ; et que, lors qu'elle aura le moien en main, elle ne manquera de pourvoir à son possible pour les réparations qu'elle juge y estre nécessaire pour la seureté et conservation d'icelle.

M^r de La Cressonnière, gouverneur de Maillezay, ayant fait entendre à la Compagnie avoir satisfait à son ordonnance du 26 du mois passé, et pour ce, emprunté la somme de 6000 livres, tant pour le payement des deux cens hommes qu'il a logez dans les isle et chasteau de Maillezay pour la garde des passages, que pour travailler aux fortifications nécessaires; requerant la Compagnie de députter quelqu'un pour aller sur les lieux vérifier lesdictes choses; la dicte Compagnie, bien certifiée de l'exécution desdictes ordonnances, a d'abondant promis et promet de faire rembourcer ledict sieur de La Cressonnière de la dicte somme de 6,000 livres, comme il a esté cy-devant résolu.

Mrs de Valdan et d'Artiganoue, lieutenans soubz M^r de La Boulaye au gouvernement des ville et chasteau de Fontenay, ont escrit à l'Assemblée en responce de celle qu'elle leur avoit escrit et de la créance sur ce donnée à Mr Clémanceau, médecin de ladicte ville, se soubzmettans de rechef à tout ce qu'il plaira à l'Assemblée pour la garde et conservation desdictes places.

Mr Duplessis Mornay a escrit à l'Assemblée sur le subject du voiage du sieur de La Roche, envoyé par M^r le duc de Lesdiguières, luy donnant d'ailleurs advis de la translation du bureau de la recepte de Saumur, dépendant de la généralité de Tourraine, ès villes de Baujay et Chinon.

Sur ce qui a esté représenté par les députez de la ville et province de La Rochelle, de la part de M^r le maire, touchant la recerche qu'on craint estre faitte contre les soldatz qui sont venuz pour la garde et conservation de la dicte ville; l'Assemblée a trouvé bon de prier M^r le maire de retenir tant qu'il luy sera possible lesditcz soldatz et que pour ceux qui ont esté congédiez, ou qui ont excuses légitimes de se retirer, en cas qu'ilz feussent recerchez à ceste occasion; et, pour s'estre rendus en ladicte ville, ilz seront advouez et indemnisez par ladicte Assemblée.

Du 3 avril. Les lettres du conseil de la province de Berry et Orléans ayans esté représentées à la Compagnie par les députez de ladite province touchant l'augmentation de sept soldatz à la garnison de la ville de Sancerre pour la seureté et conservation d'icelle, suivant le pouvoir qui leur en avoit esté cy-devant donné, la dicte Assemblée a approuvé la dicte augmentation et a promis en indemniser et dédommager ledict conseil, suivant l'arresté sur ce fait le 4ᵉ jour de janvier dernier; comme pareillement sur la réquisition desdictz deputez a esté escrit à Mʳ du Candal à ce qu'il pourvoie à faire payer la garnison dudict Sancerre, des arrérages qui luy sont deubz.

Du 5. Lettres ont esté escrittes à Mʳ Du Plessis en response de celle qu'il avoit escritte à l'Assemblée.

Du 6. Mʳˢ de Saint Simon et de Lagrange ayant esté nommez pour examiner le conte du sieur Tuins de la recepte et despance par luy faitte en son voiage de la Cour, ont rapporté qu'il avoit receu de Mʳ Riffault 150 livres et de Mʳ du Candal 250 livres, revenans à quatre cens livres, et qu'il avoit despendu en son voiage 229 livres, 5 solz; qu'il restoit entre ses mains 170 livres, 15 solz; de laquelle somme l'Assemblée a gratifié le dict sʳ Tuins de 70 livres, 15 solz, et le surplus montant 100 livres a esté par luy remis ès mains de Mʳ Riffault.

Aussi a esté examiné le compte de Mʳ de La Tour de la recette et despance par luy faitte en sa députation vers Mʳˢ de Rohan, de La Trimouille, de Soubize et Du Plessis, par l'arresté duquel luy est deub la somme de 14 livres, 2 solz que l'Assemblée lui a promis payer.

Les consulz et vuiguier de la ville de Montpellier ont escrit à la Compagnie, la suppliant par leurs lectres d'embrasser la recommandation d'une affayre qu'ilz ont au conseil, ce qui leur a esté accordé ; et, à ces fins, l'Assemblée a escrit à Mʳˢ noz députez généraulx de favoriser de tout leur possible la dicte poursuitte qui tend à faire renvoyer leur cause à la chambre de Castres; et qu'il sera fait article au cahier, pour ce regard, à ce que rien ne soit innové ny changé aux formes et priviléges de la dicte ville de Montpellier en la création de leurs consulz de mer.

Les députéz de la Basse Guienne ont représenté à la Compagnie qu'il est grandement important à la dicte province que Mrs de Pardaillan et Bérault qui ont certain différant, duquel M^{rs} de La Garde et de Pecalues auroient esté arbitres choisis par le conseil de la dicte province, qui n'auroient peu les mettre d'accord, soient exhortez de la part de l'Assemblée d'acquiesser à ce qui sera résolu par les dictz s^{rs} de Lagarde et Pecalues, sur le subject de leurs différans ; sur quoy l'Assemblée jugeant l'importance dudit affaire, a trouvé bon d'en escrire ausdicts s^{rs} de Pardaillan et de Bérault ; et aussi ausdicts s^{rs} de La Garde et Pecalues, de vouloir travailler à leur reconsiliation et accommodement le plus promptement qu'il leur sera possible et joindre à eux un tiers non suspect aux parties.

Ce jourd'huy, par ordonnance de l'Assemblée, le lacquais de Mr Champoléon a remis entre les mains des secrettaires un pacquet cachetté et enveloppé de nouveau, sans aucune inscription, qu'il a dit estre les mémoires et instructions des députtez de la province de Dauphiné.

Du 7. Mr Bernardin, advocat au parlement de Bourdeaux, député de la ville de Tonneins, a présenté lectres à la Compagnie de la part des consuls et juratz de la dite ville, tendantes à estre déclarée exempte de la contribution aux impositions faittes et à faire pour raison des fortifications de la ville de Tonnains-dessus. Ouy le dict s^r Bernardin, les raisons par luy allouées, et Mr de Castelnau de La Force, pour l'intérest de M^r de La Force, son père et des habitans de Tonnains-dessuz, ensemble les députez de la Basse-Guienne ; l'Assemblée, pour bonnes et particulières considérations, a trouvé bon que les habitans de la ville de Thonnains-dessous soient deschargez de toutes contributions faittes en l'an 1615 touchant les dictes fortifications ; et pour le regard de celles qui ont esté commancées depuis la tenue de la présente Assemblée et qui se pourroient continuer cy-après, que les habitans de Tonnains-dessous contribueront à proportion des héritages qu'ilz possèdent dans la juridiction dudict Tonnains-dessous pour le tiers seullement de leur cottité ; et que semblablement les habitans dudict Tonnains-dessus contribueront aux fortifications de Tonnains-dessous à la mesme proportion du tiers de leur cottité pour les héritages par eux possédez en la juridiction de Tonnains-dessous ; le tout sans tirer à conséquance pour aultres choses que pour les dictes fortifications ; et pour régler les sommes desdictes contributions lesdictes villes conviendront d'un nombre égal de personnes ; et en cas qu'ilz n'en demeurassent d'accord, le conseil de la province est autorisé de la part de ceste Compagnie d'y pourvoir, et, pour les régler nommeront aussi les dictes villes, de part et d'autre, personnes en nombre égal pour assister tant à l'imposition qu'à la réduction des comptes des deniers qui auront esté levez pour lesdictes fortifications.

Lectre de Mr de Luzignan, escritte de Tonnains, le 30 mars dernier, ont esté leues à la compagnie et, en présence de Mr du Fresche, député de M^r de La Force, lequel a esté prié de donner son advis sur icelles, ce qu'il a fait.

Sur l'advis donné a la Compagnie que Mr de Vignoles, commandant les trouppes de Guienne, avoit, le 25 mars dernier, escrit aux consuls et habitans des villes de Clérac et Tonnains qu'il ne pouvoit souffrir que lesdictes villes se fortifiassent, et que son intention estoit de s'y opposer et de faire remettre le tout au premier estat usant de plusieurs ; ensuitte de quoy, le 30 dudict mois, un nommé Doudas, avec vingt chevaux légiers de la garnison qui est au Mas d'Agenois, ayant fait une course près la ville de Tonnains-dessous, auroient emmené prisonniers le lieutenant du juge de Tonnains avec trois autres qui s'en alloient tenir la cour et administrer la justice en un lieu appelé Villeton ; les habitans de la dicte ville de Tonnains se seroient soudain portez aux représailles et retenu un gentilhomme et quelques autres de religion contraire, estans résolus d'arreter ceux qu'ilz pourroient prendre jusques à la liberté desdicts prisonniers. La Compagnie considérant l'importance de ceste affaire, a approuvé ce qui a esté fait par les dicts habitans de Tonnains, et a arresté qu'il leur sera escrit; et à ceux de Clérac et autres villes voisines, à ce qu'ilz s'opposent avec vuigueur et courage à telles courses et actes d'hostilité tant par représailles que par toutes autres sortes de voye; et, qu'à mesme fin, il sera aussi escrit au conseil de la province et à Mr de Luzignan, et les dictes provinces et villes exhortées que, sans s'arrester ausdictes menaces et oppositions, elles continuent lesdictes fortifications et réparations.

Du 8 avril. Lettres de M^r le duc de Rohan ont esté présentées à la Compagnie par M^r de La Verdonnière, luy faisant entendre par icelles avoir fait une dépesche au Roy sur le subject de la translation des receptes et luy en représenter les conséquences préjudiciables à son service, dont il a esté loué et remercié, tant en la personne dudict s^r de La Verdonnière, que par lectres; priant en outre l'Assemblée de voulloir effectuer ce qu'elle a ordonné de munitions nécessaires pour la conservation de la ville de Saint-Jehan.

L'Assemblée a escrit à M^r de La Force pour le prier de faire exécuter l'arresté qu'elle a fait sur le différant des habitans de Tonnains-dessus et dessous cy-dessus transcript et voulloir remettre et donner les interestz particuliers à la considération de la dicte Assemblée.

Lectres ont esté escrittes au conseil de la province de la Basse Guienne, aux consuls et habitans de Tonnains dessus et dessous, à ceux de Clérac, et à Mr de Luzignan que l'Assemblée a approuvé les reprezailles dont ilz ont usé, et les exhorte de continuer les réparations et fortifications.

Comme aussi l'Assemblée a escrit à Mr de Pardaillan et de Béraut pour les exhorter à leur reconsiliation et à M^r de La

Garde et de Pechalues, leurs arbitres, d'y voulloir soigneusement et promptement travailler.

Du 9 avril. Lettres du pasteur et autres de l'église de Barbezieux ont esté présentées à la Compagnie par les députez de la province de Xaintonge, la supplians par icelles d'escrire à M^rs les députéz généraux de se joindre à la poursuitte du s^r Bouchereau pour l'effect de son renvoy en la chambre de Nérac, suivant les éditz; ce qui leur a esté accordé par la dicte Assemblée qui en a sur ce fait escrire ausdictz s^rs députez.

Le conseil de la province de Poitou a escrit à l'Assemblée luy donnant asseurance par ses lectres que la dicte province se soubzmettra à toutes les résolutions de la dicte Assemblée, laquelle est aussi asseurée par les dictes lectres et par l'acte du conseil de la dicte province du 7 du présent mois, assemblé à Fontenay, du bon estat auquel sont les isles et chasteau de Maillezay, suivant l'ordre qui en a esté cy-devant donné par la dicte Assemblée à M^r de La Cressonnière, et dont la dicte province est grandement contante et satisfaitte.

Du 12. Lectres de M^rs noz députéz généraux du 3 avril escrittes à l'Assemblée, par la voye du messager ordinaire de ceste ville, ont esté leues en la présence de Mr Dufresche, député de M^r de La Force, donnans à entendre par icelles que le roy part soudain après Pasques pour aller à Tours: qu'il a fait vérifier l'édict de la vente de quatre cens mil livres de rente sur les gabelles, et que la représentation de la nécessité de cela a esté la guerre de dehors et du dedans contre les rebelles, ayans esté lesdictes lectres mises ès mains des députéz de la présente ville pour les communiquer à M^r le maire.

Les députez de la conférence des églises du Bas Languedoc ont aussi escrit à l'Assemblée et envoyé coppies des mémoires et instructions qu'ilz ont donnez à Mr de Sainct Privot pour les présenter à M^r le duc de Lesdiguières et le prier d'avoir un soing particulier de la nécessité et liberté ds la ville de Privas et de toutes celles de la province de Vivarestz ou, en l'absence de M^r le duc, les remonstrances à mesmes fins entre les mains de M^rs noz députéz généraulx, suppliant l'Assemblée de leur en escrire, ce qui leur a esté accordé.

L'Assemblée, sur l'advis qu'elle a eu que les consuls et habitans de Bergerac ne continuent à travailler aux fortifications de leur ville, a trouvé bon de leur escrire à ce que qu'ilz ayent à continuer leur travail avec plus de soing qu'ilz n'ont fait jusques à présent et advancer lesdictes fortifications le plus promptement et dilligemment qu'il leur sera possible, puisque les menaces de nos ennemis s'augmentent et redoublent tous les jours.

Mr de Laferrière, gouverneur du chasteau de Vezains, a escrit à l'Assemblée luy faisant entendre qu'il ne peut garder ladicte place pour n'avoir moien d'entretenir des soldats dans icelle. Sur quoy ladicte Assemblée a trouvé bon d'escrire au conseil ds la province d'Anjou qu'il remédie à la garde et conservation de la dicte place pour un mois.

Les députez des églises de la province de Provence ont escrit à l'Assemblée, la suppliant d'escrire à M^rs nos députez généraux en leur faveur, afin qu'ilz puissent obtenir nouvelle commission pour faire enqueste sur l'exercice de la Religion en Provence ; d'autant que celle qu'ilz avoient cy-devant fete (*sic*) a esté perdue et esgarée par l'artifice de noz ennemis.

Mrs de Bessay, de La Cressonnière, de Freton, de Veilles, de Banage, de La Chappellière, de Maleray, les deux Milletière, ont esté nommez commissaires pour travailler à l'ordre général.

Du 13. L'Assemblée a escrit à M^rs les ducz de Rohan et de La Trimouille, de Soubize et Du Plessis, tant pour leur faire savoir les nouvelles qu'elle a receues par noz députés généraux, que pour prier mes ditcz s^rs de Rohan et de La Trimouille de renvoyer leurs députez pour avoir leurs bons advis sur l'occurance des affaires.

L'Assemblée a aussi escrit à M^{rs} noz desputez généraux de favoriser la poursuitte de ceux de l'église de Laval sur la réparation de la démolition de leurs temples à ce qu'ilz en puissent avoir bonne et briefve justice, et l'église de Poiré en Poictou pour la continuation de l'exercice de la religion en la dicte église, que de celle de Bos en Provence à ce que qu'ilz puisent obtenir nouvelle commission pour faire leur enqueste.

Du 14. M^r de La Force a escrit à l'Assemblée lectres du 17, 18 mars et du premier avril par lesquelles il donne advis des mauvais dessains et praticque des ennemis des églises de Béarn et de l'armement du s^r de Poyanne; et requiert l'Assemblée d'escrire aux provinces voisines et personnes considérables afin qu'ilz l'assistent en cas d'oppression.

Le s^r Fournier, députéz de l'abrégé de Montauban, a présenté lectres dudict abrégé, du 3 avril, contenant créance, baillé ses instructions suppliant l'Assemblée d'y délibérer.

Mr de Lescun, député de la province de Béarn, s'est présenté à la Compagnie avec lectres et mémoires du conseil des églises de la dicte province, contenant entre autre chose son envoy avec les excuses de son retardement; et a esté admis et receu pour avoir voix délibérative ès résolutions comme les autres députéz, ses dictes excuses jugées légitimes.

La Compagnie délibérant sur les lectres de M^r de La Force et les mémoires de la province de Béarn a arresté qu'il sera escrit à Mr de Chastillon et aux conseilz des provinces de la Basse Guienne, Haut et Bas Languedoc, Sevenes et Vivarest et personnes considérables ausdictes provinces, afin qu'ilz assistent de tout leur pouvoir à mondit s^r de La Force et province de Béarn pour leur juste et nécessaire deffense; et en cas qu'ilz receussent advis de mondit s^r. de La Force et du conseil des églises de la dicte province de Béarn, qu'ilz feussent oppressez, mondit s^r de Chastillon et les dictes provinces agissent dans icelles tant par diversion que par toutes autres voyes possibles et nécessaires.

Du 15. M^r de La Bourdeliere, député de M^r le duc de La Trimouille est retourné ce jourd'huy et a présenté lectres de mondit s^r à la Compagnie, escrittes à Touars le 12 du courant, protestant par icelles de la continuation de son affection au bien général des Eglises.

Lectres de M^rs les députéz généraux du 8 de ce mois ont esté leues, donnans advis par icelles à la Compagnie que Mr de Montmorensy, contre sa promesse de désarmer, a fait plusieurs actes d'hostilité en la province de Vivarestz, fait battre Vols, assiégé Valon, et un grand nombre d'autres excès commis contre ceux de la religion dudict pays ; et, après, ont esté lesdictes lettres mises ès main des députez de la ville et province de La Rochelle pour les communiquer à M^r le maire.

L'Assemblée délibérant sur les advis qu'elle a receu que Mr de Montmorancy a un grand nombre de gens de guerre en la province de Vivarestz, faisant plusieurs actes d'hostilité, s'efforsant d'opprimer la liberté des églises de la dicte province, de surprendre les villes et places de nostre seureté, au préjudice du service du Roy et tranquilité publicque, a trouvé bon de prier Mr de Chastillon, par lectres et par le député qu'elle luy envoyera, et aux conseilz des provinces de Bas Languedoc, Seveines et Vivarestz, de s'employer de tout leur pouvoir par diversion ou autrement à empescher ladicte oppression, et faire réparer les griefs qui y ont esté faictz et restablir les choses en leur entier, au contentement des églises dudict pays et selon la prudence de mondit s^r de Chastillon et des conseilz desdictes provinces ; et sera mondit s^r exhorté de ne poser les armes qu'il ne voye asseurance certaine de l'exécution de ce que dessus ; comme aussi a trouvé bon ladicte Assemblée de prier Mʳ de Montbrun, par le mesme député, de voulloir assister Mʳ de Chastillon de ses forces et de se joindre à luy pour le secours dudict païs de Vivarestz.

Mʳ de Benzain a escrit à l'Assemblée à ce qu'il luy plaise le délivrer de l'oppression en laquelle il est et procurer son restablissement.

Mʳ Riffaut a payé à Mʳ Hespérien la somme de 44 livres, 19 solz, à luy deue par son conte des fraitz par luy faitz en sa députation vers Mʳ de La Force.

Du 16 avril. Mʳ de La Cressonnière, député vers Mʳˢ de Rohan et de Soubize, et Mʳ de Veilles, vers Mˢ le Duc de la Trimouille et Mʳ Du Plessis, sont partis ce jourd'huy avec lectres de créance de l'Assemblée pour leur représenter l'estat présent des affaires et avoir sur ce leurs bons et prudens advis; ayant ladicte Assemblée baillé à Mʳ de Veilles 43 livres, 16 solz, pour fournir aux fraitz de sa députation.

L'Assemblée ayant veu les lectres et mémoires à elle présentés par le sʳ Fournier, député de l'abrégé de Montauban, et icelluy ouy en sa créance, et pour bonnes considérations, a arresté que les colloques d'Albigeois et de Lauragois demeureront dans l'union et ordre dressé en l'assemblée provinciale tenue à Millau; et que le dict abrégé subsistera encore au dict lieu de Montauban auquel les députez desdicts colloques seront tenus de se rendre au premier advis qui leur en sera donné; et alors, s'ilz insistent à demander la séparation des dicts colloques et du dict abrégé, mémoires y seront dressez de leurs raisons respectives pour envoyer en ceste Assemblée et y estre pourvu ainsi qu'il appartiendra. Et, sur l'article concernant la translation faitte des bureaux des receptes de Montauban, à Moissac, et de Figeac à Cahors par arrest du Conseil, la Compagnie pour le dict arrest du 30 du mois de mars sur le transport des bureaux et tabliers de la province de Poitou et ville de La Rochelle a délibéré qu'il sera escrit au dict abrégé du conseil de la dicte province de s'opposer à la signification dudict arrest et exécution d'icelluy par toutes voyes deues et raisonnables, embrassant dès à présent leurs ditz interestz et advouant tout ce qui sera par eux fait sur ce subject ; et pour le surplus dudict mémoire, la Compagnie en fera bonnes considérations lors qu'elle procédera à l'ordre général.

Du 17. M^r le baron de Sérignac, député vers Mrs de Chastillon et Montbrun et province du Bas-Languedoc, Seveines, Vivarestz et Dauphiné, et M^r le baron de Mitois, député vers les provinces de La Basse et Haute-Guienne et Haut-Languedoc, en suitte des actes cy-dessus incérez des 14 et 15 du présent mois, sont partis ce jourd'huy avec instructions et lectres de l'Assemblée, tant aux conseilz, villes, communautez desdictes provinces, qu'à mesditz s^{rs} de Chastillon et de Montbrun et à M^{rs} le duc de Suilly, conte d'Orval, marquis de La Force, marquis de Malauze, marquis de Duras, Mr de Boisse qu'autres seigneurs et gentilshommes qualifiez ; et a esté baillé pour fournir aux fraitz desdictz voiages, savoir audict sieur de Sérignac 300 livres et au sieur de Mitois 180 livres.

M^r de La Cressonnière, député vers Mrs de Rohan et de Soubize, est retourné ce jourd'huy avec lectres de mesdictz s^{rs} responsives à celles de l'Assemblée, tesmoignans par icelles leur affection au bien et advancement de nos églises et à l'exécution des résolutions de la dicte Assemblée ; ayant le dict s^r de La Cressonnière rapporté à la Compagnie la conférance qu'il a eue avec mesditz sieurs, suivant la charge qui luy en avoit esté donnée, dont il a esté loué et remercié.

Mr de Laudebaudière, député de M^r le duc de Rohan, est retourné cejourd'huy de sa maison.

Mr de Loudrière, sénéschal de la ville et gouvernement de La Rochelle, est venu en la Compagnie luy protester, comme il a fait cy-devant par ses lettres, de la continuation de son zèle et affection au bien général de nos églises et de son entière résolution à l'exécution des ordonnances et arrestez de l'Assemblée, dont il a esté loué et remercié ; et, pour luy tesmoigner combien elle a agréable sa visite et est contante de la continuation de ses bonnes intentions, la dicte Compagnie a trouvé bon de députter vers lui : Mrs de Loubye, de Lignières et Rifault.

Les consuls de la ville de Montauban ont escrit et envoyé mémoires à la Compagnie sur lesquelz a esté différé d'en délibérer qu'après avoir receu des nouvelles de M^{rs} les députez généraulx ; et ont esté mis entre les mains des depputez de la province du Haut-Languedoc pour en avoir communication.

M^r de La Primaudaye a escrit à l'Assemblée lectres d'excuses de son retour qui ne peut estre si prompt qu'il désireroit, à cause de son indisposition.

Du 20. Mrs de Loubie, de Lignières et de Rifaut ont rapporté avoir visité Mr de Loudrière, lequel en a remercié l'Assemblée en leurs personnes, l'assurant de sa submission à toutes ses résolutions.

Du 21. Mr de Veilles, député vers M^{rs} de La Trimouille et Du Plessis, est retourné cejourd'huy, avec lectres de mesdits sieurs responsives à celles de l'Assemblée, aiant rapporté à la Compagnie la conférance qu'il a eue avec eux sur l'estat présent des affaires, dont il a esté loué et remercié.

M^r de La Force a escrit à l'Assemblée, du 12 du courant, luy donnant advis par ses lectres du mauvais traittement que luy et les églises de Béarn reçoivent tous les jours par l'artifice de nos ennemis.

Le conseil des églises de Béarn a aussi envoyé mémoires à l'Assemblée par le s^r Sadinis, leur député, contenans les nouvelles oppressions et excez commis contre ceux de la religion dudit pays ; lesquelz mémoires, leus en la présence des députez des Grands qui ont donné sur iceux leurs advis, l'Assemblée a arresté qu'il sera escrit à M^rs les députéz généraux pour fayre plainte desdictes oppressions et excès qu'on fait tous les jours à mondit s^r de La Force, et ausdites églises de Béarn ; ce qui sera aussi escrit à mondit s^r de La Force et au conseil desdictes églises ; et à Mr de Mitois que, conformément aux instructions à luy données, il s'employe à ce que mondit s^r de La Force et lesdictes églises soient promptement secourues.

L'Assemblée estant bien informée que Mr du Plessis a fait plusieurs fraitz et dépance pour munir et fortifier la ville et chasteau de Saumur, conformément aux lettres de ladicte Assemblée qu'elle luy en a escrit, a arresté qu'elle en fera bonne considération et aura esgard à son remboursement lors qu'elle en aura les moiens en main.

Sur ce qui a esté remonstré par les députez de la province de Xaintonge, Aulnis et Angoumois, qu'en conséquence de leur arresté cy-devant fait par la Compagnie sur la demande des habitans de la ville de Saint-Jehan, ilz auroient achetté et emprunté de quelques marchans de ceste ville le nombre de 3500 l. de poudre, plus unze barilz de souffre et 23 saumons de plomb, et fait tenir le tout en la dicte ville, selon le désir de l'Assemblée, revenant les dicts poudres, souffre et plomb à la somme de 2722 livres 3 solz, pour l'asseurance de laquelle ilz avoient passé obligation ausdicts marchans ; requérans lesdicts députez estre indemnisez et deschargez du paiement de la dite somme envers lesdicts marchans, et tous autres, par la dicte Assemblée, suivant sa promesse ; la dicte Compagnie, en confirmant ledict arresté, a promis et promet aux susditz députez de ladite province de Xaintonge de les relever, indemniser et les décharger de la dicte somme envers lesdicts marchans et tous autres qu'il appartiendra, reconnaissant que l'emprunt fait par eux desdictes poudres, souffre et plomb a esté fait à la prière et requeste de la dicte Assemblée pour le bien général des églises.

Du 22. Sur l'advis donné à l'Assemblée de la nouvelle présentement apportée en cette ville du bruslement du temple de Tours, désenterrement des mortz et massacre de plusieurs de la Religion, habitans de ladicte ville de Tours ; le peuple de ceste ville se seroit tellement esmeu qu'il commançoit à s'attroupper, voulloit tendre les chesnes aux rues, courir aux armes, aux portes et aux cantons ; qu'il y a danger de grandz désordres et inconvéniens ; mesme qu'ilz se veullent attacquer aux catolicques romains s'il n'y estoit promptement pourveu ; la dicte Assemblée, considérant combien il importe au bien du service du Roy et de la tranquilité publicque que toutes émotions soient promptement appaisées, a députté Mrs de Couvrelles, de La Chappellière et La Milletière, de Poitou, vers M^r le maire pour le prier d'y apporter son autorité et ramener et contenir le peuple en telle modération que nulle offence, injure ny excèz ne se commettent contre les personnes, biens et honneurs des habitans de contraire religion, et qu'un chacun puisse vivre en paix et concorde comme auparavant ; et ont les susdicts s^{rs}, à leur retour, rapporté à l'Assemblée que par le soing, ordre et diligence de mon dict s^r le maire, lesdictes émotions sont entièrement appaisées.

Sur les lectres présantées par le s^r de Lauret de la part de Mrs de Rapin et consuls du Mas-Garnier, tendantes à faire contribuer Mr Mercier aux impositions faites pour raison des fortifications dudict Mas-Garnier, à proportion des héritages que ledict s^r Mercier possède dans la juridiction dudict Mas ; ouy ledict s^r Lauret en l'exposition de sa créance qui a requis l'Assemblée de retenir la connoissance de ceste affaire ; ladicte Assemblée, pour bonnes considérations, a arresté d'escrire à Mrs Maranat et de Verliac pour les prier de s'employer de tout leur possible à l'accommodement et reconciliation desdicts s^{rs} de Rapin, consuls du Mas, et Mercier ausquelz sera escrit d'en demeurer à l'advis desdicts s^{rs} de Maranat et de Verliac ; et, en cas de discort, que lesdicts s^{rs} Rapin, consulz et Mercier représenteront leurs raisons en ladicte Assemblée, pour leur estre, par icelle, pourveu, ainsi qu'il appartiendra; et que, jusques à ce, toutes poursuites et exécutions demeureront surcises.

Le conseil de la Basse-Guienne a escrit à l'Assemblée, l'assurant par ses lettres de la continuation de leur zèle au bien des églises et de leurs résolutions à l'exécution des ordonnances et arrestez de ladicte Assemblée promptement en outre d'assister M^r de La Force et les églises de Béarn de tout leur possible.

Mr de Téaubon a aussi escrit à l'Assemblée en responce de celles qu'elle luy avoit escrit, luy tesmoignant par ses lettres qu'il désire dépendre entièrement des résolutions de ladicte Assemblée et d'assister de tout son pouvoir M^r de La Force et lesdictes églises de Béarn.

M^{rs} le marquis de Chasteauneuf, de La Cloche et Rodil ont esté députez vers M^r le maire, de nouveau esleu en ceste ville, pour le saluer et l'asseurer des affections de l'Assemblée.

Les s^{rs} Constant et Rouault, députez du conseil de la ville de Pons, ont présenté lectres à la Compagnie de la part des habitans de la dicte ville de Pons portant créance, laquelle ilz ont exposée; sur quoy l'Assemblée a délibéré de ne connoistre jusques à ce qu'elle ait ouy Mr de Favas, député général, qui doit arriver cejourd'huy en cette ville.

Mr de Favas, député général, est venu à l'Assemblée, à laquelle il a fait entendre, en présence des députez de M^{rs} les Grands, que, depuis sa dernière dépesche et de son colègue du 8 du courant, ilz se seroient rendus à Fontainebleau où, le jeudy 14, ilz auroient eu audiance de Sa Majesté; laquelle auroit receu le cahier par eux dressé en leur nom et des églises de ce royaume et souveraineté de Béarn; mais ayant poursuivi une prompte et favorable responce sur ledict cahier, Sa dicte Majesté leur auroit, le samedy suivant 17, dit de sa propre bouche ne leur voulloir respondre qu'après la séparation de ladicte Assemblée ; et leur auroit commandé de le faire savoir par lectres ou par l'un d'eux ; sur quoy lesdicts s^rs députés généraux, aians conféré avec M^r le duc de Lesdiguières et plusieurs personnages de la religion qui estoit en cour, auroit esté estimé nécessaire que mondit s^r de Favas vint diligemment vers ladicte Assemblée pour luy fayre entendre la volonté de sa dicte Majesté, ce qu'il a fait ; adjoustant que, pour le mesme subject, mon dit s^r de Lesdiguières auroit député vers l'Assemblée M^r de La Roche de Grane avec mémoires et instructions de luy signez, par lesquelz il représente certaines ouvertures à luy faittes par M^r le Connestable ; lequel s^r de La Roche auroit pris son chemin par Saumur, Touars et saint Jehan, et croit qu'il arrivera bien tost en ceste ville ; sur quoy la Compagnie a différé de délibérer jusques après l'arrivée dudict s^r de La Roche.

Mr de Favas a rendu lectres de Mr de Chalas, son collégue, escrites à Fontainebleau le 18 de ce mois, par lesquelles il fait entendre à la dicte Assemblée les mesmes choses qui luy ont esté représentées par mondit s^r de Favas.

Mr de Chastillon a escrit à l'Assemblée lectres du 20 du courant pour l'advertir que, croiant avoir affermy le corps de la province de Languedoc par un traitté fait avec Mr de Réaux, envoyé dudict païs de la part de Sa Majesté, il auroit de bonne foy posé les armes ; mais que nos ennemis ayans battu Tals et assiégé Vallon en Vivarestz, il auroit esté contraint de faire un second armement, dont il a adverty Sa Majesté et requiert les provinces estre adverties par la dicte Assemblée, afin que, s'il est besoing, il soit secouru d'elles par une diversion ; surquoy la dicte Assemblée a différé de deslibérer après l'arrivée dudict s^r de La Roche, et, néantmoins, a arresté que les dictes lettres ensemble celles de Mr de Chalas seront communiquées à M^r le maire par les députez de ceste ville et province.

Du 24 Avril. Mrs de Mirande, de Laurière, Baudouin et Portus députtez de M^rs les maire, échevins, pairs, bourgeois et habitans de ceste ville, ont, sur la nouvelle installation de M^r le maire, renouvellé à l'Assemblée les asseurances qu'ilz luy ont cy-devant données de leur union et bonne correspondance entr'eux et avec elle ; et l'ont remerciée de la communication qu'elle leur a faitte des advis qu'elle a receus par Mr de Favas et lettres de Mrs de Chastillon et de Chalas ; mesme ont asseuré la Compagnie que, suivant son désir a eux fait entendre par ses députez, ilz ont appaisé les émotions du peuple causées par l'infraction des éditz et de la bonne foy publicque ès provinces de Béarn, Languedoc et Vivarestz et par l'embrasement du temple de Tours et autres excèz faitz à leurs frères en divers lieux ; qu'ilz ont pourveu à la seureté des habitans catholiques romains tant à leurs maisons qu'aux lieux de l'exercice de leur religion ; protestans, lesdicts s^rs, au nom que dessus, de vivre en ceste bonne et estroitte union tant entr'eux mesmes qu'avec la dicte Assemblée aux résolutions de laquelle ilz se soubzmettent entièrement.

Le mesme jour a esté rapporté à l'Assemblée par Mr de Favas lectres de Mr de Chalas, son collègue, et à luy envoyées par courrier exprès, pour advertir la dicte Assemblée de ce qui s'est passé en Cour depuis son deppàrt, afin d'y avoir esgard lorsqu'on prendra résolution sur ce qui a esté rapporté par mondit s^r de Favas ; laquelle lectre a esté envoyée à M^r le maire par les depputez de ceste ville et province afin d'en prendre communication.

Du 25. Suivant la résolution prise dès la formation de l'Assemblée pour le changement de mois en mois de ceux qui auroient la conduitte et direction d'icelle, après l'invocation du nom de Dieu, ont esté ce jourd'hui esleuz et nommez à la pluralité des voix recueillies par teste : M^r le marquis de Chasteauneuf pour présidant ; Mr Banage pour adjoint ; Mrs Rodil et Rifault pour secrétaires, lesquelz commancent d'exercer leur charge ce jourd'huy.

AU NOM DE DIEU.

Continuation des actes de l'Assemblée géneralle des églises réformées de France et souveraineté de Béarn tenant en la ville de La Rochelle.

Du 25 Avril. Après l'invocation du saint nom de Dieu, et que, par la pluralité des voix, suivant l'ordre estably dès le commencement de l'Assemblée, ont esté nommez pour la direction d'icelle durant le mois qui commance ce jourd'hui M^r le marquis de Chasteaunenf pour président; Mr Banage pour adjoint et Mrs Rodil et Rifault pour secrettaires.

Mrs de Castelnau de La Force, d'Hespérien, de Montmezard et Allain ont esté unanimement louez et remerciez par toute l'Assemblée de l'affection, vigilance et fidélité qu'ilz ont apporté en la modération et conduite d'icelle durant le mois précédant.

Mr Bony pasteur, l'un des députtez de la province des Sevènes et Gévaudan, aiant fait entendre à la Compagnie que, depuis qu'il est absent de son église, certaines personnes taschent de faire pourvoir icelle d'autre pasteur; la suppliant luy voulloir donner congé pour se trouver au sinode prochain de la dicte province pour y pourvoir; elle luy a accordé pour six semaines à la charge de retourner dans ledict temps, ou de faire venir son substitué.

Du 26. Lectres de M^r de La Force ont esté rendues à la Compagnie et des députez du conseil des églises réformées de Béarn comme aussy celles de M^r le baron de Mitois, député par l'Assemblée ès provinces de la Basse Guienne et Haut Languedoc, et des maire et consuls de la ville de Bergerac, par lesquelles est donné advis de l'estat présent desdictes provinces, armement de M^{rs} d'Espernon, Vignoles et Poyane, requérant instamment la dicte Assemblée vouloir promptement envoyer l'ordre et faire autre recharge aux provinces, les assister, secourir en ceste urgente nécessité.

M^r de La Roche de Grane s'est présenté à l'Assemblée, et rendu lectre de M^r le duc de Lesdiguières, escritte de Fontainebleau du 19 du présent mois d'Avril, ensemble les mémoires et instructions signées de mondit s^r le 18 du présent mois, contenant ses advis; après la lecture de laquelle lectre et mémoires, mondit s^r le duc de Lesdiguières a esté remercié en la personne dudict s^r de La Roche de Grane du soing qu'il apporte au bien des églises, l'asseurant que la Compagnie fera bonne considération des advis qu'il donne à l'Assemblée.

Mr de Vilarnou s'est aussy présenté à la Compagnie avec lectres de M^r Du Plessis et a remis les mémoires signés dudict s^r Duplessis du 22 du présent mois d'Avril.

Le s^r Diray, secrétaire de M^r le duc de La Trimouille, a rendu lectres de mondit s^r le duc de La Trimouille asseurant par icelles qu'il n'a rien espargné pour se rendre utile au bien des églises; se remettant pour le succez à ce qu'en sera rapporté par Mr de Favas et M^r de La Roche de Grane; toutes lesquelles lectres, mémoires et instructions, lectre de Mr de Chastillon du 10 du courant, autre lectre de Mr de Chalas du 21 dudict mois, ont esté mises ès mains de M^{rs} les envoyez des Grands pour donner leurs advis et sentimens.

M^r de La Bourdellière, député de M^r le duc de La Trimouille, a déclaré que, sur l'asseurance des affayres, il se remet aux résolutions de l'Assemblée.

Mr de Laudebaudière, pour M^r le duc de Rohan, a fait mesme déclaration.

Mr du Fresche, pour M^r de La Force, a baillé son advis par escrit signé par luy et remis à la Compagnie le mesme jour 26 Avril.

Pareillement les dictes lettres, mémoires et instructions ont esté délivrées aux députez de la province de La Rochelle pour estre communiquées à M^{rs} les maire, eschevins, pairs et bourgeois et habitans de la dicte province.

Sur la lectre et demande faitte par les députez de la ville de Pons, après avoir ouy leur créance et les députéz de la province de Xaintonge, a arresté que le gouverneur et conseil de la dicte ville mettroit cent hommes dedans pour la conservation et garde d'icelle, lesquelz seront entretenus pour un mois; duquel entretenement les habitans seront remboursez des plus clairs deniers de la dicte province ou autres qui seront en la disposition de la dicte Assemblée; et, pour le regard des poudres et autres nécessitez de la ville, la Compagnie y advisera après avoir pris résolution sur les affaires génералles.

Mr de Freton, député en l'Assemblée, a supplié la Compagnie luy octroyer lectres à M^r le prince d'Orange pour le tenir excusé pour quelque temps s'il ne se peut rendre à son devoir et à sa charge, ce qui lui a esté accordé.

Du 27. Mrs de Mirande, de Beaupreau, Viettes et Labes, députez du corps de ville de La Rochelle, s'estant présentez à la Compagnie, après l'avoir saluée de la part de M^{rs} les maire, eschevins, et pairs d'icelle, ont continué les protestations cy-devant faittes de voulloir toujours estre bien unis avec l'Assemblée, et deppendre de ses résolutions; et l'ont remerciée de la communication qui leur a esté faitte des dictes lectres et mémoires; et, parce qu'ilz apprennent par icelles les armemens qui se font en divers endroitz de ce royaume et souveraineté de Béarn, sédition et excez commis en la ville de Tours contre ceux de la religion avec la résolution de Sa Majesté de s'approcher du Poictou avec son armée, ilz sont chargez bien expressément prier la Compagnie, en ceste appréhention et incertitude d'affaires, de vouloir subsister et faire une prompte députation vers Sa Majesté; la supplier derechef voulloir oster les ombrages et justes deffiances de ses subjectz de la Religion ; faire justice à nos demandes et faire cesser les oppressions de Béarn et Vivarestz, et réparer les attentatz et excez commis en la ville de Tours ; et cepandant escrire aux provinces et mettre ordre, par une juste et légitime deffense, à leur conservation ; et, encores que lesdictz mémoires portent que c'est la dernière négociation, ilz espèrent que cette ouverture et depputation portera quelque fruit; priant la Compagnie recevoir en bonne part leurs remonstrances, avec protestation de n'avoir intention de luy prescrire aucune chose, comme aussi Mrs Portues, Goier, la Tousche-Brisson et Dinsy, bourgeois de la dicte ville, députez de leur corps, ont protesté, comme ilz ont cy-devant fait, qu'ilz deppendroient entièrement des délibérations et arrestez de l'Assemblée et ne s'en départiront jamais ; desquelles protestations et submissions tous ont esté remerciez et priez de croire que l'Assemblée n'aura esgard qu'au bien des églises, service du Roy, et particulière conservation de cette ville.

Sur la proposition faitte de la nécessité qu'il semble y avoir, devant que prendre résolution en l'occurance présente des affaires, de consulter les provinces pour avoir plus particulièrement leurs advis et sentimens ; l'Assemblée, considérant la présente nécessité de pourvoir promptement à la deffence et conservation des églises oppressées en Béarn, Basse Guienne, Vivaretz et autres endroitz du royaulme, et remédier aux autres maux et calamitez qui nous menacent par l'approche du roy, n'y ayant que peu ou point d'espérance d'un juste contentement, ains plustost un commandement de nous séparer et demander pardon ; outre qu'elles ont esté desjà suffisamment adverties par les arrestez que la Compagnie leur a envoyé touchant les fortifications, colectes générales et ordre nécessaire dans les provinces ;

la dicte Compagnie a estimé n'y avoir à présent lieu, et estre impossible de consulter lesdictes provinces ny attendre d'avoir leurs sentimens sur l'estat présent des affaires générales et particulières des Eglises.

L'Assemblée, après avoir meurement délibéré sur les lettres, mémoires et instructions de M^r le duc de Lesdiguière et de M^r Du Plessis apportées par M^r de La Roche de Grane et de Vilarnou, et veu la lectre de Mr Chalas, l'un de nos députez généraux, et ouy Mr de Favas, aussi député général, en sa négotiation et subject de son arrivée en la présente Assemblée; après avoir eu aussi l'advis des députez de M^{rs} les ducz de Rohan et de La Trimouille et du député de M^r de La Force, ladicte Assemblée a arresté que pour nous tenir tousjours en la fidellité et subjection de vrays et naturelz subjectz de nostre prince, on continuera au nom desdictes églises de luy demander la paix et le supplier voulloir benignement et favorablement respondre à noz supplications; et d'autant que les maux et oppressions croissent tous les jours contre ses subjectz de la religion et leurs justes deffiances par le moien des armemens faitz en la Basse Guienne et Béarn, actes d'hostilité, excèz en la province de Vivarestz, bruslement du temple de Tours, et autres infractions des églises qui se font dans le royaume de France et souveraineté de Béarn contre la liberté et seureté des églises; a esté résolu d'escrire à mondit s^r de Lesdiguières pour justifier nostre subsistance et que les églises ne peuvent trouver contentement et seureté aux ouvertures et promesses portées par lesdictz advis; ensemble à Mr Chalas pour l'informer de la présente résolution et dépesche; et cependant a esté trouvé bon que, pour remédier aux maux et calamitez que souffrent les églises, s'il n'y est promptement pourveu, que l'ordre général auquel on travaille pour les provinces sera au plus tost envoyé aux chefs et généraulx, nommez en iceluy, et aux conseilz des dictes provinces, pour se mettre en estat d'une juste et nécessaire deffence pour s'entresecourir, comme sera porté par icelluy; comme aussi Mrs de Rohan, de La Trimouille et de Soubize seront priez se voulloir rendre en ceste ville pour donner leurs advis et sentimens particuliers sur les occurances présentes et accepter l'ordre en ce qui les touche et concerne.

Mr de Vilarnou a salué la Compagnie avant son départ et reçeu la dépesche de l'Assemblée faitte à Mr Duplessis.

Du 28. Monsieur du Pont de La Pierre a porté et communiqué à Mr le maire de cette ville les lectres envoyées à la compagnie par Mrs les ducz de Lesdiguières et de La Trimouille.

Mr de La Roche de Grane a salué la Compagnie, avant son deppart, et a reçeu la dépesche de l'Assemblée faitte à Mr le duc de Lesdiguières.

Mr de Castelnau de La Force ayant instamment supplié la Compagnie luy vouloir donner congé pour assister Mr de La Force, son père, en cette occasion si importante ; mesme que sa présence est nécessaire en la province de Guienne et ville de Bergerac, de laquelle il est gouverneur ; elle luy a accordé, à la charge qu'il ne partira de quelques jours et que les dépesches de ladicte province ne soient faites.

Du 29. Le sr de Cros, envoyé par Mr le duc de Lesdiguière, après avoir salué la Compagnie de sa part et protesté de la continuation de son affection au bien des églises, a rendu lectres de mon dit sr de Lesdiguière avec celles de Mr Chalas, député général, comme aussi autres lectres des particuliers de la religion qui restent à présent dans ladicte ville de Tours; contenant l'incendie du temple et maisons basties au semetière de ladicte ville, et comme ilz y demeurent encore pour avoir justice ; et, exposant sa créance, a confirmé en tous ses pointz les advis et conseilz donnez par escrit par mon dit sr le duc de Lesdiguière et par Mr de la Roche de Grane.

Mr du Fresche, députté de Mr de La Force sur lesdictes lectres et créance, a donné son advis par escrit signé par lui.

Mr de La Bourdillère, député de Mr de La Trimouille, a aussi baillé son advis par escrit qu'il a signé.

Mr de Laudebaudière, député de Mr le duc de Rohan, a déclaré qu'il n'y avoit rien de nouveau pour changer les délibérations et résolutions précédentes, mais qu'on doit faire responce à Mr de Lesdiguière de remerciement du soing qu'il a porté aux affaires des églises; l'Assemblée, délibérant sur la response aux lectres de Mr le duc de Lesdiguière, a trouvé bon de le remercier de la continuation du soing et peine qu'il prend pour le bien de nos églises; au surplus qu'on se rapportera aux choses qui luy ont esté expressément envoyées par la précédente responce et despesche; et pour la responce à celle de Mr Chalas, il sera prié de poursuivre avec la mesme affection qu'il a commancé que justice exemplaire soit faite des excez commis à Tours, embrassant tous les interestz des habitans de la religion de ladicte ville suivant les mémoires qui luy en seront baillez, exagera (*sic*) les actes d'hostilité, viollances exercées en Vivarestz; luy sera aussi mandé que la déclaration dont il fait mention en sa lectre ne tend qu'à diviser les églises et que doresnavant il donnera les advis à l'Assemblée pour les distribuer et faire entendre aux provinces.

Sur l'arrivée de Mr le duc de Rohan en ceste ville, ont esté députez vers luy Mrs de Castelnau, de Freton, d'Espinay, Lignières, La Goutte et Menuau pour le saluer de la part de la Compagnie, le remercier de la peine qu'il a prise de venir en ceste ville; que demain l'Assemblée luy envoyera des députez pour luy faire entendre ce qu'elle a à luy communiquer.

Les lectres de Mr le duc de Lesdiguière, de Mr Chalas, député général, et celle des habitans de la religion de Tours, apportées par le sr du Cros, ont esté baillées à Mr Riffault pour estre communiquées à Mr le maire et corps de ville.

Mr le marquis de Chasteauneuf, présidant de l'Assemblée, ayant prié la Compagnie de le favoriser d'une lectre aux consuls et habitans de Clérac pour accepter sa personne en cas que le traitté qu'il fait du gouvernement de la dicte ville réussit, et qu'il en feust pourveu, l'Assemblée a trouvé bon de le gratifier en son besoing de tout son pouvoir.

Du dernier avril. Suivant la délibération du jour d'hier de députter vers Mr le duc de Rohan, ont esté nommez Mrs de Bessay, de La Cressonnière, de Veilles, de Fretton, Banage et La Milletière de Paris, pour l'informer véritablement de l'estat présent de nos affaires, des résolutions que la Compagnie a prise sur les advis de Mr le duc de Lesdiguière; luy communiquer l'ordre et l'acte du pouvoir donné aux chefs généraux et conseilz des provinces; le prier de l'accepter en ce qui le concerne, comme aussi savoir ses sentimens et le moien qu'il veut tenir pour la conservation des places de son gouvernement.

Lesdicts srs députez ont rapporté, suivant la charge qui leur avoit esté donnée; ilz ont fait entendre à Mr le duc de Rohan ce que la Compagnie avoit trouvé bon; lequel leur a déclaré qu'il embrassera tousjours toutes voyes de paix. Mais que, maintenant, il ne trouvoit aucun contentement ny seureté aux ouvertures et accommodemens qui ont esté offertz; protestant toujours d'agréer et exécuter les résolutions de l'Assemblée et approuvant l'ordre arresté par icelle; a accepté le choix qu'elle a fait de sa personne pour la province du Haut Languedoc et Haute Guienne.

L'acte dressé du pouvoir donné aux chefs et généraulx des provinces ayant esté leu, a esté approuvé en sa forme et substance, unanimement.

Le sieur du Cros a salué la Compagnie avant son départ, et a receu les depesches faictes à Mr le duc de Lesdiguière et à Mr Chalas, député général.

Du 1 *Mai.*

Sur l'arrivée de M⁽ʳ⁾ le duc de La Trimouille ont esté députez vers luy M⁽ʳˢ⁾ de Bessay, Clémanceau, Guérin, pasteur, Guérin de Millau et Cazaubon, pour le saluer et le remercier de la peine qu'il a prise de se voulloir rendre en ceste ville, et que les députez desjà nommez luy feront entendre ce que la Compagnie luy veut communiquer.

Les dicts s⁽ʳˢ⁾ députez ont rapporté avoir veu M⁽ʳ⁾ le duc de La Trimouille et fait entendre leur charge ; lequel les a asseurez qu'il se tiendra tousjours aux conclusions de la Compagnie et qu'il contribuera tout ce qu'il dépend de luy pour la conservation des églises ; et a accepté le département de la province qui luy a esté assignée par l'ordre du réglement.

M⁽ʳˢ⁾ de Castelnau de La Force et Bony, en suitte de leurs congez, sont partis ce jourd'huy avec les dépesches qui leur ont esté données.

Du 2. M⁽ʳ⁾ de Saint-Simon ayant esté prié d'aller à Maran vers M⁽ʳ⁾ de Chandolan, il est retourné ce jourd'huy, a rendu lettres de mondit s⁽ʳ⁾ de Chandolan respondant à celles de l'Assemblée du premier du courant, par laquelle il asseure la Compagnie qu'il ne se séparera jamais des résolutions d'icelle.

Sur la proposition faitte desdits sieurs députez, de l'advis de M⁽ʳˢ⁾ les ducz de Rohan et de La Trimouille, M⁽ʳ⁾ de Couvrelles a esté prié se voulloir acheminer à Royan, avec lectres de créance au gouverneur et habitans de ladicte ville, pour conférer avec eux touchant le moien de leur conservation et de l'ordre qu'on juge y devoir estre estably selon l'intention de la Compagnie.

Ayant aussi esté proposé par lesdictz députez de donner quelqu'ordre aux congez des députez de cette Assemblée qui pourroient estre appellez par les chefs généraux des provinces ou par les provinces, a esté trouvé bon que la liberté demeurera à la Compagnie pour juger des excuses et congez.

La Compagnie a accordé à Mʳ de Grandry son congé, à la charge qu'il fera partir son substitué ; et, à cet effect, a autorisé le conseil de sa province pour le faire acheminer ou luy en substituer un autre ; et, à deffaut de ce, a ordonné audit sʳ de Grandry de retourner dans la dicte Assemblée dans six semaines ; ce qu'il a promis.

Du 3. Mʳˢ d'Asnières et Colinet, députez de la province de Bourgoigne, ayans demandé leur congé sur la nécessité de leurs présences en leurs églises, pour leur conservation et de leurs familles et maisons qui sont exposées aux ennemis ; et particulièrement celle de Mʳ Colinet, privée depuis longtemps de pasteur, joint son indisposition notoire ; la Compagnie leur a accordé, à la charge qu'ilz feront partir Mʳˢ de Baleynes et de Fossias, leurs substituez, ou qu'ilz reviendront dans six semaines ; ce qu'ilz ont promis.

Mʳ de Couvrelles est party ce jourd'huy avec la dépesche pour aller à Royan.

La lectre escritte au sinode prochain de Xaintonge a esté baillée aux députez de la dicte province pour leur faire rendre.

Sur l'advis donné à l'Assemblée que Mʳ le duc de Rohan se veut rendre dans l'Assemblée pour la saluer avant son départ, ont esté nommez pour l'aller prendre en son logis Mʳˢ de Fretton, de Saint-Bonnet, Ligniéres, La Cloche, Anias et La Taulle ; et pour le recevoir à la porte de l'Assemblée Mʳˢ de Bessay, Loubie, Hespérien, Laplace, Guérin de Millau et Massiot.

Mon dit sʳ le duc de Rohan s'estant rendu dans l'Assemblée, après l'avoir salué, a fait entendre que, suivant le désir de la Compagnie, il est venu en ceste ville et a receu divers depputez qu'elle luy a envoié, et donné ses advis et sentimens sur ce qu'ilz luy ont communiqué ; a aussi déclaré qu'il accepte la charge de chef général en la province de Haute-Guienne et Haut-Languedoc, où il s'accheminera au plustost, et contribuera tout ce qui sera de luy pour exécuter les résolutions de la dicte Assemblée ; estant tousjours d'avis que si l'on présente des ouvertures de justice de nos demandes avec seuretté, qu'on les doit embrasser, en quelque temps qu'elles viennent ; de quoy il a esté remercié, la Compagnie se sentant grandement obligée de sa venue et encore de sa présence ; et l'a asseuré que tous, en général et en particulier, luy rendront honneur. Après quoy mon dit s^r le duc de Rohan a prié la Compagnie de donner congé à Mr de Veilles pour se transporter ès provinces de Haute-Guienne et Haut-Languedoc de sa part, auquel il désire donner lectres pour l'abrégé de Montauban, villes et communautez et personnes qualifiées de ladicte province, pour leur faire entendre les intentions et se servir de luy aux occasions ; et, qu'accordant sa demande, il moiennera sur le lieu que la province subrogera un autre gentilhomme en sa place ; ce qui luy a esté accordé, ouy sur ce les depputez de la dicte province.

La Compagnie accordant à Mr de Jaucourt son congé a ordonné que Mr de Courcillon viendra prendre sa place suivant sa première nomination faite en l'assemblée provinciale de Berry ; et, à cet effect, a autorisé le conseil de ladicte province pour le faire acheminer ou luy en substituer un autre ; et à ce deffaut a esté ordonné au dict s^r de Jaucourt de retourner en l'Assemblée dans six semaines, ce qu'il a promis.

Lesdictz sieurs députez de l'advis de M^{rs} les ducz de Rohan et de La Trimouille ont proposé qu'il est nécessaire, pour la conservation des provinces de Xaintonge et de Poitou, de convoquer les conseilz desdictes provinces avec les personnes plus qualifiées desdictes provinces ; ce qui a esté trouvé bon unanimement.

Sur lesdicts advis de mesdicts s^{rs} les ducz de Rohan et de

La Trimouille rapportez par lesdicts s^rs commissaires, la Compagnie a arresté que tous les pouvoirs et commissions se feront et dresseront au nom de l'Assemblée, selon le modelle desjà fait, lesquelz, après, seront envoyez aux chefz et généraux des provinces remplis ou en blanc, comme elle advisera, pour estre distribuez par eux avec l'advis du conseil des dictes provinces, desquelz pouvoirs et commissions sera tenu registre particulier.

Du 4 May. L'Assemblée délibérant sur les deniers de la collecte généralle qui ont esté levez dans les provinces, selon l'ordre pris en icelle, a arresté que les églises redoubleront leurs charitez et continueront à faire ladicte collecte avec tout soing et diligence; comme aussi celles qui n'y ont travaillé sont expressément chargés de s'i employer vigoureusement, veu l'oppression et persécution des églises par les ennemis du roy et de son estat ; et que tous les deniers seront promptement envoyez en ceste ville de La Rochelle par les moiens les plus commodes et seurs tels qu'elles adviseront; entendant cette Compagnie que lesdicts deniers, apportez de toutes les provinces, soient destinez au soudoyement et entretenement des gens de guerre qu'il conviendra recercher dans les pays estrangers, sans que, pour aucune occasion ou considération quelle qu'elle puisse estre, ilz puissent estre divertis à autre usage, et sans que désormais aucune proposition contraire, ny dehors ni dedans soit admise ny receue.

Du 6. Mr de Couvrelles, estant de retour de Royan, a fait entendre avoir donné les lectres desquelles il avoit esté chargé et trouvé qu'entre M^r de La Chesnaye, commandant à présent au chasteau de ladicte ville, et habitans d'icelle, il y a bonne correspondance pour la conservation de ladicte place; et qu'ilz n'espargneront rien pour la seureté d'icelle et exécutteront tousjours les commandemens de l'Assemblée, ayant rendu lectre de leur part tesmoignant la mesme chose, duquel voiage ledict s^r de Couvrelles a esté remercié.

Mr Rival, député de la province de Béarn, a comparu pour tenir le lieu et place de Mr Bourgade, malade en ceste ville depuis longt temps, et a rendu lectres de son envoy des députez des trois ordres des églises réformées de la dicte province et a esté admis en la Compagnie.

Cejourd'huy le conte de Mr de Veilles, du voiage qu'il a fait vers M^r le duc de La Trémouille, a esté rendu et arresté, et trouvé sa recepte monter 43 livres, 10 solz, et sa despance 83 livres, 4 solz, et pourtant luy estre deub de reste 39 livres, 14 solz, laquelle somme luy sera payée.

Sur la difficulté que Mr Banage, adjoint en l'Assemblée, a fait de signer les pouvoirs et commissions qu'il convient bailler aux gens de guerre; avec grande instance d'en estre dispencé à cause de sa qualité de pasteur, la Compagnie, pour très-bonnes considérations, a jugé estre nécessaire que tous ceux de la table signent lesdicts pouvoirs comme les autres actes, lectres et résolutions.

Du 7. Sur l'advis donné à l'Assemblée que M^r le duc de La Trimouille se veut rendre à l'Assemblée pour la saluer avant son déppart, ont esté nommez pour l'aller prendre en son logis Mrs de Saint-Simon, d'Asnières, Hesperien, La Place, La Grange et Cazaubon; et, pour le recevoir à la porte, Mrs de Jaucourt, de Lescun, Clemanceau, Beauchamp, La Milletière et Savary.

Peu après, mon dict s^r de La Trimouille, s'estant randu à l'Assemblée, et, après l'avoir salluée et fait entendre le subject de sa venue en ceste ville, et comme il a donné ses sentiments sur ce qu'elle luy a fait communiquer par ses députez, a protesté qu'il contribuera tout ce qui dépendra de luy pour le bien des églises; que toutes fois s'il se trouvoit moien d'accommodement en nos affaires, qu'il conseillera tousjours de les embrasser; de quoy il a esté remercié avec protestation que la Compagnie se sent grandement honorée de sa présence et qu'en général et en particulier elle luy rendra honneur et service.

Mr de Veilles est party ce matin avec les despesches qui luy ont esté données.

Ce jourd'huy, suivant l'ordre pris en la Compagnie Mrs de Favas, de Favier, Loubice (sic), Hespérien, La Tour et Montmezart ont esté nommez pour assister au conseil establγ près M^r le maire pour ce mois.

Du 8. M^rs les députez de la province de Xaintonge ayans fait entendre à la Compagnie, par charge expresse qu'ilz ont de la dicte province, que Mr de Jarnac entendroit volontiers au gouvernement de la ville de Pons, si l'Assemblée luy vouloit accorder le payement de la somme de seize mil livres, vérifié estre deue à M^r de La Caze, à présent gouverneur de la dicte ville pour les fortifications faitte en icelle ; la dicte Compagnie, inclinant au désir de la dicte province et en considération de la personne du dict s^r de Jarnac, luy a accordé le payement de la dicte somme de 16,000 livres et sur les plus clairs deniers qui viendront bons de la dicte province, excepté les deniers affectez aux charges ordinaires de la dicte province et les deniers de la collecte.

Mrs Bardonnain, Portus, de Faux, Bertet, Grasenloeil et Pommeret, députez par M^rs les bourgeois et habitans de ceste ville, se sont présentez dans l'Assemblée et protesté derechef qu'ilz sont prestz d'exécuter le commandement de la Compagnie en tout ce qu'elle ordonnera de leur pouvoir, la priant de voulloir continuer le mesme soing qu'elle a témoigné par cy devant aux affaires génerailles et particulières de ceste ville, desquelles protestations ilz ont esté remerciez.

Mr de Landebaudière, député de Mr de Rohan, pour résider près de l'Assemblée, ayant charge expresse de mon dit s^r le duc de Rohan, a demandé le congé de Mr de Fretton pour luy servir en son voiage du Haut Languedoc et pour la bonne correspondance qu'il désire avoir avec Mʳ de Chastillon par son moien.

Advenant que, pendant les troubles, les maisons des particuliers de la Religion qui tiennent des places de seureté leurs appartenans ou autres qui seront gardées par ordonnance de l'Assemblée ou chefs establis aux provinces soient démolies ou ruynés, la dicte Compagnie a arresté qu'elle aura esgard à ce qu'ilz soient indemnisez en tant que faire se pourra.

Du 9. M. de Bessay a eu congé de la Compagnie pour huit jours pour visiter sa place et se trouver au conseil de la province de Poitou tenant à Fontenay, avec les despesches de l'Assemblée.

Ce jourd'huy lectres ont esté rendues à la Compagnie de la part de Mʳ de La Force avec autres lectres de Mʳˢ de Castelnau, gouverneur de Bergerac et de Bony, escrittes de ladicte ville, par lesquelles ilz font entendre le subject du déppart de mon dict sʳ de La Force de Béarn et la tenue prochaine du conseil de la Basse Guienne pour remédier aux maux présents et aux divisions qui y sont, et comme Mʳ de Mitois estoit encore en Languedoc.

Le conseil de la province de Xaintonge adresse une lettre à la Compagnie respondant à celle qu'elle luy avoit escrit ; après la lecture de laquelle lectre ont esté députez Mʳˢ de Couvrelles et Allain pour se trouver au conseil de ladicte province qui se doit tenir à Pons, lesquelz y porteront les réglemens faitz en la dicte Compagnie ensemble l'acte concernant la collecte.

Du 10 *May.* L'ordre et le réglement général contenant le département des provinces des chefs et généraux en icelle, avec la discipline militaire et estat pour les finances, ayant esté leu, a esté approuvé unanimement ; et ordonné qu'il sera envoyé aux chefs y nommez et aux provinces pour estre gardé et observé exactement en tous ses pointz et articles.

M#rs# Prou, David, le bailly d'Aunis et Viettes, députez du Corps de ville de La Rochelle, s'estans présentez à la Compagnie l'ont prié voulloir donner une commission à M#rs# les maire, eschevins, pairs, bourgeois et habitans de ladicte ville de La Rochelle; comme aussi ont fait entendre avoir charge particulière de prier l'Assemblée de différer pour encores à deslivrer aucune commission par mer; bien seroient d'advis qu'on pourroit armer des navires pour tenir sur les rivières de Bourdeaux et Charante, dont il se tireroit un bon fonds; sur quoy leur a esté respondu qu'on y feroit bonne considération autant que la nécessité des affayres le permettra.

Du 11. Le s#r# de Clairville, sécrettaire de M#r# de Favas, estant arrivé ce matin en poste, a apporté à la Compagnie lectres de M#r# Chalas contenant le départ du Roy de Fontainebleau, ensemble la résolution que Sa Majesté a prise de passer la rivière de Loire; comme aussi que les offres et accommodemens portées par les instructions de M#r# de La Roche de Grane diminuent tous les jours.

M#r# de Faye, député de l'assemblée provincialle de la Basse Guienne, tenant à présent à Bergerac, a rendu lectres des députez de la dicte assemblée, comme aussi autres lectres de M#rs# de Castelnau de La Force, et Bony, donnant advis de l'estat misérable du Béarn, et que M#r# de Pardaillan n'a encore voulu fayre le choix que la Compagnie luy avoit offert de lieutenant au Haut Languedoc et Haute Guienne ou de la Basse-Guienne, priant la Compagnie, par sa présence et autorité, faire cesser les dictes divisions et leur envoyer l'ordre et autres choses nécessaires pour mettre la dite province en bonne union; sur quoy a esté arresté qu'on escrira à M#r# de La Force de s'accommoder en tout ce qu'il pourra pour la conservation de la dicte province, et à M#r# de Pardaillan de se contenter des dictes charges ; l'asseurant que des autres charges qui seront en la disposition de l'Assemblée elle taschera de luy donner contantement, et est chargée expressement la dicte province d'apporter tous les moiens qu'elle jugera à propos pour oster toutes divisions ; et leur seront, pour cet effect, envoyé les réglemens et commissions nécessaires ; les dictes lectres ont esté baillées à Mrs de Fretton, Clemanceau et Riffaut pour les communiquer à M^r le maire et le prier les faire voir au conseil de ville, bourgeois et habitans pour les informer de l'estat présent des affaires de Béarn ; comme aussi les mesmes lectres ont esté communiquées à Mr du Fresche, député de M^r de La Force.

Du 12. Mrs de Vaugoin, de Lardené, de Laurière et le baillif d'Aunis, députez du corps de ville de La Rochelle, se sont présentez en la Compagnie et l'ont remerciée de la communication qu'il luy a pleu leur fayre des lectres de Mr Chalas et autres qu'elle a receue, la priant faire sur icelles bonne considération, se remettant tousjours aux résolutions qu'elle prendra, comme aussi sont chargez prier la Compagnie de la part de M^{rs} les maire, eschevins, pairs, bourgeois et habitans d'avoir agréable qu'ilz employent Mr Fretton en l'armement qu'ilz font en ce gouvernement ; surquoy, ayans esté remerciez de leurs protestations, ilz ont esté asseurez que l'Assemblée fera tout ce qui leur sera possible pour leur demande et toute autre chose qui regardera la conservation de ceste ville.

Après le partement des susditz, délibérant sur leur demande, et avoir ouy les députtez de la province du Bas Languedoc, la Compagnie a résolu d'accorder à M^{rs} les maire, eschevins et pairs de ceste ville leur demande ; ce que les députez de ceste ville leur feront entendre.

La Compagnie, deslibérant de la responce qu'il convient faire à la dernière despesche de Mr Challas, député général, estant à présent près du Roy, a trouvé bon, pour bonnes considérations, que M.r de Favas doit demeurer parmy nous; et sera escrit audit de Chalas qu'il n'envoye ny escrive aux provinces des affaires génerailles que par ordre de ceste Assemblée; comme aussi sera escrit aux provinces de l'ordre qu'elle a pris pour ce regard et qu'elles ne croient que ce qui leur sera envoyé par la Compagnie, et ne s'addressent aussi qu'à elle pour toutes leurs affaires.

Du 13. M.r le duc de Rohan a escrit à l'Assemblée, l'advertissant des advis certains qu'il a receux que l'orage va tomber sur la ville de Saint-Jehan, la priant instamment de n'oublier rien pour son assistance et lui voulloir accorder M.r Fretton qu'il désire employer pour la déffance de la dicte ville.

Les s.rs députéz de l'assemblée (de Pons) aiant déclaré avoir charge de prier la Compagnie de pourvoir au plus tost à l'establissement du bureau de Royan, et recepte qu'il y convient faire, pour avoir quelque fonds; comme ils désirent en mesme temps faire le semblable en leur gouvernement; la Compagnie, jugeant de la nécessité dudict establissement, a résolu que M.r de Couvrelles, cy devant nommé pour se trouver en l'assemblée de Pons, s'acheminera ce jourd'huy pour se trouver en la dicte assemblée pour se joindre avec les S.rs de Loubie et Allain, députez, lesquelz réprésenteront l'intention de la Compagnie sur la dicte affaire de Royan, à ce que M.r de La Trimouille, ensemble le conseil de la province, pourvoient promptement à l'establissement dudict bureau et à l'exécution des autres articles desquelz ilz ont esté chargez; et, à cet effect, qu'il en sera escrit à M.r de La Trimouille et au dict conseil.

A esté résolu qu'on envoyera homme exprès à M.r le duc de Bouillon luy porter son pouvoir et commission de chef général avec le réglement et qu'ilz seront deslivrez à M.r..... ce qui a esté fait le mesme jour.

Du 14. Les députez de l'abrégé de Montauban ont escrit à l'Assemblée la priant instamment leur envoyer l'ordre et réglement géneral ; comme aussy donnent advis du passage de Mʳ le baron de Mitois en la dicte ville et qu'il s'est transporté à leur prière en la ville de Castres.

Mʳ de Mitois a aussi escrit sur le subject de son voiage, et qu'il s'en va à Castres pour continuer l'exécution de sa charge qui luy a esté donnée par la Compagnie.

Sur ce que le sʳ d'Alteirac gouverneur d'Aiseve (?) a fait entendre par sa lectre qu'il est recerché et poursuivy en la chambre de Castres pour avoir exécutté les ordonnances de la Compagnie, elle a arresté qu'elle y fera considération en temps et lieu.

Lectres ont esté rendues des députez de l'assemblée des églises de Dauphiné tenue à Dye, portant les empeschemens qui ont retardé leur voyage en ceste Assemblée promettans qu'ilz s'y rendront lors qu'il leur sera possible, et cependant asseurent que rien n'empeschera qu'ilz ne dépendent des resolutions de la Compagnie.

Le sʳ Fromantin, l'un des habitans de Saint-Jehan, a rendu lectres de Mʳ le duc de Rohan avec autres lettres du conseil de la dicte ville, priant la Compagnie les vouloir faire secourir d'hommes et les assister des choses nécessaires en ce qui dépendra de son pouvoir.

Mʳ Chalas escrit à la Compagnie le quatre du courant, de Saumur, donnant advis de l'arrivée du Roy dans la dicte ville et des appréhentions que plusieurs ont qu'il y fera quelque changement.

Les députez de l'Assemblée au conseil de Mʳ le maire ayans prié la Compagnie de leur part de vouloir députer Mʳ de Bessay à Maran vers Mʳ de Chandolan, elle a prié le dict sʳ de Bessay de se disposer audict voiage pour conférer et traitter avec luy des moiens de la conservation de la dicte place, et savoir s'il se veut tenir à l'ordre pour exécuter les résolutions de l'Assemblée.

Mʳ le duc de Rohan a envoyé un gentilhomme de sa part, avec lectres, à la Compagnie donnant advis sur ce qu'il juge devoir estre fait sur les occurances présentes ; la priant aussi de trouver bon que le dict sʳ de Freton se rende dans Saint-Jehan, désirant l'employer.

Lectre a esté rendue des consuls de ville de Montauban sur le subject du voiage et négotiation du sʳ de Mitois en la dicte ville et pour asseurer la Compagnie de leurs submissions à l'ordre qu'elle establiera.

Du 17 May. Sur la lectre de Mʳ de Veilles, l'un des depputez de l'Assemblée, la Compagnie a estimé estre à propos que Mʳ le duc de Rohan soit prié faire son voiage au Haut Languedoc, se voulloir employer de toutte son affection, à reconsilier ceux qui sont en mauvaise intelligence, et les disposer à obéyr aux arrestez de l'Assemblée, et à cet effect que la déclaration leur sera envoyée.

Le sʳ Pernan, député du conseil de Xaintonge, a rendu lectres de Mʳ le duc de La Trimouille contenant ses protestations à defferer aux advis de l'Assemblée ; a aussi rendu lectres du conseil, avec mémoires et instructions signez par les députez du dit conseil, qu'il a remix ensemble ; autres lectres des habitans de la ville de Pontz avec un mémoire des choses qui sont nécessaires dans la dicte ville, prians instamment la Compagnie d'y voulloir avoir esgard.

Du 18. Mʳˢ de Loubie, de Couvrelles et Allain, députez par l'Assembléé vers Mʳ le duc de La Trimouille et conseil de Xaintonge, ont rapporté fort particulièrement ce qu'ilz ont fait et géré au dict Conseil, suivant la charge que la Compagnie leur avoit donnée ; et, après avoir rendu lettres dudict conseil tenu à Pons, le dict sʳ de Couvrelles et Mʳ Roussel ont esté priez de s'acheminer à Royan pour y faire entendre les instructions de la Compagnie et y exécutter ce qu'elle juge nécessaire y devoir estre fait.

Mr le conte de Marennes s'est présenté à la Compagnie pour la saluer avant son départ pour aller à Saint Jehan où il se va rendre avec ses amis, et pour asseurer la Compagnie de son affection au service des églises, de quoy il a esté remercié.

Le sr d'Estival, député de la part de Mr le duc de La Trimouille, a rendu lectres dudict sr duc, priant la Compagnie luy envoyer quelqu'un du corps de l'Assemblée pour l'assister à Pons où il se va rendre; en conséqueuce de quoy M. de Loubie a esté nommé, lequel est parti ce jourd'huy avec la despesche qui lui a esté baillée.

Sur la lectre de M. de Loudrière rendue à la Compagnie par le sr Clémanceau, l'un de ses députez et capitaines, a esté arresté qu'il luy sera escrit et prié instamment vouloir se rendre avec ses trouppes à Sainct-Jehan; et que, pour les armes par lui demandées, elle s'employera de tout son pouvoir à luy donner contentement.

Du 19 May. M. de Bessay, estant de retour de Maran, a dit avoir veu M. de Chandolan, et luy avoir fait entendre ce que la Compagnie désiroit de luy; lequel a déclaré que pour son regard il est prest d'obéyr à l'Assemblée et exécuter ses commandemens de son pouvoir; mais que, pour la place de Maran, elle n'est en sa disposition et qu'il fera savoir à M. Constant, qui en est gouverneur, ce que la Compagnie désire, afin qu'il donne ses dernières résolutions qu'il fera entendre au plus tost; et, cependant, il mettra le plus de gens de guerre qu'il pourra dedans pour la seureté et conservation d'icelle; duquel voyage ledict sr de Bessay a esté remercié.

M. de Lafontan, député de M. de Chastillon pour résider près de l'Assemblée, ayant escrit ne se pouvoir rendre en ceste ville a envoyé la lectre de M. de Chastillon escritte à la Compagnie avec le pouvoir de luy signé. — S'ensuit la teneur dudict pouvoir :

Gaspard, compte de Colligny, seigneur de Chastillon, conseiller d'estat du Roy, capitaine de cent hommes d'armes de ses ordonnances, mareschal de camp ès armées de Sa Majesté, gouverneur des villes de Montpellier et Aiguemorte, colonel général de l'infanterie françoise entretenue par le Roy ès provinces du Pays-Bas; désirant continuer les tesmoignages et bons effectz de nostre affection et parfaite union aux églises réformées de ce royaume assemblées suivant la permission du Roy en la ville de La Rochelle; et, d'ailleurs, bien informé de la probité et zèle du s^r de Lafontan, maistre d'hostel ordinaire du Roy, au bien des dictes églises, nous avons fait choix dudict s^r pour le députter de nostre part audict lieu de La Rochelle pour faire entendre à la dicte Assemblée les causes qui ont retardé cet envoy, protester de nostre entière et ferme résolution à demeurer inséparablement uny à l'affermissement du repos et seureté des dictes églises, selon qu'il est contenu dans les éditz, brevestz et articles secretz qu'il a pleu au Roy nous accorder; signer en nostre nom tant le serment d'union accoustumé d'estre fait en tel cas, que les articles et résolutions prises et qui se prendront dans la dicte Assemblée selon l'ordre observé parmy nous; se joindre à la pluralité des voix; en somme, agir en toutes occurances comme si nous y estions nous mesmes, promettant d'employer vie et amis et tout ce qui nous reste pour nostre généralle conservation et bien de nostre subsistance, soubz le bénéfice et advantage des éditz de Sa Majesté. Fait à Uzez, ce premier jour de May 1621. Signé : *Chastillon* — et plus bas : par Monseigneur, *Paien*.

Ce jourd'huy M. Chalas a escrit à la Compagnie, de Saumur; sur ce qui s'est passé en la dicte ville depuis l'arrivée du Roy.

Il a esté résolu que M. de Loudrière et autres qui recevront des armes de la Compagnie pour nostre deffence, comme en ceste occasion, en donneront leur promesse lors de la réception d'icelles et promettront les rendre de bonne foy.

Sur l'advis que la Compagnie a eu que M. le duc de Rohan est arrivé en ceste ville, ont esté nommez pour le saluer de sa part : M^{rs} le baron de La Musse, Saint Bonnet, La Chappelière, Lignières, Milletière de Paris et Montmezart.

Du 20 *May.* Les réglemens faitz et dressez pour le fait de la marine et admirauté, avec le formulaire des passeportz et commissions, congez et adveus ayant esté leus, ont esté approuvez en leur forme et substance ; et ordonne la dicte Assemblée qu'ilz seront observez en tous leurs pointz et articles et que le réglement sera donné aux capitaines, lorsque les commissions leur seront deslivrées.

Du 21. Le s^r de Saluczon, député des églises de la Basse Guienne assemblées à Bergerac, a rendu lectres de M^r de La Force par lesquelles il fait entendre qu'il a receu l'ordre et réglement que l'Assemblée a estably aux provinces lequel il fera observer dans son département, priant la Compagnie donner congé à M^{rs} les marquis de Chasteauneuf et vicoute de Favas pour estre leur présence grandement nécessaire en la dicte province ; a aussi rendu lectre de la dicte province ; a esté délibéré qu'il sera escrit à la dicte province de la Basse Guienne et que M^r le duc de Rohan sera encore prié que, passant en la dicte province, il veille travailler de toute son affection à réconcilier ceux qui y sont en mauvaise intelligence ; et, quand aux congez demandez pour Mrs de Chasteauneuf et de Favas, ilz seront priez de demeurer en ladicte Assemblée pour l'assister de leurs bons conseils.

Mr de Loudrière, séneschal de La Rochelle, estant arrivé en ceste ville, ont esté nommez pour le saluer et remercier des troupes qu'il a conduictes à Sainct-Jehan : Mrs de Saint Simon, du Cré et de La Tour, lesquelz ont rapporté que le dict s^r de Loudrière remercie la Compagnie de l'honneur qu'elle luy a fait ; et, peu après, le dict s^r de Loudrière s'est présenté à la Compagnie pour la saluer avant son deppart au dict Saint-Jehan en protestant de son service et zèle pour le maintien des églises; de quoy il a esté remercié.

La Compagnie estant bien informée des longts services que Mr de Laporte, gouverneur du chasteau de Nérac, a rendu aux églises en la conservation de la dicte place qui est d'importance, a trouvé bon de luy escrire et l'exhorter de continuer avec le mesme soing et zèle avec asseurance qu'on luy donne, venant à deffaillir pendant ses mouvemens, son filz sera conservé en ses charges et appointemens et, advenant traitté de paix, elle pourveoira qu'il soit confirmé en ses dictes charges de tout son pouvoir.

L'Assemblée considérant combien il importe au général des églises de conserver la ville de Saint-Jehan, laquelle est sur le point d'être assiégée, a prié Mrs de Bessay et Malleray de s'obliger envers le s^r Giles, marchant flament, de la somme de la somme de 2520 livres pour armes qu'elle a ordonné estre deslivrées à Mr de Londrières; lequel a esté prié par la dicte Assemblée de se rendre promptement dans la ville de Sainct-Jehan avec ses amis; ce qu'ayant exécuté lesdictz s^{rs} de Bessay et Malleray, elle a promis et promet et s'oblige tant en son nom qu'au nom de toutes les Églises de ce royaume d'acquitter et rendre indemnes dans trois mois lesdictz s^{rs} de Bessay et de Malleray de la dicte somme de 2520 livres, à peine de tous despens, dommages et interestz.

Du 22. Mrs de Couvrelles et Rosel, députez à Roian, ont fait entendre fort particulièrement ce qu'ilz ont fait audit Royan envers M^r de La Chesnay, commandant au chasteau, et envers les habitans de la dite ville, conformément à la charge qui leur avoit esté donnée par la Compagnie; comme aussi ont rendu les lectres du dit s^r de La Chesnaye et habitans en responce à celles qu'elle leur avoit escrit, protestant par icelles se vouloir tenir aux résolutions génerralles et qu'en temps et lieu ils mettront à exécutions les réglemens et ordres à eux ordonnez.

M^r le baron de Navailles s'est présenté à la Compagnie pour la saluer avant son départ pour Saint-Jehan où il se va rendre et pour recevoir les commandemens et l'asseurer de son service : de quoy il a esté remercié.

La lectre de Mr de Chalas a esté mise ès mains de M^r de La Goutte pour la communiquer à M^{rs} les maire, eschevins, pairs, bourgeois et habitans de ceste ville de La Rochelle.

Sur ce qui a esté représenté par Mr de Loubie, député en la ville de Pons et autres lieux où besoing sera, avec commission à Mr de Jarnac, lieutenant général de la province de Xaintonge, et autres particulières en blanc pour le gouvernement de la dicte ville de Pons, avec pouvoir de la remplir de son nom en cas qu'il la veille accepter ; et, à son refus, prendre l'advis de M^r le duc de La Trimouille avec la noblesse qui se pourra promptement assembler, ensemble les sentimens des habitans de la dicte ville pour après avoir receu leurs advis estre pourveu sur le tout ; et cependant leur sera envoyé 1400 de poudre et deux milliers pezans de boulletz avec asseurance de les assister encore, et à cet effect en sera escrit à M^r le duc de La Trimouille, à Mr de Jarnac et autres gentilshommes qualifiez de ladicte province et habitans dudict Pons.

Mr du Fresche, depputé de M^r de La Force, ayant instamment demandé son congé pour quelques jours, la Compagnie luy a accordé pour un mois et résolu qu'il en sera escrit à M^r de La Force ; le priant de le faire retourner après le dict temps ou envoyer un autre député comme tous les autres grands seront priez de faire venir leurs depputez au plus tost.

Lectres ont esté rendues des députez de la province de Vivarestz, assemblez au Poussain, donnant advis de ce qui s'est passé en ladicte province et, particulièrement, comme ilz ont nommé pour chef et général en la dicte province Mr de Blacons, du consentement de Mr de Chastillon, prians la Compagnie voulloir agréer la dicte nomination qu'ilz ont faitte pour grande nécessité.

Mr de Ferminas, gouverneur de Bais, a escrit lectre à l'Assemblée responsive aux deux lectres que la Compagnie luy avoit envoyées, tesmoignant son zèle et le soing qu'il a apporté pour la conservation de ladicte place pour les églises et de son affection au général et particulier de la province de Vivarestz ; la suppliant d'agréer son armement et voulloir procurer qu'en cas de traitté il soit confirmé en sa charge et payé des arrérages qui luy sont deubz.

Le voiage des païs estrangers ayant esté résolu pour la grande nécessité qu'il y a de les advertir de la persécution avec armes ouvertes contre les églises réformées de ce Royaume et souverainetté, ont esté nommez pour la Grande Bretagne : Mrs de Couvrelles et de Banage ; et pour les Païs-Bas : M^{rs} de La Chapellière et La Milletiere de Paris.

Du 23 May. Lectre de Mr de Chandollan, gouverneur de Maran, a esté rendue à l'Assemblée du 22 du courant.

Lectres de Mrs de la Chambre de Castres faisans profession de la Religion, et autres de M^{rs} les magistratz, consuls et consistoire de la dicte ville du 8 du courant ont esté rendues à la Compagnie par leur envoyé, avec créance ; laquelle explicquant, il a dit avoir charge des dicts s^{rs} de la dicte Chambre d'asseurer l'Assemblée qu'ilz se soubzmettront entièrement aux résolutions, d'icelle ; qu'il luy pleust innover aucune chose au fait de leurs charges, estans en nombre suffisant pour juger et administrer la justice ; que si leur nombre estoit diminué à raison des récusations qui pourroient estre proposées à l'encontre d'eux par les parties, il leur feust permis d'appeller des officiers soit de la Cour des aydes ou autres de la dicte ville pour remplir le dicte nombre ; qu'advenant que quelques officiers des autres cours souveraines feussent reffugiez en icelle ilz les puissent appeller aux jugemens des procès à l'exclusion de tous autres ; que leurs gages assignez sur la crue leur soient continuez sur la mesme nature de deniers ; et, au regard des magistratz, consulz et consistoire de la dicte ville, a représenté que le colloque d'Albigeois ayant assigné au premier du courant une assemblée mixte en la dicte ville, ilz auroient député vers Mr le marquis de Malauze pour le prier instamment de ne se vouloir trouver au jour de l'assignation au dict lieu pour plusieurs grandes considérations; ce que leur ayant esté refusé, et ledict sr marquis s'estant présenté à la porte de la ville, les consuls estans sortis au devant luy, luy auroient tesmoigné recevoir à déplaisir le refus qu'ilz estoient contraintz luy fayre de l'entrée de leur ville; à quoy le dict sr ayant tesmoigné un grand mescontantement, ilz sont contrainctz de supplier la Compagnie d'agréer et approuver cette action et de ne leur donner aucun gouverneur que de leur consentement et volonté. Sur quoy la Compagnie a arresté, suivant le réglement, qu'il ne sera rien innové ni altéré en l'exercice des charges desdicts srs de la Chambre de Castres; que leurs gages leur seront continuez et, au surplus, qu'il y sera pourveu par le réglement qui sera dressé sur le fait de la justice; et, au regard des magistratz, consuls et consistoire de la dicte ville, l'Assemblée a pareillement arresté qu'ilz se présenteront à Mr le duc de Rohan, chef et général du Haut Languedoc et Haute Guienne, pour, eux ouis et Mr le marquis de Malauze, leur estre pourveu, ayant esté amplement pourveu à l'autre chef de leur demande par ledict réglement.

Du 24. Suivant le réglement dressé pour le fait de la marine et admirauté ont esté nommez commissaires Mrs de Favier, Allain, Rodil, Montmezart et La Piterne, lesquelz, avec ceux qui seront nommez par Mrs les maire, eschevins, pairs, bourgeois et habitans de La Rochelle. . . . . de l'admirauté establye par le Roy, administreront la justice sur le fait de ladite admirauté conformément audict réglement.

Mrs de Bessay, d'Espinay, et de La Milletière de Paris ayans esté députez vers M^rs les maire, eschevins, pairs, bourgeois et habitans de ceste ville pour le prier de rechef, pour les nécessitez présentes, vouloir procurer que la Compagnie puisse trouver en prest la somme de 6000 livres.

Mrs de Beaupreau, Tevelot, Bardonnain et Portus, députez du corps de ville et habitans, se sont rendus en l'Assemblée et représenté qu'ilz ont soigneusement travaillé pour satisfaire la Compagnie en la demande qui leur a esté faitte de leur part; mais que leur nécessité est si grande pour le présent qu'ilz ne peuvent offrir que la somme de 3000 livres, priant la Compagnie ne prendre à manquement de bonne affection s'ilz n'en présentent davantage; de quoy la Compagnie les a remerciez.

La Compagnie, deslibérant sur la responce qu'il convient faire à la dernière lectre escritte à l'Assemblée par Mr Chalas, a esté arresté que pour très bonnes considérations le s^r de Chalas sera appelé du lieu où il est et, avant son départ, représentera à M^rs les ministres de l'Estat et au Roy, quand il aura accez vers luy : qu'ayant tousjours espéré, selon les promesses du Roy, qu'il auroit agréable de faire faire réparation de tant d'infractions; que maintenant voyant que la suitte apporte les affaires en telle extrémité que la plupart des églises de son Royaume et souveraineté de Béarn sont dissipées par ce qui est arrivé audict païs de Béarn, Saumur, Lodun, Georgeau, et par tout ailleurs où le Roy est passé avec le désarmement de ceux de la religion de Normandie et autres provinces et lieux; il estime estre totalement inutile au service du Roy et des églises, suppliant Sa Majesté permettre qu'il se retire.

Mr Riffaut, ayant ce jourd'huy remis son conte des sommes qu'il a fournies durant ce mois, suivant la charge que la Compagnie luy avoit donnée, a esté trouvé que ledict Riffault avoit baillé et fourny à diverses fois, comme il est contenu audict conte, la somme de 251 livres, laquelle somme luy sera paiée des premiers deniers.

Du 25. Sur la résolution prise dès la formation de l'Assemblée pour le changement de mois en mois de ceux qui auront la conduitte et direction d'icelle, après l'invocation du nom de Dieu, ont esté esleus et nommez à la pluralité des voix recueillies par teste : Mʳ de Bessay, pour président; Roussel pour adjoint, et Mʳˢ de Guérin et de La Taulle pour secrettaires, lesquelz commenceront leur charge ce jourd'uy. Ainsi signé : De Combort, président; Banage, adjoint, Rodil et Riffault, secrettaires.

AU NOM DE DIEU

Continuation des actes de l'Assemblée géneralle des églises réformées de France et souveraineté de Béarn tenant en la ville de La Rochelle.

Du 25 *May.* Après l'invocation du saint nom du saint nom Dieu et que, par la pluralité des voix suivant l'ordre estably dès le commancement de l'Assemblée, ont esté nommez pour la direction d'icelle, durant le mois qui commence ce jourd'hui : Mʳ de Bessay, présidant; Mʳ Rosel, pour adjoint, et Mʳˢ Guérin et de La Taulle, pour secrettaires.

Mʳˢ le marquis de Chasteauneuf, Banage, Rodil et Riffaut ont esté unanimement louez et remerciez par l'Assemblée de l'affection, vigilance et fidélité qu'ilz ont apportée à la modération, conduite et direction d'icelle durant le mois précédant.

Mʳˢ de Lescun, de La Cloche, et de Lagrange, envoyez vers Mʳˢ les maire, pairs et bourgeois de La Rochelle, pour les prier de voulloir haster l'expédition des députtez de la ville vers les princes estrangers, et de nommer de leur part des commissaires pour former la chambre de l'admirauté, ont rapporté que Mʳ le maire et son conseil, travaillent à disposer les choses nécessaires pour un voiage; et pour ce qui regarde la dicte chambre de l'Admirauté prient la Compagnie de leur communiquer par un préalable les réglemens de la dite admirauté; ce qui a esté fait. Mʳ Fretton a escrit à la Compagnie, la priant de luy permettre qu'il demeure encores quelques jours à Saint-Jehan pour assister Mʳ de Soubize; ce qui luy a esté accordé.

La Compagnie a trouvé bon d'escrire à Mʳ de Bouillon pour l'informer de l'estat présent de nos affaires et luy envoyer la déclaration et les réglemens de l'Assemblée, avec les commissions pour faire levée de gens de guerre.

Le sʳ de La Rolandière a représenté l'importance du passage de la Tranche pour conserver la liberté du commerce de la province de Poitou, et a requis qu'il pleust à l'Assemblée de pourvoir à l'armement nécessaire pour garder ledict passage tant par mer que par terre; sur quoy a esté délibéré qu'il sera expédié au dict sʳ de La Rolandière les commissions et congez qu'il jugera à propos, à la charge de se soubzmettre aux réglemens généraux; et qu'avant l'expédition des dictes commissions et congez le présent acte sera communiqué à Mʳ le maire par Mʳ de Montmezart, lequel estant de retour a rapporté que mondit sʳ le maire prie la Compagnie de surceoir pour quelques jours l'expédition desdictz congez.

Sur la lectre de Mʳ de Chastillon que le sʳ de La Fontan a fait tenir de sa part, a esté délibéré qu'il luy sera fait responce; et, après l'avoir informé de l'estat des affaires, il sera exhorté d'agir le plus promptement et puissamment qu'il pourra.

Du 26. Il a esté jugé nécessaire d'establir cinq commissaires du corps de l'Assemblée pour recevoir les advis secretz qui pourroient estre donnez tant pour le bien général que du particulier des eglises et, pour cet effect, ont este nommez Mrs de Favas, de Lescun, Clemanceau, Menuau et La Taulle qui pourront mesnager lesdictz advis selon leur prudence et à la charge que lesdictz commissaires seront changez ou continuez de huit en huit jours.

Du 27. L'Assemblée, reconnoissant combien il importe d'informer les provinces de l'ouverte persécution qu'on nous fait et en quel estat sont aujourd'huy nos affaires, a délibéré qu'il leur en sera escrit et qu'on depputtera quelqu'un du corps de la dicte Assemblée vers les provinces du Bas Languedoc, Sevènes, Vivarestz et Dauphiné pour leur faire entendre comme Mr de Soubize, et quantité de noblesse, sont assiégez dans Saint-Jehan; que, pour les secourir avec effect, il est nécessaire de prendre les armes afin d'agir et les assister puissamment par toutes voyes; et, pour faire ledict voiage, Mr Amias a esté nommé, lequel est chargé de faire tenir les despesches que l'Assemblée adresse à M^r d'Aubigny pour les seigneurs de Genève, Berne, et autres cantons des Suisses faisant profession de la religion Reformée.

Mrs de Nieulh et Toupet, eschevins et pairs de ceste ville, sont venus représenter à l'Assemblée de la part de M^rs les maire, eschevins et pairs de La Rochelle, qu'estans advertis que la Compagnie avoit arresté qu'on deslivrera des commissions et congez pour armer sur mer, ilz ont charge de la supplier de voulloir surceoir pour quelques jours l'expédition de telz congez, veu que tel expédiant pourroit apporter un grand préjudice à plusieurs marchans et bourgeois de la ville : sur quoy l'Assemblée a promis de faire bonne considération.

Sur la demande faitte par M^rs les depputez de la ville de La Rochelle au nom de M^rs les maire et eschevins de vouloir agréer que Mr de Saint-Bonnet, l'un des depputtez de l'Assemblée, soit par eux employé aux affaires de la guerre; l'Assemblée, après avoir ouy le dict s^r de Saint-Bonnet leur accorde la demande faitte de sa personne, sans le pouvoir esloigner du gouvernement, et à la charge qu'il continuera sa vocation de depputté en l'Assemblée, excepté lorsque l'urgente nécessité des affaires le requerra.

L'Assemblée, reconnoissant la faveur qu'elle a receu de M^{rs} de la ville de La Rochelle par le prest de la somme de 3000 livres pour estre employée aux fraitz qu'il conviendra faire aux voiages d'Angleterre et de Holande, a arresté qu'ilz en seront remerciez, et que la dicte somme de trois mil livres leur sera rendue dans six mois, à peine de tous despens, dommages et interestz, au payement de laquelle elle a obligé tous et chacuns les biens tant du général que du particulier d'icelle.

La dicte Assemblée par le consentement de M^r le duc de Rohan a donner un millier de poudre aux habitants de la ville de Pons, de celle que mon dit s^r avoit fait retirer de Maillezay, à condition de luy fournir pour Saint-Jehan des munitions de bouche pour 750 livres; a arresté pour satisfaire à ceste condition qu'il sera payé des deniers empruntez de M^{rs} de ceste ville la somme de 500 livres pour employer à l'achapt desdictes munitions de bouche : ce qui a été fait présentement et la dicte somme mise ès mains de M^r de La Bra chettière, l'un des gentishommes de Mr de Soubize, et ; pour les 250 livres restant, qu'il y sera pourveu dans quelques jours n'ayant, pour le présent, ladicte Assemblée aucun moien de les fournir, de quoy elle demeure obligée envers mondit sieur de Rohan.

Les députez de la Province de Xaintonge se sont obligez de deux cens livres, dix solz pour des bouletz de canon, et de 330 livres pour quatre cens de poudre pour envoyer en la ville de Pons, desquelles sommes la dicte Assemblée a promis et promet par le présent acte de descharger et rendre indemne lesdicts députez, à peine de tous despans, dommages et intérestz; sur laquelle somme ils seront tenuz de rendre et restituer ce qui auroit esté payé par quelques particuliers en acquittement desdictes poudres suivant le compte qui en a esté fait par Mʳ de Malleray.

Du 28. Mʳ de Rochefleur, pasteur de La Ganache, s'est présenté avec lectres de créance de Mʳ de La Bouscherie, gouverneur deladicte ville, au nom duquel il a demandé des commissions pour fayre contribuer à l'entretenement de la garnison et quelques assistances, au nom des habitans, pour s'opposer à Mʳ de Vandosme qui les menace de siège; sur quoy la Compagnie, n'ayant moien de leur donner contentement pour des canons, armes et des munitions, a offert de les assister de gens de guerre autant qu'elle pourra; et, pour cet effect, a donné charge à Mʳˢ les députtez de la province d'y travailler, lesquels, après, ont rapporté que le sʳ de Boisgarenne, capitaine, s'est offert de s'acheminer en la ville de La Ganache avec une compagnie de soixante dix hommes qu'il a sur pied, pourveu qu'on luy face prester la somme de 300 livres, pour payer certains fraits que les soldatz ont fait en ceste ville, ou qu'il faudra faire pour conduire lesdicts soldats audict lieu de Ganache. C'est pourquoy lesdicts sʳˢ députez sont priez de faire prester lesdites 300 livres audict sʳ de Boisguerenne; et, au surplus, que les commissions demandées par ledict sʳ de La Boucherie luy seront expédiées.

Du 29. L'Assemblée a nommé pour être commis et receveur des esmolumentz des passeportz et congez Mʳ de La Tour-Geneste, l'un des députez d'icelle, pour un mois provisionnellement; lequel fera expédier les actes suivant la taxe cy-devant faitte de 4 livres pour passeport et d'une pistolle pour chaque congé: de quoy il rendra compte dans le mois, et sera remboursé des fraitz et satisfait de ses vacations sur le règlement controllé qui en sera fait par Mʳˢ les secrettaires.

Sur l'advis qui a esté donné à l'Assemblée que le sʳ Tivant avoit par devers soy quelques deniers provenus de la collecte de Xaintonge, a esté arresté que ledict sʳ Tivan sera prié de mettre ès mains de M^rs de La Chapellière et Milletiére de Paris, députez vers M^rs les Estatz de Holande, la somme de 500 livres pour le remplacement de pareille somme qui avoit esté prise des deniers empruntez de M^rs de La Rochelle pour les fraitz de leur congé ; à quoy ayant esté satisfait par ledict Tivant, la dicte Assemblée luy a promis et promet de le faire descharger et tenir quitte de la dicte somme de cinq cens livres envers la dicte province de Xaintonge et tous au tres qu'il appartiendra.

Mr Chalas, depputé général, a escrit à l'Assemblée, par lectres du 27 may, que M^r le duc de La Trimouille avoit envoyé un de ses gentishommes à la Cour, et que quelques églises de Béarn y avoient fait une députation préjudiciable à l'union des églises.

Mr Guérin est retourné de la ville de Pons, où il avoit esté depputé vers M^r de La Trimouille pour le prier d'accepter la commission de chef et général en la province de Xaintonge, et faire en sorte que Mr de Jarnac print aussi la charge de soubz-général en ladite province, desquelz il a remis lectres du 25 et 26 May : et a rapporté que Mr de Jarnac a refusé tout-à-fait la dicte charge, et que mondit s^r le duc a prins le temps de deux jours pour advertir la dicte Assemblée de ce qu'il pourra faire sur ce subject, et de nommer celuy qu'il jugera le plus propre pour estre mis en la place du dict s^r de Jarnac ; que, néantmoins, mondit s^r le duc a donné des asseurances de son affection au bien des églises. Il a d'ailleurs remis lectres de M^r d'Anguitar et rendu bon tesmoignage de son zèle à la gloire de Dieu, s'estant jetté dans Pons avec bon nombre de ses amis ; il a aussi remis lectres des habitans du dit Pons contenant remerciement de l'assistance qui leur a esté donnée par la dicte Assemblée et soing qu'elle a de leur conservation ; de quoy ledict s^r Guérin a esté remercié.

Sur le département des mille escuz empruntez pour faire les fraitz du voiage d'Angleterre et Estatz-généraux des Provinces Unies du Païs-Bas, a esté arresté que Mrs de Couvrelles et de Banage, députez en Angleterre, prendront la somme de 1650 livres, et M⁰ˢ de La Chappellière et La Milletière, députez vers les dicts Estatz de Holande, auront les mil trois cens cinquante livres restans, à la charge d'en rendre compte à l'Assemblée et d'estre aussi remboursez en cas que leurs despances excédast les susdites sommes.

Du dernier May. Mʳ le baron de Mitois a fait le rapport du succès de son voiage vers les provinces de La Basse Guienne et Haut Languedoc, ayant asseuré la Compagnie de la bonne disposition qu'il a trouvée en toutes les villes de la province du Haut Languedoc et Haute Guienne, et deppendre de toutes les résolutions de l'Assemblée, avec nouveau serment d'union que les villes de Montauban, Castres et autres de la dicte province ont presté entre ses mains; et, pour la Basse Guienne, il a dit y avoir aussi trouvé de fort bonnes volontez qui néantmoins sont traversées par les divisions de Mʳˢ de La Force et de Pardaillan; à quoy il juge important d'y remédier promptement; il a dit aussi avoir rencontré sur le chemin Mʳ le duc de Rohan, qui s'en alloit en la Haute Guienne, et passant par la ville de Pons, il a veu partir Mʳ le duc de La Trimouille pour aller trouver le Roy; surquoy la plus part des habitans du dict Pons ont prié ledict sʳ de Mitois de représenter à l'Assemblée qu'il importe grandement de leur envoyer quelque homme d'autorité pour leur conservation; et après avoir remis les lectres de Mʳ le duc de Suilly, de Mʳ le comte d'Orval, de l'abrégé de Montauban, de Luzignan, de Saint-Germain, de Chaux; ledict sʳ de Mitois a esté loué de son zéle et affection pour s'estre dignement acquitté de la charge qui luy avoit esté donnée et a esté remercié.

Mʳ le conte de Marenne a escrit à l'Assemblée, avec créance au capitaine Pron, que si l'Assemblée fait un armement par mer, il a le moien et la volonté d'y servir utilement les églises; de quoy il a esté loué et en sera remercié par lectres avec asseurance que, lorsqu'on fera ledict armement, l'Assemblée se souviendra de faire bonne considération des mérites de mondit s' le conte.

Sur les lectres de crédit que Mrs du Corps de ville de La Rochelle fournissent aux députez qui vont en Angleterre et Holande, tant de l'Assemblée que du Corps de ville, pour le secours estranger, a esté arresté que l'Assemblée payera et acquittera touttes les sommes que lesdicts depputez emprunteront en vertu desdictes lectres; et, pour cet effect, l'Assemblée leur a particulièrement affecté les deniers de la collecte généralle.

Considérant qu'il importe d'expédier promptement les congez de la marine, et voyant que, pour recevoir les cautions suivant les réglemens, les commissaires cy-devant establis ne sont pas encore en exercice pour y pouvoir vacquer; la Compagnie a commis et depputé provisionnellement le greffier de l'Admirauté pour recevoir, en vertu du présent acte, les cautions qui luy seront cy apprès nommez par la dicte Assemblée.

Sur les tesmoignages rendus à la Compagnie que M^r le duc de La Trimouille, général de la province de Xaintonge, est party de la ville de Pons pour aller à Taillebourg, et que Mr de Jarnac refuse la charge de soubz-général en icelle; et, reconnoissant que la ville de Pons est de très grande importance et en danger éminant, s'il n'est promptement pourveu à la direction de la dicte province, la Compagnie a esleu et nommé, à la pluralité des voix, M^r le marquis de Chasteauneuf pour soubz-général en la dicte province de Xaintonge, soubz l'autorité de mondit s^r de La Trimouille; de laquelle charge commission luy sera expédiée afin qu'il s'achemine promptement en la dicte ville de Pons, et partout ailleurs où le besoin de la province le requerra; de quoy il sera escrit aux gentilshommes qui sont dans le dict Pons, et aux habitans de la dicte ville, pour leur faire entendre les nécessitéz publicques, et le besoing qu'ilz ont d'estre en bonne intelligence pour la conservation des églises de la dicte province;

et pour assister ledict s`r` marquis à présenter sa commission, M`r` de Loubie a esté nommé, à la charge de revenir en l'Assemblée sitost que mondit s`r` le marquis sera estably en ladicte province. Les susdictz marquis et de Loubie sont partis le susdit jour.

Du premier juin.

M`rs` les députéz du conseil de la Basse Guienne, assemblez à Sainte-Foy, ont escrit à l'Assemblée par lectre du 24 May signé Pouchard, de Ségur, président, et Villette, secrettaire, donnant advis comme plusieurs personnes de considération et les communautez du Haut et Bas Agénois ont nommé M`r` de Pardaillan pour général de partie de la province ; demandant les provisions nécessaires pour la confirmation de la dicte charge ; et néantmoins disent avoir député à la Cour le s`r` de Maleret pour essayer, par l'ordre de noz députez généraux, si toute espérance de paix et seureté est desniée à nos églises, avec asseurance néantmoins de n'entendre se séparer des résolutions de l'Assemblée.

M`r` de Pardaillan a escrit à l'Assemblée pour l'informer des raisons qui l'empeschent d'accepter la charge de soubz-général en la province de la Basse Guienne, désirant néantmoins d'employer sa vie et ses amis pour l'avancement de la gloire de Dieu et maintien de ses églises, avec autant de zelle et fidellité qu'il a fait par le passé.

M`rs` de Couvrelles et Banage, de La Chappellière et de La Milletière de Paris, ont pris congé de la Compagnie, après avoir presté le serment de bien et fidellement s'acquitter de leurs charges suivant leurs mémoires et instructions.

M`r` de La Boucherie, gouverneur de La Ganache, a escrit à la Compagnie pour demander commission et assistance de gens et munitions de guerre, avec asseurance de ses affections au service des églises, n'aiant voullu traitter de sa place au préjudice du public et de l'Assemblée, quoy qu'il en aye esté solicité ; de quoy il sera loué et remercié par lectres, et adverty que M⁽ʳ⁾ de Rochefleur luy a porté cès jours passez les commissions qu'il demande pour establir les contributions suivant les réglemens, et qu'on a pris ordre de luy envoyer des soldatz.

Du 2 juin. M⁽ʳ⁾ Chalas a escrit de Niort, premier juin, donnant advis à l'Assemblée comme il n'a peu prendre congé du Roy parce que M⁽ʳ⁾ de Lesdiguière a trouvé bon qu'il différast pour quelques jours ; qu'on attend à la Cour M⁽ʳ⁾ de La Trimouille, et que ledict s⁽ʳ⁾ de Lesdiguières est allé reconnoistre Saint-Jehan ; que le Roy a fait une plus forte et nouvelle déclaration contre l'Assemblée et la ville de La Rochelle, laquelle despesche a esté communiquée à M⁽ʳ⁾ le maire et à son conseil par M⁽ʳˢ⁾ de Saint-Bonnet, La Place et Rodil.

Peu de temps après, sont venus M⁽ʳˢ⁾ de La Jarrie, le baillif d'Aulnis, Baudouin et Portus de la part de M⁽ʳˢ⁾ les maire, eschevins, pairs, bourgeois et habitans de la ville de La Rochelle pour remercier l'Assemblée de la dicte communication et la supplier d'y faire bonne considération, voulans néantmoins déppendre des résolutions de cette Compagnie.

M⁽ʳ⁾ de Favas, deputté général des églises, a fait entendre à la Compagnie avoir receu lectre de M⁽ʳ⁾ le duc de Lesdiguières du 28 du passé, par laquelle il l'exhorte d'aller à la cour où il se trouveroit plus utile qu'en l'Assemblée, laquelle ne pouvant entrer en aucune négotiation d'accommodement envers le Roy, ny empescher le secours de ses armes que par sa prompte obéissance en se séparant, mondit s⁽ʳ⁾ de Favas a requis avec instance qu'il plaise à la Compagnie peser l'importance du contenu en la dicte lectre, et trouver bon qu'il aille à la Cour ; l'Assemblée, reconnoissant par les lectres de mondit s⁽ʳ⁾ le duc de Lesdiguières qu'il n'y a aucune espérance d'accommodement qu'en se séparant, et voyant la persécution manifeste contre toutes les églises, tant par le changement de plusieurs places de seureté contre les promesses faites aux gouverneurs d'icelles, la prise de la ville de Georgeau et le siége de Saint-Jehan, a estimé que mon dit s^r de Favas ne pouvoit aller à la Cour sans faire un notable préjudice aux églises; et, partant, ne pouvoir consentir au dict voiage; à quoy il a esté prié d'acquiescer; et, en suitte de la mesme despesche, a esté arresté que Mr Chalas, suivant autre précédente délibération, sera rappellé et adverty par lectres de s'en venir si tost qu'il aura receu l'advis, selon qu'il est obligé par serment presté en la dernière Assemblée de Loudun.

Sur l'advis donné à la Compagnie que M^r le duc de Lesdiguière suit encores la Cour; qu'il est allé reconnoistre la ville de Saint-Jehan, et assiste à la persécution qu'on fait contre nos frères au préjudice du serment d'union et de la charité chrétienne, a esté jugé à propos de luy escrire pour l'exhorter à la deffense de l'église de Dieu et au public ce qu'il doit en consianse.

M^r de La Force a escrit à l'Assemblée par le s^r Gilet, donnant advis de l'ordre qu'il establist en la province de la Basse Guienne avec intention de bien servir les églises et de suivre entièrement les volontez de l'Assemblée; de quoy il sera remercié par lectres.

Du 3 juin. Mr de Soubize a donné advis, par lectres du deux de ce mois, comme le premier jour dudit mois on a commencé de battre la ville de St-Jehan; et qu'ayant esté sommé par un héraut, il a fait responce que ce n'estoit point à luy qu'il se falloit addresser, et qu'il estoit résolu de despendre du tout de l'Assemblée générale: de quoy il a esté grandement loué et en sera remercié par lectres.

Mr de Freton a escrit pour s'excuser de ce qu'il ne se peut rendre en l'Assemblée, estant retenu à Saint-Jehan par M^r de

Soubize et par les loix de l'honneur et de sa consiance ; ce qui a esté approuvé.

Deslibérant sur la despesche de ceux de la Basse Guienne qui sont assemblez à Sainte Foy, et sur les lectres de M^r de La Force et de Pardaillan, a esté trouvé bon de faire connoistre à mesdits s^{rs} de La Force et de Pardaillan que l'estat de nos affaires et le subject de Saint-Jehan les doit obliger d'assoupir leurs mésintelligences particulières, pour secourir Mr de Soubize, et employer leur autorité à s'opposer à la persécution qu'on fait à toutes les églises de France; escrira au conseil de ladite province pour leur représenter le tort qu'ilz ont eu de députter à la cour sans ordre de l'Assemblée à laquelle ladicte province doit defférer la conduitte des affaires génerales; et que si tant est que M^r le duc de Rohan n'aye point accordé M^{rs} de La Force et de Pardaillan, qu'en l'autorité de l'Assemblée ilz convocquent la province par églises dans la ville de Clérac; et que ceux dudit conseil qui premiers recevront la dépesche feront au plus tost la convocation du présent acte, dont ilz envoyeront l'extrait sans user de délay pour assembler le conseil, afin de convenir des ouvertures qu'ilz jugeront les plus propres pour le contentement des uns et des autres; de quoy ilz donneront promptement advis à l'Assemblée à ce qu'il soit pourveu par elle au repos de la province.

Du 4. Mr Anias est party pour son voiage de Languedoc, Sevênes, Vivarestz et Dauphiné; et luy a esté baillé, pour les fraitz de son voiage, 124 livres savoir 50 livres par les mains des députez en Angleterre et en Holande et 64 livres par M^r de La Tour-Geneste.

Mr de Loubie est retourné de Pons et a rapporté que M^r le marquis de Chasteauneuf a esté reçeu comme lieutenant-général de la province de Xaintonge, au gré et contentement de M^{rs} de la noblesse, bourgeois et habitans de ladite ville; et, après avoir remis lectres desdicts sieurs gentishommes et desdits habitans, avec le serment de l'union qu'ilz ont presté à l'arrivée de mondit s' le marquis, ledit s' de Loubie a esté loué et remercié de son dit voyage ; et, sur l'assistance demandée par les habitans de Pons d'armes et de poudres, et de la personne de M' de Chastillon quoy qu'il soit engagé à M' le maire, a esté arresté, qu'attendu que l'Assemblée n'a moien pour le présent de les assister, il leur sera escrit d'envoyer procuration des cinq ou six des plus apparans de la dicte ville en attendant qu'ilz ayent fait levée de deniers : à quoy ilz seront exhortez et que M' le maire leur a accordé le retour du dict s' de Chastillon lequel est venu prendre congé de l'Assemblée avec submissions aux résolutions d'icelle, dont il a esté remercié.

Pour assister au conseil de M' le maire, ce présent mois, ont esté nommez M's de Favas, de Saint-Simon, de Mitois, Lignières, Milletière et Menuau.

Du 5. M' Chalas a escrit à l'Assemblée du jour d'hier, donnant advis qu'il satisfera au désir de l'Assemblée le plus tost qu'il luy sera possible.

M' de La Rolandière a escrit aussi à l'Assemblée demandant des congez pour l'armement de mer, et des commissions pour les impositions ; ce qui luy a esté accordé en satisfaisant par un préalable aux réglements.

M's de la Jarrie, de Laser, Goyer et Pommeret ont dit de la part de M's les maire, eschevins, pairs, bourgeois et habitans de La Rochelle qu'ilz ont jugé très nécessaire de dresser des troupes de gens de guerre, tant de cheval que pied, pour assister M' de Soubize et ceux qui sont assiégez dans Saint-Jehan, et agir pour la commune deffence des églises suivant les réglements et résolutions de l'Assemblée ; et que, pour commander lesdictes trouppes, ilz ont nommé M' de Favas, comme estans asseurez de sa fidellité, courage et expérience au fait des armes ; désirans qu'il plaise à l'Assemblée leur donner quelques uns pour assister M' le maire à prier mondit s^r de Favas de vouloir accepter la lieutenance généralle de la province de La Rochelle et païs d'Aulnis ; de laquelle élection ilz ont esté remerciez ; et, pour satisfaire à leur désir, ont esté nommez Mrs de Saint-Simon, Hespérien et La Milletière lesquels, estans de retour, ont dit que le dict s^r de Favas avoit accepté la dicte charge avec remerciement à l'Assemblée de l'honneur qu'elle luy faisoit.

Du 7. Pour l'establissement de la chambre de l'admirauté a esté délibéré qu'on baillera des commissions particulières à ceux qui seront nommez de la part de M^{rs} de la ville de La Rochelle, et, principalement, au fils aisné de Mr de Mirande, comme ayant la survivance de son père, de l'office de juge de l'admirauté ; et que le procureur du Roy prendra aussi commission comme procureur de l'Assemblée en ladite admirauté, et que les inventaires et instructions des procédures seront faittes par un des commissaires de l'Assemblée, conjoinctement avec ledict s^r juge, sans diminution de ses droitz.

Mrs de Surin, gouverneur de Mauléon, de Vaudoré, de Nemy, tant en leur nom que de plusieurs gentilshommes de la province de Poitou, ont prié l'Assemblée de trouver bon que Mr de Bessay aille pour quelques jours en la dicte province pour des affaires très importantes au bien des églises ; ce qui leur a esté accordé à condition que ledict s^r de Bessay retournera en l'Assemblée le plus tost qu'il luy sera possible.

M^{rs} de La Bourdellière et Chauvernon ont donné lectres à l'Assemblée de M^r le duc de La Trimouille, avec leurs instructions et l'exposition de leur créance en un article escrit à part par eux contenant ces parolles, pour explication du dernier article de nos mémoires : « Nous disons que la « submission que le Roy désire de l'Assemblée consiste en « acte de séparation et tesmoignage de leur humilité envers Sa « Majesté ; moiennant quoy ils recevront de Sa Majesté con- « tentement raisonnable » ; après avoir murement pezé et considéré les exemples des pertes des villes et places qui ont suivy la déclaration du Roy, par la confiance et crédulité de ceux qui les avoient en garde, et les artifices de quoy on se sert pour affoiblir nostre juste et nécessaire deffence, a été jugé, d'un commun et unanime consentement, qu'en la séparation de l'Assemblée sans aucune seureté à nos églises et justice sur noz plaintes se remonstre la ruine entière d'icelles, ce qui sera escrit à mondit s^r le duc de La Trimouille avec asseurance que l'Assemblée a tousjours désiré la paix ; qu'elle l'a fait demander très-humblement au Roy par M^{rs} noz députez généraux et par l'intercession tant de mon dit s^r le duc qu'autres M^{rs} nos Grands ; qu'elle la recerche, et recerchera par ses procédures, avec les respectz et submissions d'humilité et obéissance que doivent vrais et naturels subjectz à leur prince dont elle ne se départira jamais, ne désirant que la seureté des églises dans le repos et tranquilité de l'estat et la réparation des griefs et infractions faittes aux églises et éditz qui se sont augmentez contre la foy publicque depuis la dernière déclaration du Roy qui prenoit en sa protection ceux qui se voudroient confier en icelle, de quoy sera donné advis aux provinces.

Du 9. Mr Chalas a escrit à l'Assemblée par Mr Forain, gouverneur de Saint-Maixent, que Mr de Chandolan le l'a arresté à Maran, disant avoir commandement du Roy de ne laisser passer personne pour aller à La Rochelle sans passeport que ledict s^r Chalas dit avoir envoyé faire demander à la Cour.

Mr de Soubize a escrit du 7 Juin, donnant advis que la batterie se continue tousjours contre la ville de Saint-Jehan ; que les approches ne sont pas fort esloignées du fossé ; mais qu'ilz sont bien résolus de se deffendre vivement comme il parroist aux occasions qui se présentent, et mesme en une sortie qui se fit lundy dernier où plusieurs des ennemis furent tuez, sans avoir perdu que deux soldatz et un gentilhomme; de quoy M⁽ʳ⁾ de Soubize sera loué et remercié par lettres.

Du 10. L'Assemblée, jugeant qu'il est temps de pourvoir à la recepte géneralle des deniers des églises, a taxé le droit du trezorier et receveur-général à six deniers pour livre, et du contrerolle à deux deniers pour livre, à la charge que le contrerolle sera changé ou continué de trois mois en trois mois.

Pour trésorier et receveur-général M⁽ʳ⁾ Riffaut, receveur des consinations de La Rochelle, a esté nommé à la pluralité des voix; et, pour controlleur, M⁽ʳ⁾ Allain, assesseur de Saint-Lô, qui à l'instant ont presté le serment de bien et fidellement s'acquitter de leurs charges.

Du 12. Le s⁽ʳ⁾ Auger Petit, de La Rochelle, ayant esté pourveu par l'Assemblée de la charge de visiteur et garde de l'admirauté, a esté arresté qu'il donnera aussi tost advis des prises qui viendront à sa connaissance, et à M⁽ʳˢ⁾ les Commissaires députez pour le fait de la dicte admirauté, et au receveur général; et ne se pourra transporter dans les vaisseaux des dictes prises qu'avec celuy ou ceux qui seront nommez par lesdicts commissaires pour en faire la visitte et inventaire, le tout suivant le réglement.

Du 14. M⁽ʳ⁾ de Favas ayant demandé qu'il pleust à l'Assemblée de pourvoir au payément des appointemens de sa charge de député général et des arrérages qui luy sont deubz; a esté arresté, sur la considération de la fidélité des services qu'il a rendus au général de nos églises, que les appointemens affectez à sa charge de depputé général lui seront continuez, desquelz il sera payé, ensemble des dictz arrérages, des deniers des églises, mesme de ceux qui tomberont en la disposition de l'Assemblée; à quoy elle s'employera de tout son pouvoir pour son contentement, sauf à recouvrer du s^r du Candal le fonds qu'il peut avoir devers luy.

Lettres ont esté rendues de la province du Bas Languedoc, avec les actes de leur conseil, tesmoignant le désir qu'ilz ont de deppendre entièrement de l'Assemblée génerale, et qu'il n'a pas tenu à eux qu'ilz n'ayent exécuté les arrestz de ladicte Assemblée, requérant qu'il soit promptement pourveu à leur nécessité; de quoy ilz sont remerciez et exhortez de continuer à se tenir fermes dans l'union des églises; et, au surplus, a esté délibéré et résolu qu'il sera escrit à Mr de Chastillon pour luy donner advis du siége de Saint-Jehan et le prier d'agir promptement, et employer son authorité et les forces de la province pour une si légitime cause; que si ce n'est pas sa volonté, on lui fera connoistre que l'Assemblée autorise la province de pourvoir à la conduitte et direction de leurs affaires pour la deffense des églises que Dieu a recueillies en ladicte province; de quoy sera donné advis à la dicte province et à celles des Sevênes et Vivarestz.

Le conte des fraitz de voiage de Mr de Mitois en la Haute Guienne a esté clos et arresté, suivant lequel luy reste de la somme de 155 livres qu'il a plus fourny que les 150 livres qu'il avoit receus de l'Assemblée, oultre et par dessus la somme de 260 livres que l'abrégé de Montauban luy a fourny pour le voiage qu'il a fait dudit Montauban à Castres; de quoy il dit avoir compté à la province.

La ville de Montauban a escrit à l'Assemblée pour luy faire entendre la responce qu'ils ont fait à M^r le mareschal de Thémines de ne se deppartir jamais de la fidélité et subjonction très-humble qu'ilz doivent au Roy; mais que, reconnoissant l'utilité de nos assemblées pour la seuretté de nos églises et maintien de l'autorité des éditz de Sa Majesté, ils veullent despendre des résolutions de l'Assemblée génerale; de quoy ils ont esté louez et en seront remerciez par lectres

Du 15 juin. Mʳ le marquis de Chasteauneuf a escrit à l'Assemblée pour l'informer du subject du voiage d'un sien gentilhomme vers Mʳ le duc de La Trimouille qui fut pour luy demander le passage de Taillebourg afin de donner quelques assistances à ceulx de Saint-Jehan ; de quoy il sera remercié par lectres et asseuré qu'on s'employera avec affection pour luy faire recouvrer les poudres qu'il demande.

Du 16. Mʳ de Jarnac est venu saluer la Compagnie et l'asseurer de son affection au bien des églises ; et, après estre sorty, a prié Mʳ de Saint-Simon de présenter pour luy un escrit signé de sa main contenant ses paroles : « Ayant eu, « par voye de Mʳ de La Trimouille, lectres du Roy pour l'al- « ler trouver en l'armée ; ne pouvant satisfaire à ce com- « mandement en ma conscience ny voir sans regret l'estat « de Saint-Jehan, je me suis rendu à Taillebourg sur les « prières réitérées dudict seigneur duc par lectres, pour sa- « voir ce que Sa Majesté désireroit de moy ; il m'a fait en- « tendre que Mʳˢ le connestable et mareschal de Lesdiguiè- « res désireroient infiniement un accommodement général « aux affaires présentes et que, pour cet effect, me conju- « roient et exhortoient de venir à La Rochelle cercher avec « l'Assemblée quelques moiens et ouvertures pour y parve- « nir ; ce que n'ayant peu refuser, je la supplie de se servir « de l'occasion et d'y avoir esgard. Signé : *Jarnac*. » Du 16 juin 1621.

Sur quoy la Compagnie a arresté que mondit sʳ de Jarnac sera remercié du tesmoignage qu'il donne de son affection au bien général des églises et exhorté de se tenir dans l'union d'icelles ; et que si ceux qui l'ont prié de venir icy pouvoient obtenir qu'il pleust à Sa Majesté faire cesser la batterie de Saint-Jehan et tous autres actes d'hostilité, et, qu'en liberté, on puisse entrer dedans pour conférer avec Mʳ de Soubize, l'Assemblée envoyera à la Cour soubz le bon plaisir de Sa

Majesté pour la supplier très humblement, avec le respect et humilité qui lui est deue, de vouloir donner la paix à ses subjectz de la Religion et pour continuer a recercher vers elle la liberté et seureté des églises suivant les éditz.

Le s^r d'Espinase, natif de Périgueux, demeurant à présent à Rochefort en Bretagne, au service de M^r le duc d'Albeuf, ayant esté fait prisonnier près Bourgueneau par les s^{rs} de La Jarrie, de Laforest, des Noues, et autres soldatz de la garnison de Taillemont, et ayant confessé faire profession de la religion romaine et qu'il s'en alloit à l'armée, a esté déclaré de bonne prise.

Du 17. Sur la demande faitte par Mr de Favas, la Compagnie luy accorde un mandement de la somme de 500 livres, sur Mr Riffault, en la déduction de ce qui luy pourra estre deu sur ses appointemens de sa charge de depputé général; laquelle somme de 500 livres le dict s^r Riffaut luy paiera en vertu du présent acte.

M^r de La Boucherie, gouverneur de La Garnache, et Mr de Rochefleur, pasteur dudit lieu, ont escrit le décedz de Mr du Vignau, lieutenant en la dicte place, priant l'Assemblée de pourvoir aux nécessitez d'icelle.

M^{rs} les maire, eschevins, pairs, bourgeois et habitans de La Rochelle ont fait représenter les excessives deppances qu'ilz supportent pour l'entretenement des gens de guerre, fortification et autres nécessitez publicques, demandant qu'il plaise à la Compagnie les voulloir grattifier de la moitié du sixiesme denier qui revient à l'Assemblée des ransons des prisonniers qui seront pris par des gens de guerre estans dans ladicte ville de ladicte Rochelle, tant seulement, ce qui leur a esté accordé.

Du 18. Sur la remonstrance faitte par le s^r Tandrebist, marchant flamant, demeurant à présent à La Rochelle, sur la confisquation ordonnée de deux barques prises aux fermiers des gabelles de France ; a esté ordonné, attendu que les commissaires establis sur le fait de l'admirauté ont pouvoir par les réglemens de juger en dernier ressort et sans appel, que le suppliant se pourvoiera par devers lesdictz commissaires ainsi qu'il verra bon estre.

La province du Bas Languedoc ayant fait une seconde despesche du 2 de ce mois pour nous asseurer de leur constante résolution et despendre entièrement des arrestez de l'Assemblée, et pour donner advis que, bien que l'ordre général estably par icelle et les commissions nécessaires pour la commune deffence des églises soient il y a longt temps dans la province, néantmoins ceux qui ont receu les despesches les tiennent cachées à ceux qui sont en charge ; l'Assemblée suivant autres précédentes délibérations du 14 de ce mois, a arresté que la province sera louée de son zèle et résolution de despendre de l'ordre général de l'Assemblée, et, pour pourvoir aux nécessitez de la province, M$_r$ de Chastillon sera prié et exhorté suivant les règlemens qui lui ont esté envoyez; et, en cas de refus ou retardement, la province est dès à présent autorisée, tant en vertu du précédant acte que du susdict, de pourvoir à la conduite et direction de leurs affaires tant pour l'ordre de la guerre que des finances ; et à ces fins, y nommer et establir telles personnes qu'ilz adviseront bon estre soit aux charges géneralles ou particulières selon la nécessité et occurance des affaires ; comme aussi donneront ordre à toutes les villes de la province d'armer sans aucun délay et agir par tous les moiens que Dieu leur aura mis en main, à la charge que les personnes par eux nommées seront tenues d'observer les règlemens ; et, à l'instant, M^{rs} les depputez des Sevènes et Vivarestz ont requis que le susdit acte puisse servir leurs provinces ; ce qui leur a esté accordé avec mesme pouvoir et autorité.

Du 19. Le s^r Genetreau, habitant de La Rochelle, est retourné de Sedan et a rendu compte de son voyage vers M^r le duc de Bouillon duquel il a reçeu de grands témoignages de zèle et affection au soustien de la gloire de Dieu et maintien de ses églises; et qu'il remercie fort l'Assemblée des bonnes volontez qu'elle luy a tesmoigné par ses réglemens, l'asseurant qu'il ne manquera pas de servir les églises aux occasions qui s'en présenteront ; a dit aussi avoir rencontré à Sedan M^r le conte de La Suze qui l'a prié d'asseurer l'Assemblée sa vie, ses moiens et ses amis pour la deffence des églises et pour l'exécution des résolutions de l'Assemblée ; duquel voiage le susdict Geneteau a esté remercié ; et, au surplus, que, pour les bons témoignages de l'affection M^r le conte de La Suze, a esté arresté qu'on luy envoyera, par messager exprès, une commission de lieutenant général ès provinces de l'Isle de France, Picardie, Champagne, et Brie soubz l'otorité et commandement de M^r le duc de Bouillon.

Sur ce qui a esté remonstré par les commissaires nommez sur le fait de l'admirauté en ceste ville, disans qu'ayans veu les réglemens par nous faitz sur le fait de l'admirauté, ilz ont trouvé que les capitaines auxquelz seront donnez des commissions seront tenuz de bailler bonne et suffisante caution pour les malversations qui pourroient estre commises, et la réception desdictes cautions renvoyées aux dicts commissaires de l'admirauté par devant lesquelz plusieurs capitaines se sont présentez, lesquelz ont aussi représenté des cautions, tant de ce gouvernement que des provinces voisines dont ilz ne peuvent avoir certaine connoissance de leurs biens et facultez, pour estre lesdicts commissaires des provinces éloignées, qui est cause qu'ilz ont fait difficulté de recevoir lesdictes cautions ; et cependant le bien de la cause publicque est grandement retardé ; nous requérant de donner sur ce nos déclarations afin qu'à l'advenir, les dicts commissaires y puissent procéder plus amplement et promptement. L'Assemblée, après avoir veu lesdicts réglemens et considéré les raisons proposées par lesdicts commissaires de l'admirauté, et en interprettant le dict article du bail des cautions, a arresté que les dictes cautions, telles qu'elles seront données par lesdicts capitaines, qui auront les dicts congéz, seront receues par les dicts commissaires de l'admirauté conformément aux ordonnances royaux sur le fait de l'admirauté, se soubzmettans lesdicts capitaines, leurs maistres et pilotes de ne faire, ne commettre aucunes malversations et d'observer lesdicts ordonnances royaux et réglemens par nous faitz sur le fait de la dicte admirauté.

Du 21. Mᵣ le marquis de Chasteauneuf a escrit à l'Assemblée continuant tousjours les tesmoignages de sa bonne volonté et a envoyé une procuration de Mʳ de Dompiere pour entrer en l'obligation de l'achapt des armes, conjoinctement avec Mʳˢ le marquis de Chasteauneuf, Chastillon et Saint-Germain ; de quoy il sera remercié.

Pour l'achat desdictes armes Mʳˢ de Loubie, Mitois, Lescun, Hespérien, Rostolan, Rival, Allain, La Tour, Savary et Cazaubon, depputez de la présente Assemblée, se sont aujourd'huy obligez envers Mʳˢ Gilles et Gensen, marchans de La Rochelle, de la somme de 7500 livres solidairement avec Mʳˢ le marquis de Chasteauneuf, Chastillon, de Saint-Germain et Dompierre ; ausquelz depputez l'Assemblée a promis toute indemnité et les relever du contenu en l'obligation, tant des despens, dommages intérests que du principal, telz qu'ilz en pourroient souffrir.

Mʳˢ de La Boucherie, Rosefleur, de Boisguerenne et La Mothe ayans représenté par leurs lettres le danger qui menace la place de La Ganache, a esté arresté qu'on en donnera promptement advis à Mʳˢ de Favas et de Bessay pour pourvoir à la seureté de la dicte place et que les susdites lettres leur seront envoyées ; pour acquitter la somme de 755 livres, 10 solz, que lesdicts sʳˢ Giles et Gensen, marchans de La Rochelle, auroient presté à l'Assemblée pour l'achapt de certaines poudres envoyéés à Saint-Jehan, a esté arresté qu'on donnera ce jourd'huy un mandement aux susditz marchans sur M' Rifaut, trésorier et receveur général, pour leur payer la susdicte somme de 755 livres, 10 solz : ce qui a esté exécutté.

Du 22. Le s^r Danjau, ancien de l'Eglise de Fontenay, a donné lettre de M^rs les pasteurs, anciens et chefs de famille audict Fontenay, signées de Lavalade, pour supplier l'Assemblée de s'employer pour l'eslargissemeut de Mrs Grivel et Filenbert prisonniers à La Rochelle, sur quoy a esté trouvé bon que M^rs les députez de la province de Poitou aillent au nom de l'Assemblée vers M^r le maire et son conseil de guerre pour le prier de favoriser l'eslargissement desdictz s^rs Grivel, qui fait profession de la Religion, et du dict Filembert, en faveur de son père qui est aussi de la Religion.

Sur ce qui a esté représenté par M^rs d'Angoullain, le baillif d'Aulnis, et Bernardeau, envoyez vers l'Assemblée par M^rs les maire, eschevins, pairs, bourgeois, et habitans de La Rochelle, la Compagnie a délibéré en faveur des habitans de la dicte ville que M^rs les commissaires establiz sur le fait de l'admirauté ne pourront adjuger diffinitivement aucune prinse que trois jours après l'arrivée des dictes prises, afin que ceux qui pourroient avoir interest en puissent estre advertis ; que M^rs les marchandz, bourgeois et habitans de La Rochelle seront creuz de ce qui leur peut appartenir dans les vaisseaux qui seront cy après pris sur la déclaration qu'ilz bailleront par serment entre les mains de Mrs de Mitois, Clemanceau et La Milletière commissaires à ce députez, pourveu que lesdicts S^rs rochelois baillent leur dite déclaration par tout le présent mois de Juin, autrement n'y seront point reçeus, ains suivront les preuves ordonnées par les réglemens de la dite admirauté ; qu'on traittera avec les marchans d'Ollonne pour convenir des droitz de leurs passeportz et que le jugement de la capture de Vincent Géraut est renvoyée à M^rs les commissaires de la dicte admirauté pour estre par eux ordonné ainsi qu'ilz verront bon estre.

Pour plusieurs bonnes considérations a esté arresté qu'au congé accordé à Daniel Braguant, capitaine de marine, il sera ajousté une clause portant commandement aux autres capitaines de marine ayant congé de la présente Assemblée de luy prester toutte assistance lorsqu'il en aura l'ordre de M* le maire jusqu'à ce qu'autrement en ait esté ordonné.

Du 25. Suivant la résolution prise dès la formation de l'Assemblée pour le changement de mois en mois de ceux qui auront la conduitte et direction d'icelle, après l'invocation du saint nom de Dieu, ont esté esleuz et nommez à la pluralité des voix recueillies par teste, suivant les réglemens : M* de Mitois pour présidant ; M* Clémanceau pour adjoint et M*s de Cazaubon et Savary pour secrettaires ; signé *Bessay*, présidant, *Rosel* adjoint, *Guérin* secrettaire et *de La Taulle* secrettaire.

AU NOM DE DIEU.

Continuation des actes de l'Assemblée génerale des églises réformées de France et souveraineté de Béarn, tenant en la ville de La Rochelle.

Du 25 Juin. Après l'invocation du saint nom de Dieu, suivant l'ordre et règlement estably dès les commencemens de l'Assemblée que les modérateurs, adjoinctz et secrettaires seroient changez tous les mois, on a procédé à nouvelle nomination et pour le mois qui commance ce jourdhuy ont esté nommez : M* le baron de Mitois, présidant ; M* Clémanceau, adjoint, et M*s de Cazaubon et Savary, secrettaires.

M*s de Bessay, Rosel, Guérin et de La Taulle ont esté unanimement louez et remerciez par toutte l'Assemblée de leur affection, vigilence et fidélité à la conduitte et modération d'icelle durant le mois précédant.

Lettre a esté escritte à Mʳ le conte de La Suse luy donnant connoissance qu'on l'a esleu et nommé lieutenant général ès provinces de l'Isle de France, Picardie, Champagne et Brye pour commander soubz Mʳ le duc de Bouillon, chef et général establp ès dictes provinces; et, pour cet effect, la commission luy a esté envoyé.

On a aussi escrit à Mʳ le duc de Bouillon et à Mʳ le vidame de Chartre, les exhortant de s'employer de tout leur pouvoir à la deffence et conservation de l'Église.

Mʳˢ Richer, pasteur de Marennes, de La Forest pasteur de Mauzay, Pasquier, pasteur de Chandenier et Vatable le puisné, pasteur de Coulonge Le Reaux, sont venus saluer la Compagnie de la part de tous les pasteurs réfugiez en ceste ville, et protester de leur affection et obéissance aux résolution de cette Assemblée; de quoy ilz ont esté louez et remerciez.

Sur la déclaration dernière du Roy, faitte à Niort le 17ᵉ May dernier, pour contraindre tous ceux de la Religion de ce royaume à désadvouer cette Assemblée et s'opposer aux résolutions d'icelles; à faute de ce, d'estre poursuivis comme rebelles et criminelz de lèze Majesté au premier chef, la Compagnie a trouvé bon d'exorter tous ceux qui font profession de la religion en ce royaume à se retirer des lieux esquelz ilz ne peuvent demeurer en liberté et seureté sans faire ledit désadveu et opposition qui emporte désertion de l'union des églises; approuve *(sic)* et loue la retraitte de tous ceux qui se sont retirez pour ce subject soit en ce lieu, soit ailleurs.

Sur ce qui a esté représenté à l'Assemblée par les depputez de la province de Xaintonge qu'il est nécessaire de pourvoir à ce que le sel appartenant à ceux de la religion ès iles de Xaintonge ne soit pris par les ennemis de religion pour en faire vente aux marchands tant régnicolles qu'estrangers, au très grand préjudice et dommage des propriétaires; a esté arresté que deffences seront faites tant aux marchands que maistres des navires, barques, vaisseaux, et autres qui chargent du sel ès iles de Xaintonge de faire leur car(g)uaison *(sic)* du tout ou en partie du sel appartenant à ceux de la dicte religion sans le consentement et libre adveu desdictz propriettaires, sur peine d'estre déclarez de bonne prise et confiscation desdictes carguaisons et vaisseaux, ensemble de tous despens, dommages et intérestz des dicts propriétaires; et qu'à ceste fin, les dicts marchands et maistres des navires seront tenus de rapporter attestation valable, signée des vendeurs et certifiée de deux ou trois personnes, soient marchands ou sauniers, comme le dict sel n'appartenant *(sic)* à ceux de la religion, ou bien qu'ilz les ont achaptez de leur gré et consentement avec promesse de tout gariment et indemnité en cas qu'il se prouvast du contraire, et à ce qu'il n'y soit fait aucune surprise; ladicte Assemblée a trouvé bon que, par les passeporz qui seront octroyez pour le transport dudict sel, il soit fait expresse mention dudict acte.

Les fidelles faisans profession de la vraye religion estans griefvement persécutez par les ennemis d'icelle lesquelz ont fait faire au Roy une seconde déclaration pour désadvouer l'Assemblée et rompre l'estroit lien et union qui doit estre entre nous, a esté arresté de faire un recueil tant desdictes viollances que de ce qui a esté commis contre les éditz octroyez en faveur de ceux de ladicte religion depuis la publication de nostre déclaration, avec une exhortation aux églises de persévérer en l'union qui doit inséparablement estre gardée et observée, et s'opposer par toutes voyes possibles et nécessaires à telles viollantes persécutions.

Du 27. Lettres et mémoires de Mr le duc de Rohan, escrites de Clérac, le 20 du présent mois, ont esté rendues, par lesquelles il informe l'Assemblée comme il s'est employé de tout son poùvoir de mettre la province de Basse-Guienne au meilleur estat qu'il luy a esté possible.

Lectres de Mʳ de La Force, du 14 du présent mois, ont esté rendues à l'Assemblée, par lesquelles il l'informe de l'estat de la province de la Basse Guienne.

A esté arresté qu'on feroit responce à Mʳ de La Force, et qu'il sera escrit au conseil de la province de la Basse Guienne et a la communaulté de Saincte-Foy, pour l'exhorter de se tenir en l'union et bonne correspondance qui doit estre en toutes nos églises.

Du 28 Juin. Mʳ des Hayes, député de Mʳ le marquis de Chasteauneuf et de Mʳˢ de la noblesse qui sont dans la ville de Pons, a présenté lectres de créance, laquelle exposant a dit que, depuis la réduction de Saint-Jehan, ilz sont menacez d'estre assiégez; qu'ilz ont manque d'hommes et de poudres; priant la Compagnie de leur en faire trouver moiennant ce qu'ilz sont résolus de se bien deffendre; ledict marquis, et la noblesse qui est avec luy, ont esté louez de leur résolution; quand aux hommes et poudres qu'ilz demandent, qu'on n'a moien de leur en fournir maintenant, mais qu'on fera tout ce qu'on pourra pour luy en envoyer au plus tost.

Sur la demande qui a esté faitte par le sʳ Genetteau de quelque reste de despance qui luy est deue du voiage qu'il a fait à Sedan par ordonnance de l'Assemblée vers Mʳ le duc de Bouillon, la Compagnie luy a expédié une ordonnance de 48 livres pour luy estre payée par Mʳ Riffaut, trésorier général de l'Assemblée, retirant acquit dudict Genetteau au pied de la dicte ordonnance.

Nos desputez vers ces Estatz et en Angleterre seront informez par lettres de l'estat présent de nos affayres et exhortez de presser le secours qu'on demande desdictz lieux.

Pour bonnes considérations commission a esté expédiée vers Mʳ le duc de Rohan, luy donnant pareil et semblable pouvoir qu'a esté donné à Mr le duc de Bouillon, avec cette modification que le dict pouvoir sera en l'absence de mon dict sr le duc de Bouillon.

Ayant esté proposé en l'Assemblée que Mr le maire vouloit escrire et envoyer homme exprex vers Mr de Soubize, il a esté arresté que, par ceste voye on escrira à mondict sr de Soubise pour lui tesmoigner le contentement qu'a l'Assemblée de la conservation de sa personne et le consoler de l'ennuy et déplaisir qu'il pourroit avoir de la ville de Saint-Jehan.

Du 29. De la part de Mrs les maire, eschevins, pairs, bourgeois et habitans de la ville de La Rochelle sont venus en l'Assemblée Mr le baillif d'Aulnis et Baudouain représenter que la justice ayant esté discontinuée depuis quelque temps au préjudice tant du public que des particuliers, pour la remettre, ont prié la Compagnie de voulloir autoriser Mr le maire et luy donner une commission pour faire que les officiers de la justice facent leurs charges ; et, advenant que quelques uns d'iceux s'absentent de la ville ou ne veullent actuellement exercer leurs dictes charges, qu'il puisse substituer telz autres en leurs charges et places qui seront jugez capables et suffisans.; en outre qu'appellations estans interjettées des jugemens des officiers ordinaires par devant leurs suppérieurs, que ledict sr maire puisse establir un conseil extraordinaire en cette ville avec pouvoir de juger en dernier ressort et sans appel, à condition, néantmoins, que tous les dictz officiers prendront leurs provisions de l'Assemblée. La Compagnie, veu l'importance de l'affaire, a arresté de nommer quatre députtez de son corps pour en conférer avec ceux qui seront pour cet effect nommez tant du Corps de ville que des bourgeois, lesquelz aussi, selon leur prudence, conféreront avec Mrs du Présidial pour, après la dicte conférance et concert, faire rapport à l'Assemblée de leurs advis ; et, après cela, elle déliberera sur ladicte proposition ;

pour la dicte conférance ont été nommez Mrs de Lescun, Favier, Lagrange et Guérin de Millau.

Du 30. Pour examiner le conte de la despense que Mr Riffault a faites, par plusieurs ordonnances de l'Assemblée, des deniers qu'il luy auroit prestez, ont esté nommez Mrs de Chasteauneuf de Vivarestz, La Cloche et Maleray.

Le s^r Jehan Dupuy, de l'Isle de Rhé, a demandé un adveu de la prinse d'une barque de blé qu'il a trouvée en la rivière de Lusson; ce qui luy a esté accordé et renvoyé en la Chambre de l'Admirauté pour juger la dicte prise.

Mr de Boisgarenne a escrit a la Compagnie qu'il ne pouvoit garder La Ganache avec le peu de soldatz qui sont avec luy, désire scavoir si on trouve bon qu'il l'abandonne; et, en ce cas, qu'on luy désigne lieu de seureté pour se retirer avec ses soldatz; l'affaire a esté renvoyée à Mr de Soubize, auquel on a escrit sur ce subject.

Les s^rs Pouchat et Molan, députéz du conseil de la Basse Guienne, ayans convocqué des assemblées contre l'ordre et réglement, esquelles ont a fait des dépputations vers le Roy et fait des traittez particuliers pour les communautez de Sainte-Foy et Monhur, rompans par ces moiens l'union qui doit estre entre le général des églises et membres particuliers d'icelle; La Compagnie amplement instruicte tant par lectres du conseil de la province de la Basse Guienne assemblez à Clérac du 12 du présent mois, que par la coppie de l'acte contenant ce qui s'est passé en la dicte assemblée tenue à Sainte-Foy, qu'aussi par la coppie de la lettre escritte par les jurads de Sainte-Foy à la communauté de Bergerac qui est sans datte, que par autres coppies de lettres du Roy, les a jugez indignes de leurs charges et ordonné que le colloque du Bas Agénois s'assemblera le plus tost que faire ce pourra pour mettre d'autres en leurs places qui en soient dignes et capables.

Responces ont esté faites aux lectres de M⁵ de La Force et conseil de la Basse Guienne.

Sur la demande de la Basse Guienne touchant l'exercice de la justice de la Chambre de Nérac, a esté arresté que les juges de la religion seront exhortez de continuer l'exercice de leurs charges; et, s'il est besoing d'adjouster à iceux plus grand nombre de juges, le conseil de la province en fera nomination avec l'advis des commissaires de ladicte Chambre; et ceux qui leur seront adjoinctz prendront leurs provisions de l'Assemblée.

Advis ayant esté donné que les armes qui avoient esté envoyées à Pons à M⁽ʳˢ⁾ le marquis de Chasteauneuf, Chastillon et Dompierre, n'avoient peu estre conduittes audict lieu et qu'elles estoient presques toutes ramenées, par le s⁽ʳ⁾ Braignau, au havre de ceste ville, la Compagnie a députté pour les recouvrer et retirer des mains dudict Braignault M⁽ʳˢ⁾ de Loubie, Alain et La Tour.

Du premier juillet.

Pour assister au conseil de M⁽ʳ⁾ le maire de la part de ceste Compagnie ont esté nommez M⁽ʳˢ⁾ de Favas, de Bessay, de La Musse, Rosel, Maleray et Guérin.

M⁽ʳ⁾ de Navailles a exposé en ceste Compagnie la créance que M⁽ʳ⁾ le duc de Lesdiguières luy avoit donnée pour M⁽ʳ⁾ de Favas, lequel a esté prié de la faire bailler par escrit audit s⁽ʳ⁾ de Navailles, ce qu'il a fait et signé de sa main, dont la teneur en suit : « Messieurs, en prenant congé de M⁽ʳ⁾ le
« mareschal de Lesdiguières et luy ayant dit que je m'en
« retournois à La Rochelle, il me chargea de dire de sa part
« à M⁽ʳ⁾ de Favas que, veu l'estat auquel estoient nos affaires,
« il jugeoit qu'il n'y pouvoit avoir d'autres remèdes que
« d'oster le prétexte que le Roy avoit de nous faire la guerre

« qui estoit la subsistance de vostre Assemblée et qu'il le
« supplie avec tout le reste de vostre Compagnie de vous
« résoudre à la séparation ; et que, si vous vouliez vous sé-
« parer, il se promettoit que le Roy n'iroit point en Guienne
« et qu'il feroit obtenir un passeport et sauf-conduit pour
« ceux qui porteront de vostre part l'acte de submission et
« obéissance, lesquelz joinctz à nos députéz généraux vous
« pourriez donner charge de traitter de nos affaires, se pro-
« mettans cela de la bonté du Roy qu'ilz seront ouyz et fa-
« vorablement reçeus et que toutes nos Églises en recevront
« justice et contentement. » Signé : *Navailles*.

M^r d'Imcamps est venu saluer la Compagnie et la remercier de ce que, par cy devant, elle auroit escrit pour luy
à M^{rs} des Estatz, a offert son service à l'Assemblée pour
s'employer en tel lieu et en telle qualité qu'elle voudra ;
il a esté loué et remercié de sa bonne volonté et arresté
qu'on parlera à M^r le maire pour le retenir et employer en
ceste ville.

M^r des Ilesmaison, envoyé de M. le duc de Rohan vers
la présente Compagnie, estant passé en Cour, a rapporté
avoir parlé à M^r le duc de Lesdiguières duquel il a eu créance
pour porter dans l'Assemblée, qui s'ensuit :

« M^r le mareschal me dict que l'Assemblée se portast à
« l'obéissance qu'elle devoit ; que le Roy la traitteroit beni-
« gnement, Mr de Bullion print la parolle et dist que le Roy
« ne désiroit plus la séparation, ains cessation d'agir et que,
« pour cet effect, ilz devoient depputer vers Sa Majesté, me
« nomma Mr de Favas ou telz autres qu'elle voudroit. M^r le
« mareschal me dist qu'il donneroit tel sauf-conduit que be-
« soin seroit et que l'on s'addressast à luy. Je luy dis que le
« Roy ne partiroit que lundy et qu'il feroit petites journées ».
Signé: *Daniel Dubois*.

Mr de Jarnac estant venu en ceste ville a fait présenter à
l'Assemblée par Mr de Saint-Simon un escrit signé de M^r le

duc de la Trimouille dont la teneur s'ensuit du premier juillet 1621 :

« Mʳ de Jarnac pourra proposer à Mʳˢ de l'Assemblée
« généralle tenue à La Rochelle de faire un acte lequel ilz me
« pourront addresser par lequel ilz tesmoigneront le desplai-
« sir extrême qu'ilz reçoivent de l'indignation que Sa Ma-
« jesté a peu concevoir contre eux ; qu'ilz ne désirent rien
« tant que de luy faire connoistre le zèle et affection qu'ilz
« ont et ont toujours eu de luy rendre en toute submission
« l'obéissance qu'ilz reconnoissent luy devoir comme ses
« très humbles et très fidelles subjectz et serviteurs. Et, pour
« en faire plus amples protestations, pourront m'employer de
« procurer et obtenir seureté pour ceux que la dicte Assem-
« blée envoyera vers sa dicte Majesté pour cet effect et pour
« adviser à l'accommodement général. Pourra aussi ledict
« sʳ de Jarnac faire entendre à la dicte Assemblée que j'ay
« obtenu de Sa Majesté qu'elle séjourneroit jusques à lundy
« à Coignac pour là attendre la responce de sa négocia-
« tion. » Signé : *Henry de Trimouille.*

Touttes les susdictes lectres et créances ont esté communiquées à Mʳ le maire et au conseil du Corps de ville et des bourgeois.

Mʳˢ de Mirande et baillif d'Aulnis sont venuz en l'Assemblée de la part de Mʳˢ les maire, eschevins, pairs et habitans de ceste ville lesquelz ont remercié la Compagnie de la communication qu'on leur a donnée desdictes lectres, mémoires et créance et prié de voulloir faire bonne considération de l'accommodement que fait proposer Mʳ le duc de Lesdiguières par Mʳˢ de Navaille et des Islesmaison, protestant néantmoings, comme ilz ont fait cy devant, voulloir despendre des résolutions de l'Assemblée.

De la part des bourgeois et habitans de la dicte ville se sont aussi présentez Mʳˢ Bernardeau et Goyer, leurs depputéz, lesquels ont fait pareil remerciement et protestation et prié l'Assemblée de ne s'arrêter point aux parolles baillées par

Mʳˢ le duc de Lesdiguières et de Bullion aux sʳˢ de Navailles et des Ilesmaison, ains faire bonne considération de l'advis par escrit de Mʳ le duc de Rohan en la lectre qu'il escrit à ceste Assemblée; ilz ont donné un acte par escrit, signé *Rapin greffier*, sur lesdictes lectres, mémoires et créances. L'Assemblée a fait l'arresté qui s'ensuit:

« L'Assemblée ne pouvant assez exprimer l'extréme regret et desplaisir qu'elle a de voir continuer l'indignation du Roy contre elle, la ville de La Rochelle et toutes les églises, et combien qu'elle n'ait eu autre but que de recercher par ses très humbles supplications et remonstrances envers Sa Majesté les moiens de faire réparer les infractions des éditz de pacification et trouver la seureté et liberté desdictes églises, elles ont eu néantmoins des interprétations si contraires à ses intentions que sa dicte Majesté n'a voulu icy retenir les tesmoignages de sa fidellité et obéissance; ladicte Assemblée n'ayant rien tant à cœur que de faire connoistre le respect et très humble submission qu'elle doit à Sa Majesté, a estimé estre nécessaire d'écrire à Mʳˢ les ducz de Lesdiguières et de La Trimouille, pour les supplier de faire entendre à Sa Majesté quelle est l'amertume de ceux où elle se trouve de se voir privée de sa bienveillance, n'ayant rien tant désiré que de faire paroistre le zèle et affection qu'elle a toujours eue, et dont elle ne se départira jamais, de luy rendre en toute humilité et submission l'obéissance et subjection qu'elle reconnoist luy estre justement deue, et supplier aussi en toutte humilité Sa Majesté qu'arrestant le cours de ses armes, il luy plaise donner sauf conduit à ceux qui seront nommez, tant de la part de la dicte Assemblée que de la dicte ville de La Rochelle, pour se jetter à ses piedz, luy demander la paix soubz l'observation de ses édictz, faire les véritables protestations qu'elle doit de son entière fidellité, subjection et obéissance envers sa dicte Majesté. »

Du 4. La Compagnie a mis ès mains de Mʳ des Ilesmaison

le susdit acte et l'a prié de le porter à M^r le duc de Lesdiguières auquel elle a escrit.

La Compagnie a aussi délibéré de mettre ès mains de Mr de Jarnac ledict acte et le prier de le porter à M^r le duc de La Trimouille, auquel aussi elle a escrit pour le remercier, et le supplier de s'employer pour nous faire obtenir la paix; et mondit s^r de Jarnac s'en estant allé sans prendre lesdictes lectres et acte, la Compagnie a envoyé la dicte despesche par homme exprès à mondict s^r de La Trimouille.

La reddition de Pons a esté par le menu déduicte par M^r des Bayes qui a présenté à l'Assemblée une lectre de M^r le marquis de Chasteauneuf avec créance qu'il a exposée, et a dit que le dict s^r marquis, en se retirant de Pons, rencontra sur le chemin M^r le duc de Lesdiguières avec lequel il auroit eu quelque conférance; en conséquence de quoy il a quelque chose à dire qu'il ne veut confier qu'à la Compagnie à laquelle il demande les moiens de la venir trouver avec seuretté; l'Assemblée a remis à sa prudence d'adviser à sa dicte seureté.

Il a esté arresté d'écrire à M^r de La Force, M^{rs} ses enfans, au vicomte de Castez, de Téobon et au conseil de la province de la Basse Guienne et communautez de Bergerac, Clérac et Sainte-Foy.

La ville de Sainte-Foy ayant esleu pour son gouverneur Mr de Théobon, Mr Hespérien, député de la province de Guienne, a demandé à la Compagnie une approbation et provision de la dicte charge le confirmant au gouvernement; lettre luy a esté escritte, l'exhortant de bien deffendre la dicte ville.

Du 6. M^r de La Tousche, pasteur de Mouchamp, a salué la Compagnie de la part de Mr de Soubize, la remerciant du soing qu'elle a eu de luy escrire depuis qu'il est sorty de Saint-Jehan; a protesté qu'il employera sa vie, moiens et amis pour le service de Dieu et des églises, offrant son service au général et aux particuliers de l'Assemblée : de quoy il a esté remercié.

Mʳ Freton, estant retourné, s'est présenté ce jourd'huy à l'Assemblée et a fait ses excuses de ce qu'estant allé à Saint-Jehan il n'avoit pris congé de toute la Compagnie, mais seulement des modérateurs; aussi de sa longue absence qui a esté causée par le siège dudict Saint-Jehan; ses excuses ont esté receues et a esté loué du bon service qu'il a rendu audict siège de Saint-Jehan.

Du 7. Il a esté ordonné à Mʳ Rifaut, receveur général des deniers publics, de payer à Mʳ de Lescun 60 livres qu'il a cy devant fournis pour les affaires de l'Assemblée; de quoy mandement luy a esté expédié.

Despesche sera faitte pour nos depputez en Angleterre pour les informer de l'estat de nos affaires.

Il a esté remonstré par Mʳˢ Prou et Viette, députez du conseil de guerre de Mʳ le maire de La Rochelle, que, pour tenir la mer libre, il faut faire un armement de plusieurs vaisseaux; afin de subvenir aux fraitz qu'il leur convient extraordinairement faire, ont prié la Compagnie de leur donner les bledz et vins qui appartiennent à l'Assemblée provenant des prises sur mer, et qu'il soit enjoint aux capitaines de marine qui ont eu congez de l'Assemblée d'assister aux capitaines qui auront commandement de Mʳ le maire de tenir la coste; et, de plus, qu'il plaise à l'Assemblée commettre des depputez de son corps pour adviser, avec ceux qui seront commis de la part du Corps de ville et bourgeois d'icelle, quelle portion devront contribuer les capitaines de marine qui feront des captures sur mer pour l'entretien dudict armement; a esté arresté que les bledz et vins qui sont à présent au magasin de l'Assemblée leur seront deslivrez au prix qu'ilz se vendent présentement, en déduction de la somme de 3000 livres que l'Assemblée a emprunté dudict Corps de ville; et, pour cet effect, est ordonné à Mʳ Riffaut, receveur général, de faire fidelle registre des bledz et vins qui leur seront deslivrez et de la valeur d'iceux pour conter avec le

Corps de ville. Quand à l'assistance requise des capitaines de marine et nomination des commissaires, l'Assemblée leur a accordé leur demande et ont esté nommez pour ce subject Mrs de Bessay, Rosel, et Guérin de Millau.

Du 8. Le s^r Quercy, de la ville de Bourdeaux, gentilhomme de fauconnerie du Roy, ayant esté pris prisonnier par un capitaine de marine et représenté aux commissaires de la dicte Assemblée; ayans ouy lesdicts commissaires ensemble le dict capitaine de marine, et pour bonnes considérations, a arresté que ledict Quercy seroit mis en liberté sans payer ranson.

Despesche sera faitte à la Basse Guienne, dont la charge a esté donnée aux desputez de la dicte province.

Du 9. Pour la despesche qui a esté envoyée à nos depputez en Angleterre, coppie a aussi esté envoyée de la lectre et mémoires de M^r le duc de La Trimouille à Mr de Jarnac et de l'acte de l'Assemblée du 3 de ce mois envoyé à M^{rs} les ducz de Lesdiguières et de La Trimouille.

M^r des Ilesmaison, estant de retour de la Cour, a rendu à la Compagnie une lectre de M^r le duc de Lesdiguières, par laquelle il déclare n'approuver l'acte qu'on luy a envoyé, et conseille à la Compagnie que, pour obéir au Roy, elle se sépare et demande pardon; cela estant il fera obtenir une abolition du passé et un sauf-conduit en faveur de nos députez généraux pour aller en Cour et qu'ilz puissent estre ouys sur noz plaintes et demandes.

Lettre a aussi esté rendue à la Compagnie de M^r le duc de La Trimouille, laquelle avec celle de Mr de Lesdiguières a esté communiquée par les députez de cette ville de La Rochelle à M^{rs} les maire, Corps de ville et bourgeois.

Mrs de Mirande, baillif d'Aunis, Bardonnain et Pommier, députez de M^{rs} les maire, eschevins, pairs, bourgeois et habitans de la ville de La Rochelle, sont venuz en l'Assemblée et l'ont remerciée de la communication qu'il a pleu à la Compagnie de leur donner desdictes lectres et ont offert, comme desjà ilz ont fait par le passé, de se soubzmettre et voulloir despendre des résolutions qui seront prises en cette Assemblée.

La Compagnie avant que deslibérer sur la lectre de Mr le duc de Lesdiguière touchant la séparation de l'Assemblée, a arresté qu'on écrira en Haute et Basse Guienne et en Languedoc ensemble à Mr le duc de Rohan et à Mrs de La Force et Chastillon pour savoir d'eux en quel estat ilz sont et lesdictes provinces ; pendant lequel temps on pourra avoir nouvelles d'Olande et d'Angleterre. Cependant on escrira à Mr le duc de Lésdiguières afin qu'il lui plaise tesmoigner au Roy le désir que nous avons de luy rendre toutes submissions et respect, l'obéissance et service que nous devons à Sa Majesté; et qu'elle peut attendre de nous qui n'aurons ny n'avons jamais eu autre but ny intention que celles que doivent avoir fidelles subjectz et serviteurs ; le priant très humblement d'obtenir de sa dicte Majesté qu'il luy plaise nous asseurer le restablissement des places qui nous ont esté ostées et nous deslivrer de l'appréhention de ses armes; nous donnant la liberté et seureté nécessaire, tant pour ceux qui ont agy en vertu de nos ordonnances que pour noz personnes. Cepandant on escrira à nos Grands, et aux provinces, qu'on agisse puissamment, se remettant en une vigoureuse et légitime deffence pour maintenir les affaires des églises au meilleur estat qu'il sera possible.

A esté arresté qu'on écrira à Mrs les ducz de Rohan et de La Trimouille et à Mrs de Soubize, de La Force, de Chastillon et de Blaçons et aux provinces de Haute et Basse Guienne et Languedoc.

Du 10. Il a esté arresté que, par les lectres qu'on escrira aux provinces, on leur demandera leurs sentimens sur les occurances présentes.

Instructions et mémoires ont esté donnez à Mr des Islesmaison pour Mr le mareschal de Lesdiguières desquelles la clause y incérée, de cesser d'agir avec celle de se séparer, ont esté jugés se rapporter à la condition qui est adjouttée, assavoir que ce sera lors que le Roy donnera seureté aux Eglises et à noz personnes.

Du 12. Le Capitaine La Perrière, de Lodun, ayant représenté à la Compagnie la perte que plusieurs de ses soldatz ont fait de leur équipage à Saint-Benoist, a prié la dicte Compagnie de luy remettre le droit qui appartient à l'Assemblée sur la rançon de 600 livres qu'il a retiré de quelques prisonniers ; a esté arresté qu'en considération de la susdicte perte le droit de la susdite rançon luy sera quitté.

Du 13. Pour ouyr le compte de Mr Guérin, de Millau, touchant les fraitz qu'il a faitz aux voiages de Saint-Jehand'Angely et en la ville de Pons, par l'ordonnance de l'Assemblée, ont esté nommez Mrs d'Espinay et Menuau.

Pour aller saluer de la part de ceste compagnie Mr de Soubize, qui arriva hier en ceste ville, ont esté députez Mrs de Bessay, Loubye, La Cloche, d'Espinay, Guérin et La Tour, lesquelz ont esté chargez de prier mondit sr de Soubize qu'il luy plaise venir en l'Assemblée pour l'assister de ses bons advis et y prendre séance et voix délibérative. Les susdictz srs ont rapporté que mondit sr de Soubize remercioit l'Assemblée de l'honneur qu'elle lui faisoit et qu'il contribuera de ses advis aux occasions.

Du 14. La Compagnie ayant eu advis que Mr de Soubize la désiroit venir voir pour la saluer, a depputé pour l'aller trouver en son logis et pour l'accompagner dans l'Assemblée Mrs de Bessay, Loubie, La Cloche, d'Espinay, Guérin et de la Tour ; et, pour le recevoir à la porte, ont esté députez Mrs de La Musse, de Saint-Bonnet, Rossel, Hespérien, Montmezard et Menuau.

Mʳ de Soubize, ayant loué la Compagnie, a réitéré les mesmes protestations qu'il a fait cy devant par lectres et offert de servir tant le général des églises que particulièrement ceste Assemblée, des résolutions de laquelle il veut entièrement despendre; et pour cet effect il employera sa vie et tout ce qui despend de luy.

Du 15. Pour remédier, autant que faire se pourra, aux nécessitez présentes et s'opposer aux viollens effortz de nos ennemis, a esté trouvé bon d'escrire à Mʳ le duc de Rohan, Mʳ de Chastillon et à Mʳ de La Force de faire tout ce qui leur sera possible et qu'ilz jugeront estre à propos, selon les occurances, pour assister la Basse Guienne et particulièrement Bergerac; sera aussi escrit à Mʳ le duc de Bouillon et à Mʳ le Conte de La Suze pour les prier d'employer toutes les forces qu'ilz pourront mettre sur pied afin d'assister la ville de La Rochelle, soit par diversion ou autrement, ainsi qu'ilz jugeront à propos.

Sur la demande faitte par Mʳ Royer et Ozanneau, de la part de Mʳˢ du Corps de ville, des armes envoyées à Pons et rapportées en ceste ville en déduction de ce que l'Assemblée leur reste de la somme de 3000 livres dont elle leur est obligée; et ont esté chargez Mʳˢ de Loubye, Allain et La Tour de faire la deslivrance desdictes armes qui ont esté recouvrées, et d'en faire un mémoire, et de prier Mʳ le maire d'employer son autorité à ce que le capitaine Braignau, et autres, rendent celles qui sont dans leur vaisseaux, lesquelles aussi la dicte Assemblée consent qu'elles soient mises ès mains desdicts sieurs du Corps de ville, en s'obligeant envers le marchant qui les a fournies pour la valeur desdictes armes qu'ilz recevront outre et par dessus la somme que la dicte Assemblée leur doit, à la descharge de Mʳˢ le marquis de Chasteauneuf, Dompiere, Chastillon et Saint-Germain qui se seroient obligez envers les sʳˢ Gilles et Genson pour lesdictes armes.

Despesche a esté faitte vers M^rs les ducz de Bouillon et de Rohan et Mrs de Chastillon, de La Force et conte de La Suze, afin de les exhorter et prier de faire tous leurs efforts pour s'opposer vigoureusement aux progrès des ennemis de l'Eglise et de l'Estat.

Du 16. Ordonnance a esté expédiée à Mr Michel Brunet, advocat au siége présidial de La Rochelle, envers Mr Riffaut, pour luy payer la somme de 72 livres qui luy sont deues de la location de la maison où l'Assemblée tient; le terme escheu le 25 Juin dernier.

Du 17. Pour le deffray des envoyez par l'Assemblée en Guienne et Languedoc vers M^r le duc de Rohan et Mrs de Chastillon et de La Force, et pour un gentilhomme vers M^rs le duc de Bouillon et conte de La Suze, par mandement de la dicte Assemblée, Mr Riffaut a baillé la somme de 225 livres 12 solz, dont mandement luy a esté expédié.

Lectres de M^r le duc de Rohan ont esté rendues à la Compagnie, par lesquelles il fait entendre l'estat de la province de La Haute Guienne et Haut Languedoc, protestant de demeurer tousjours uny avec l'Assemblée, des résolutions de laquelle il veut entièrement despendre.

Communication desdictes lectres ont esté données à M^r le maire et à son conseil.

Commission a esté donnée à Phillippes Verron pour faire la recepte de l'imposition de 20 solz par chasque muy de sel et de 30 solz pour le grand party.

Du 19. Mrs de Loubie, Allain, et La Tour ont esté depputez vers le Corps de ville de La Rochelle assemblez à ce matin, pour les prier de nommer telz qu'ilz adviseront de leur corps pour compter, avec ceux qui ont esté nommez par ceste Compagnie, de ce que la ville a receu en payement des 3000 livres qu'elle a emprunté d'eux.

De la part des bourgeois et habitans de la ville de La Rochelle sont venus en l'Assemblée M⁰ˢ Bernardeau, Thares, de Lalande et Genesteau asseurer la Compagnie de leur zèle et bonne volonté et affection au maintien et conservation des églises, et particulièrement de l'Assemblée, des résolutions de laquelle ilz ont protesté voulloir entierrement despendre et ne s'en despartir jamais ; la priant de subsister comme elle a fait jusques à présent en cette ville ; reconnoissant que d'elle despend, après Dieu, leur conservation ; ont prié aussi l'Assemblée de ne donner passeportz pour la traitte des bledz.

Sur la proposition faitte par M⁰ de La Piterne touchant le payement qu'il a fait de 425 livres, 10 solz en déduction de la somme de 2,722 livres, pour laquelle somme les depputez de la province de Xaintonge se sont obligez au nom de l'Assemblée en faveur du s⁰ Luson, marchant de ceste ville, demandant d'estre rembourcé ; la Compagnie a arresté que mandement des susditz 425 livres, 10 solz, luy sera expédié.

A esté arresté que le terme d'un mois, accordé au 12ᵉ article des réglemens de l'admirauté, sera prolongé pour un autre mois qui finira le 5 aoûst prochain.

Du 20 juillet. M⁰ le marquis de La Force et M⁰ de Monpouillan son frère, estans arrivez ce matin en ceste ville, la Compagnie a depputté vers eux M⁰ˢ de Saint-Bonnet, Saint-Simon, La Cloche, La Grange et Guérin pour les saluer de sa part.

Du 21. Cejourd'huy M⁰ˢ le marquis de La Force et de Montpouillan, son frère, sont venus saluer l'Assemblée et l'asseurer de la continuation de leur bonne volonté, zèle et affection au bien du général de nos églises, et de despendre entierrement des résolutions d'icelle ; protestans de ne s'en deppartir jamais et de vivre et mourir en l'union desdictes églises; lesquelz ont représenté l'estat déplorable de La Basse Guienne et comme ilz ont esté contraintz, pour la seuretté de leurs personnes, de se retirer en ceste ville par la deffection de plusieurs places et personnes; aussi a remercié ledict s^r marquis de La Force la Compagnie de l'honneur qu'il reconnoissoit avoir receu de chef et général de la souverainetté de Béarn qu'il auroit pleu à l'Assemblée luy donner, tesmoignant avoir du regret de ce qu'il luy a esté impossible de l'exercer suivant son désir; ilz ont esté louez et remerciez et priez de persévérer en leurs résolutions.

L'Assemblée a arresté que Mr Riffaut, receveur général, mettroit ès mains de Mr de Mailleray la somme de 250 livres pour estre par luy rendue à plusieurs particuliers qui l'auroient prestée aux députez de Xaintonge, pour estre employée en l'achat de certaines munitions pour la ville de Pons, faisant ladicte somme de 150 livres partie des sommes dont la dicte Assemblée est chargée envers lesdictz deputtez de Xaintonge, comme il est porté par acte sur ce fait le 27 May.

Mrs de Sigongne et Lafont ont représenté à la Compagnie que M^r le maire ayant convocqué chez luy la noblesse qui s'est trouvée en ceste ville afin de choisir trois d'entreux qui soient du conseil estably pour juger diffinitivement et en dernier ressort; qu'avant résoudre sur cette affaire, la susdicte noblesse les a priez d'avoir le sentiment de ceste Assemblée, laquelle après les avoir remerciez de leur defférence, leur a faict entendre qu'on avoit député vers mon dict s^r le maire et députez du Corps de ville et des bourgeois pour conférer de ceste affaire.

Du 22. Sur la proposition faitte par Mr Fretton si on veut escrire en Angleterre par Mr Welch, pasteur de Saint-Jehan, qui est sur le point d'y aller, a esté arresté que despesche seroit faitte à nos depputez au dict païs pour leur donner connoissance de l'estat de nos affaires.

A esté arresté de faire une despesche à Mr le duc de Rohan, Mrs de La Force et de Chastillon, au conseil de la province du Bas Languedoc et à la communauté de Montauban, les exhortant de se porter vigoureusement au maintien et conservation des églises.

Pour voir le compte de Mr Riffaut, receveur général, ont esté nommez Mrs de Saint-Simon, de La Cloche et de La Tour.

Mrs de Laleu, Viette, Bernardeau et Bollo, députez de la part de Mrs les maire, eschevins, pairs, bourgeois et habitans de la ville de La Rochelle, ont représenté à la Compagnie que, samedy dernier, 17 du présent mois, ilz auroient esté députez, et derechef cejourd'hui, pour venir en ceste Assemblée les prier de révocquer la commission qu'elle auroit cy-devant expédiée en faveur de Berthommé Simon, habitant de ceste ville de La Rochelle ; aussi ont prié la Compagnie de ne donner d'icy en avant aucun passeport pour la traitte des bledz, comme estant chose grandement préjudiciable à ceste ville ; et, attendu l'extraordinaire despence que la ville fait à présent, qu'il plaise à la dicte Assemblée luy octroyer la moitié du provenu desdicts passeportz, comme elle leur a cy devant accordé la moitié de tout ce qu'elle prend des autres droitz de l'admirauté ; et, s'il est jugé nécessaire de faire aucune imposition sur le sel, qu'il plaise à la Compagnie de nommer commissaires de son corps pour conférer des moiens propres et expédiens avec ceux qu'ils nommeront de leur part ; finallement que, suivant la prière qui avoit esté cy devant faitte à l'Assemblée d'establir un conseil près de Mr le maire qui juge en dernier ressort et sans appel, tant en matière civile que criminelle, que comme de la part du Corps de ville et de celle des bourgeois on a fait la nomination des commissaires qui doivent estre dudict conseil, que le bon plaisir de l'Assemblée soit de faire le semblable de sa part. La Compagnie, après les avoir ouys et promis de faire bonne considération de la dicte proposition, a remis la délibération au lendemain.

Du 23. Sur la proposition du jourd'hier faitte par les depputtez de M^rs les maire, eschevins, pairs, bourgeois, et habitans de ceste ville de La Rochelle pour l'establissement d'un conseil qui jugera sans appel et en dernier ressort de toutes matières civilles et criminelles, a esté arresté qu'en matière de crimes, de trahisons, conspirations contre la dicte ville, séditions et esmotions publiques contre la seureté d'icelle, l'Assemblée nommera trois de son corps pour estre et assister au dict conseil pour ce estably près la personne de M^r le maire avec ceux qui seront nommez, tant du Corps de ville que des bourgeois et habitans suffisans et capables, lesquelz jugeront diffinitivement et en dernier ressort des susditz cas et matières ; et, pour le regard des autres matières et affaires tant civilles que criminelles desquelles y pourra avoir appel, tant de M^rs les juges présidiaux qu'autres juges ordinaires de la dicte ville, seront nommez commissaires pour en conférer avec lesdictz s^rs maire, eschevins, pairs, bourgeois et habitans, affin d'y apporter l'ordre et réglement requis et necessaire ; et seront lesdictz trois nommez pour assister au dict conseil changez ou confirmez de mois en mois, selon qu'il sera advisé par la dicte Assemblée, le tout néantmoins par provision et jusques à ce qu'il ait pleu à Dieu faire cesser le cours des présens troubles et remettre toutes choses en bonne paix et tranquilité soubz l'obéissance et service du Roy.

Sur la proposition faicte par Mr de Favas que la place de Castetz qui luy appartient, et laquelle est entre les places de seureté des églises de ce royaulme, est en estat de pouvoir résister deux moys à l'armée du Roy, en laquelle Sa Majesté est en personne; et que volontiers il s'exposera pour le bien desdictes églises moyennant que l'Assemblée luy promette indemnité, cas advenant qu'elle fut razée faisant résistance; La Compagnie, au nom des dictes églises, pour bonnes considérations et attendu la nécessité des affaires, a promis la dicte indemnité pourveu que la dicte place soustienne le siège de la dicte armée du Roy l'espace d'un moys à partir du jour que le canon aura commencé à jouer. Le dict s^r de Favas n'a voulu accepter le susdict acte et offre.

Mrs de Saint-Simon et de Lescun ont esté priez de faire savoir à Mrs de Sigongne et de Lafon, cy devant depputez de la part de la noblesse vers l'Assemblée, que, suivant la requisition de M^{rs} le maire, eschevins, pairs, bourgeois et habitans de ceste ville de La Rochelle, ladicte Assemblée a nommé trois de son corps pour estre du conseil extraordinairement establly près la personne de mondit s^r le maire, selon la coustume du précédant arrest; lesdictz sieurs de Sigongne et de Lafont ont prié lesdictz s^{rs} de Saint-Simon et de Lescun de dire à la Compagnie qu'ilz désiroient voir la coppie dudict arresté s'il est en suitte de l'arresté fait le jour d'hier; l'Assemblée a nommé de son corps Mrs de Lescun, La Tour et Guérin pour estre et assister audict conseil establly près la personne de M^r le maire pour l'exercice de la justice.

La Compagnie deslibérant sur la proposition cy devant faite, le 22 du présent mois, par Mrs de Laleu, Viette, Bernardeau et Bollo, desputez de M^r le maire, eschevins, pairs, bourgeois et habitans de ceste ville, a arresté que, doresnavant, nulz passeportz ne seront donnez pour la traitte des bleds; et, pour le regard de la demande qu'ilz ont fait de la moitié des passeportz qui se donneront d'icy en avant par la dicte Assemblée et pour les autres chefs contenuz en la dicte proposition, ont esté députéz Mrs Favier et de Lagrange afin de représenter au conseil de la dicte ville ce qui a esté sur ce résolu par la dicte Assemblée.

Pour adviser aux moiens de l'imposition que la dicte Assemblée a advisé de faire lever sur le sel qui se transporte des isles de Xaintonge et païs circonvoisins, avec ceux qui seront nommez de la part desdictz s^{rs} maire et eschevins, ont nommez Mrs de Lagrange et Malleray.

Lettres du conseil de la province du Bas Languedoc, du

4 du présent mois, ont esté rendues ce jourd'huy, donnant connoissance de l'estat d'icelles; elles ont esté communiquées à Mrs de Soubize et marquis de La Force.

L'Assemblée a ordonné à Mr Riflault, receveur général, de mettre ès mains de Mr Malleray la somme de 250 livres qu'elle doit à Mr le duc de Rohan, comme il appert par acte du 27 may, moiennant laquelle deslivrance ledict sr Maleray sera tenu en faire tenir quitte la dicte Compagnie envers mondit sr le duc.

Du 26. Suivant la résolution prise dès la formation de l'Assemblée pour le changement de mois en mois de ceux qui auront la conduitte et direction d'icelle, après l'invocation du nom de Dieu, ont esté ce jourd'huy nommez et esleuz par la pluralité des voix recuillies par teste suivant le réglement: Mr de Loubye, président; Mr Hespérien, adjoint; Mrs de La Tour et Riflaut secrettaires. Signé *Miloys, Clemanceau* et *Cazaubon* et *Savary.*

AU NOM DE DIEU.

Du 26 Juillet 1621. Après l'invocation du saint nom de Dieu, et suivant le réglement cy devant dressé en l'Assemblée génerallle des églises réformées de France et souveraineté de Béarn, de changer les modérateurs d'icelle de mois en mois, ont esté nommez par la pluralité des voix recuillies par teste : Mrs de Loubye pour présidant, d'Hespérien pour adjoint, La Tour et Rifault pour secretaires.

En suitte de quoy par la requisition faitte par Mrs de Fiefmignon et Bernardeau, qu'il plaise à la Compagnie procéder à la nomination de trois personnes du corps de la noblesse pour remplir le nombre des dix huit juges par eux requis pour le jugement des actions importantes et provisions qui pourroient se présenter ou de voulloir autoriser le nombre des quinze desja nommez; la Compagnie, considérant l'importance de la proposition des susditz s^rs de Fiefmignon et Bernardeau, attendu le nombre des personnes desja nommées plus que suffisant, suivant les ordonnances, pour juger diffinitivement, a autorizé les quinze qui sont desja nommez pour juger en dernier ressort et sans appel des cas contenus en l'acte dressé en la Compagnie le 23 du présent mois, lequel leur sera deslivré.

La Compagnie a ordonné qu'à l'advenir il sera tenu registre par les secretaires de l'Assemblée de tout passeportz qui seront deslivrez gratuitement par ordonnance de la Compagnie ou desquelz elle fera composition.

Du dernier Juillet. Commission pour faire un régiment de gens de pied a esté délivrée par ordonnance de la Compagnie à Mr de Planche Vajompe avec six commissions de gens de pied, une commission de carabiniers et une de chevaux léger soubz l'autorité de Mr de Soubize.

La Compagnie a ordonné que Mr Riffaut donnera à un messager de ceste ville la somme de 36 livres pour faire voyage en la Basse Guienne et Hault Languedoc.

Sur ce qui a esté représenté à cette Compagnie par M^r de La Taulle que plusieurs créantiers ont fait saisir le droit des prises appartenant aux capitaines de marine pour des debtes qui leur sont deues par les dictz capitaines auparavant le congé qui leur a esté deslivré : la Compagnie, considérant que si les dictz capitaines sont empeschez en la jouissance de leurs prises, il leur seroit impossible de servir le public, a ordonné que, sans avoir esgard aux saisies faittes sur les dictes prises pour debtes précédans lesdictz congez, main levée sera baillée ausdictz capitaines pour les droitz à eux appartenans sur les dictes prises; et ceux ès mains desquelz lesdictes saisies ont esté faittes en demeureront deschargez.

Du 1er *Aoust.*

Deux lettres de Mr de Favas, escrittes de la Cour à ceste Compagnie touchant Téophille Mariault, l'une du 14 Febvrier et l'aultre du 21 Mars dernier, ont esté remises par M^{rs} de La Grange et Rodil, secrettaires audict temps, dont ilz ont esté deschargez; et lesdictes lettres remises entre les mains de M^r le baillif d'Aulnis, procureur général establiy au conseil de justice.

Mrs de Bessay, de La Musse, Rosel et Guérin, ayant servy le mois passé au conseil de guerre près M^r le maire, ont esté deschargez et remerciez; et, en leurs places, ont esté nommez à la pluralité des voix recueillies par billetz : Mrs de Mitois, Freton, Chasteauneuf de Vivarestz, d'Espinay, La Milletière de Poitou et La Grange pour servir audict conseil le présent mois.

La Compagnie a ordonné que partage sera fait par les commissaires, qu'elle ordonnera pour cet effect, de toutes les marchandises provenant du droit des prises appartenant à l'Assemblée, lesquelles seront vandues à son de trompe et cry public au plus offrand et dernier enchérisseur, pour l'argent et prix d'icelles estre mis ès mains de Mr Riffault, trésorier général, et pour cet effect ont esté nommez commissaires Mrs Guérin et de La Tour.

Du 3 Aoust 1621. Mrs de Bessay, Rosel et de Malleray ont esté nommez pour entendre et conférer avec M^r de La Noue touchant certaines propositions importantes desquelles il a esté chargé par aucuns de la noblesse de Poitou.

Du 6 Aoust. Sur la proposition faitte en la Compagnie savoir, s'il se présentoit quelque seigneur catholicque romain qui voulust joindre ses armes à celle de nos églises pour le bien commun de l'Estat, service du Roy, restablissement de la paix publicque et observation desditz, s'il seroit à propos de traitter avec luy; la Compagnie, considérant l'importance de ceste proposition, l'utilité qui en peut revenir au service du Roy et à nos dictes églises, se confians en la suffisance, fidellité et intégrité de Mrs de Favas, Bessay, de Freton, Rosel et de La Milletière de Poitou, leur a donné plain pouvoir et puissance de conférer et traitter avec telles personnes qu'ilz verront bon estre et convenir et conclure tous articles qu'ilz jugeront utiles au bien et repos de l'Estat, service du Roy et liberté et seureté de nos dites églises; promettant la dite Assemblée d'agréer, approuver et ratifier tout ce qui sera géré et négotié par lesdictz sieurs commissaires sur ce subject.

Du 9 Aoust. Quatre vingtz deux commissions de gens de pied et de cheval ont esté deslivrées par ordonnance de la Compagnie à M^{rs} les députez de Normandie, Isle de France et Berry, avec une commission pour l'establissement d'une recepte au lieu de . . . . .

Du 10. Lectres de M^{rs} de La Chappelière et de La Milletière, députez au Païs Bas de la part de cette Compagnie, du 13 Juillet, ont esté receues et leues, contenant le discours de leur voyage depuis leur deppart de cette ville, donnant espérance de nous apporter, ou envoyer bien tost, de bons effects de leur négociation.

Le mesme jour la Compagnie a receu lectre de Mrs de Couvrelles et Banage, députez en Angleterre, escritte de Londres le unziesme Juillet, portant asseurance de secours de la part du Roy de la Grande Bretagne et particulièrement de l'envoy de M^r le viconte Doncaster vers Sa Majesté pour le bien de nos affayres.

Du 11. La Compagnie a receu ce jourdhuy autres lectres de nosdictz députez en Angleterre, escrittes de Londres le

10 Juillet, portant récit de ce qu'ilz ont fait depuis leur déppart de cette ville.

La Compagnie a ordonné à Mʳ Riffaut de payer à chaque particulier d'icelle qui aura besoing d'argent sans pouvoir attendre la distribution générale, ce qui luy eschet sur le département fait par Mʳˢ de Saint-Simon, La Cloche, et La Tour, suivant la charge qui leur en avoit esté donnée par la Compagnie; et ce, par forme de prest tant seullement, attendu que lesdictz deniers sont particulièrement affectez au paiement des debtes de la Compagnie, comme pareillement tous autres deniers qui sont en son pouvoir:

A esté ordonné qu'acte sera deslivré à Mʳˢ de la maison de ville et corps des bourgeois de la nomination par eux faitte des personnes de Mʳˢ Amos, Barbot, baillif d'Aulnis, pour procureur (?) général au conseil de justice, et Joseph Movion pour advocat et Thomas pour greffier en icelluy, contenant leur pouvoir et conformément à celuy de la nomination des juges du dict conseil.

Du 12. Mʳˢ de La Grange et Menuau ont esté nommez par la Compagnie pour traitter avec Mʳˢ du Corps de Ville et corps des Bourgeois, et conclure l'affaire consernant l'imposition du sel le plus promptement que faire ce pourra; et pareillement pour faire compte avec lesdictz sʳˢ députez, ou autres nommez par ledit conseil, des payemens qu'ilz ont receuz tant en bledz, vins, argent, mairain que armes, en déduction de la somme de 3000 livres qu'ilz nous ont cydevant prestée pour faire le voiage d'Angleterre.

La Compagnie a ordonné que Mʳ Riffaut deslivrera à Mʳ Bourgade, pasteur de Béarn, détenu au lit de griefve maladie depuis six ou sept mois, la somme de 90 livres pour subvenir à ses nécessitez.

Mʳˢ de Freton, Laplace et Lagrange sont chargez de dresser les instructions pour le voiage d'Angleterre; et ordonné que lectres seront escrites au sérénissime Roy de la Grande

Bretagne et au marquis de Bokainkan et à nos députez en Angleterre.

Du 14 *Aoust.* La Compagnie, pour remercier très-humblement le Roy de la Grande Bretagne du secours et favorable assistance qu'il a promise a nos députez, et pour informer au vray sa Sérénissime Majesté de la persécution rigoureuse et désolation de la plus part de nos églises et du blocus de Montauban par l'armée du Roy; et de celui de cette ville par Monsieur d'Espernon; et de la ruine entière jurée et résolue, comme il appert par lectres interceptés, escrittes de la Cour après la redition de Clérac, a député M^r d'Espinay pour aller vers Sa Sérénissime Majesté de la Grande Bretagne pour le supplier très humblement de voulloir en ceste extrême nécessité secourir nos dictes églises, puisqu'il porte le titre glorieux de déffenseur de la foy, d'un secours royal, prompt et proportionné à nos nécessitez; et à nos depputez de le presser de peur qu'en une si grande consternation de nos affaires, sa charitable assistance estant tardive ne nous feust inutile.

Mémoires et instructions ont esté données à M^r d'Espinay pour le voiage d'Angleterre, avec coppies des actes dressez en la Compagnie et envoyez à M^r le mareschal de Lesdiguières par M^r des Ilesmaison et à M^r de La Trimouille par Mr de Jarnac avec plusieurs lectres interceptés escrittes du siège de Clérac à Paris; la première de Mr de Modène, grand prévost de France à M^r le duc de Monbazon du 5 Aoust; la 2e de Mr de Chastillon, controlleur et intendant des finances, à M^r le président Janin du 6 dudict mois; la 3$_e$ à Mr de Marescot par Marescot son frère du 4 juillet; la 4e de Mr de Modène au cardinal de La Rochefoucault du 5 aoust; la 5e de Mr Fermez à Mr de Montigny du 20 juillet; la 6e non signée à Mr Zamet du 12 Aoust avec douze blancz signez.

La Compagnie a ordonné que Mr Riffaut, trésorier général des églises, deslivrera à M^r d'Espinay, député en Angleterre, la somme de 200 livres pour faire son voiage, dont il contera à son retour.

Du 16. Mr de Lozelé, pasteur de l'église de La Rochefoucault, ayant esté depputé par la Compagnie pour aller trouver Monsieur le viconte Doncaster, ambassadeur extraordinaire d'Angleterre, pour l'instruire, suivant l'advis donné à la Compagnie par Mrs de Couvrelles et Banage, de toutes les raisons pour lesquelles nous avons requis secours et assistance du Sérénissime Roy de la Grand Bretagne en l'oppression et persécution qui s'exerce contre les églises réformées de ce Royaume, et le fortifier de responces pertinentes à toutes les objections que nos ennemis luy pourroient faire contre nous pour empescher le dict secours, a ordonné que Mr Riffault luy baillera la somme de six vingtz livres pour les fraitz de son voiage, à la charge qu'il sera remboursé du surplus des fraitz d'icelluy, si la dicte somme n'est suffisante; de laquelle somme de 120 livres le sr Riffaut demeurera deschargé en son compte.

Du 17 *Aoust.* Mr de Chasteauneuf, de Vivarestz, ayant représenté à la Compagnie qu'il estoit desnué de toutes sortes de commoditez pour s'entretenir en ceste ville, ne pouvant recevoir argent de chez luy, ne en trouver à emprunter à cause de l'esloignement de sa maison, de l'incommodité du temps et de ce qu'il n'a aucune connoissance en ceste ville; suppliant la Compagnie luy donner quelque moien de subsister ou le congédier pour se retirer en sa maison; la Compagnie, considérant la nécessité dudict sr de Chasteauneuf et l'ouverture dangereuse de son congé, a ordonné que, sur les deniers qui sont à distribuer, Mr Rifaut luy deslivrera la somme de 150 livres, outre la portion qui luy eschoit de la distribution desja faitte et ce par forme de prest.

Mrs de Freton, Favier, La Grange et La Milletière, de Poitou, ont esté nommez par la Compagnie pour traitter, conjoinctement avec M^rs du conseil de ceste ville, avec plusieurs personnes notables d'icelle qui désirent former une societté pour entretenir la liberté du commerce et lever les droitz des impositions sur toutes denrées contribuables, afin de convenir avec eux de toutes les conditions nécessaires pour l'accomplissement de cet affaire.

Du 19. Madamoiselle du Fief Coteret ayant présenté requeste à M^rs du conseil de justice pour avoir permission d'informer contre ceux qui assassinèrent, le jour d'hier, le s^r de Fief Coteret, son mary; l'Assemblée, pour tesmoigner le regret et desplaisir qu'elle a eu de voir la licence et insolance desréglée de quelques uns de la populace en l'assassinat commis en la personne dudict s^r du Fief Coteret, le sang duquel il est à craindre que Dieu ne redemande si justice exemplaire n'est faitte des coupables d'icelluy; et jugeant combien il importe tant au général des églises qu'à la conservation particulière de cette ville que telz excez ne demeurent impunies, a arresté qu'il sera informé par devant lesdicts s^rs du conseil de justice du crime dont est question, lesquelz elle exhorte de procéder à l'encontre des accusez et convaincuz selon la rigueur du droit et de l'ordonnance.

Du 20. François Rocher, marchant de Bourdeaux, ayant esté pris en mer et ses marchandises déclarées de bonne prise, il les auroit rachetées tant des preneurs que de l'Assemblée et l'auroit suppliée, par requeste, de luy voulloir permettre de les emporter à Bourdeaux sans payer aucun droit; La Compagnie a ordonné que passeport desdictes marchandises sera deslivré audict Rocher, en paiant les droitz contenus en la taxe, sauf pour le nombre des marchandises qu'il a achettées du s^r de La Taulle, faisant pour l'Assemblée, lesquels la dicte Compagnie luy a quittez.

Du 23. Commission a esté délivrée à Mr de Bessay pour mettre sur pied le plus grand nombre de gens de guerre à pied et à cheval que faire ce pourra et se saisir de la plasse de C (le nom en blanc et la province) *(sic)*, à la charge d'en rendre compte.

Du 24. Commission pour une compagnie de gens de pied a esté deslivrée par ordonnance de la Compagnie à Pierre du Coulombier, soubz l'autorité de l'Assemblée.

Après le terme expiré du service de Mrs de Lescun, Guérin et La Tour-Geneste au conseil de justice, la Compagnie, par pluralité des voix recuillies par billetz, a confirmé audict conseil de justice, pour le mois suivant, lesdictz s^{rs} de Lescun et Guérin et, pour le tiers, a nommé Mr Savary.

Et d'autant qu'il se rencontre de la difficulté à trouver des personnes qui veillent accepter la dicte nomination à cause que M^{rs} de ceste ville employent au dict conseil des personnes non graduées, par où plusieurs sont recullez de l'acceptation d'icelles, la Compagnie a chargé Mrs de Saint-Simon et de Clemanceau de se transporter au Conseil de ceste ville et supplier de la part d'icelle tant M^{rs} du corps de ville que corps des bourgeois, de voulloir parfaire et remplir le dict nombre de leur dict corps, ou de nommer doresnavant des personnes graduées pour oster tout subject de mescontentement et faire que la justice soit d'autant mieux administrée et les ordonnances royaux receues et gardées.

Du 25. Suivant l'ordre estably en la Compagnie de changer la table de mois en mois, par la pluralité des voix, ont esté nommez: pour président Mr de Freton; pour adjoint M^r de La Cloche; et pour secretaires Mrs de Malleray et Guérin, ainsi signé : *Loubie*, présidant, *Hespérien* adjoint, *Geneste* secretaire, et *Rifault* secrettaire.

AU NOM DE DIEU.

Continuation des actes de l'Assemblée génóralle des églises réformées de France et souveraineté de Béarn, tenant en la ville de La Rochelle.

Du 25 aoust. La Compagnie procédant au jugement de ceux qui auroient la direction de l'Assemblée jusques au 25 du mois prochain, ont esté nommez par la pluralité des voix : Mr de Freton pour président; M^r de La Cloche pour adjoint; Mrs Malleray et Guérin pour secrettaires. Mrs de Loubie, Hespérien, de La Tour et Rifault ont esté remerciez par l'Assemblée du soing et fidellité qu'ilz ont apporté à la conduitte et modération d'icelle.

La Compagnie a arresté que, le plus promptement qu'il se pourra, il sera escrit à Mrs de Rohan et de Chastillon et de La Force, ensemble à Mrs de Montauban et à l'assemblée qu'elle a appris estre de présent à Castres, pour leur faire entendre à tous l'estat des affayres de deça, et pour les exhorter de s'opposer vertueusement et courageusement aux effortz et artifices de nos ennemis; comme aussi pour leur donner advis d'une seconde députation par elle faitte vers le Roy de La Grand Bretagne aux fins d'accélérer le secours que le Roy nous a cy devant fait espérer.

M^{rs} de St-Simon et Clémanceau ont esté nommez pour aller présentement trouver M^{rs} les maire, eschevins, pairs, bourgeois et habitans de cette ville, pour les prier de voulloir doresnavant, pour l'exercice dudict conseil de justice, nommer des personnes graduées ainsi que fait la dicte Assemblée; et, en cas que cela ne se peust entièrement, que ceux qui ne le seront point soient choisis d'entre les plus notables et mieux expérimentez.

Les habitans de l'Isle d'Oleron faisans profession de la Religion, ont envoyé lectres de créance à l'Assemblée par le s Gautier, seneschal dudict lieu d'Oleron; laquelle exposant, il a représenté que les dictz habitans estoient grandement pressez pour signer la déclaration faitte par le Roy tendant à désadvouer l'Assemblée, requérant icelle leur voulloir donner advis s'ilz pourroient en bonne conscience signer telle et pareille déclaration qu'ont signé les habitans de la ville de Pons, laquelle il a representée; L'Assemblée, ayant entendu la lecture de la déclaration faitte par les habitans de la ville de Pons, l'a trouvée si contraire à l'union des églises, et si préjudiciable au bien général d'icelles, qu'elle a exhorté ledict sʳ Gaultier de faire entendre ausdictz habitans d'Oleron qu'ilz ne la peuvent signer en bonne conscience et sans se départir de l'union géneralle des églises.

Du 26 aoust. Cejourd'huy a esté arresté un compte de menus fraitz faitz par Mʳ Rifaut, montant 73 livres, 12 solz, pour luy estre ladicte somme allouée en son compte.

Il a esté arresté que Mʳˢ de La Taule et Guérin feront deslivrance des marchandises au pris qu'elles seront enchéries par le procès-verbal du jour d'hier pour en estre mis les deniers ès mains de Mʳ Riffault, trésorier de l'Assemblée.

Mandement a esté présentement deslivré à Mʳ Riffault pour payer au sʳ Berudel la somme de 200 livres à la descharge de Mʳ de Saint-Simon qui se seroit obligé envers luy pour les affaires de l'Assemblée.

Mʳ Guérineau, pasteur de l'église de Saint-Benoist, a fait entendre à la Compagnie que Pierre de Beaufort et Jehanne Brossart, demeurans au bourg dudict Saint-Benoist, se seroient rendus adjudicataires de son bien à cause que le dict Guérineau se trouve réfugié en ceste ville; requérant luy estre permis de faire saisir et arrester ce qu'il trouvera appartenir auxdictz Beaufort et Brossart et contraindre leurs débiteurs à luy faire deslivrance des choses qu'il pourra saisir jusques à la concurrence de ce qu'ilz levent appartenant audict Guérineau; La Compagnie a permis et permet audict sʳ Guérineau de se pourvoir contre les biens desdictz de Beaufort et Brossart par saisie ou autrement, ainsi qu'il jugera à propos pour son desdommagement.

Mʳ de Chasteauneuf, de Vivarestz, a eu son congé pour se retirer en sa maison, à la charge de retourner le plus tost qu'il pourra et de faire venir Mʳ Anias son codéputé.

Du 31 aoust. Mʳˢ Favier, Hespérien, et de La Tour ont esté nommez pour adviser, avec les commissaires tant de la ville, bourgeois que consistoire, aux moiens plus promptz et plus seurs pour l'establissement de l'armement de mer, suivant la résolution cy devant prise.

Du 1er septembre.

Mandement a esté donné à Mʳ Rifaut pour deslivrer à Mʳˢ de Bessay et Malleray la somme de 912 livres, pour estre, par lesdictz sieurs, employée à l'entier et parfait payement de 1520 livres en laquelle ilz se seroient obligez envers le sʳ Gilles, marchant flamant; et ce pour les affaires de l'Assemblée suivant l'acte sur ce fait le 21 May dernier.

Mʳˢ Favier, La Tour, Guérin, Menuau et Montmezart ont esté nommez par l'Assemblée pour exercer la justice de l'admirauté.

Du 2 septembre. Mʳˢ de Bessay et Malleray ont fait entendre à la Compagnie avoir receu de Mʳ Riffaut la somme de 1520 livres, suivant les deux mandemens à eux délivrez pour le payement de la dicte somme, pour laquelle ilz s'estoient obligez envers le sʳ Gilles, marchant Flamant; laquelle dicte somme ilz auroient deslivrée au sʳ Gensen, facteur dudict Giles, qui leur auroit rendu la minutte de leur obligation, laquelle ilz ont représentée et qui a esté en présence de l'Assemblée cancellée; partant ladicte Assemblée demeure quitte envers lesdictz sʳˢ de Bessay et Maleray et tous autres pour raison de la dicte somme de 1520 livres.

Lettres de M**rs** de Couvrelles et Banage, députez en Angleterre, en date du 29 juillet, ont esté ce jourd'huy rendues à l'Assemblée.

Mandement a esté cejourdhuy deslivré à M**r** Riffaut de la somme de 2224 livres, 7 solz, 8 deniers pour estre ladicte somme deslivrée à M**rs** les députez de la province de Xaintonge pour estre employée à l'acquit des obligations qu'ilz auroient passées pour les affaires de la dicte Assemblée.

Du 3. M**r** de Saint-Simon, l'un des députez de la province de Xaintonge, a fait entendre à la Compagnie avoir reçeu de M**r** Rifault, la somme de 2224 livres, 7 solz, 8 deniers, contenue au mandement à luy donné le jour d'hier, laquelle il a employée au payement de ceux envers lesquelz il s'estoit obligez avec ses codéputez, comme il appert par les actes du vingt-un avril et 21 may, savoir au s**r** Giles, marchant flamant, et Ysaac Lusson la somme de 1539 livres; et encores audict Lusson la somme de 178 livres 10 solz; et au s**r** Taleman la somme de 372 livres; et à la vefve eu Gendrault 134 livres, 13 solz, 8 deniers; partant la Compagnie demeure quitte envers lesdictz députez de Xaintonge pour raison des sommes mentionnées esdictz deux actes cy dessus spécifiez soit par vertu du mandement donné le jour d'hier qu'autres cy devant, fors et excepté de la somme de 251 livres, 12 solz, dont la despence n'a esté jusques icy justifiée par lesditz députez de Xaintonge.

Lettres ont esté rendues à la Compagnie de M**rs** de La Milletière et Chappelière, députez en Holande.

Du 4. Sur l'advis que l'Assemblée a eu des lectres interceptés de M**r** le conte Schombert, addressées à M**r** de St-Luc qu'il devoit arriver au premier jour une flotte de navires pour bloquer cette ville, a esté trouvé bon de faire entendre à M**rs** de cette ville qu'il estoit nécessaire de député promptement quelqu'un de leur corps en Angleterre et en Holande pour donner connoissance du contenu en ladicte lectre interceptée afin qu'on haste le secours qu'on nous a fait espérer.

Il a esté arresté que, suivant les remonstrances et prières de M^{rs} de ceste ville, il ne sera deslivré doresnavant aucuns passeportz pour quelques marchandises que ce soient, si ce n'est pour venir conduire en ceste ville lesdictes marchandises ; auquel cas sera donné toute seureté à tous ceux qui y viendront ; se réservant néantmoins la dicte Assemblée le pouvoir d'en ordonner autrement quand elle le trouvera expédiant, ce qui ne se fera qu'avec bonne considération.

Doubles despesches ont esté ce jourd'huy rendues à l'Assemblée de Mrs de Couvrelles, Banage, Chapelière et La Milletière en datte du 4 Aoust.

Du 6. Ce jourd'huy ont esté rendues lectres de M^{rs} de La Chappellière et La Milletière.

Pour exercer le controlle général pendant trois mois a esté nommé Mr Rodil.

Du 7. Les despesches faictes pour Mrs de Couvrelles, Banage, Chapellière et La Milletière ont esté mises ès mains de Mr de Labes députté par ceste ville pour aller en Angleterre.

Sur ce qui a esté représenté à la Compagnie par les commissaires des affaires secrettes, qu'il seroit expédiant de faire quelques voiages secretz pour le bien général de nos affaires ; ladicte Compagnie a donné plain pouvoir ausdictz commissaires d'ordonner desdictz voiages ainsi qu'ilz trouveront à propos ; pour la despence desquelz leur sera donné argent par Mr Riffault en vertu du présent acte.

Du 9 Septembre. La Compagnie a jugé estre nécessaire d'escrire aux provinces pour les exhorter à se porter courageusement pour la deffence desdictes églises.

Sur la proposition faitte par Mr de Favas qu'il plaise à la Compagnie luy voulloir fournir quelque somme d'argent en déduction de ses appointemens de depputé général : il a esté arresté que, lors qu'il se fera quelque distribution, le dict s^r de Favas y aura sa portion comme chacun des députez de l'Assemblée.

Du 10 Septembre. M^r Le Moine, pasteur de l'eglise de Cotance et Jaure en Normandie a fait entendre à la Compagnie avoir esté envoié vers elle tant par le conseil de ladicte province qu'autres personnes plus qualifiées d'icelle aux fins de luy faire entendre l'estat de ladicte province ; demandant à ceste fin qu'il luy plaise voulloir nommer des commissaires pour leur faire entendre ce qu'il a à leur desduire et qui doit pour quelque temps estre tenu secret ; la dicte Compagnie a trouvé bon que le dict s^r Le Moine exposast sa créance à Mrs de Favas, de Bessay, de Fréton, de Roussel et de La Milletière, commissaires par elle nommez, pour estre par eux pourveu à ce qui sera desduit ainsy qu'ilz jugeront expédiant.

Du 13. Lectres de M^r le duc de Rohan ont esté rendues à la Compagnie par lesquelles il luy fait entendre l'estat auquel il se trouve à présent, lesdictes lectres en datte du 30 Aoust.

Mr Anias, cy-devant député vers les provinces de Languedoc et Dauphiné, estant retourné, a rendu compte à l'Assemblée de son voiage, laquelle estant très-satisfaitte de sa négociation l'a loué et remercié.

Du 14. Mrs de Loubie, de Mitois, Clémanceau et La Milletière ont esté nommez commissaires pour entendre en particulier Mr Anias et pour pourvoir aux choses secrettes qu'il pourroit avoir à représenter.

Lectres ont esté escrittes par la Compagnie à Mrs de Couvrelles, Banage, Chappellière et La Milletière, députez en Angleterre et Holande, pour les advertir de l'estat des affaires générales et particulières de ceste ville.

Après la nomination des commissaires cy dessus nommez, les députez de la province du Bas Languedoc ont requis que lesdictz commissaires ne puissent traitter d'aucunes affaires particulières de leurs provinces sans appeller quelqu'un d'entr'eux pour assister à la résolution qu'ilz en pourroient prendre. Sur quoy a esté deslibéré que tant lesdictz commissaires cy dessus nommez que autres qui seront cy après nommez, lorsqu'il s'agira de quelque affaire concernant le particulier d'une province, d'y appeller l'un des députez d'icelle qui sera choisy par les députez de la province qui y aura intérest.

Du 16. Sur le rapport fait par Mr Anias que le cercle des provinces de Dauphiné, Vivarestz, Sevenes, Haut et Bas Languedoc estoit convocqué à Montpellier, la Compagnie a trouvé nécessaire d'escrire ausdictes provinces et au cercle afin de les exhorter à ne rien faire ou entreprendre contre et au préjudice tant de l'union génerale des églises que des résolutions de l'Assemblée.

Il a esté arresté qu'il sera escrit à Mrs de Rohan, de Chastillon, de La Force et à la ville de Montauban.

Du 17. Mrs Favier, Laplace et La Grange ayans, par commission de la Compagnie, examiné le conte de Mr Anias, ont rapporté la despance d'icelluy avoir esté de 576 livres, 8 solz, sur quoy il auroit receu 124 livres; partant reste audict sieur 452 livres, 8 solz, laquelle somme luy sera payée par Mr Riffault en vertu du présent acte endossé de la quittance dudict s^r Anias; et ne pourra la province de Vivarestz rien desduire au dict s^r Anias pour raison de l'absence causée par son voyage.

Du 18. Mrs Favier, Hespérien et de Lagrange ont esté nommez par la Compagnie pour dresser le réglement avec les directeurs de l'armée navale.

Du 20 Septembre. Le capitaine Foran ayant requis la Compagnie de vouloir advouer la prise qu'il auroit faitte d'un navire, appellé La Religion, chargé de poisson, attendu que le temps porté par son congé estoit expiré de quelques jours; ladite Compagnie a advoué ladicte prise dudict vaisseau faitte par le dict Foran; et, pour le jugement d'icelluy, l'a renvoyé par devers les commissaires de l'admirauIté.

Sur ce qui a esté représenté qu'il se commettoit beaucoup d'abus en l'exercice de la justice en la province de Vivarestz soubz le nom d'un intendant en la justice, la Compagnie a trouvé bon d'en escrire à la dicte province et à Mr de Blacons, afin d'obvier toutte intendance de justice, et faire que, suivant les réglemens, elle soit administrée par les officiers du Roy qui font profession de la Religion dans icelle; et à deffaut de ce, qu'il y soit pourveu par le général de la province de personnes capables et affectionnées au bien général des églises.

Du 21. Lettres des députez en Angleterre ont esté rendues en datte du 25 Aoust.

Sur ce qui a esté représenté par M^r de La Taulle qu'il pleust à la Compagnie le voulloir descharger de la commission qui luy a esté cy-devant donnée pour la garde des droictz de l'Assemblée, offrant de rendre compte de son administration; l'Assemblée, premier que procéder à la descharge requise par le dict de La Taulle a commis Mrs de Mitois, Rival, et de Lagrange pour examiner les comptes dudict de La Taulle.

Mr de Favas, ayant fait entendre à la Compagnie qu'il avoit des ouvertures à faire pour quelque entreprise très utile au bien général des églises et qui, néantmoins, doivent estre tenues secrettes jusques au temps de l'exécution; la dicte Assemblée a chargé Mⁱˢ de Mitois, Rossel et Rodil d'aller voir Mⁱˢ du Corps de ville pour les prier vouloir nommer quelques commissaires pour entendre sesdictes ouvertures.

Du 23. Mʳ Riffault a fait entendre à la Compagnie avoir, suivant son arresté du 15 de ce mois, payé à Mʳ Anias la somme de 452 livres 8 solz, dont il a tiré quittance pour employer en son compte.

Du 24. Lectres ont esté ce jourd'huy rendues de Mʳ d'Espinay, député en Angleterre, donnant advis de son arrivée; lesdictes lectres en datte du unziesme mois d'Aoust.

Du 25. Après l'invocation du nom de Dieu, suivant l'ordre pris dès le commencement de l'Assemblée, ont esté nommez à la pluralité des voix: Mʳ de Saint-Simon président; Mʳ de Lignières adjoint; Mʳˢ de La Goutte et Rodil secreitaires; Ainsi signé : *Freton*, président, *La Cloche*, adjoint, *Maleray*, secretaire et *Guérin*, secrettaire.

Continuation des actes de l'Assemblée génerálle des églises réformées de France et souveraineté de Béarn, tenant à La Rochelle.

Du 25 septembre 1621. Après l'invocation du nom de Dieu et que par la pluralité des voix, suivant l'ordre estably dès le commancement en ladicte Assemblée, ont esté nommez pour la direction d'icelle durant le mois commanceant ce jourd'hui : Mʳ de Saint Simon président; Mʳ de Lignières adjoint; Mʳˢ de La Goutte et Rodil secretaires.

Mʳˢ de Fretton, de La Cloche, de Maleray et Guérin ont esté unanimement loüez et remerciez par la dicte Assemblée de l'affection, vigilance et fidellité qu'ilz ont apportée à la conduitte et modération d'icelle durant le mois précédent.

Mrs de Favier, de Menuau et Savary ont esté nommez à la pluralité des voix pour assister au conseil estably pour la justice extraordinaire.

Arresté qu'il sera fait distribution de la somme de 2700 livres pour les députez de l'Assemblée au mesme pied de la précédante, et par forme de prest; et sur la réquisition faitte par les députez de la province des Sevènes à ce que Mrs de Sérignac et Bony députez de la dicte province, absens, fussent compris en la dicte distribution, la Compagnie ne l'a jugé raisonnable.

Sur la mesme réquisition faitte par les depputéz de la province de La Rochelle, la Compagnie a différé d'en deslibérer jusqu'à la fin de la dicte Assemblée.

Le dict jour a esté fait une despesche en Angleterre.

Du 26 Septembre. Sur la requeste du s^r Dehargues, marchant et bourgeois de ceste ville, a esté arresté que les commissaires nommez de la part de l'Assemblée pour conférer avec les directeurs de la compagnie de l'armée navale, touchant les convenances à faire entr'eux et la dicte Assemblée, et autres réglemens qu'il conviendra, s'employeront en faveur dudict s^r Dehargues envers les dicts directeurs pour luy faire avoir un billet de M^r le maire, avec permission de sortir son navire.

M^r de La Cloche, cy-devant nommé pour la distribution des deniers ordonnez aux depputez de l'Assemblée y desnommez, a représenté l'acte de la dicte distribution revenant à la somme de 2666 livres, 14 solz; lequel a esté approuvé par la Compagnie et mandé à Mr Riffault, trésorier et receveur général des deniers du public, d'en faire le paiement.

Mr Marchalz, député de Vivarestz, ayant demandé que Mr Anias, son colègue, fust employé en la dicte distribution, a esté arresté que la dicte distribution ne se faisant que pour la nécessité des présens, il n'y auroit lieu d'y comprendre ledict s^r Anias.

Du 27 Septembre. Mr Rifaut a présenté un estat de quelques menus fraitz par luy fournis pour les affaires de l'Assemblée, lequel a esté arresté à la somme de 228 livres, 9 solz.

A esté arresté que Mr Brunet sera payé d'un quartier de la location du lieu où se tient l'Assemblée, escheu dès le 25 de ce mois, montant à la somme de 72 livres, dont il luy a esté deslivré une ordonnance sur le dict sieur Rifault.

Sur ce qui a esté représenté par Mr de Lescun des raisons de son absence que la Compagnie a jugé très considérables, a esté arresté qu'il sera employé en la distribution du jour que la dicte Assemblée a esté formée, assavoir du 25 Décembre.

Du 28. Mrs de Malleray et de Lagrange nommez commissaires pour compter avec M^{rs} de la ville.

Les commissaires du conseil extraordinaire estably près M^r le maire sont chargez, un chascun en son mois, de tenir estat des adjudications des prises et rançons qui se feront; et à la fin dudict mois ou de semaine en semaine, sy faire ce peut, le mettre entre les mains du trésorier et receveur général des deniers du public pour en faire recouvrement.

Du 29. Les s^{rs} Taulle, Berthomé, et Bernardeau ayant représenté à l'Assemblée, de la part de la compagnie de l'armée navale, certains articles qu'ilz désirent estre adjoustez au règlement fait et arresté avec les directeurs de ladicte compagnie; ladicte Assemblée, en ce qui regarde les espices et taxations des officiers de l'admirauté, a arresté que les commissaires nommez par elle, comme pareillement le juge et autres officiers, se contenteront d'espices et taxes modérées, si mieux les directeurs de la dicte compagnie n'ayment leur donner gages honnestes et raisonnables, par chascun mois, sur le provenu des prises.

Et sur le quint que la dicte compagnie demande luy estre adjugé de toutes les prises qui viendront, oultre le quint qui se lève par l'Assemblée et par la ville, il est arresté que doresnavant les capitaines de marine lesquelz ont, cy-devant obtenu congez de la dicte Assemblée, dont le terme est près d'estre expiré dans cinq ou six jours, au plus, ne payeront aucune chose à la dicte compagnie attendu que leur armement n'est encores prest; et pour le regard des autres excédans ledict terme, payeront à ladicte compagnie le dixiesme des prises qu'ilz feront en considération des grands fraitz qu'il leur convient faire pour la seureté de ces costes; mais, au regard des capitaines qui sont encores en mer, combien que le temps de leurs congez soit expiré, payeront un quint à la dicte compagnie oultre celuy qui se lève par l'Assemblée et par la ville, tout ainsi que s'ilz estoient partis depuis ledict armement, après lequel nul ne pourra avoir congé qu'à ces mesmes charges et conditions.

Sur le troisiesme point consernant le tiers que la dicte compagnie prétent pour le sauvage des biens des marchands faisans profession de la Religion recoux sur l'ennemy, ou pris sur luy, surcis à en desliberer jusques a ce qu'il en ait esté conféré avec Mrs du Corps de ville, bourgeois et habitans y ayant interest.

Du 30 Septembre. Mrs de Bessay, Roussel et Malleray adjoinctz à Mrs Favier, Hespérien, et La Grange, commissaires cy devant nommez sur l'establissement de la compagnie de l'armée navale.

Du premier Octobre.

A esté arresté de faire une despesche pour estre informez du succez de la négotiation de M^r le conte de Doncaster, ambassadeur du Roy de la Grand Bretagne.

Mrs Guérineau, Forest, Pasquier et Tixel, pasteurs, s'estans présentez en l'Assemblée de la part des pasteurs réfugiez en ceste ville, après luy avoir fait entendre la nécessité en laquelle ilz sont pour ne pouvoir recevoir aucune chose de leurs églises, l'ont requise et suppliée d'y pourvoir suivant et au désir du réglement. La Compagnie les a asseurez de son affection et néantmoins remis à en délibérer au premier jour.

Mr Favier ayant représenté quelques difficultez qui se sont rencontrées au jugement de certaines prises à raison de l'article du réglement de l'admiraulté 13e, lequel sembleroit devoir estre réformé en ce qui regarde ceux du contraire party ; La Compagnie a arresté qu'il en seroit conféré avec Mrs du Corps de ville et bourgeois par les commissaires nommez sur l'establissement de la compagnie de l'armée navale.

Mrs Rossel, Hespérien, de La Goutte et Maleray, ayans représenté les difficultez et le refus fait par les directeurs de la compagnie de l'armée navale sur les articles susmentionnez, touchant les espices ou gages des commissaires de la chambre de l'admirauté, le quint des prises et tiers pour le sauvage requis par ladicte compagnie; l'Assemblée, pour tesmoigner son affection à ce que le bien public ne soit en aucune chose retardé, a arresté, en ce qui la regarde, d'accorder à la dicte compagnie tout ce qu'elle peut désirer, sans préjudice toutesfois de ce qui peut concerner Mrs du Conseil de ville, bourgeois et habitans d'icelle sur les articles arrestez avec eux.

Du 2 octobre. Sur ce qui a esté représenté par les commissaires nommez pour la direction et establissement de la compagnie de l'armée navale que Mrs du Corps de ville et bourgeois ayans accordé à la dicte compagnie, en considération des grandz fraitz qu'il leur convient faire pour la garde de ces costes, de leur prester les navires de guerre qu'ilz ont de présent, avec l'artillerie et apparaux pour six mois, sans payer aucune chose, à la charge de les rendre en mesme estat, sauf les risques de la guerre; lesdictz s^{rs} désireroient le mesme de la dicte Assemblée pour les partz et portions qui luy peuvent appartenir esditz navires, artillerie et apparaux, pour ce qui est des partz et portions de la dicte Assemblée, aux mesmes charges et conditions faittes avec la ville, inventaire préalablement fait.

A esté ordonné à Mr Riffault de payer à Jehan Cousineau, consierge de l'Assemblée, la somme de dix neuf livres, six solz pour un mois de ses gages et quelques menus fraitz.

Mrs de Loubie, de Mitois, Clémanceau, et La Milletière ont fait leur rapport de la commission qui leur avoit esté donnée pour ouyr Mr Anias, sur quoy la province du Bas-Languedoc ayant fait plainte de ce que l'instruction baille audict s^r Anias, consernant en quelque sorte leur province, il leur en devoit estre communiqué selon le résultat de l'assemblée cy devant fait à leur requisition du 14 Aoust dernier; la Compagnie a trouvé bonne la procédure desdictz commissaires et, néantmoins, que les députez de la province du Bas Languedoc auront l'acte par eux demandé pour leur valoir et servir ce que de raison; et néantmoins qu'il ne leur sera deslivré qu'à la fin de ladicte Assemblée; ce qui a pareillement esté accordé aux députez de la province des Sevènes.

A esté ordonné à Mr Riffault de payer à Mr de Favas la somme de 300 livres sur et en déduction de ses appointemens de député général.

Mrs de Bessay, de Fretton, de La Cloche, de La Milletière et de Maleray ont esté nommez pour assister au conseil extraordinaire de M^r le maire pendant ce mois.

Du 4 octobre. M^r de La Taule ayant demandé à l'Assemblée d'estre deschargé de la commission qui luy a cy devant esté baillée pour la recepte et vente des marchandises venans des prises, afin de pouvoir rendre son compte plus nettement; la Compagnie a résolu que ledict sr de La Taule sera remercié du devoir, assiduité et vigilance qu'il a rendu en la dicte commission avec asseurance de le reconnoistre de ses peines; et néantmoins qu'il baillera son compte pour estre veu et examiné par les commissaires cy-devant nommez.

Plainte de M.{r} Rifault sur quelques propos outrageux tenus par le nommé Richardeau, en la Compagnie des quarente-huit, contre l'honneur dudict sr Rifault; renvoyez à la chambre de justice.

Du 8. Sur ce qui a esté représenté que Mrs les Commissaires de la chambre de justice establie en ceste ville, faisans difficulté de prendre connoissance de la plainte de Mr Rifault touchant quelques propos calomnieux et séditieux tenus par le nommé Richardeau, en la Compagnie des quarente-huit, comme estant des cas compris au pouvoir à eux attribué; ladicte Assemblée a jugé ladicte plainte estre de la connoissance de ladicte chambre et, en tant que besoing seroit, l'a autorisée et autorise pour en connoistre comme de toutes autres semblables affaires où il sera question de propos calomnieux et tendans à sédition.

Du 9. Sur ce qui a esté représenté de l'estat de la province de Xaintonge, l'Assemblée considérant combien il importe de rallier les bonnes volontez de ceux de la dicte province qui se peuvent mettre en estat pour résister aux effortz et desseins pernicieux des ennemis communs de cet estat et de nostre religion, a jugé nécessaire, comme autresfois, de prier Mr de Soubize de vouloir prendre la charge et direction de ladicte province en l'absence de Mr le duc de La Trimouille, dont sera donné advis à Mr le maire et icelluy prié et Mrs de la ville de assister mondit sr de Soubize en ce qui les requerra pour le bien général des églises, et particuliers de ladicte province; et ne permettre qu'il se face ou entreprenne aucune chose en la dicte province sans luy en communiquer, et prendre l'ordre de luy comme chef et général de ladicte province en l'absence de mondit sr le duc de La Trimouille soubz l'autorité de ladicte Assemblée; et ce par provision, jusqu'à ce qu'autrement ait esté pourveu; et ont esté nommez pour aller trouver mondit sr de Soubize, Mrs de Mitoys, Hespérien et Lagrange, comme pareillement pour voir le dict sr maire sur ce subject.

Du 11. Mrs de Mitois, Hespérien et de La Grange ont rapporté avoir veu Mr de Soubize, lequel a tesmoigné avoir agréable de prendre la charge dont il est requis par l'Assemblée, avec toutes sortes d'asseurances de son zèle et affection au bien général de nos églises; et que, pareillement, Mr le maire les avoit asseurez de contribuer en ceste occasion tout ce qui despendoit de luy. Après quoy le dict pouvoir a esté expédié et deslivré à Mr de Soubize.

Du 12. Ont esté leues lettres de Mr le duc de Rohan, avec autres lettres de l'assemblée des quatre provinces, Hault et Bas Languedoc, Sevênes et Vivarestz, tenant à Anduze, par lesquelles ils donnent advis à l'Assemblée géneralle du subject de leur convocation et la suplie vouloir icelle autoriser; protestans despendre entièrement des résolutions de l'autorité de la dicte Assemblée. Sur quoy a esté résolu l'acte cy après incéré et lectres escrittes à mondit sr le duc de Rohan à la dicte Assemblée d'Anduze, à Mr de La Force et à Mrs de Montauban. S'ensuit l'acte.

« Sur l'advis reçeu de l'assemblée des quatre provinces
« du Haut et Bas Languedoc, Sevênes et Vivaretz, tenant à
« Anduze, pour pourvoir aux nécessitez présentes desdictes
« provinces, et particulièrement pour le secours de Montau-
« ban, l'Assemblée géneralle considérant la difficulté qu'il y
« a de faire entendre à temps et lieu ausdictes provinces
« l'ordre qui pourroit estre requis pour cet effect, loue et
« approuve la résolution qu'ilz ont prise et ce faisant a auto-

« risé et autorise l'assemblée des quatre provinces; luy
« donnant tout pouvoir pour le soing et direction d'icelles
« et particulièrement pour ledict secours de Montauban, cir-
« constances et despendances, tant pour le regard des finan-
« ces que toutes autres choses acquises et nécessaires; et, à
« ceste mesme fin, la dicte Assemblée, reconnoissant le zèle
« et affection de M^r le duc de Rohan au bien et conservation
« des dictes églises, comme aussi pour entretenir les régle-
« mens par elle faitz, ordonne à la dicte assemblée de re-
« connoistre et faire enrégistrer le pouvoir et commission
« générale qu'elle luy auroit cy devant fait expédier et de faire
« agir en tout par son ordre et commandement, tant pour
« le dict secours que pour toutes autres affaires de guerre;
« ensemble pour distribuer les commissions particulières aux
« chefs qui seront par luy nommez; exhortant, ladicte As-
« semblée généralle, et néantmoins en vertu du pouvoir à
« elle donné par toutes lesdictes églises, enjoignant très
« expressement à toutes les villes, communautez, gouver-
« neurs, seigneurs, gentishommes, magistratz, consulz,
« chefs et capitaines de gens de guerre et tous autres faisans
« profession de la religion, en l'estendue desdictes provin-
« ces, de quelque condition et qualité qu'ilz soient, de re-
« connoistre et de faire aux résolutions de ladicte assemblée
« des quatre provinces; comme semblablement d'obéyr aux
« commandemens de M^r le duc de Rohan tant pour le fait de la
« guerre que des finances et toutes autres affaires qu'il jugera
« à propos pour le bien général desdictes églises, tout ainsi et
« avec pareille autorité que si par la dicte Assemblée générale
« en avoit esté décidé et arresté; le tout néantmoins à la charge
« de n'entendre à aucun traitté ny accommodement, sinon
« pour le bien général desdictes églises et de l'avis et autorité
« de la dicte Assemblée généralle, suivant et conformément
« aux réglemens; protestant icelle Assemblée généralle où
« l'occasion s'en présentera, de témoigner par toutes sortes
« de devoirs qu'elle n'a autre désir ne intention que de

« cercher, soubz la très humble subjection et obéissance
« deue à Sa Majesté, la paix de l'Estat, le repos et seureté
« desdictes églises, avec la liberté de leurs consciances soubz
« le bénéfice des édictz de Sa dite Majesté. »

Du 15. A esté fait une despesche en Angleterre, laquelle a esté baillée au s[r] Dehargues.

Sur ce qui a esté représenté par M[r] de La Taulle, touchant quelque difficultez et empeschemens qui lui auroient esté apportez en la perception du dixiesme qu'il lève pour l'Assemblée sur les prises faites en mer, ont esté nommez Mrs de Loubye, Hespérien et Savary pour aller tant au conseil de guerre que celuy de la maison de ville commune de ceste ville afin d'estre esclaircis du subject dudict empeschement.

Il a esté ordonné à M. Rifaut de payer au s[r] de Coustau, capitaine de l'une des compagnies estrangères entretenues en ceste ville, la somme de 28 livres, dont il a esté gratifié pour une prise par luy faitte, à quoy a esté satisfait par ledict s[r] Riffault.

Du 19. Mrs de Mirande, Pineau et Bardonain, députez du Corps de ville, bourgeois et habitans d'icelle, ont dit avoir charge de leur part, sur ce qui auroit esté représenté au conseil de la maison commune de la dicte ville par Mrs de Loubie, Hespérien et Savary, d'asseurer la Compagnie qu'ilz n'ont jamais eu intention de rien innover aux réglemens par elle faitz, soit pour le regard du dixiesme des prises qui appartient à la dicte Assemblée, ou autrement, mais de supplier seullement la Compagnie de voulloir ordonner que doresnavant les officiers de l'admirauté au jugement des prises travailleront gratuitement et sans prendre espices ; et que l'adjudication de celles qui ont esté faites par l'armée navalle se face par un seul réglement ; et que sur icelles le dixiesme de l'Assemblée ne se puisse prendre qu'après déduction sur la masse des frais dudict armement : sur quoy a esté arresté que les commissaires nommez par la Compagnie sur le fait de l'admirauté ne prendront doresnavant aucunes espices ne taxations en tout ce qui concernera la ville, et iceux exhortez, en tant que la justice le pourra permettre, de retrancher toutes sortes de longueurs au jugement desdictes prises; et, au regard du dixiesme, ladicte Assemblée entend qu'il se lève à l'accoustumée sur tout ce qui proviendra desdictes prises sans aucune distraction; et néantmoins consent que, pour le présent et tant que le bien du général le requérera, ladicte ville se réserve des vaisseaux, armes, victuailles et apparaux estans en iceux pour les partz et portions qui luy peuvent appartenir.

Lettres de M^r le duc de Rohan, escrites de Castres du 3 de ce mois, ont esté rendues à l'Assemblée à laquelle il donne advis de l'estat de la province et du secours qu'il a jetté dans Montauban.

Autres lectres du s^r Balot, escrittes de Saint-Anthonin, du premier septembre dernier, par lesquelles il demande confirmation de l'Assemblée de la charge de receveur suivant la nomination de M^r le duc de Rohan.

Du 20. Mandement à Mr Riffaut pour payer à Mr de Maleray la somme de 300 livres, laquelle il advoit advancée pour les affaires de l'Assemblée, par l'ordre des commissaires.

Deux lectres de M^r de La Chappelière rendues à l'Assemblée, escrites d'Amsterdam, l'une du 23 septembre, l'autre du 27.

Mandement à Mr Riffaut pour payer à Respide, dit le Béarnois, la somme de 18 livres, outre ce qu'il avoit desjà receu pour un voyage vers M. le duc de Rohan.

Du 21. Sera fait responce à M^r le duc de Rohan et icelluy prié de n'entendre à aucun traitté que pour le général et avec l'Assemblée.

Arresté pareillement qu'il sera escrit à M^r de La Force et à Mrs de Montauban et de Saint-Anthonin.

M^{rs} les députez de la Basse Guienne ont représenté que

leur province estant de présent destituée de leur chef et général pour l'absence de Mʳ de La Force, lequel est dans Montauban, néantmoins il se trouve dans la dicte province un bon nombre de noblesse et autres de toutes qualitez et conditions, lesquelz plains de bonne volonté désireroient de s'employer pour le bien, maintien et soutien desdictes églises; à ces causes requéroient l'Assemblée voulloir donner la charge et lieutenance générale de mondict sʳ de La Force en la dicte province à Mʳ le marquis de La Force son fils, et à Mʳ de Favas, lesquelz, comme ilz ont tousjours esté portez d'un singulier zèle et affection au général de nos églises, pourroient par leur crédit et autorité estre grandement utiles en la dicte province; sur quoy la Compagnie, après avoir entendu les protestations dudict sʳ de Favas de voulloir despendre entièrement des résolutions de l'Assemblée en ce qu'elle le jugera pouvoir servir, soit en ceste province ou en celle de La Basse Guienne, a loué et approuvé la proposition desdictz sieurs députez; et néantmoins pour entendre la volonté de mondit sʳ le marquis de La Force, a député Mʳˢ de Bessay, de Fretton, Hespérien et de La Grange, lesquelz sont aussi chargez de voir Mʳ le maire pour luy faire entendre ladicte proposition selon qu'il a esté requis par Mʳˢ les députez de La Rochelle à cause de la charge et lieutenance génerale en ceste province cy devant baillée audict sʳ de Favas, le tout que dessus par provision et jusques à ce qu'autrement y ait esté pourveu par ladicte Assemblée.

Du 22. Lesdictz sʳˢ de Bessay, de Freton, Hespérien et de La Grange, ayant fait leur rapport, a esté arresté que commission pour ladicte lieutenance générale en la Basse Guienne seroit expédiée à mondict sʳ le marquis et à Mʳ de Favas.

Lectres receues de Mʳ de La Chappellières, escrites d'Amsterdam du 14 Septembre.

Mandement à Mʳ Riffault pour payer à Mʳ Maleray la

somme de cinquante quatre livres pour le voiage de certains personnages vers M⁵ le duc de la Trimouille.

Du 25 octobre. Après l'invocation du nom de Dieu ont esté nommez par la pluralité des voix, suivant l'ordre estably : M⁵ de Saint-Bonnet, présidant; M⁵ Rosel, adjoinct; M⁵⁵ de La Grange et Menuau secrettaires. Ainsi signé : *Saint-Simon,* présidant, *Lignières,* adjoinct, *de La Goutte* secrettaire et *Rodil* secrettaire.

AU NOM DE DIEU

Continuation des actes de l'Assemblée générale des églises réformées de France et souveraineté de Béarn, tenant à La Rochelle.

Du Lundy 25 octobre 1621. Après l'invocation du nom de Dieu et par la pluralité des voix, suivant l'ordre estably au commencement de l'Assemblée, ont esté nommez pour la direction d'icelle durant le présent mois, commenceant ce jourd'huy : M⁵ de Saint-Bonnet pour présidant; M. Rosel adjoint, et M⁵⁵ de La Grange et Menuau secretaires.

M⁵⁵ de Saint-Simon, Lignières, de La Goutte et Rodil qui ont eu la direction de la dicte Assemblée au mois précédant ont esté louez et remerciez par la Compagnie du soing et affection qu'ilz ont tesmoigné à l'exercice de leurs charges.

Sur la proposition faitte par M⁵ des Ors, enseigne de la compagnie de gendarmes de M⁵ de Favas, à ce qu'en consi dération de M⁵ du Fouilloux, son beau frère, qui fait profession de la Religion et est de présent dans la ville de Montauban, il fust permis au receveur dudict s⁵ du Fouilloux de faire charger et emmener le sel, provenant de ses marais, en tel lieu qu'il advisera pour sa commodité ; l'Assemblée, faisant considération de ce que dessus, a ordonné que passeport sera expédié audict s^r du Fouilloux pour le sel provenant de son creu, dont la quantité sera mentionnée audict passeport, en payant les droitz à raison de 20 solz par chacun muid de sel suivant le premier réglement.

Du 26. Sur ce qui a esté remonstré par Pierre Fourchault, dit le capitaine Chantelouppe, maistre du navire nommé le Désir, de ceste ville de La Rochelle, du port de sept vingtz tonneaux, qu'ayant rencontré à la rade de la Palice un navire nommé le Compte, du port de 50 tonneaux, chargé de poisson, appartenant aux s^{rs} de Montagne et des Bords, marchands de la ville de Bordeaux, dont est maistre André du Lac, de La Tramblade, il se seroit saisy dudict navire et icelluy amené en ceste ville comme appartenant à gens de party contraire; requérant d'en estre advoué; la dite Assemblée, après avoir avoué la susdite prise faitte par le dict capitaine Chantelouppe, a ordonné qu'il se représentera avec le maistre et équipage dudict navire par luy pris par devant les commissaires de l'admirauté pour estre par eux jugé de la dicte prise selon qu'il appartiendra, et conformément aux réglemens sur ce faitz et dressez.

A esté ce jourd'huy receu lectres de l'assemblée du cercle tenant à Anduze, avec un extrait des actes de la dicte assemblée des 14 et dernier jours de septembre passé.

Du 27. A esté expédié mandement au s^r Rifault, trésorier et receveur général des deniers publics, de la somme de 45 livres, 8 solz, par luy paiez et débourcez, puis le premier jour du présent mois d'octobre jusqu'à présent, pour quelques voyages et autres menus fraitz faits de l'ordonnance de l'Assemblée, et pour le service du public laquelle somme luy sera allouée en ses comptes.

Sur la requeste faitte par Mr Guérineau, pasteur de l'église de Saint-Benoist en Poitou, tendant à ce que Mr Pierre Papot, estant de présent en ceste ville de La Rochelle, soit condemné de luy payer la somme de 280 livres dont il a déclaré estre redevable à Suzane Broussard, veuve de feu Mr Louis Beaufort, et Pierre Beaufort son filz, qui se sont rendus adjudicataires des biens dudict s^r Guérineau saisis en considération de ce qu'il s'est réfugié en ceste dicte ville à cause des présens troubles. L'Assemblée, en conséquence de la permission cy devant accordée audict s^r Guérineau de se pourvoir pour son desdommagement sur les biens desdictz Broussart et Beaufort, et veu la déclaration dudict Papot sur la sommation à luy faitte, a ordonné que ladicte somme de 280 livres sera deslivrée et mise ès mains dudict sieur Guérineau, et qu'à ce faire le dict Papot sera contraint par toutes voyes deues et raisonnables, mesmes par emprisonnement de sa personne, dont il demeurera vallablement deschargé partout où besoing sera.

Mrs Prou, de Laurière, et Portus, députez du Corps de ville et bourgeois de La Rochelle, estans venus de leur part en l'Assemblée, a esté advisé et résolu sur les propositions par eux faittes : premièrement qu'il sera expédié ampliation de pouvoir aux commissaires ordonnez pour la chambre de justice à ce qu'ilz connoissent des abus, concussions et malversations qui se sont commises et peuvent se commettre en l'administration des finances.

En après, qu'attendu les grands fraitz et despences par eux faites en l'armée navale et qu'il convient encore faire pour la garde des costes et pouvoir résister aux ennemis, la dicte Assemblée leur délaisse par forme de prest, et pour ceste fois seulement, le droit de dixiesme à elle appartenant sur les prises faites par ladicte armée navalle soubz l'estandart de l'admiral, sauf à s'en rembourcer cy après sur les autres prises qui se pourront faire ; et, pour le troisiesme que les commissaires establis sur le fait de l'admirauté jugeront et termineront les procès et différans concernans les susdites prises faites soubz l'estandart de l'admiral, et toutes autres qui concerneront le particulier de ladicte ville, gratis et sans en prendre aucun émolument, selon qu'il leur a esté cy-devant ordonné et qu'ilz ont jusques icy pratiqué. Et ont esté Mrs de Saint-Simon, Rival et de La Tour députez pour faire entendre au conseil de la maison de ville les susdites résolutions de l'Assemblée sur ce qui leur avoit esté représenté de leur part ; en suitte de quoy a esté dressé l'acte qui s'ensuit pour l'ampliation du pouvoir de la dicte Chambre de justice :

« Sur ce qui a esté représenté en l'Assemblée par les dep-
« putez de M^{rs} le maire, eschevins, pairs, bourgeois et habi-
« tans de cette ville de La Rochelle touchant l'ampliation du
« pouvoir cy devant attribué aux commissaires establiz sur
« le fait de la justice en la dicte ville, l'Assemblée, après
« meure délibération sur ce subject, a advisé et résolu que
« lesdictz commissaires pourront doresnavant connoistre des
« abus, concussions et malversations qui se sont commises
« et peuvent commettre cy après en l'administration des fi-
« nances publicques, pour en juger et décider sans appel et
« en dernier ressort, et tout ainsi que des autres cas et cho-
« ses dont leur a esté cy devant attribué la connoissance ; et
« ce, jusques à ce qu'il ait pleu à Dieu faire cesser le cours
« des présens troubles et remettre toutes choses en bonne
« paix et tranquilité soubz l'obéissance et service du Roy. »

Du 28. Mrs de Saint-Simon, Rival, et de La Tour ont fait rapport à l'Assemblée de la charge qui leur avoit esté donnée le jour précédant vers M^{rs} du conseil de la dicte ville, sur les propositions faites par les députez de leur part en ladicte Assemblée.

Sur ce qui a esté proposé que quelques particuliers désiroient avoir des commissions de l'Assemblée pour faire levée de gens de guerre, tant de cheval que de pied, pour le service des églises ; a esté résolu, conformément à ce qui en avoit esté cy devant délibéré, que les dictz particuliers se retireront par devers les chefs et généraux des provinces esquelles ilz peuvent servir; et d'autant que Mr de Soubize, chef et général establi ès provinces de Poitou, Xaintonge et Angoumois, ensemble M^{rs} le marquis de La Force et de Favas, lieutenans généraux en la Basse Guienne deçà et delà la Garonne, soubz M^r de La Force, chef et général en ladicte province, sont de présent en ceste ville, a esté advisé de les prier de la part de la dicte Assemblée d'y pourvoir et faire deslivrer lesdictes commissions à ceux qu'ilz en jugeront capables; et, qu'à cet effect, leur seront mise entre mains tel nombre que besoing sera pour les distribuer selon que les occasions s'en offriront.

Du 30. Sur la proposition faitte de la part de Mr de Soubize à ce que l'Assemblée voulust faire deslivrer quelque quantité de mousquetz et bandolières pour les soldatz nouvellement arrivez, et qui sont commandez de le suivre au voiage qu'il est prest de faire pour le service desdictes églises; l'Assemblée a ordonné que recerche sera faitte des lieux où il s'en pourra recouvrer par les s^{rs} Riffault et Rodil, à ce députez, pour en faire l'achapt et iceux distribuer au s^r de Brachetière, capitaine des gardes de mondit s^r de Soubize; mandant au dict s^r Rifaut, trésorier et receveur général des deniers du public, d'en faire le payement des deniers de sa charge qui luy sera allouée en despence en ses comptes.

A esté cejourd'huy receu lettre de M^r le conte de La Suze, escritte de St-Nicollas en Lorraine du vingt-cinq septembre.

Du dernier octobre. Mr de Soubize, ayant fait prier la Compagnie, extraordinairement assemblée, de voulloir donner congé à Mrs de Bessay, Fretton, députez pour la noblesse de Poitou et Bas Languedoc afin de l'accompagner au voiage qu'il est prest de faire pour le service des dictes églises où il estime qu'ilz le pourront grandement servir; l'Assemblée, faisant considération sur la demande et raisons de mondit sr de Soubize, a permis ausdictz srs de Bessay et Fretton de l'accompagner audict voiage, à la charge de retourner en la dicte Assemblée si tost que les affaires le réquerront, et qu'il leur sera enjoint pour le deu de leurs charges selon qu'ilz y sont obligez envers leurs provinces, ce qu'ilz ont promis de faire.

Mr de Soubize est venu en l'Assemblée l'advertir de son partement pour le dict voiage et protester de sa ferme résolution à ne se départir de l'union des églises non plus que des arrestz et ordonnances de la dicte Assemblée, dont il a esté loué et remercié. Après quoy Mrs de Loubie, de Lignière et de Montmezar ont esté députez vers mondit sr de Soubize pour luy faire les plus amples remerciementz et complimentz sur ce requis de la part de la dicte Assemblée.

Mrs le marquis de La Force et de Montpouillan estans pareillement venus en ladicte Assemblée pour l'advertir de leur partement pour le susdit voiage, et de leur inviolable résolution de demeurer ferme en l'observation de ses réglemens et arrestz, comme aussi en l'union géneralle de nos églises, dont ilz ont esté louez et remerciez et autres compliments sur ce requis; ont esté députez vers lesdictz srs Messieurs de Saint-Simon, Rostolan, et Guérin.

Mr de Favas, député général des églises réformées de France et souveraineté de Béarn, a représenté en ladicte Assemblée qu'ayant cy devant esté nommé par elle lieutenant général au gouvernement de La Rochelle et païs d'Aunis soubz l'autorité de Mr le maire et capitaine de la ville, il auroit esté advisé au conseil establi près ledict sr maire qu'il accompagneroit Mr de Soubize au susdit voiage; ce qu'il supplioit l'Assemblée vouloir agréer; protestant ne se départir jamais de ses résolutions et réglemens. Sur quoy la dicte Assemblée lui auroit permis de faire le dict voiage à condition de retourner en ville lorsqu'il luy sera ordonné par la dicte Assemblée et lors que les affaires le requerront; ce qu'il a promis de faire.

Du 1 Novembre.

En suite de l'arresté du 29 Octobre dernier, ont esté ce jourdhuy deslivrées à Mrs de Soubize et marquis de La Force les pouvoirs et commissions de ladicte Assemblée pour les distribuer à ceux qu'ilz jugeront capables de pouvoir servir dans les provinces dont ilz ont la charge; comme aussi ont esté deslivrées à M^r le marquis la commission de lieutenant général en la Basse Guienne deça la Garonne avec le pouvoir pour la levée des deniers en la dicte province; et a Mr de Favas pareille commission de lieutenant général en la dicte province delà La Garonne, avec le pouvoir pour levée de deniers soubz l'otorité de M^r de La Force, chef et général en la dicte province de Basse Guienne; lesdictes deux commissions par provision seullement, et jusques à ce que par la dicte Assemblée en ait esté autrement ordonné.

Mrs Favier, de La Milletière, et Rodil ont esté ce jour d'huy nommez pour assister en la chambre de justice, suivant le réglement; et a esté ledict sieur de Milletière dispensé de vacquer en ladicte chambre de justice jusqu'après le jugement du procès criminel commencé à instruire contre le nommé Bigot; au lieu duquel et pour parfaire le nombre de trois du corps de l'Assemblée, Mr Savary qui a servy le mois précédant, a esté prié d'assister au jugement du dict procès, ce qu'il a promis; et pour cet effect a esté continué tant pour ceste affaire qu'autres qui se pourront présenter jusques au 13 du présent mois.

Du 2. A esté ce jourd'huy fait response à M^rs de l'assemblée du cercle tenant à Anduze; comme pareillement a esté escrit à M^r le duc de Rohan, à M^r de La Force et à Mrs de Montauban, suivant l'adresse donnée par Mr Guérin, l'un des députez du Haut Languedoc; a esté pareillement fait responce à la lectre reçeue de M⁰ le conte de La Suze qu'il prioit faire tenir à mon dit sieur le duc de Rohan.

Du 3 Novembre. M⁰ˢ de Mitois, de Loubie, de Beauchamp, Milletière et Guérin, sont nommez pour assister durant le présent mois au conseil de guerre estably près M⁰ le maire de La Rochelle.

Du 4. A esté ce jourd'huy expédié mandement à M⁰ Riffaut, trésorier et receveur général des deniers du public, de la somme de 594 livres 18 solz pour l'achapt de 60 mousquetz deslivrez par ordonnance de l'Assemblée au sieur de La Brachetière, capitaine des gardes de M⁰ de Soubize, suivant le résultat du 30 octobre dernier passé.

Du 5. M⁰ˢ de Soubize et marquis de La Force ayans, pour quelques considérations, différé leurs voiages, ont esté priez de se trouver en l'Assemblée pour y donner leurs voix et suffrages sur les affaires d'importance qui se présentent.

Sur les lectres receues de M⁰ Théobon St Angel, escrittes de Saincte-Foy du 29 Octobre dernier passé, par lesquelles il donne advis de ce qui se passe en la province de Basse Guienne, et que la dicte ville de Saincte-Foy et plusieurs personnes de qualitez se sont joinctz et unis avec luy en résolution de s'opposer à la viollance et persécution toute ouverte des ennemis de nostre religion, demandant d'en estre advouez et autorisez; l'Assemblée, louant et approuvant grandement le zèle et affection dudit sieur de Téobon et de tous ceux qui se sont joinctz et armez avec luy, tant de ladicte ville de Sainte-Foy qu'autres, a approuvé et autorisé ladicte levée et prise d'armes comme faites pour le bien et conservation de nos églises; les exhortant de continuer et s'opposer en tout ce qui sera de leur pouvoir à la viollance et oppression desdictz ennemis et se conformer, en tant qu'il sera possible, aux ordres et réglements de ladicte Assemblée.

Et sur ce que le dict s^r Théobon requiert d'estre assisté d'armes, canons, poudres et autres munitions de guerre, selon qu'il en a aussi escrit à M^{rs} de ceste ville de La Rochelle; l'Assemblée a député vers lesdictz sieurs Mrs de Lescun, Hespérien, et de La Tour pour se joindre à la prière dudict s^r Théobon et les exhorter de luy départir toute l'assistance qui leur sera possible, selon qu'ilz en peuvent connoistre l'importance, tant au général de nos affaires qu'au particulier de la dicte ville; mesme de faire promptement une despesche à leurs députez en Holande et Angleterre à ce qu'ilz traittent avec quelques marchands pour faire venir en ceste dicte ville quantité d'armes et de munitions de guerre, pour en fournir tant en la province de la Basse Guienne que ailleurs où il en sera besoing, selon que l'Assemblée en escrit à ses députez esdictz pais pour y travailler conjoinctement.

Les députez de la Basse Guienne se sont de plus chargez de faire recerche chez les particuliers marchands de ceste ville, pour recouvrer ce qui se pourra d'armes et poudres, afin de les faire tenir au plus tost en la dicte province qui en est entièrement desgarnie.

Sur la demande dudict s^r Théobon de faire promptement acheminer M^r le marquis de La Force en la dicte province de la Basse Guienne pour les assister et secourir en l'estat où ilz sont de présent; l'Assemblée, eu esgard au pouvoir qu'elle a depuis peu décerné à mondit s^r le marquis de lieutenant général en ladicte province, le prie de s'acheminer au plus tost que la commodité et seureté s'en pourra rencontrer, dont elle se remet en sa prudence et bonne volonté; ce qu'il a promis de faire.

A esté escrit à M^r de La Forest, commandant pour M^r le duc de Bouillon dans Castillon, en la Basse Guienne, pour l'exhorter de se joindre à ceux qui ont autorité et commandement en la dicte province et despendre des résolutions de l'Assemblée, selon le voulloir et intention de Mr de Bouillon.

Et sur l'instance dudict s^r Téobon, par ses lettres aux députez de la dite province, qu'attendu la dissipation du conseil estably en icelle, il soit pourveu d'y en nommer et establir un autre qui soit autorisé par la dicte Assemblée ; a esté advisé de remettre l'establissement dudict conseil à l'arrivée dudict s^r marquis en la province, pour cy estre pourveu selon sa prudence et conformément aux réglementz.

A esté fait response audict s^r de Théobon sur le subject de ladite despesche et suivant les résultats cy dessus, et escrit par mesme moien à M^{rs} les consuls de Sainte-Foy pour les exhorter à continuer en leur zèle et bonne volonté à la conservation de la dicte ville et de la province.

Du 6 Novembre. Sur la proposition de recouvrer un fonds pour l'achapt et paiement des armes, poudres, et autres munitions nécessaires, tant pour ceste ville qu'autres lieux et places où il en sera besoing, suivant la députation faitte vers M^{rs} du conseil de ceste ville ; a esté advisé de nommer quelqu'un de la Compagnie pour en conférer et résoudre avec ceux qui seront nommez de la part de ladicte ville ; et à ceste fin ont esté députéz Mrs de Saint-Simon, Maleray et Rodil.

A esté expédié mandement à Mr Rifault de la somme de 20 livres 4 sol, ordonnée à Cousineau, huissier de l'Assemblée, tant pour ses gages du mois d'octobre dernier qu'autres menus fraitz pour le service de la dicte Assemblée.

Du 8. Sur le pouvoir requis à l'Assemblée par M^{rs} les maire, eschevins, pairs, bourgeois, et habitans de ceste ville de La Rochelle pour lez commissaires qu'on désire envoyer en l'isle d'Oleron, afin de se saisir de tous les bledz, vins, sel et autres fruitz estans en la dicte isle et iceux faire amener en ceste dicte ville ; a esté advisé d'en communiquer avec Mr de Soubize, gouverneur et général en la province de

Xaintonge; et, pour ce, ont esté nommez, Mʳˢ Clémanceau et Guérin avec Mʳˢ de Saint-Simon et de Lagrange députéz de la dicte province.

Du 9. Les députez de la province de Xaintonge ont requis la Compagnie de voulloir insister au conseil de guerre estably près Mʳ le maire, à ce qu'en traittant de la délivrance des prisonniers prins par l'armée navale et autres, on eust esgard de pourvoir à ce que Mʳ Du Parc d'Archiac, arresté il y a quelque temps, en Brouage, où il estoit allé soubz la lectre et parolle de Mʳ de Potonville, lieutenant de Mʳ de Saint-Luc audict Brouage, fust remis en liberté; sur quoy Mʳˢ de Saint Simon et Guérin ont esté députez audict conseil, auquel il a esté fait acte de la dicte instance et ordonné que lesdictz prisonniers ne seroient point eslargis que premièrement le dict sʳ Du Parc d'Archiac ne fust remis en liberté, ne pouvant estre arresté comme prisonnier de guerre.

Mʳ de La Taule, commissaire député par l'Assemblée pour le recouvrement des droitz du dixiesme ordonné par les réglements estre levé sur les prises et marchandises jugées en l'admirauté, ayant fait plainte qu'il ne pouvoit retirer entièrement ce qui estoit des droitz de ladicte prise du poisson, faitte par le capitaine Jauneau, en vertu du congé de l'Assemblée, pour beaucoup de difficultez sur ce intervenues; a esté advisé que ledict sʳ de La Taule prendra ce qui se trouve maintenant en nature desditz droitz, sauf à répéter le surplus contre le dict Jeauneau.

Et sur la remonstrance faitte par le dict sʳ de La Taulle que, par les jugemens des commissaires de l'admirauté sur la vente des cuirs de la prise du capitaine Thibault, il a esté dit qu'ilz seront venduz avec les submissions d'en faire restitution au cas qu'il feust cy après ordonné; l'Assemblée a arresté que lesdictz cuirs seront vendus et les deniers en provenans pour le droit du public mis ès mains du trésorier et receveur général desdictz deniers, à condition que si la dicte restitution est cy après ordonnée tant ledict de La Taule que le dict trésorier, en seront desdommagez et vallablement deschargez par la dicte Assemblée.

Du 10. Mrs de Lescun, d'Hespérien, et de La Tour ont fait rapport de leur députtation vers M^{rs} du conseil de ville touchant les armes, poudres et autres munitions de guerre demandées par la province de la Basse Guienne, suivant la despesche de Mr Théobon, et ont donné espérance de quelque assistance de la part desdictz sieurs.

Du 11. Mr de Lignières, l'un des députez de la province de la Haute Guienne et Haut Languedoc, ayant demandé congé de se retirer en sa maison, à cause de la maladie dont il est de longtemps detenu, qui le rend inutile à pouvoir servir ; et qu'il pleust à l'Assemblée, attendu son incommodité et qu'il n'a rien receu du tout de sa province depuis qu'il en est party, luy voulloir faire deslivrer quelque somme, tant pour payer ce qu'il doit en ceste ville que pour les fraitz de son voiage ; comme aussi de le voulloir comprendre en la distribution qui se pourra faire à la fin de l'Assemblée des deniers qui seront ordonnez pour le deffray d'icelle ; a esté accordé, eu esgard à l'indisposition toute notoire dudict sieur Lignière, qu'il se pourra retirer lorsqu'il en trouvera la commodité ; à condition, néantmoins, de faire venir un autre députté de sa province en sa place, si sa santé ne luy permet de retourner ; et que, tant pour subvenir à ce qu'il doit que pour les fraitz de son voiage, Mr Rifault, trésorier et receveur général des deniers du public, luy deslivrera la somme de 150 livres en déduction de ce qui luy est ordonné par sa province ; et pour le regard de la distribution qui se pourra faire cy après pour le deffray de la dicte Assemblée, sera pourveu audicts^r de Lignières comme aux autres députez, et ce, à raison du temps qu'il aura séjourné en icelle.

Sur ce qui a esté représenté en l'Assemblée par le capitaine Corbeau, de Lodun, réfugié en ceste ville de La Rochelle à cause des présentz troubles ; que s'estant trouvé au combat fait contre les ennemis près le lieu de Thadon, le 11 Septembre dernier, il auroit, entre autres blessures, reçeu un coup d'espée sur le costé gauche de la tête qui lui coupa un bout de l'oreille, et un autre sur le poignet du bras gauche qui luy couppa tout-à-fait la main laquelle il ramassa à l'instant, tellement qu'il est a présent réduit à se servir d'une main de fer ; requérant la Compagnie luy voulloir faire deslivrer attestation comme il a receu lesdictes blessures en lieu d'honneur et pour une si juste cause en laquelle il désire employer le reste de ses jours pour la gloire de Dieu et service de ses églises ; ladicte Assemblée ayant très bonne connoissance de la piété, zèle, et bonne affection dudict Corbeau, estant aussi très bien informée du bon devoir par luy rendu audict combat de Tadon, où il a perdu la main, a estimé ne luy pouvoir desnier le tesmoignage de ceste généreuse action, et, en oultre, le gratifier d'une main de fer au lieu de la sienne, ayant à ceste fin nommé Mrs Menuau et Guérin, députez en la dicte Assemblée, pour prendre le soing de faire faire la dicte main de fer et icelle deslivrer audict Corbeau de la part de la dicte Assemblée ; laquelle ordonne à Mr Riffault, trésorier et receveur général des deniers du public, de payer ce qui sera pour ce nécessaire, dont il demeurera deschargé en la despence de ses comptes en vertu du présent acte et de la certification desdictz s^{rs} Menuau et Guérin.

Du 12. Mrs de Beaupreau et Tolé sont venus de la part de Mrs du Corps de ville et bourgeois de La Rochelle pour représenter à la Compagnie ce qui s'est passé à la descente de l'isle d'Oleron, l'estat d'icelle et qu'il est besoing d'y apporter promptement l'ordre et réglement nécessaire suivant le pouvoir et commission que M^r le maire en a fait représenter à l'Assemblée pour l'otoriser.

Ce jourd'huy ont esté receues lectres de Mr de Soubize, par

— 200 —

lè s^r Mercier, donnant advis de ce qui s'est passé à la descente en l'isle d'Oleron et suppliant la Compagnie de faire instance envers M^{rs} de la ville de La Rochelle pour faire promptement avancer les vaisseaux destinez pour bouscher le havre de Brouage; sur quoy Mrs de Loubie, Guérin et Montmezar ont esté députez vers M^r le maire et le conseil de guerre et ont rapporté qu'on y feroit toutes les diligences possibles.

Mr de Soubize a escrit lectres de créance par le s^r de Moulins qui a fait plus particulièrement entendre à l'Assemblée l'estat de l'isle d'Oleron à quoy il est besoing de pourvoir; ayant aussi apporté lectre de mondit s^r à M^{rs} de la ville de La Rochelle; sur quoy l'Assemblée, ayant mis en délibération, a député vers lesdictz sieurs au conseil de la ville pour leur faire entendre ce qu'elle avoit résolu en ses affaires et leur porter le pouvoir pour la direction et conduite d'icelle en la dicte isle en la forme qu'elle l'a estimé convenable, conformément à l'ordre et réglemens cy devant dressez en ladicte Assemblée qui a nommé pour cet effect Mrs Favier, Hespérien et Lagrange.

Le mesme jour a esté fait responce à Mr de Soubize, ensemble à M^r le marquis de La Force qui avoit pareillement escrit à l'Assemblée, laquelle a aussi escrit à Mr de Favas, se plaignant de n'avoir rien receu de luy depuis son despart de la dicte ville, et de ce qu'il avoit esté rapporté qu'il agissoit en vertu d'autres commissions que celles de la dicte Assemblée; sur quoy il estoit exhorté de se conformer aux réglemens d'icelle et d'apporter tout ce qui pouvoit despendre de luy pour l'establissement d'un ordre en la dicte ile d'Oleron, selon qu'on se promettoit de sa prudence et bonne affection au bien de nos églises.

Et pour l'establissemment dudict ordre et réglement ont esté députez vers mondit s^r de Soubize en la dicte isle d'Oleron Mrs de Mitois, Hespérien et Guérin afin qu'avec mondit sr et les autres seigneurs et gentishommes et chefs estans en la dicte isle et du gré et du consentement de Mrs de la Rochelle (ausquelz le gouvernement de la dicte isle a esté délaissé par mondit sr de Soubize et confirmé par la dicte Assemblée) lesquelz y desputent aussi en mesme temps, ilz pourvoient à ce que toutes choses se passent en la forme et manière requise et nécessaire pour le bien et utilité desdictes églises et de la ville de La Rochelle en particulier, selon les instructions qui leur en ont esté baillées.

Du 15. Sur ce qui a esté représenté en l'Assemblée touchant la difficulté qui se rencontre entre le conseil de guerre establi près la personne de Mr le maire et capitaine de ceste ville de La Rochelle et le conseil ordonné pour le fait de la justice, à raison de l'affaire et jugement concernant l'évasion du sr du Harmel prisonnier de guerre estant reservé en la tour de Saint-Nicolas de ceste dicte ville; ladicte Compagnie, pour bonnes considérations, mesmes qu'au fait de la dicte évasion il se peut trouver du crime de trahison et conspiration contre la ville, dont la connoissance est particulièrement attribuée audict conseil de justice, a renvoyé et renvoye la connoissance de ladicte affaire et toutes autres de pareille nature par devant ledict conseil de justice pour en juger et décider en dernier ressort, et sans appel, comme de toutes autres causes et affaires desquelles ilz ont pouvoir de connoistre.

Sur l'advis du décedz arrivé cejourd'huy de feu Mr Allain, l'un des députez de la province de Normandie, la Compagnie désirant pourvoir avec honneur et convenablement à sa sépulture a député Mrs Ducré et Savary pour y donner l'ordre et, par mesme moien, faire sceller et serrer les papiers, meubles, et hardes du deffunt jusqu'à ce que Mr de Mitois son collègue, estant de retour de la depputation où il est de présent, on pourvoye à en faire inventaire selon qu'il sera jugé à propos.

Mrs Rodil et Casaubon ont esté pareillement députez pour prier M^r le maire de la part de l'Assemblée et faire prier M^rs les échevins, ceux du présidial et autres personnes qualifiées, d'assister à l'enterrement. Mrs de Maleray, La Grange, Menuau et Riffault ont esté nommez pour porter le drap.

Du 16. Ce jour, à l'issue du presche, l'Assemblée en corps a assisté à la sépulture dudict feu sieur Allain avec M^r le maire, M^rs du présidial, et eschevins, pairs et bourgeois de la dicte ville de La Rochelle et autres personnes notables.

Du 17. Sur la requisition faitte de la part de M^r de La Cloche, député de l'Isle de France, d'estre assisté de quelque somme afin de subvenir à sa despense, attendu son indisposition et maladie ; a esté ordonné qu'il luy sera payé par Mr Riffaut, trésorier des deniers du public, la somme de 75 livres, attendant la première distribution qui se pourra faire en ladicte Assemblée, et, ce en considération de la maladie et indisposition dudict s^r La Cloche.

Du 20. A esté receu lectres de Mrs de Couvrelles, Banage et d'Espinay, députez vers le sérénissime Roy de la Grand Bretagne, avec une lectre de change de 936 livres tirée par les dictz sieurs Couvrelles et Banage sur Mr Maleray et paiable à quinze jours de veue à Mr Taleman, l'un des pairs de ceste ville, pour pareille somme receue par lesdictz s^rs députez du s^r Sauvage, à Londres ; laquelle somme l'Assemblée a ordonné estre payée et acquittée par Mr Rifault, trésorier et receveur général des deniers du public, qui luy sera allouée en la despence de ses comptes.

A esté pareillement ordonné audict s^r Riffault d'acquitter une autre partie de 124 livres, 16 solz audict s^r Talman pour pareille somme particulièrement fournie à M^r d'Espinay, l'un desdictz desputez, par les s^rs Sauvage et de Boquigny, à Londres, suivant sa lectre de change du 7 octobre dernier, rapportant laquelle endossée du payement fait audict s^r Talman, ladicte somme sera allouée en la despence des comptes dudict s^r Riffault.

Du 22. Mr de Saint-Simon a esté nommé à l'audition des comptes de M^r de La Taule, commis par l'Assemblée à la recepte des droitz et marchandises provenans des prises adjugées par l'admirauté, pour y vacquer avec Mrs Rival et de La Grange cy devant nommez, et ce, à cause de l'absence de Mr de Mitois aussy cy-devant nommé.

Mr Hespérien, l'un des députez de l'Assemblée en l'isle d'Oleron vers Mr de Soubize, est retourné avec lectres de Mrs de Mitois et Guérin, ses collègues, portant créance qu'il a exposée à la Compagnie et représenté l'estat des affaires en la dicte isle.

Sur ce qui a esté représenté en l'Assemblée par le sieur de la Jargue, envoyé de la part de Mr de Savignac d'Ainesse, touchant ce qui s'est passé en la province de la Basse Guienne en la reprise des armes et actes d'hostilité qui s'en sont ensuivis, requérant d'en estre advoué et d'avoir retraitte pour la seureté de sa personne en quelqu'une des places tenant le party des églises; la Compagnie, ayant mis l'affaire en délibération et ouy sur ce les desputez de la province, en conséquence de l'adveu cy devant accordé à Mr de Théobon sur la dicte reprise des armes en ceste province, a pareillement advoué et advoue ledict s^r de Savignac d'Ainesse en la prise des armes par luy faites pour le service des églises, comme pareillement tous ceux qui l'ont assisté, ensemble de tous les actes d'hostilité qui se sont passez en suitte d'icelle : et, pour le regard de la place de seureté et retraitte requise par le dict s^r de Savignac, en sera escrit à M^r le marquis de La Force, lieutenant général, et au conseil de la province pour tenir la main à la seureté du dict s^r de Savignac et donner advis à l'Assemblée en quelle place il pourra estre accommodé afin d'y estre pourveu selon qu'il appartiendra.

M⁰ de Moulinet a aussi, ledict jour, présenté à l'Assemblée lettres de M⁰ de Soubize et exposé sa créance sur ce qui se passa en l'isle d'Oleron, et deslivré coppies des articles envoyez et signez par mondit s⁰ de Soubize sur ce subject; sur quoy les députez de La Rochelle ayans esté chargez de communiquer lesdictes lectres et articles apportées par lesdictz s⁰ˢ Hespérien et Moulinet à M⁰ le maire, eschevins, pairs et bourgeois de la dicte ville assemblez au conseil d'icelle, a esté, sur leur responce, fait nomination des personnes de M⁰ˢ de St-Bonnet, Loubie, Favier, Roussel, Hespérien, Maleray, Miletière et de La Grange pour traiter avec les députez de la part de la dicte ville sur ce qui concerne les affaires de la dicte isle d'Oleron.

Du 23. A esté advisé d'escrire à M⁰ de La Force et à M⁰ˢ de Montauban, comme pareillement à M⁰ le duc de Rohan et à Monsieur l'ambassadeur d'Angleterre par le dict sieur de La Fargue, envoyé de la part de M⁰ de Savignac d'Ainesse, avec adresse à M⁰ le marquis de La Force pour le prier d'envoyer quelqu'un des siens porter lesdictes lectres et en envoyer la responce à l'Assemblée.

Du 24. Sur ce que M⁰ Riffaut a représenté qu'il a cy devant, et dès le quatriesme Aoust dernier, payé à deffunt M⁰ Allain la somme de 60 livres en déduction des droitz attribués à sa charge de controlleur général des finances à laquelle il auroit esté nommé par l'Assemblée, ainsi qu'il appert par la quittance dudict Allain; il est ordonné que la dicte somme sera allouée en la despence des comptes dudict s⁰ Riffaut en contre de la présente et de la dicte quittance.

A esté ordonné que la veuve de feu Lebrodeur, messager, lequel, ayant cy devant esté envoyé par l'Assemblée vers M⁰ le duc de Rohan, auroit esté pris des troupes de M⁰ le duc d'Espernon qui l'auroit fait mourir à La Jarrie, sera payée de la somme de 30 livres restant de 60 livres promis audict feu Brodeur pour son voiage, dont a esté expédié mandement à Mʳ Riffaut, trésorier général des deniers du public.

Ce jourdhuy a esté receu lectres de Mʳ de La Force, escrites de Montauban du 10 du présent mois de Novembre, par le sʳ de Jonas envoyé exprès et qui a représenté particulièrement à l'Assemblée ce qui s'est passé au siège dudict Montauban, et l'estat auquel est de présent ladicte place; ayant pareillement apporté lectres de Mʳ le marquis de La Force donnant advis de son arrivée à Sainte-Foy.

A esté, ce mesme jour, receu lettres de Mʳ de Théobon-St-Angel, gouverneur de Saincte-Foy, portant créance sur le sieur Geniste qui a représenté à l'Assemblée l'estat de la province de la Basse Guienne.

Le dict jour a esté expédié commission et pouvoir de l'Assemblée au sieur Huet, l'un des pairs de la présente ville, pour l'exercice de la charge de prévost des bandes en l'isle d'Oleron soubz l'autorité de Mʳ de Soubize, gouverneur, chef et général en la dicte province de Xaintonge de laquelle despend la dicte isle; portant aussi la dicte commission pouvoir à un assesseur de robe longue, un lieutenant dudict prévost, un procureur desdictes églises et un greffier pour servir avec le dict prévost, tous lesquelz sont renvoyez à mon dit sʳ de Soubize pour luy prester le serment et estre par son commandement instalez en l'exercice de leurs dites charges.

Les articles concernant le réglement des affaires en l'isle d'Oleron ayans esté représentez en l'Assemblée par les commissaires a ce députez, ont été veus, leus et agréez par la dicte Assemblée, et deux coppies d'iceux signez de Mʳˢ le présidant, adjoint, et secrétaires mises entre les mains de Mʳ Hespérien, renvoyé en la dicte isle, pour en deslivrer l'une à mon dict sʳ de Soubize et l'autre à Mʳ de Favas afin de s'y conformer et les faire observer suivant la résolution de la dicte Assemblée.

Du 25. Mʳˢ Thevenin et Bardonnin, députez du Corps de la ville, bourgeois et habitans de La Rochelle, sont venus en l'Assemblée pour représenter les grandes despences faites par la dicte ville pour l'équipage de leur armée navale et descente en l'isle d'Oleron ; si bien qu'ilz ne pouvoient consentir que le dixiesme denier destiné pour les affaires publicques, suivant les réglemens, fust pris sur les fruitz provenans de la dicte isle dont ilz désiroient disposer entièrement pour le remboursement de leurs ditz frais et despences. Sur quoy l'Assemblée leur a déclaré qu'elle ne se pouvoit départir de ce qui avoit esté arresté pour ce regard entre les commissaires par elle députez et ceux desdictz Corps de ville et bourgeois conformément aux réglemens généraux ausquelz elle n'entendoit aucunement déroger.

Cejourdhuy, suivant le réglement observé dès le commencement de l'Assemblée, a esté fait changement de ceux qui en avoient la conduitte et modération, ayans esté nommez pour le mois commanceant ce jourd'huy : Mʳ de Saint-Simon, président ; Mʳ de Guérin, adjoint ; et Mʳˢ de Maleray et Savary secrétaires, lesquelz sont en l'instant entrez en la possession et exercices de leurs charges ; ainsi signé : *Sᵗ-Bonnet* président, *Roussel* adjoint, *de La Grange* secrettaire et *Menuau* secrettaire.

AU NOM DE DIEU.

Continuation des actes de l'Assemblée géneralle des églises réformées de France et souveraineté de Béarn.

Du 25 Novembre 1621. Après l'invocation du nom de Dieu, Mʳ de Sᵗ-Simon a esté choisy et esleu par la pluralité des voix pour estre président, Mʳ Guérin pour adjoint et Mʳˢ Maleray et Savary secrétaires.

L'Assemblée ayant travaillé de tout son pouvoir aux accommodemens des différens survenus en l'isle d'Oleron et dont elle auroit convenü par ses commissaires avec ceux de M⁽ʳˢ⁾ du Corps de ville, pairs et bourgeois; lesquels n'auroient voulu, nonobstant l'accord, en signer les articles ; la dicte Assemblée a jugé estre nécessaire de le faire entendre à M⁽ʳ⁾ le maire, par M⁽ʳ⁾ Hespérien, qu'elle a signé lesdictz accordz et que ledict s⁽ʳ⁾ Hespérien partira demain pour les porter et faire exécuter en la dicte isle d'Oleron ; lequel s⁽ʳ⁾ Hespérien est aussi prié de faire le semblable, suivant ce qui auroit esté accordé par les commissaires, et protester de la part de ceste Compagnie que s'il en arrive du mal il ne luy en puisse rien estre imputé.

Du 26. M⁽ʳ⁾ de Soubize a escrit à la Compagnie la priant luy vouloir accorder quatre cens de poudres, autant de balles de plomb et huit cens brasses de mesche ; la dicte Compagnie, désirant en tout ce qu'elle pourra donner contentement à mondit s⁽ʳ⁾ de Soubize, a chargé le s⁽ʳ⁾ Maleray de faire toutes dilligences pour achetter les choses sus mentionnées, pour les envoyer au plustost à mondit s⁽ʳ⁾ de Soubize.

Sur ce qui a esté représenté par le s⁽ʳ⁾ Geneste, de la part de M⁽ʳ⁾ de Théobon gouverneur de la ville de Sainte-Foy, l'Assemblée a jugé à propos d'escrire à M⁽ʳˢ⁾ les marquis de Théobon et de La Force pour leur faire entendre le contentement qu'elle reçoit, apprenant leur bonne intelligence et ferme résolution à s'opposer à l'oppression de l'église ; accordant dès à présent au dict s⁽ʳ⁾ Théobon la direction du colloque du Bas Agénois en ce qui est au deçà la rivière de Garonne pour en jouir aussi tost qu'il plaira à Dieu donner à M⁽ʳ⁾ le marquis de La Force une retraitte assurée hors d'icelluy.

Congé a esté octroyé à M⁽ʳ⁾ de Lescun pour aller jusques en la Basse Guienne pour tascher à mettre ordre à ses affaires, à la charge de retourner quand il sera mandé ou qu'il le pourra.

Du 27. Le s^r Joas, envoyé de Montauban par M^r de La Force, ayant fait entendre à l'Assemblée qu'il auroit esté volé par les chemins et n'avoir moien de s'en retourner pour n'avoir ny cheval, ny argent; la Compagnie a ordonné à Mr Rifault, trésorier, de bailler audict s^r Joas la somme de 90 livres.

Mr de Soubize ayant requis l'Assemblée de luy voulloir donner des provisions de maréchal de camp, l'une pour Mr de Bessay, et l'autre pour Mr de Freton, pour exercer lesdictes charges soubz son autorité et en ses despartemens; la Compagnie a accordé lesdictes provisions, et ont esté deslivrées au s^r d'Oviliers *(sic)* envoyé par Mr de Soubize.

Il a esté jugé à propos d'escrire à Mrs de Rohan, de La Force, d'Orval, et à la ville de Montauban pour leur faire entendre le contentement que l'Assemblée a receu apprenant le lévement du siége de Montauban, et leur donner aussi advis de l'estat des affaires de deça.

Lectres de Mrs de Couvrelles, Banage et d'Espinay, députez en Angleterre, ont esté rendues à l'Assemblée, les unes du 15 septembre, et les autres des 3 et 6 novembre.

Autres lectres escrites à l'Assemblée par M^r de La Force, du 12 de ce mois de novembre, portant créance revenant à la nouvelle de la levée du siége de Montauban.

M^rs les maire, eschevins, pairs, bourgeois et habitans de La Rochelle ont représenté à l'Assemblée, par la bouche de M^r le président du présidial de ceste ville, la nécessité présente de leurs affaires et la grande despence de leur armée navale; priant la Compagnie ne voulloir prendre aucun droit sur le butin de l'isle d'Oleron que préalablement les fraitz de la dicte armée navale ne soient desduitz et défalquez; la dicte Assemblée, désirant en toutes occasions tesmoigner le désir qu'elle a de subvenir, en tant qu'en elle est, aux fraitz de la ville de La Rochelle, a accordé à la dicte ville la moitié du dixiesme qui luy appartient dudict butin de la dicte isle, et ainsi se contenter du vingtiesme sans tirer à conséquence toutes fois pour tous les autres butins.

Du 29. Il est ordonné au s^r Riffaut de payer au sieur Maleray la somme de 364 livres qu'il auroit advancée pour 400 livres de poudre et 400 livres de plomb et 800 brasses de mesche, accordées à Mr de Soubize et deslivrées au dict sieur d'Auvillière, envoyé de sa part. l'Assemblée, considérant les grandz fraitz qui luy convient faire pour l'entretien de ses députez en Angleterre et Holande, a trouvé bon de rappeler Mrs de la Chappellière, Banage et d'Espinay et laisser Mr de Couvrelles en Angleterre et M^r de La Milletière en Holande tant et si longuement que l'Assemblée le jugera à propos.

Du 30. Cejourd'huy a esté arresté un cahier de menus fraitz faictz par Mr Riffault, revenant à la somme de 34 livres, 5 solz, 6 deniers.

Du premier Décembre.

Sur la réquisition faitte par M^r le président du présidial et Mr Bernardeau, envoyez vers ceste Compagnie de la part des maire, eschevins, pairs, bourgeois et habitans de ceste ville, tendant, comme autres fois, à ce qu'il luy plaise voulloir se départir des droitz qu'elle prétend sur le butin de l'isle d'Oleron, lequel en tout cas ne doit estre pris par l'Assemblée que les fraitz de l'armée navalle et autres gens de guerre ne soient préalablement pris; offrant en ce cas de bailler sur le restant dudict butin, non pas seullement le dixiesme, mais toute telle autre portion qu'il plaira à l'Assemblée; ladicte Assemblée a remis la délibération et résolution de cette affaire au retour de Mrs de Mitois, Hespérien et Guérin qu'elle a cy devant envoyez en l'isle d'Oleron.

M^r de La Goutte, l'un des députez de La Rochelle en ladicte Assemblée, tant en son nom qu'aussi de damoiselle

Marthe de Puissary, sa femme, et damoiselle Marthe Guibert veuve de deffunt Mʳ François Prévost, conseiller au siége présidial de ceste ville, et pour Charles Coulon, escuier, sieur des Voliers, comme curateur des enfans de deffunt Pierre Coullon et damoiselle Jehanne Guibert, a fait entendre à la Compagnie qu'estant les dessusditz propriétaires et possesseurs par commun et indivis de certains marais salans, avec autres dommaines, situez en la paroisse de Dolus en l'isle d'Oleron, le nommé Marchis, l'un des capitaines de Brouage, soy disant avoir pouvoir et commission de Mʳ de St-Luc de s'emparer des biens de ceux de la Religion en la dicte isle, auroit levé et emporté tout le sel qui s'y seroit fait la présente année sur les marais, appartenant aux dessusditz, jusqu'au nombre de quarente ou cinquante muids; et outre se seroit fait payer par le fermier des autres domaines des deniers de la ferme, dont il auroit baillé acquit; et d'autant qu'ilz ont advis que ledit Marchis a laissé en ladicte isle nombre de sel, bledz, vins et autres fruitz et meubles, entre lesquelz sont ceux desditz de La Goutte, Coulon, et Guibert, et qu'il ne seroit pas raisonnable que le public se prévalust de ce qui leur appartient; à ces causes auroit requis l'Assemblée leur donner provision de s'emparer des fruitz et meubles qu'ilz trouveront appartenir audict Marchis, tant en la dicte isle d'Oleron que partout ailleurs, jusqu'à la valeur et concurrence du sel levé par ledict Marchis et des deniers qu'il auroit receu de leur fermier, extorqués par force et violence; et, à ceste fin, mander aux commissaires establis sur les biens des papistes de ladicte isle leur en faire deslivrance sans aucune difficulté; ladite Compagnie a permis et permet ausditz de La Goutte, Coulon et Guibert de saisir et arrester les fruits et meubles appartenans audit Marchis, jusques à la concurrence toutes fois de ce que le dict Marchis auroit levé du leur, soit sel, soit argent; et, pour ce faire, Mʳˢ de la Maison de ville sont priez de tenir la main pour l'exécution du présent acte.

Du 2 Décembre. Le conte du sr Roquemadour, establiy receveur en la province de Xaintonge, estably à Pons, ayant esté examiné par Mrs de La Goutte et de La Grange, commissaires nommez, a esté clos et arresté; par lequel il luy est deu la somme de 415 livres, 13 solz, pour le remboursement de laquelle il est renvoyé en la province de Xaintonge.

Du 3. Mr de Soubize escrit à l'Assemblée, protestant de voulloir entièrement despendre des résolutions d'icelle.

Autres lectres ont esté escrittes à l'Assemblée, par Mr de Favas.

Pour exercer la justice de l'admirauté pour le temps de trois mois suivant les réglemens, ont esté nommez : Mrs Favier, Guérin, Maleray et Menuau.

Mrs Favier, de La Milletière et Rodil ont esté nommez pour commissaires au conseil de justice jusques à la fin de ce mois.

La Compagnie a donné congé et permission pour huit jours à Mr de St-Bonnet d'aller se pourmener et changer d'air en l'isle d'Oleron à cause de son indisposition.

Mrs de Mitois, Hespérien et Guérin, estans retournez de l'isle d'Oleron, ont fait rapport à l'Assemblée de ce qui s'étoit passé en leur voiage et le succez de leur négociation, dont ilz ont esté remerciez.

Pour assister au conseil de guerre le mois présent ont esté nommez Mrs de Loubye, Clémenceau, La Goutte et La Miletière.

Il est ordonné que Mr Rifault payera à Mr Michel Brunet, propriétaire de la maison où sy devant tenoit l'Assemblée, la location d'icelle jusqu'au mois de novembre.

L'Assemblée, délibérant sur la proposition et requisition faite par le maire, eschevins, pairs, bourgeois, et habitans de ceste ville le premier de ce mois, a esté arresté, qu'en considération des grands fraitz de l'armée navale, et autres bonnes considérations, elle se contentera du vingtiesme du butin de l'isle d'Oleron, et sans conséquence; et, pour lever le dict droit, la dicte Assemblée envoyera des commissaires de sa part, ce qui sera déclaré à Mrs de la ville afin qu'ilz le facent entendre aux commissaires qu'ilz ont de leur part en la dicte isle; et, pour en advertir la dicte isle, ont esté nommez Mrs de Mitois, Hespérien et Guérin.

Du 4. Il est ordonné à Mr Riffault, receveur de l'Assemblée, de payer à Cousineau, huissier de l'Assemblée, 18 livres pour le service qu'il a rendu le mois passé, et, outre, la somme de 33 solz pour menus fraitz par luy faitz.

Il est pareillement ordonné au dict Rifaut de payer au Sr Rivière, sy devant envoyé à Montauban pour l'Assemblée, la somme de 18 livres.

Sur la proposition faite par Mr Guérin, pasteur de la province de Berry, tendant à ce qu'il feust rembourcé de la somme de 60 livres qu'il auroit fournie dès le mois de janvier dernier pour envoyer les ordonnances de l'Assemblée à la dicte province, la dicte Assemblée a renvoyé le dict sieur Guérin à sa province pour estre rembourcé de la susdite somme.

Du 7. Mr le duc de Rohan a escrit à l'Assemblée luy faisant entendre le levement du siège de Montauban et l'estat des affaires du Languedoc; protestant comme autrefois voulloir despendre des résolutions de l'Assemblée, lesdictes lectres en date du 18 novembre.

Lectres de créance ont esté escrittes à l'Assemblée par Mr de Soubize et rendues par le sieur Fromentin, laquelle exposant il a fait entendre le succez que mon dit sieur a eu en son entreprise sur la ville de Royan; requérant la Compagnie luy voulloir faire deslivrer un milier de poudre, un milier de balles à mousquet et un milier de mesches; promettant le rembourcement du tout des premiers deniers qui viendront entre ses mains; ladicte Assemblée, désirant donner tout le contentement qu'elle peut à mon dit sieur de Soubize, a arresté que les choses cy-dessus requises luy seront envoyées, et, pour ce faire, le sr Malleray est chargé d'en faire l'achapt pour le tout mettre ès mains dudict sr Fromentin, dont le dict Maleray sera rembourcé par le sieur Riffault auquel la Compagnie a ordonné de faire le dict rembourcement.

Mr de Freton, l'un des députez de ceste Assemblée et mareschal de camp dans l'armée de Mr de Soubize, a aussy escrit à l'Assemblée luy donnant advis pareillement de tout ce qui s'est passé en la prise de Royan.

La Compagnie a arresté qu'il sera escrit à Mr de Soubize, en réponce de celle qu'elle a receue de sa part, pour luy tesmoigner le contentement qu'elle a reçu du bon succez de son entreprise de Roian ; auquel seront envoyées les provisions du gouvernement de Roian pour Mr de La Chaisnée, l'aisné, suivant ce que lui auroit accordé mon dit sieur par sa capitulation, comme aussi les provisions en blanc de receveur, controlleur, et visiteurs, pour les droitz d'imposition de Roian, pour icelles estre remplies par luy du nom de gens solvables et suffisans.

Mrs de Mitois et de La Milletière ont esté nommez par l'Assemblée pour aller prier Mrs du corps de ville de voulloir envoyer à Mr de Soubize deux pièces de canon, suivant la prière qui leur en a esté faitte par mondit sieur de Soubize.

Il est ordonné à M. Riffault de payer à M. Hespérien la somme de sept livres, quatorze solz, pour son rembourcement des fraitz extraordinaires par lui faitz en deux voiages en l'isle d'Oleron.

Il est pareillement ordonné au dict Riffaut de payer les taxacions du controlle de deffunt Mr Allain jusqu'au sixième jour de septembre qu'il a cessé d'exercer le dict controlle ; et, oultre, luy payer les distributions à luy ordonnées jusqu'à son décedz, lesquelles taxations et distributions il mettra ès mains de Mr de Mitois dont il retirera quittance.

Du 8. Mrs de Mirande, d'Aunebaut et Bardonin, envoyez vers l'Assemblée de la part de Mrs de ceste ville, luy ont fait entendre qu'ils la prioient de voulloir nommer des commissaires pour, avec ceux que la dicte ville nommera, voir aux moiens plus propres pour establir le bureau de la recepte tant de la rivière de Bourdeaux que autres, afin de pourvoir à la subsistance de l'armée navale et autres affaires. La dicte Assemblée, désirant pourvoir le plus tost qu'elle pourra à l'établissement du bureau des receptes pour subvenir tant aux fraitz de l'armée navale que tous autres, a nommé pour commissaires, afin d'en traitter avec ceux de la ville, Mrs de Mitois, de Lescun, Roussel, Milletière, Lagrange et Maleray.

Du 9. L'Assemblée, désirant pourvoir à la conservation des droits qu'elle doit prendre sur le butin de l'isle d'Oleron, a nommé et esleu les srs Mercier et Véron aux fins de se transporter en ladicte isle et prendre par les mains des commissaires de Mrs de la ville de La Rochelle l'estat et le nombre de toutes les marchandises qui ont esté vendues et transportées, en quelque lieu que ce soit ; comme aussi d'assister avec les susdictz commissaires au compte des marchandises qui restent dans ladicte isle ; et aussi prendront garde lesdictz Mercier et Véron au compte des deniers provenus des rançons des prisonniers et droitz de passeportz et toutes autres choses qui se sont reçues et se recevront cy après dans ladicte isle, dont et du tout ilz donneront advis à la dicte Assemblée le plus tost et le plus souvent qu'ilz pourront ; notamment de toutes les cargaisons qui se feront pour venir en ceste ville ; et pour installer lesdictz Mercier et Véron en l'exercice de leur commission, l'Assemblée a nommé Mr de Soubize, avec Mr de Favas en son absence, de tenir la main à ce que lesdicts Merciers et Véron exécutent paisiblement le contenu au présent acte, et a la dicte Assemblée ordonné ausdictz Véron et Mercier, chacun 30 sols par jour pour tout salaire.

Lesdictz s^rs de Lescun et Roussel ont esté aussi nommez pour se transporter à Roian, aux fins de faire prester et signer le serment d'union à M^r de La Chesnaye, l'aisné, et establir audict Roian le bureau de la recepte des impositions de la rivière de Bordeaux, suivant la pancarte qui en a esté arrestée en l'Assemblée.

Du 11. Mrs de Lescun et Rossel sont partis ce jourd'huy avec mémoires et instructions pour aller en l'isle d'Oleron et Roian exécuter ce qui a esté cy devant résolu par l'Assemblée, laquelle a ordonné au s^r Riffault de leur mettre ès mains 72 livres pour subvenir aux fraitz de leur voyage.

L'Assemblée, ayant appris que quelques particuliers donnoient des congez et passeportz sur mer contre et au préjudice de l'otorité d'icelle et de ses réglemens ; ladicte Assemblée a arresté que les juges commissaires de l'admirauté n'auront aucun esgard aux congez et passeportz qui seront émanez d'autres que ladicte Assemblée.

Mrs de Loubie, de Mitois, de Lescun, Hespérien, Rostollan, Rival, Latour, Allain, Cassaubon et Savary ont fait entendre à l'Assemblée que s'estans de longt-temps obligez avec M^rs le marquis de Chasteauneuf, Chastillon, La Vallade, de Saint-Germain et de Dompierre envers les sieurs Gilles et Gensen pour la somme de 7500 livres, pour certaines armes envoyées auxdictz s^rs de Chasteauneuf, de Chastillon, Saint-Germain et de Dompierre ; et, combien que ce feust que pour faciliter et accélérer la livraison desdictes armes, néantmoins lesdictz Gilles et Gensen les ont tellement poursuivis qu'ilz auroient obtenu condamnation à l'encontre d'iceux pour le payement de la dicte somme de 7500 livres et fait procéder par exécution sur leurs meubles ; requérans la dicte Assemblée les voulloir descharger du contenu en la dicte obligation attendu qu'ilz n'y sont entrez qu'en considération du public, n'estans pas plus obligez de le faire qu'un chacun particulier d'icelle ; ladicte Assemblée, reconnoissant que lesdictz de Loubie, Mitois et les autres n'ont eu d'autre intention que de faciliter la livraison desdictes armes, et qu'il ne seroit pas raisonnable qu'ilz demeurassent chargez du payement de la somme, n'en estant rien tourné à leur profit, et qu'il leur est quand à présent impossible de contraindre lesdictz sieurs marquis de Chasteauneuf, Chastillon, St-Germain, et de Dompierre pour la garendie du payement de ladicte somme ; elle a arresté, conformément à l'acte du 24 juin dernier, que lesdictz sieurs de Loubie, Mitois et autres feront toutes diligences pour faire condamner ou deuement contumacer lesdictz sieurs de Chasteauneuf, Chastillon, St-Germain et Dompierre pour s'en faire payer ainsi que la dicte Assemblée verra bon estre.

Du 14. Lectres de Mrs de Couvrelles et Banage, députez en Angleterre, ont esté cejourd'huy receus, en datte du 14 novembre.

Madame la marquise de La Force escrit à l'Assemblée, luy donnant advis de la desfaitte de la compagnie de gendarmes de M^r le conestable par M^r le marquis de La Force, son mary, ladicte lectre en datte du 29 novembre.

Sur ce qui a esté représenté par Mr Massias, l'un des députez de la dicte Assemblée, que le s^r Mercier ne pouvoit faire la commission de controlle à luy cy devant octroyée en l'isle d'Oleron avec le s^r Véron, d'autant qu'il luy est survenu quelques affaires ; ladicte Assemblée a nommé et esleu, au lieu dudict Mercier, le s^r Pierre Guibert, lequel se transportera en la dicte isle d'Oleron pour exercer la dicte charge de controlle avec le dict s^r Véron et aux mesmes droitz cy-devant accordez par l'acte fait en l'Assemblée.

Il est ordonné au s^r Riffault de payer à Cousineau, huissier de l'Assemblée, la somme de 21 livres, 5 solz qu'il a fourny pour l'achapt de deux cens busches pour la chambre de la dicte Assemblée.

Congé a esté octroyé à Mr de St-Bonnet d'aller en sa province mettre ordre à ses affaires, avec promesse de se rendre en la Compagnie dans six semaines, à conter du jour de son départ; ce qu'il a promis de faire.

Du 16. Mr de Soubize escrit à l'Assemblée la remerciant des témoignages de l'affection qu'elle luy a rendu par l'envoy des munitions de guerre, et la prie de presser Mrs de ceste ville de luy envoyer les canons qu'ilz luy ont promis.

L'Assemblée, ayant esgard aux signalez services que le capitaine Chevallier a rendu en l'armée navale, luy a accordé les droitz qu'ilz luy appartiennent à un navire pris en mer appellé La Loise, desquelz droitz Mr Rifault luy baillera quittance.

Du 18. Sur la proposition faitte par Mrs les pasteurs réfugiez, qu'il pleust à l'Assemblée avoir esgard à leurs nécessitez et leur vouloir départir quelques moiens pour se subvenir; l'Assemblée désirant selon son pouvoir leur donner contentement et n'en ayant pour le présent les moiens en main, a trouvé bon de leur faire entendre que, nommant ou donnant le nombre des plus nécessiteux d'entreux, elle y pourveoira le mieux qu'il luy sera possible, et, pour ce faire sera vendu du sel de l'isle d'Oleron.

L'Assemblée a arresté, suivant la réquisition de Mrs de La Rochelle, qu'il sera donné pouvoir à ceux qui yront dans la rivière de Bourdeaux pour lever l'impost et contraindre les vaisseaux des étrangers alliez chargez de grains et munitions de guerre, les amener en ceste ville pour y vendre à leur profict lesdictz grains et munitions.

Du 20. Il a esté arresté que congé sera deslivré au capitaine Bourigaud, le jeune, lequel sera chargé des despêches pour noz desputez d'Angleterre.

Il a esté pareillement arresté que passeport seroit deslivré à François Renard, marchand d'Ableville, pour mener et conduire en la ville de Bourdeaux, son navire appellé la Loyse sur la promesse et serment par luy fait, et pár David Lhermitte, marchant flamant, que le dict vaisseau ne servira point en la guerre contre les églises.

Du 21. M^rs de La Chappelière et de La Milletière, députez en Hollande, ont tiré lectres d'eschange sur l'Assemblée de la somme de 600 livres à eux prestée par le sieur Henry de Picque, laquelle a esté acceptée par la dicte Assemblée; et laquelle a ordonné au s^r Riffault d'acquitter la dicte lectre selon son adresse, laquelle rapportant endossée de quittance, ladicte somme luy sera passée et allouée en son conte.

Du 22. Lectres de Mr de Soubize ont esté rendues à la Compagnie par lesquelles il la remercie du soing qu'elle a pris de luy faire deslivrer le canon qu'il a receu de M^rs de La Rochelle.

Autres lectres ont esté receues de Mr de Freton.

A esté arresté que Mr Maleray fera toute diligence à trouver des poudres et les achepter pour Mr de Soubize, et sera rembourcé de la despense qu'il fera audict achapt.

Sur ce qui a esté représenté par Mr de Saint-Bonnet que, cy devant, il auroit pris quelques marchandises du s^r de La Taulle, jusques à la valleur de 60 et tant de livres, qu'il doit encore, a prié la Compagnie de voulloir ordonner que la dicte somme luy soit allouée et coure sur la première distribution qui se fera; et que le dict s^r de La Taulle soit deschargé d'icelle envers Mr Riflaut, receveur général de l'Assemblée; la Compagnie a ordonné que ladicte somme de 60 livres sera allouée audict s^r de St-Bonnet et entrera en la distribution première qui se fera; et que le dict s^r de La Taulle demeurera deschargé d'icelle envers l'Assemblée en rapportant le présent acte et quittance dudict s^r de Saint-Bonnet.

Du 24. L'Assemblée, ayant pour bonnes considérations advisé d'augmenter le droit d'imposition sur le vin passant en la rivière de Bourdeaux de 29 solz par chacun tonneau, enjoint aux officiers par elle commis au bureau de la recepte estably en la ville de Royan de prendre doresnavant par chacun tonneau dudict vin passant en la dicte rivière de Bourdeaux la somme de 10 l., au parsus pour les autres droitz d'imposition le réglement pour ce fait et dressé en l'Assemblée tiendra.

Lectres de créance de Mr Soubize ont esté rendues à la Compagnie par Mr de Lescun, laquelle exposant, il a dit que mon dict s^r de Soubize prie la Compagnie luy voulloir envoyer en blanc une commission pour la lieutenance générale de la province de Xaintonge, l'asseurant qu'il n'employera en icelle que personnes suffisantes et capables et agréables à l'Assemblée; et, au surplus de la créance à luy donnée, le dict s^r de Lescun a fait entendre qu'estant chose qui doit estre tenue secrette, il plaise à la Compagnie luy voulloir donner des commissaires pour leur en faire l'exposition et y estre pourveu ainsi qu'il sera jugé à propos; la dicte Assemblée a arresté que la commission de la lieutenance génèralle de Xaintonge sera envoyée en blanc à Mr de Soubize, pour la remplir selon qu'il jugera expédient pour le bien général des églises, pour le particulier de la dicte province; et, pour ce qui regarde le surplus de la créance, ladicte Assemblée a nommé Mrs de Saint-Simon, de Mitois, Clémanceau et Malleray, ausquelz ledict sieur de Lescun en fera l'exposition pour y estre pourveu ainsi qu'il sera jugé cy après.

Ledict s^r de Lescun a rendu lectres de la part de Mr Rossel et conte de ce qui s'estoit passé au voiage qui leur avoit esté cy devant ordonné par l'Assemblée, dont il a esté remercié.

Mr de Favas a aussi escrit à l'Assemblée, en responce de celle qui luy avoit esté cy devant escritte et portée par Messieurs de Lescun et Rossel.

M^r de La Chesnaye, laisné, a pareillement escrit à l'Assemblée, la remerciant des provisions qu'elle luy a envoyé du gouvernement de Roian ; promettant par ses dictes lectres voulloir entièrement despendre des résolutions de l'Assemblée, suivant le serment qu'il a envoyé et signé, tant dudict sieur de La Chesnaye, officiers de compagnie, que de plusieurs habitans.

Du 25 Décembre 1621. Suivant le réglement observé dès le commancement de l'Assemblée ont esté nommez, pour le mois commenceant ce jourd'huy : Mr de Lescun président ; Mr Rostolan adjoint et M^{rs} de La Goutte et Riffaut secrétaires ainsi signé : *Saint-Simon*, présidant, *Guérin* adjoint, *Maleray* secretaire et *Savary* secrétaire.

AU NOM DE DIEU.

Continuation des actes de l'Assemblée géneralle des églises réformées de France et souveraineté de Béarn, tenant en la ville de La Rochelle.

Du 25 Décembre 1621. Après l'invocation du nom de Dieu, ont esté nommez suivant l'ordre accoustumé : Mr de Lescun, président ; Mr Rostolan, adjoint ; Mrs de Lagoutte et Riffault secrettaires. Après quoy ont esté louez et remerciez Mrs de Saint-Simon, Guérin, Maleray et Savary, modérateurs le mois précédent.

A esté fait lecture des réglemens faitz pour la recepte des droitz d'imposition, tant en l'isle d'Oleron que Royan, lesquelz ont esté approuvez par la Compagnie.

Du 27. L'Assemblée, considérant les grands fraitz et despences que Mr de Soubize, chef et général de la province de

Xaintonge, est obligé de faire tant pour l'entretenement des gens de guerre qui sont près sa personne que pour le payement du gouverneur et de la garnison nécessaire pour la garde et deffence de la ville de Roian à laquelle il est besoing de pourvoir promptement, a accordé à mon dict sʳ de Soubize, pour subvenir ausdictz fraitz et pareillement pour le payement desdictz gouverneur et garnison de Royan, les trois dixiesmes parties et des quatre que l'Assemblée s'est réservée de la recepte des deniers de l'imposition establie en ladicte ville de Roian et rivière de Bordeaux ; les autres six dixiesmes demeurantz à Mʳˢ de ceste ville pour l'entretenement de l'armée navale et les fraitz de l'armement des vaisseaux de guerre qu'il convient entretenir devant la dicte ville de Royan et ville de Bourdeaux pour faciliter la levée de ladicte imposition suivant les articles accordez par la dicte Assemblée et mes dictz sieurs de ceste ville.

Mʳˢ de l'Ardène et Pineau, députez de Mʳˢ du corps de ville, ont prié la Compagnie, pour les considérations qu'ilz ont représenté, d'ordonner que la recepte de Roian se face à bord de leurs navires ; qu'ilz recevront les droitz qui leur ont esté accordez du jour que le receveur de l'Assemblée audict Roian sera entré en recepte ; et que les officiers establis par la dicte ville signeront les quittances qui seront deslivrées aux marchands par le receveur de ladicte Assemblée, à peine de nullité ; la Compagnie a arresté et par provision, et jusques à ce qu'il en ait esté autrement ordonné, que ladicte recepte se fera à bord desdicts navires ; et, pour les autres deux chefs de leur demande, elle le leur a accordé.

Mʳ de La Goutte a esté députté vers Mʳ de Soubize afin de l'informer de la résolution prise par l'Assemblée sur le fait de la recepte de Royan, et, par mesme moien, recevoir ses advis sur quelques affaires importantes et concernant le bien général des églises.

Du 28. A esté escrit à Mr de La Chesnaye, gouverneur de la ville et marquisat de Roian, pour luy faire entendre la résolution de la Compagnie sur la recepte dudict lieu.

Du 29. A esté arresté qu'il seroit fait response à Mr le viconte de Doncaster, ambassadeur du Roy de la Grand Bretagne vers Sa Majesté.

Mr Rossel a fait rapport de sa depputation en l'isle d'Oleron et Royan.

Du 30 *Décembre* 1621. Lectres de Mr de Langras, ambassadeur de Mrs les Estatz des provinces-unies des Pays-Bas ont esté rendues à l'Assemblée, par lesquelles il se plaint de l'arrest fait en la rivière de Bordeaux de quelques navires holandois chargez de bledz.

La Compagnie a nommé pour faire la recepte des droits qui luy appartiennent en l'isle d'Oleron le sieur Véron auquel elle fera expédier les provisions.

Du dernier dudict Mois. A esté arresté qu'il sera escrit tant aux desputez qui sont en Angleterre qu'à ceux qui sont ès Païs-Bas.

Du 1er *Janvier* 1622.

Ont esté nommez pour le conseil de justice Mrs Maleray, Guérin et Savary.

Pour le conseil près Mr le maire, ont esté nommez Mrs de Saint-Simon, de La Musse, Rossel, La Grange et Cassaubon.

Mr de Malleray, nommé pour la charge de controlleur général, de laquelle il a promis de bien et fidellement s'acquitter.

La Compagnie ayant esgard aux incommoditez de Cousineau, huissier de l'Assemblée, l'a gratifié de la somme de 18 livres qui luy sera payée par Mr Riffaut, auquel il est mandé de payer en outre la somme de 20 livres pour le service d'un mois et quelques menus fraitz par luy fournis; lesquelz deniers luy seront allouez en la despence de son compte, en rapportant quittance dudict Cousineau.

Mr de Soubise a escrit à la Compagnie par le sieur de Molines, lequel, exposant sa créance, a dit avoir charge de mondit sieur de prier la Compagnie d'ordonner que la somme de douze mil escuz, de laquelle il a convenu avec M^r de La Chesnaye pour le gouvernement de Royan, soit prise sur la recepte du dict lieu; que l'on fasse agréer à M^{rs} de ceste ville que ledict s^r de La Chesnaye se retire en icelle; qu'il y a quelques navires holandois chargez de bledz en la rivière de Bordeaux dont il désire savoir sur ce l'intention de l'Assemblée; que Mr de Saint-Surin a quelques vaisseaux qu'il est prest d'employer pour l'armement de Royan, si la Compagnie l'a agréable; la prie de luy faire trouver des armes à crédits, lesquelz il payera des premiers deniers de la recepte, et de luy envoyer trois commissions en blanc pour trois compagnies de gens de pied, de cinquante hommes chacune, et une de soixante hommes de pied pour la garnison de Royan. La Compagnie, faisant bonne considération des demandes de mon dit s^r de Soubize, a arresté que M^{rs} de ceste Assemblée qui sont du conseil de M^r le maire prieront M^{rs} de ceste ville d'avoir agréable que M^r de La Chesnaye se retire en icelle; que l'on essayera au plus tost que faire se pourra de faire trouver des armes à mondit s^r de Soubize, et qu'il sera expédié des commissions pour les quatre compagnies de gens de pied par luy demandées; pour les autres choses de la créance dudict s^r de Moullines, l'Assemblée a remis à y délibérer après le retour de mon dit s^r de La Goutte.

M^{rs} de La Chappelière et d'Epinay députez de l'Assemblée, cettuy-cy vers le sérénissime Roy de la Grand Bretagne et le premier vers M^rs des Estatz des provinces unies des Pays-Bas, sont retournez et, ayans rendu compte de leurs députations, ont esté louez et remerciez.

M^r de La Chappelière a remis ès mains de l'Assemblée un blanc signé de Mrs de Bessay, Rossel, Guérin, et Laporte, avec deux autres lectres, l'une adressée à M^r le prince Henri de Nassau, et l'autre à M^rs les Estatz des provinces-unies des Païs Bas.

Du 5 Janvier. Ont esté rendues lectres à la Compagnie de l'Assemblée des cinq provinces tenant à Montpellier, lesquelles la dicte Compagnie a arresté estre communiquées à M^rs de ceste ville.

A esté arresté qu'il sera escrit aux provinces pour les informer des traittemens rigoureux que nos ennemis exercent avec toutes sortes de cruautez contre nous, et les exhorter à se réveiller et compatir aux misères et afflictions des oppressez en les joignant à notre juste et légitime et naturelle défence.

M^r le baron de Saint-Surin a escrit à l'Assemblée par le s^r de St-André qui a dit avoir charge dudict s^r d'asseurer la Compagnie de son affection au bien de nos églises et de sa fidellité à la conservation de la ville de Royan, la garde de laquelle luy a esté commise par Mr de Soubize, chef et général de la province de Saintonge.

Mrs de Beaupreau, de Laurière et Chaintrier, députez de Mrs du Corps de ville et bourgeois, ont remercié la Compagnie de la communication qu'elle leur a fait des lectres de l'assemblée de Montpellier; et, au regard des demandes de Mr de Soubize, ont prié, qu'entrant en considération de leurs nécessitez, elle ait agréable la résolution qu'ilz ont prise de ne pouvoir permettre que la somme de douze mil escuz pour laquelle Mr de Soubize a convenu avec M^r de La Chesnaye, cy devant gouverneur de Royan, pour son gouvernement, soit prise sur les partz et portions qu'ilz ont en la recepte dudict Royan ; que ceste ville estant desnuée de blez, il luy plaise escrire à Mr de Soubize qu'il est prié que aucuns bledz entrent en la rivière de Bourdeaux, ains qu'ilz soient amenez en ceste ville pour les vendre et débiter ; et, pour le regard des cinq cens de sel que la Compagnie désire lever en l'isle d'Oleron, la prient de lever son 20e à mesure seulement qu'ilz léveront leurs partz et portions; que M^r de La Chesnaye se pourra retirer en ceste ville et qu'il sera le bien venu ; et, au regard de la portion prétendue par Mr de Saint-Surin en l'armement de Royan, la Compagnie est priée de luy faire entendre les accords qu'elle a faitz pour ce regard avec eux.

Sur ce qui a esté représenté à la Compagnie touchant les droitz d'imposition mis sur toutes sortes de marchandises passans et repassans en la rivière de Bourdeaux au bureau de la recepte establie à Roian, a esté, pour bonnes considérations, advisé et résolu que, pour toutes les marchandises appartenant à personnes de contraire party et aux bourgeois et habitans de la ville de Bourdeaux, il sera, nonobstant le réglement pour ce dressé, payé audict bureau trois et demy pour cent plus que ce qui est porté par ledict réglement, lequel pour le regard des autres, notamment pour les subjectz du Sérénissime Roy de la Grand Bretagne et de M^{rs} les Estatz des provinces unies des Pays-Bas sera suivy et observé par les officiers establis audict bureau de Royan, conformément aux réglemens généraux.

L'Assemblée, désirant remédier aux abus qui se sont commis, et qui pourront se commettre cy après, par les capitaines de marine en la rivière de Bourdeaux et ailleurs, lesquelz ont fait adjuger, par autres officiers que ceux de l'admirauté establie en ceste ville, plusieurs prises, au lieu de les amener en icelle, suivant et au désir des réglemens et de leurs congez, a arresté que Mr de Soubize sera prié par lectres de tenir la main à ce que les réglemens soient entretenus et ne permettre qu'il s'establisse en la ville de Royan une admirauté contre l'intention de l'Assemblée; laquelle a aussy chargé M^rs les commissaires de l'admirauté d'y tenir la main.

A esté arresté qu'il seroit fait responce aux lectres de l'assemblée des cinq provinces tenant à Montpellier; et, sur ce qui a esté représenté par Mr Merchat, député de la province de Vivarestz, qu'il est nécessaire que la dicte assemblée de Montpellier pourvoye à la seureté de la dicte province et qu'elle demeure otorisée pour ce regard, l'Assemblée a résolu qu'elle sera exhortée par lectres de veiller soigneusement à la conservation de la dicte province et l'a otorisée à ceste fin.

Du 6. Mr de Favas a escrit à l'Assemblée de se voulloir employer envers M^rs de ceste ville pour obtenir d'eux congé et conduire ses troupes en Gascongne pour quelques mois; et qu'il plaise à la Compagnie d'assister la province de Basse Guienne d'armes et de poudres; comme aussi de pourvoir à ce qu'il soit payé des arrérages qui luy sont deubz à cause de sa charge de député général; sur quoy, premier que deslibérer, il est arresté que la lectre sera communiquée à M^rs de ceste ville.

M^r de La Goutte a apporté lectres de Mr de Soubize à la Compagnie portant créance sur le subject de sa députation, laquelle il a exposée; et asseuré la Compagnie de la continuation du zèle et affection de mondit sieur de Soubize au bien général des églises.

Ledict s^r de La Goutte a aussi rendu à l'Assemblée des lectres de M^r le marquis de La Force par lesquelles il donne advis à la dicte Assemblée de l'estat présent de la Basse Guienne.

Mr de Lezelé, cy-devant envoyé par l'Assemblée vers M^r le vicomte de Doncaster, ambassadeur extraordinaire pour le Sérénissime Roy de la Grand Bretagne près Sa Majesté, a présenté lectres de mondit s^r l'ambassadeur et fait rapport de ce qui s'est passé en son voiage.

La Compagnie ayant eu advis de l'arrivée d'un gentilhomme envoyé de la part de mondit s^r l'ambassadeur, Mrs Favier et de La Cloche ont esté nommez pour le visiter de la part de la dicte Compagnie.

Du 7 janvier. Mr Woodford, secrétaire de M^r l'ambassadeur du Roy de la Grand Bretagne près le Roy nostre souverain, a présenté lectres de mondit s^r l'ambassadeur à ceste Compagnie portant créance, laquelle exposant a dit icelle contenir deux choses : le premier concernant la plainte des subjectz du Roy de la Grand Bretagne, son maistre, à cause des nouvelles impositions qui se lèvent depuis peu sur eux en la rivière de Bourdeaux par les navires de guerre qui sont à Roian, avec autres incommoditez qui sont données ausdictz subjectz ; le second pour convier l'Assemblée de se rendre capable de la grâce et clémence du Roy par toutes sortes de submissions convenables, mesmes en luy demandant pardon ; estant d'advis, pour cet effect, que ladicte Assemblée face une prompte députation vers Sa Majesté pendant qu'elle sera à Poitiers, où elle s'achemine, afin de luy faire submissions et luy demander la paix, en attendant qu'elle ait le moien d'en faire une plus ample et solemnelle, fournie de mémoires et instructions de la part du corps de ceux de la Religion, nécessaire à la conclusion des affaires. Sur quoy, après avoir remercié mondit sieur l'ambassadeur en la personne dudit sieur de Woodford, du soing qu'il prend pour le bien de nos églises, et icelluy s'estant retiré, ont esté nommez pour conférer plus particulièrement avec luy Mrs de Mitois, de La Chapelière et Rodil.

Lesdictz sieurs de Mitois, Chappellière et Rodil ayans communiqué avec ledict sieur Woodford, secrétaire de M^r l'ambassadeur du Roy de La Grand Bretagne, ont rapporté que le dict s^r leur avoit exposé deux ouvertures propres pour parvenir à la paix : la première qu'on députast deux personnages du corps de l'Assemblée les plus inconnus, les moins apparans et contre lesquelz on auroit moins a excepter pour se présenter au Roy au nom de toutes les églises de France et souveraineté de Béarn ; lui faire toutes sortes de submissions ; supplier Sa Majesté d'oublier tout le passé et donner la paix aux églises ; ou bien, si la Compagnie ne trouve convenable de députer de leur corps, elle pourroit prendre hors d'icelluy deux autres personnages, propres et capables, pour faire les mesmes submissions et supplications ; et, après, on pourroit faire une autre députation solemnelle, avec instructions et mémoires tendans à la paix ; la seconde que là où on trouveroit trop de difficultez et trop peu de seureté en ceste députation, on pourroit se servir de Mr Chalas, l'un des députez généraux qui est aujourd'huy à la Cour, pour demander à Sa Majesté, au nom de toutes les églises de France et souveraineté de Béarn, qu'il luy plaise donner aus dictes églises la paix.

Ont rapporté aussi que ledict sr secrétaire avoit dit de plus que nous devons tenir pour maxime, en premier lieu que le Roy ne traittera jamais avec ses subjectz ; et, pour un second point, qu'il ne se servira jamais d'aucun prince, républicque ou province étrangère pour l'entremise ou traitté de paix.

La Compagnie, après avoir ouy le rapport cy dessus, ayant jugé nécessaire pour justifier de plus en plus ses procédures, premier que y délibérer, que tant le susdit rapport que créance du dict Sr de Woodford, selon qu'il l'avoit exposée, fust signée de luy ainsi qu'il a toujours esté praticqué envers tous ceux qui ont esté envoyez envers la dicte Assemblée, a chargé les dictz commissaires de l'en prier. Lesquelz, l'estans aller trouver à ceste fin, ont rapporté que ledict sr Woodford s'en estoit excusé pour n'avoir esté chargé de son maistre et ne croiant pas qu'on luy deust demander ; et néantmoins, qu'il avoit approuvé le contenu tant en la créance que rapport cy dessus, et reconneu le tout pour véritable ; dont il a esté arresté qu'il seroit fait acte de la descharge de la Compagnie.

Ordonnance à M⁰ Riffaut, trésorier, pour payer à M⁰ de Maleray la somme de 826 livres, 12 solz, tant pour poudres et munitions par luy achetées, que pour le fret du canon envoyé à M⁰ de Soubize par M⁰ˢ de ceste ville.

Un estat de plusieurs menuz fraitz fournis par M⁰ Riffault, pendant le mois de décembre, revenant à la somme de dix livres a esté arresté par la Compagnie.

A esté arresté que, des premiers deniers du public, il en sera fait une distribution au pied des précédentes jusques à la somme de sept ou 8000 livres pour subvenir aux nécessitez et entretien des députez de la dicte Assemblée ; et pour en faire le département ont esté nommez M⁰ˢ de Saint-Simon, La Cloche et la Tour.

Du 8. M⁰ˢ de Mirande, de Beaupréau, de Lorière, Thevenin, Bardonin, Brunet et Portus, députez de la part du corps de ville et bourgeois, ont dit avoir charge de remonstrer à l'Assemblée qu'au préjudice des réglemens à eux accordez par la dicte Assemblée, les officiers qu'ilz avoient commis pour la recepte de leurs partz et portions des droitz d'imposition establis à Roian estoient troublez et empeschez en la perception de leurs dictes partz et portions, tant par M⁰ le baron de Saint Surin, commandant audict Royan, lequel prétendoit un tiers en l'armement des vaisseaux de guerre estant devant ledict Royan, que semblablement par le receveur establypar l'Assemblée lequel ne leur vouloit faire raison de ce qu'il avoit reçu auparavant l'arrivée des commissaires envoyez par ladicte ville, s'excusant l'avoir employé par les ordonnances de M⁰ de Soubize ; à quoy ilz auroient adjousté quelques autres plaintes touchant le passage des bledz à Bourdeaux et les mauvais traittemens faitz tant aux Anglois qu'autres estrangers trafliquant en ladicte rivière par certains navires de guerre sans adveu, congé, ne permission. Sur quoy la Compagnie, ayant remis à leur faire responce après qu'il en auroit esté délibéré, a résolu, en premier lieu, qu'il seroit escrit au dict sr de Saint-Surin à ce qu'il eust à faire cesser toutes sortes d'empeschemens qui pourroient estre faitz aux officiers de la dicte ville au préjudice des partz et portions qui leur ont esté accordées par ladicte Assemblée, de laquelle l'intention est que les réglemens sur ce faitz soient gardéez et entretenus de point en point ; et, au regard de ce qui avoit esté reçu auparavant l'establissement des affaires de la ville, que Mrs de ceste ville sont priez de surseoir jusqu'à ce qu'il en ait esté escrit tant à M. de Soubize qu'au receveur dudict Royan, pour avoir l'estat des deniers par luy receus et à quoy il les a employez ; et, pour le surplus, qu'il sera aussi escrit audict sieur de Saint-Surin à ce qu'il ait à tenir la main, en ce qui despendra de luy, à ce que telles plaintes, soit pour le passage des bledz, soit pour les mauvais traitemens faitz aux marchands tant régnicolles qu'estrangers cessent à l'advenir, ce que la Compagnie promet de sa prudence et zèle au bien du public ; laquelle résolution cy dessus Mr de La Goutte, l'un des desputez de ceste ville en l'Assemblée, a esté chargé de faire entendre au Corps de ville et bourgeois au premier conseil qui se tiendra.

La Compagnie, premier que délibérer tant sur la créance dudict sr de Woodorf, que rapport des commissaires cy dessus, a arresté que le tout seroit communiqué par les mesmes commissaires au Corps de ville et bourgeois pour avoir sur ce leur advis ; ce qui, ayant esté exécuté par eux et porté en mesme temps au conseil de ladicte ville, Mrs de Mirande, de Beaupréau, de Lorière, de Chavolet, Thévenin, Bardonin, Brunet et Portus, députéz du corps de ville et bourgeois, ont rapporté pour responce qu'en ce qui regardoit l'entremise de Mr Chalas, ilz n'en estoient nullement d'advis ; mais, au regard de la députation, qu'ilz la jugeoient fort à propos, s'il y avoit de la seureté, dont ilz se remettoient à la prudence de la Compagnie.

Ordonné à M. Riffault de payer au messager de Languedoc une pistole; à celuy de la Basse Guienne un escu pour leur séjour et retardement en attendant leur responce.

Du 9 janvier 1622. La Compagnie, délibérant sur la responce qui se doit faire à la créance du s^r Woodfort et sur le rapport des commissaires nommez pour conférer avec luy, a jugé que comme il n'y avoit apparance de députter quant à présent vers Sa Majesté sur le subject de ladicte créance, à cause du peu de seureté qu'il y auroit pour les personnes de ceux qui seroient envoyez soit de ce corps ou d'autres, selon que ledict sieur de Woodford a luy mesme reconnu, il n'est non plus raisonnable de se servir en ceste occurance de l'entremise de Mr Chalas pour les considérations qui seront contenues par l'acte qui en sera dressé cy après, et pour lesquelles il luy sera aussi escrit de ne s'entremettre des affaires de ladicte Assemblée, en sorte que ce soit; au moien de quoy la dicte Compagnie a estimé qu'il devoit suffire pour ceste heure de faire responce à mondit s^r l'ambassadeur par laquelle, après luy avoir fait entendre les raisons de la résolution cy dessus, il sera prié de faire obtenir sauf-conduit de Sa Majesté tant pour ceux qui seront envoyez vers sa dicte Majesté pour luy demander la paix et faire les submissions requises, que pour ceux qu'il conviendra envoyer vers M^{rs} nos Grands et vers les provinces pour les advertir de ce qui se passe; et sera la lectre incérée dans les actes.

S'ensuit la teneur de la dicte lectre : « Monsieur, Nous ne
« saurions assez reconnoistre les obligations que nous avons
« au sérénissime Roy de la Grande Bretagne pour le soing
« qu'il tesmoigne prendre du bien et soulagement de nos
« églises par une si digne et honorable entremise que la
« vostre; nos seules affections pouvant suppléer à ce def-
« faut nous les conserverons inviolables au souvenir perpé-
« tuel d'un si singulier bienfait. Mais vous ayant pleu,
« Monsieur, combler la grâce d'un tel bien par l'envoy de

« ce gentilhomme qui nous a rendu les vostres avec créance
« de vostre part, dont le principal subject a esté de nous
« convier à recercher de la bonté et clémence du Roy,
« nostre souverain, par toutes sortes de submissions conve-
« nables, les moiens pour faire cesser par le restablissement
« d'une bonne et asseurée paix, l'oppression et la calamité
« à laquelle la pluspart de nos églises se trouvent réduittes ;
« nous pouvons protester devant Dieu et les hommes que
« c'est aussi le seul et unique but auquel nous avons tous-
« jours tendu, et que nous ne ressentons un plus grand
« desplaisir au monde que de nous voir, par l'artifice
« de nos malveillans, esloignez de l'honneur que nous
« nous promettions de la bienveillance de Sa Majesté par
« la constante fidélité de nous et des nostres au bien de son
« service, grandeur et affermissement de sa couronne ; de
« cela peuvent faire pleine et entière foy les très humbles et
« réitérées supplications à plusieurs et diverses fois faites à
« Sa Majesté, tant par lectres que par autres actes, où nous
« n'avons oublié aucune sorte de devoir que nous ayons
« creu se pouvoir désirer de vrais, fidelles et obéissans
« subjectz ; et quoyque, jusques à présent, par la malice
« de nos adversaires, tout accez nous ait esté desnié envers
« nostre Roy, nous n'avons pourtant laissé et ne laisserons
« jusqu'au dernier soupir de nos vies de persévérer en la
« mesme résolution, espérans, avec l'aide du souverain et
« nonobstant la perversité du siècle, la vérité à plain recon-
« nue par la pure et naifve candeur de nos déportemens,
« remporter enfin le succèz deu à la sincérité de nos cons-
« ciences ; de fait nous vous pouvons assurer, Monsieur,
« qu'encores à présent il ne nous reste rien qui nous
« empesche de la mettre en effect, sinon la seule seureté
« pour les personnes que désirerions envoyer aux fins de
« pouvoir, en se prosternant aux piedz de Sa Majesté,
« obtenir de sa bonté et clémence les choses nécessaires
« pour le repos et seureté de nos églises ; estant tous praitz

« de ce faire, avec toute sorte de submission, de fidellité et
« d'obéissance envers sa dicte Majesté, à ce qu'oubliant le
« passé nous puissions recouvrer le bonheur de sa bienveil-
« lance en laquelle seule, et en sa royale protection, nous
« mettons, après Dieu, l'unique espérance de nostre conser-
« vation ; ce qu'ayans par toutes nos actions passées essayé
« de faire voir aux yeux de toute la France, nous souhai-
« tons encor pouvoir remporter ce mesme tesmoignage de
« vous en particulier ; mais ne voyans, par les mauvais trait-
« tements que reçoivent les nostres à toutes occurences, et
« ressentement à la rédition de Monhur, sinon tout subject
« de crainte et d'appréhention de toutes partz pour les per-
« sonnes de ceux que nous désirerions envoyer à cet effect,
« à cause du peu d'assurance qu'il y auroit, ainssi que ce
« gentilhomme a luy mesme reconnu, nous vous supplions,
« Monsieur, nous la vouloir moïenner par vostre crédit et
« faveur, en nous faisant obtenir un sauf-conduit de Sa
« Majesté à ceste fin. Et d'autant que, jusques icy, la prin-
« cipalle espérance de ceux qui ont projetté nostre ruine a
« toujours esté, comme elle est encore, en nostre division
« ainsi que vous pouvez reconnoistre par les moiens dont
« ilz se servent, cela nous obligeant d'autant plus à nous
« reserrer dans l'union solennellement jurée entre nous
« pour nostre commune conservation, nous vous supplions,
« Monsieur, que, par vostre mesme faveur, nous puissions
« obtenir mesme sauf-conduit pour envoyer vers M^{rs} nos
« Grands, et aux provinces, pour les advertir de ce qui se
« passe, ce qui est du tout nécessaire, n'y ayant raison ny
« apparance de rien faire qu'avec le général et par le con-
« sentement unanime de ceux qui, embarquez en mesme
« vaisseau, y ont pareil et semblable interest que nous ;
« nous savons Monsieur, que c'est à leur seul seigneur,
« sans intercession d'aucun autre, que se doivent adresser
« les subjectz ; mais nous nous sommes persuadez que l'es-
« troite alliance d'entre le Roy, nostre souverain, et le séré-

« nissime Roy de la Grand Bretagne rendant l'interest de
« leurs couronnes comme commun, joint le bien de religion
« et la nécessité ou nous sommes réduitz, nous serviront
« d'une excuse suffisante en ceste recerche, laquelle n'ayant
« pour but, avec le repos et seureté de nos églises, que le
« bien de l'Estat en la jouissance d'une bonne et assurée
« paix, nous nous promettons qu'embrassez de vous selon
« le zèle et affection que portez à la gloire de Dieu elle pro-
« duira des effets qui, respondans à nostre espérance, nous
« obligeront aussi à prier incessamment Dieu pour vostre
« prospérité et grandeur, et en ceste dévotion, nous demeu-
« rerons, Monsieur,

« Vos très humbles et très affectionnés servi-
« teurs.

« Les députez, etc. »

Lecture faitte de ladicte lectre, a esté arresté qu'elle seroit communiquée à Mrs du Corps de ville et bourgeois.

A esté aussi arresté qu'il sera escrit à M^{rs} nos Grands, aux provinces et à l'assemblée des cinq provinces tenant à Monpellier, afin de les informer de ce qui se passe et les exhorter, nonobstant les bruitz d'ouverture de paix que l'on pourroit faire courir, de ne cesser d'agir et de se mettre en estat.

L'Assemblée, sur l'advis qu'elle a eu que M. Chalas l'un des députez généraux, au préjudice du serment par luy presté en l'Assemblée dernière de Lodun, et au mespris de ce qui luy auroit esté ordonné par ceste Compagnie de se rendre près d'icelle, auroit néantmoins depuis la plus part du temps suivy la Cour, mesmes assisté au siège et prise de plusieurs places données pour seureté aux églises, a résolu qu'il seroit escrit audict s^r de Chalas et dénoncé de la part de la dicte Assemblée, en vertu du pouvoir à elle donné par toutes les églises, qu'il ait à se déporter d'agir ou de se mesler en façon que ce soit des affaires des dictes églises, et se retirer en sa province, si mieux il n'aime se rendre en ce lieu pour rendre compte de son absence ; autrement, et à faute de ce faire, déclare qu'elle ne le tient plus pour l'un des députez généraux, ains l'a révocqué et revocque.

Du 10. Le s^r Woodfort estant venu en la Compagnie, luy ont esté deslivrées les lectres qu'elle escrit à M^r l'ambassadeur, son maistre ; après lecture faitte d'icelle, a dit estre obligé de représenter en icelle qu'il appréhendoit grandement que les dictes lectres, quoy que pleines de très grandes considérations, ne peussent produire beaucoup de fruit n'estant accompagnée d'aucun acte particulier pour les submissions requises, ce qu'il jugeoit du tout nécessaire en quelque forme que ce feust, soit par acte ou par requeste, afin que cela peust servir pour justifier les procédures de ceste Assemblée envers Sa Majesté, mais aussi, à mondit s^r l'ambassadeur, de tesmoignage envers le sérénissime Roy de la Grand Bretagne, son maistre, auquel ceste Compagnie s'est toujours submis. Sur quoy la dicte Compagnie a arresté qu'il seroit dressé un formulaire de requeste au Roy, au nom de tous ses subjectz faisans profession de la religion, pour luy demander la paix avec toutes les plus humbles submissions qui se peuvent désirer de vrays, fidelz et obéissans serviteurs.

S'ensuit la teneur de la dicte requeste au Roy :

« Sire,

« Vos très humbles, très fidelles, et très obéissans sub-
« jectz faisans profession de la religion réformée en vos
« royaumes et souveraineté de Béarn remonstrent en toute
« humilité à Vostre Majesté : que, comme ilz n'ont jamais
« eu rien plus à cœur que de conserver l'honneur de sa

« bienvueillance, laquelle ilz se promettoient de la constante
« fidellité qu'eux et les leurs ont tousjours tesmoigné au
« bien de son service, grandeur et affermissement de ses
« couronnes, aussi n'eussent-ils peu ressentir un plus grand
« desplaisir que de s'en voir privez ; c'est pourquoy, recou-
« rans à sa bonté et royale clémence, ilz la supplient que
« redonnant la paix à son estat, il luy plaise les recevoir en
« sa·grâce, et les faire jouir du bénéfice des éditz, brevetz
« et concessions qui leur ont esté accordées, tant par Vostre
« Majesté que par le deffunt Roy Henry le Grand d'immor-
« telle mémoire; luy protestant de leur entière subjection,
« fidélité et obéissance de laquelle ilz ne se deppartiront
« jamais ; que si Vostre Majesté, Sire, s'est offensée de
« quelques unes de leurs actions, ilz la supplient très hum-
« blement de croire que ça esté contre leur intention qui
« n'a jamais esté que de luy rendre toutes sortes de fidélité,
« d'obéissance et de respect ; et que ce qu'ilz ont fait a
« esté par une extrême et urgente nécessité, laquelle il plaira
« à Vostre Majesté ne leur vouloir imputer à crime, ains
« leur remettre et pardonner tout ce en quoy ilz luy au-
« roient peu desplaire. A ces causes, Sire, supplient en
« toute humilité Votre Majesté leur accorder sauf conduit
« tant pour ceux qui leur sera besoing d'envoyer vers les
« provinces et les principaux de leur religion, que Vostre
« Majesté, afin que, tous ensemble se prosternans à ses
« pieds, ilz luy puissent confirmer les véritables protesta-
« tions de leur entière fidellité, obéissance et subjection et
« obtenir de sa clémence et bonté les choses nécessaires
« pour le repos et seureté de leurs églises soubz le béné-
« fice des éditz de Votre Majesté ; et ilz redoubleront leurs
« continuelles prières à Dieu pour la prospérité de Vostre
« royalle personne et conservation de ses estatz ».

La requeste cy dessus portée au Conseil de la maison commune de ceste ville, après lecture prise d'icelle, la Compagnie a esté remerciée de la dicte communication.

Le mesme jour le dict sʳ de Woodfort a pris congé de la compagnie et Mʳ l'ambassadeur remercié en la personne dudict sʳ de Woodfort pour le soing qu'il tesmoigne avoir au bien des églises, comme pareillement a esté le dict sʳ de Woodfort en son particulier.

Du 11. L'Assemblée, considérant qu'il importe grandement à la nécessité des affaires présentes de pourvoir d'un chef et général en la province de Dauphiné, et ayant bonne connoissance de la pietté, vertu, et prudence, et longue expérience de Mʳ de Monbrun et de son zèle et action singuliere au bien des églises, l'a nommé, esleu et establly chef et général en la dicte province de Dauphiné ; et, en attendant que la commodité se présente de luy envoyer les provissions de la dicte charge, a ordonné que le présent acte luy sera envoyé pour luy valoir et servir tout ainsi que s'il avoit les dictes provisions.

A esté arresté que, par la despesche qui sera faite aux députez d'Angleterre, il leur sera escrit particulièrement touchant l'imposition de Royan.

A esté aussi arresté que Mʳ de La Milletière, en Flandres, sera compris en la distribution nonobstant qu'il soit absent.

Du 12. Mʳ de La Tour-Geneste, l'un des députez de la Basse Guienne, après avoir représenté en l'Assemblée qu'en haine de la dicte députation et autres considérations il auroit suivy sa vocation, son procès luy auroit esté fait en la Cour de Parlement de Bourdeaux et par arrest d'icelle exécutté en effigie ; il avoit de nouveau advis qu'au retour du siège de Monhurt sa maison auroit esté entièrement ruinée, les bastimens bruslez, les meubles, fruitz et bestail estans en icelle pris et ravagez par les gens de guerre et le surplus de ses biens baillez au sieur de Rinville ; à raison de quoy a requis la dicte Compagnie que, suivant aultre acte par elle sy devant arresté sur semblable proposition, luy pleust de pourvoir à son indemnité selon qu'elle jugera plus à propos. Sur quoy la dicte Compagnie reconnoissant estre très juste et raisonnable que tant le dict sʳ de La Tour que tous autres qui auront souffert semblables, incommoditez en haine de la profession de la religion soient indemnisez et interessez de leur perte en tant que faire se pourra, a arresté que, lors que Dieu nous fera la grâce de venir à un traitté de paix, il en sera fait article exprès, non seullement pour le desdommagement du dit sʳ de La Tour en particulier, mais générallement pour tous ceux de semblable condition, en la perte et ruine de leurs biens.

A esté encore différé de faire responce à la lectre de Mʳ de Favas du 6 de mois jusqu'au retour des députez de Mʳˢ de ceste ville en l'isle d'Oleron vers ledict sʳ de Favas.

Mandement à Mʳ Riffaut de paier à Mʳ Rodil la somme de 63 livres, 16 solz, 8 deniers, pour son droit de controlle.

Du 13. L'acte de la distribution dressé par Mʳˢ de Saint-Simon, de La Cloche et de La Tour a esté veu par la Compagnie et icelluy approuvé et signé.

A esté fait responce aux sʳˢ Véron et Guibert, commissaires establis pour les droitz de l'Assemblée en l'isle d'Oleron.

Du 14. Sur la proposition faitte par Mʳ de La Chappellière, a esté arresté qu'il seroit fait une despesche, tant en Angleterre qu'au Païs-Bas, pour informer nos députez de ce qui s'est passé en l'envoy du sʳ de Woodfort.

Sur la difficulté représentée par le sʳ de La Chappellière de recouvrer argent aux Pais-Bas sans lettres de crédit, a esté arresté que Mʳ Riffaut sera prié d'en recercher jusques à la somme de 900 livres pour faire tenir à Mʳ de Milletière, depputé en ceste Assemblée, et d'en respondre en son propre et privé nom à celuy qui fournira la lectre.

A esté escrit à Mʳ le duc de Rohan à Mʳ le conte d'Orval et à Mʳˢ de Montauban sur le subject de l'envoy dudict sʳ de Woodfort, comme aussi en sera donné advis à l'assemblée des cinq provinces tenant à Montpellier.

Du 15. Mʳ des Ilesmaison a apporté lectres de Mʳ le duc de Rohan portant créance laquelle il a exposée, et représenté bien au long l'estat des provinces de Haute Guienne, Bas Languedoc, Sevènes et Vivarestz, le subject de son voiage en Cour et ce qu'il y a fait avec l'advis de mondit sʳ de Rohan sur toute ceste négotiation ; dont ledict sʳ des Ilesmaisons a esté remercié, et arresté que le tout seroit communiqué à Mʳˢ de ceste ville.

A esté arresté qu'il seroit député vers Mʳ de Soubize pour avoir son advis sur ceste occurance et, pour cet effect, a nommé Mʳ d'Espinay, lequel aussi s'est chargé de voir Mʳ de Favas à son retour pour luy faire entendre le subject du voiage dudit sʳ des Ilesmaison.

Du 17. Arresté qu'il sera fait responce aux dernières lectres dudit sʳ de Favas que la Compagnie a pour agréable la résolution qu'il prend d'aller en la Basse Guienne puisqu'il croit sa présence y estre utile ; et, pour le regard de ses appointemens, luy sera représenté l'extrême nécessité à laquelle est réduitte la Compagnie par les grandes despences qu'il luy convient supporter journellement pour les affaires du général.

Sur ce que Mʳ de La Chappellière a représenté que, dès auparavant sa députation au Païs-Bas, il auroit fourny la somme de 252 livres, 4 solz, pour l'achapt de quelques poudres, icelle somme comprise en celle de 2722 livres, 4 solz, contenu par l'acte du vingt un Avril dernier, de laquelle il n'a encore esté rembourcé ; la Compagnie a nommé Mʳˢ de Mitois et de La Goutte pour voir ledict acte et les paiements faitz sur icelluy et en faire leur rapport.

La Compagnie, délibérant pour l'assistance d'armes et munitions demandées par la province de la Basse Guienne, a chargé les députez de la dicte province de prier M^rs de ceste ville de leur fournir le milier de poudre et les cent mousquetz et cinquante piques qu'ilz ont cy devant promis; et, moiennant ce, ladicte Compagnie promet en payer à mesditz sieurs le prix et valleur dont le présent acte leur servira d'asseurance.

Du 20. Mrs de Mitois et de La Goutte ont fait leur rapport sur la proposition et demande de M^r de La Chappellière contenue cy-dessus; après quoy a esté arresté que ledict s^r de La Chappelière sera payé de la somme de 252 livres, 4 solz, restans de la somme de 2722 livres, 4 solz, contenue par l'acte du 21 Avril dernier, plus de la somme de 60 livres que la Compagnie a reconneu avoir esté par luy prestée pour les affaires de la Compagnie, dont il n'auroit esté pareillement rembourcé, et de la somme de 46 livres, 6 solz, pour un voiage par luy et Mr Rodil fait à Niort et St-Jehan; de toutes lesquelles sommes, revenans ensemble à la somme de 358 livres, 10 solz, a esté baillé un mandement audict s^r de La Chappelière sur Mr Riffault.

A esté fait une despesche en Flandres à M^r de La Milletière, pour lequel ledict s^r Riffaut a fourny une lectre de crédit jusques à la somme de 300 livres, dont la Compagnie a promis le garantir et indemniser.

M^r d'Espinay, député vers Mr de Soubize, est retourné avec lectres de mondit sieur à la Compagnie portant créance, laquelle il a exposée; et représenté ce qui estoit des advis et sentimens de mondit sieur de Soubize.

A aussi rapporté avoir veu à son retour Mr de Favas, duquel il a aussi fait entendre les sentimens à la Compagnie.

Sur ce qui a esté représenté par ledict sieur d'Espinay de

la part de M. de Soubize de la nécessité d'armes en laquelle il estoit à cause des hommes qui luy survenoient par chacun jour qu'il luy convenoit armer, ont esté nommez Mrs Favier et de Maleray, ausquelz a esté donné charge de cercher cent mousquetz et cent picques armées, en faire le prix avec les marchands et s'en obliger en leur propre et privé nom, si besoing est, dont la Compagnie promet les garantir et les faire rembourcer sur les premiers et plus clairs deniers de la recepte de Royan ou autres.

Sur les diverses plaintes qui ont esté représentées à la Compagnie des abus qui se commettent par quelques capitaines de navire et autres estans à Roian en la rivière de Bourdeaux ; a esté résolu qu'il y seroit député quelqu'un de la Compagnie pour y estre pourveu selon l'exigence du cas ; et néantmoins la dicte députation remise après la despesche de M. des Islesmaison.

Sur les difficultez qui se rencontrent en la perception des droitz de l'Assemblée en l'isle d'Oleron desquelz il n'a esté encore jusqu'à présent receu aucune chose, mesmes que les commissaires establiz pour ladicte Assemblée se plaignent de n'avoir peu encore prendre connoissance de ce qui luy peut appartenir à cause du refus que font les commissaires de la ville de leur communiquer l'état de ce qu'ilz ont levé ; la Compagnie a nommé Mrs de Mitois, d'Epinay et Guérin pour aller vers M^rs de la ville afin de les prier de trouver bon que l'Assemblée prist le 20e du sel qui leur peut appartenir en ladicte isle en espèce, ou selon l'estimation qui en seroit faitte par commissaires dont les parties conviendront.

La Compagnie, premier que délibérer sur la despesche de M^r des Islesmaison, a arresté qu'il seroit fait un extrait des instructions et créance dudict s^r des Isles, lequel seroit communiqué à M^rs de ceste ville pour avoir sur ce leurs advis.

Mrs de Beaupreau et Bernardeau, députez de M^rs du corps de ville et bourgeois, ont dit avoir charge de remercier la Compagnie de la communication qui leur a esté faite de sa part, se remettant entièrement à sa prudence de prendre telle résolution qu'il conviendra sur les ouvertures qui luy sont faites pour la paix ; et néantmoins, la supplient que, délibérant sur cette affaire, elle trouve bon, s'il est question d'entrer en quelque traitté de paix, qu'ilz y puissent avoir des députez de leur part et que la résolution qui sera prise par ladicte Compagnie leur soit communiquée.

Mr de La Tousche, pasteur, a présenté lectres de la part de Mr de Soubize, du 17 de ce mois, sur lesquelles la Compagnie délibérant a arresté que ledict sr de La Tousche seroit receu comme envoyé de mondit sieur de Soubize en prestant le serment de silence, ce qui a esté fait.

Ledict sr de La Tousche a présenté autres lectres qu'il a dit luy avoir esté envoyées par mondit sr de Soubize, du 18 de ce mois, contenans quelques plaintes contre Mr de Favas, lequel faisoit estat d'emmener partie des gens de guerre qui estoient en l'isle d'Oleron hors de la province ; sur quoy a esté remis à délibérer après la despesche dudict sieur des Isles.

Du 21 janvier. L'Assemblée délibérant sur les mémoires et instructions qui luy ont esté apportées de la part de Mr le duc de Rohan par le sr des Islesmaison, pour tesmoigner qu'elle n'a autre plus grand désir que de voir une fin aux misères et calamitez présentes par le rétablissement d'une bonne et asseurée paix ; considérant que jusques à présent tout accez envers Sa Majesté a esté desnié aux très-humbles supplications et remontrances de ceste Compagnie, a arresté, sur la parfaitte confiance qu'elle prend du zèle et affection singulière de mondit sr le duc de Rohan au bien général de nos églises, ce qu'il a signalé par tant de glorieuses actions qu'à peine se pourroit-il trouver de remerciement égal à son mérite, qu'il sera donné pouvoir à mondit sr, comme elle luy donne par le présent acte, de demander au Roy au nom de toutes les églises de France et souveraineté de

Béarn qu'il luy plaise donner la paix à ses subjectz de la Religion en restablissant la liberté et seureté des dictes églises, suivant et au désir de ses éditz, brevetz et concessions ; et, au regard des traittez et conditions de paix, après avoir convenu du lieu, dont la dicte Assemblée se remet entièrement à la prudence de mondit s^r, de pourvoir à ce que l'accez en soit commode, libre et seur ; est mondit s^r le duc de Rohan supplié de n'entrer audict traitté qu'avec les députez qui seront nommez de la part de ladicte Assemblée, suivant les mémoires et instructions qui leur seront donnez; comme pareillement avec ceux qui seront envoyez pour ledit traitté de la part des généraux des provinces qui ont demeuré dans l'union et agiz pour le soutien et deffence de la cause publicque des églises et particulièrement de La Rochelle ; et ne conclure rien sans l'advis et consentement de l'Assemblée. Et, pour faciliter ce que dessus, est aussi prié mondit sieur d'obtenir les sauf-conduits nécessaires tant pour envoyer au lieu dudict traitté, que vers les provinces, pour les advertir de ce qui se passe.

Du 22. La Compagnie, après avoir veu l'acte de l'assemblée des cinq provinces tenant à Montpellier du 12 décembre dernier, par lequel, soubz l'approbation de ceste Compagnie, elle déclare M^r le duc de Rohan général des provinces du Bas Languedoc, Sevênes, Gévaudam, et Vivarestz, luy donnant le pouvoir et autorité appartenant à ladicte charge, en vertu des réglements généraux, avec injonction à toutes personnes, de quelque qualité qu'elles soient, de le reconnoistre en ceste charge, prendre ordre de luy obéyr à peine d'estre déclarez déserteurs de l'Union des églises et poursuivis comme telz, a approuvé et autorisé et, en vertu du pouvoir à elle donné par toutes les églises, approuve et autorise le contenu oudit acte en tous et chacun ses pointz ; et, à ceste fin, ordonne que provisions de la dicte charge seront expédiées à mondit s^r le duc de Rohan par lesquelles toutes autres provisions précédentes, mesmes celles expédiées cy devant au nom de Mr de Chastillon, sont et demeurent révocquées comme nulles, de nul effect et valleur, avec deffences à toutes personnes, de quelque qualité qu'elle soit, faisant profession de la Religion, d'y avoir aucun esgard; enjoint à eux de reconnoistre mondit sr le duc de Rohan et luy obéyr en tout ce qui dépendra de ladicte charge, sur les peines contenues par ledit acte.

Mrs de Chauffepied et Sibord ont présenté lectres à la Compagnie de la part de Mr de Parabère, portant créance, laquelle ilz ont exposée, et depuis, pour confirmation d'icelle, baillé les instructions qui leur ont esté données par mondit sieur de Parabère sur la créance par luy donnée ausdictz sieurs de Chauffepied et Sibord, contenant que l'Assemblée, se sentant grandement obligée à Mr le duc de Rohan par les effectz signalez qu'il a rendu de sa pietté et magnanimité au bien, maintien et deffence desdictes églisés pour le salut desquelles il a, en ses dernières occurances, autant heureusement que courageusement, exposé vie, biens et honneurs, a jugé que, ayant receu depuis huit jours, de la part de mondit sr le duc de Rohan, par le sr des Ilesmaisons, une despesche tendant à mesme fin sur les ouvertures de paix qui luy ont esté faites, sur laquelle il a déjà esté pris résolution contenue par l'acte du jour d'hier, elle ne peut à présent entrer en une nouvelle délibération sur ce subjectz ny s'adresser à autre qu'à mon dit sr de Rohan; et néantmoins, est mondit sr de Parabère loué et remercié du zèle et affection qu'il tesmoigne au lieu de nos églises, et icelluy prié de continuer; comme semblablement ont esté remerciez en leur particulier lesdictz srs de Chauffepied et Sibord.

Arresté que les actes expédiez tant sur les lectres et créance de Mr des Isles, de la part de Mr le duc de Rohan, que celles receues de la part de Mr de Parabère par Mrs de Chauffepied et Sibord, seront communiqués à Mrs de ceste ville par Mrs du Pont de la Pierre et Massiot; ce qui a esté fait.

Mandement à Mr Riffaut pour payer à Mr de Lezelé la somme de soixante livres oultre les 120 livres par luy receus.

Mr de Loubie ayant représenté à la Compagnie qu'il avoit advis certain que Mr de Miosans avoit obtenu la confiscation de son bien et en poursuivoit l'adjudication, a demandé qu'il luy feust permis de se pourvoir par forme de représailles sur les biens dudit sieur de Miossans en quelque part qu'il les trouveroit; ce qui luy a esté accordé et qu'à ceste fin toutes expéditions nécessaires luy en seront deslivrées.

Du 23. Arresté qu'il seroit escrit sur le subject de la despesche de Mr des Isles Maison tant à Mr le viconte Doncaster, ambassadeur extraordinaire près Sa Majesté pour le Roy de la Grand Bretagne, que pareillement à Mrs les ducz de Bouillon et de La Trimouille, comme semblablement aux députez de ladicte Assemblée en Angleterre et aux Païs-Bas.

Le dict jour ont esté deslivrées les despesches tant audit sr des Isles maison que aux srs Chauffepied et Sibord.

Du 24. Arresté qu'il sera fait une despesche en Basse Guienne pour donner advis à Mr de La Force et à Mr le marquis de tout ce qui se passe.

Sur la réquisition faite par Siméon Bellenger, escuier, sieur de la Brachetière, capitaine d'une compagnie de gens de pied françois pour le service des églises, à ce qu'il plaise à l'Assemblée luy accorder adveu de ce qui s'est passé tant au logement de sa dicte compagnie, au bourg Ste-Marie et lieux circonvoisins en l'isle de Rhé, où il avoit esté commandé d'aller par Mr le maire et capitaine de ceste ville, comme pareillement au bourg de Périgné et depuis en celuy d'Aitré où il auroit semblablement esté commandé d'aller par le dict sr maire, selon qu'il est plus à plain porté par ledict adveu ; l'Assemblée, estant bien informée de tout le contenu en icelluy, et après avoir meurement considéré, mesmes en considération de ce que ledict s^r de Brachetière s'est tousjours fort volontairement employé en tout ce qui luy a esté commandé, comme il fait encore de présent pour le service desdictes églises, a advoué et advoue toutes les actions plus au long contenues et spécifiées en l'adveu qui en a esté expédié, les déclarant actes de guerre et d'hostillité comme faitte contre les ennemis et pour le service desdictes églises, sans que ledict s^r de Brachetière, ne ceux qui l'ont assisté, en puissent estre aucunement cy après recerchez en quelque sorte et manière que ce soit.

Sur ce qui a esté représenté par M^r d'Espinay des offres et du désir que M^r de La Ravardière, estant en Angleterre, luy a tesmoigné de voulloir servir les églises, s'il croioit estre employé selon son mérite, qualité et expérience; ont esté nommez Mrs de Mitois, d'Espinay et Guérin pour faire entendre à M^{rs} de ceste ville ce qui est de l'affection et bonne volonté dudit sieur de La Revardière, afin que, sachans ce qui est de leur intention, on luy en puisse donner advis.

Sur autre proposition faitte par ledict s^r d'Espinay, de la part de mondit s^r de Soubize, et qui requerroit estre tenue secrette, ont esté nommez Mrs de Lescun, Hespérien et de La Milletière et de La Goutte, avec toute charge de pourvoir selon qu'ilz jugeront expédiant.

Les mesmes commissaires ont esté chargez de faire plainte au conseil du refus que font les commissaires de ceste ville de bailler à ceux de l'Assemblée l'estat de ce qui a esté levé en l'isle d'Oleron; comme aussi pour empescher tout subject de plainte à l'advenir, de demander que le 20e qui appartient à la dicte Assemblée du sel qui reste à lever leur soit baillé en espèce ou en deniers au pris qu'il a esté vendu ; sont aussi lesdictz commissaires chargez de demander que les cassonnades dont l'Assemblée permist que M^{rs} de ceste ville prinsent leurs partz et portions pour subvenir à leurs urgentes nécessitez leur soient remplacées sur autres cassonnades qui sont à présent à partager entre eux.

Le dict jour de relevée Mrs de Laloeu et Godefroy, députez du Corps de ville, ont rapporté pour responce aux articles cy dessus : sur le premier concernant ledict s^r de La Ravardière, qu'il sera tousjours le bien venu en ceste ville, mais que l'ordre establv pour le commandement mesmement de l'armée de mer estant desjà establv, il n'y peut estre rien changé; sur le second que le s^r du Vignau, l'un desdictz commissaires, est de présent en ceste ville, lequel sera ouy et à luy enjoint de bailler ledict estat; au regard du sel que l'Assemblée demande à part et divis, qu'ilz ne peuvent consentir qu'il soit levé sinon conjoinctement avec celuy de la ville; et sur le dernier, qu'il y a commissaires de leur part ausquelz est enjoint de vacquer aux comptes à faire entre eux où sera tenu estat desdictes cassonnades. A quoy a esté adjousté par lesdictz s^{rs} qu'ilz estoient chargez de représenter à la Compagnie divers subjectz de plainte, afin qu'il luy pleust y pourvoir; et, premièrement, qu'il se commet de grands abus par les capitaines de marine qui arment pour aller en mer à faulte de bailler cautions solvables; au moien de quoy ilz la supplient de ne donner à l'advenir aucuns congez qu'à personnes bien cautionnées; qu'ilz ont advis que le dict s^r de Poyane est en la rivière de Bourdeaux avec deux ou trois vaisseaux de guerre, qu'il tient au dessus de Royan, avec lesquelz il prétend faire une recepte à part sur les navires qui entreront et sortiront de la dicte rivière, ce qui seroit contre les réglemens accordez à la dicte ville par l'Assemblée; qu'il s'establist une admirauté à Royan; que le receveur Constantin veut prendre un sol pour livre de toute la recepte, et qu'à Royan on a encores estably un nouveau visiteur; et, pour la fin, ont dit avoir charge de fayre plainte d'une (lettre) escritte par Mr de Soubize à quelques capitaines estans en l'isle d'Oleron touchant le congé accordé par mes dictz s^{rs} de ceste ville à Mr de Favas, d'emmener quelques troupes en Basse Guienne. Sur toutes les quelles choses a esté fait responce que la Compagnie fera tousjours bonne considération de ce qui les touche et pourvoiera à ce qu'ilz n'ayent aucun subject de plainte.

Du 25. Suivant l'ordre establi dès le commencement ont esté nommez à la pluralité des voix : Mr de la Musse, président ; M^r d'Espinay adjoint ; M^{rs} de La Grange et de La Tour secrettaires. Signé : *Lescun, Rostellan, La Goutte et Rifaut.*

AU NOM DE DIEU.

Continuation des actes de l'Assemblée génèralle des églises réformées de France et souveraineté de Béarn tenant en la ville de La Rochelle.

Du 25 Janvier 1622. Après l'invocation du sainct nom de Dieu et que par la pluralité des voix, suivant l'ordre establi dès le commencement de l'Assemblée, ont esté nommez pour la direction d'icelle durant le mois commanceant ce jourdhuy, M^r le baron de La Musse, président ; M^r d'Espinay, adjoint ; et Mrs de Lagrange et Latour-Geneste, secretaires.

Mrs de Lescun, Rostellan, de La Goutte et Rifaut, qui ont eu la direction de l'Assemblée au mois précédent, ont esté louez et remerciez par la Compagnie du soing, vigilence et affection qu'ilz ont tesmoignée à l'exercice de leurs charges.

Sur le rapport des commissaires establis au conseil de guerre près la personne de M^r le maire de ceste ville, de la part de l'Assemblée, touchant la députation par ledict s^r maire et M^{rs} de la ville requise vers Mr de Soubize sur le départ de Mr de Favas et des troupes qui le doivent accompagner au voyage qu'il prétend faire en

Guienne, a esté advisé d'en communiquer avec lesdictz s^{rs} de la ville pour s'esclaircir du nombre de gens de guerre qu'ilz désirent estre employez audict voiyage et du lieu où l'on les doit prendre avant que se résoudre sur la dicte députation ; et, pour ce fayre, ont esté nommez M^{rs} de St-Simon, Rossel et Savary.

Lesdicts s^{rs} ayant rapporté à la Compagnie que M^{rs} de la ville ne font estat d'employer pour le susdit voiage aucunes des troupes qui sont près de Mr de Soubize, et que, d'ailleurs, ilz ont suffisamment pourveu à la garde et conservation de l'isle d'Oleron et qu'ilz font estat de bailler audit s^r de Favas d'autres troupes qu'ils ont nouvellement levées, ils requierent ladicte Compagnie de voulloir députer vers Mr de Soubize pour le supplier d'agréer ledict voiage et l'envoy desdictes troupes, se joignantz à la supplication qu'ilz luy en font par leurs députez. Sur quoy, l'affaire mise en délibération, a esté arresté de députer vers Mr de Soubize pour l'effect que dessus, ayans pour ce esté nommez Mrs de Loubie et Hespérien, avec les lectres et instructions sur ce nécessaires ; ayans aussi ordre par leurs instructions de voir ledict s^r de Favas à mesme fin, selon qu'ilz jugeront à propos ; comme pareillement ont esté lesdictz s^{rs} chargez, après leur commission executée vers M$_r$ de Soubize, de s'acheminer à Royan pour y apporter l'ordre et réglement nécessaire suivant leurs ditz mémoires et instructions.

A esté semblablement escrit, par lesdictz s^{rs} de Loubie et Hespérien, à Mr de Favas, avec charge de luy fayre entendre de bouche le subject qu'a l'Assemblée de se plaindre de la résolution par luy prise pour ledict voiage sans leur en demander sa permission, selon qu'il y est obligé par serment ; mesmes de ce qu'il voulloit sortir et emmener des troupes du gouvernement de mondict s^r de Soubize aussi sans sa permission ; l'exhortant de se soubzmettre et déférer en cela à la qualité et charge de Mr de Soubize et lui en escrire pour lever tout subject de mescontentement.

Sur la plainte et remonstrance faitte à l'Assemblée qu'au préjudice de la Chambre sur le fait de l'admirauté et des droitz d'imposition sur toutes sortes de marchandises dont la recepte se fait au lieu de Roian, il s'est rendu quelques jugemens et aultres actes concernans ladicte admirauté audict Roian ; l'Assemblée, reconnoissant l'importance de ceste affayre et veu les réglemens tant généraux que particuliers par elle faitz sur ladicte admirauté, a arresté, conformément aus dicts réglemens, que ce qui concerne les prises tant en mer que sur les rivières et autres affaires despendantes de ladicte admirauté, en quelque sorte que ce soit, ne pourront estre jugées et terminées que par devant les commissaires pour ce establis en la dicte ville de La Rochelle ; faisant très expresses deffences à toutes autres personnes d'en juger et connoistre, et à tous capitaines de marine d'aller en mer ou sur les dictes rivières sans congé émané de la dicte Assemblée : le tout soubz peine de nullité et désaveu et autres peines portées par les dicts réglemens qu'elle leur enjoint d'observer inviolablement.

Du 26 janvier 1622. Lectres de M^r de La Force, escrites à Sainte Foy des 14 et 16 de ce mois, ont esté rendues à l'Assemblée portans advis de l'estat de la dicte province ; oultre la créance donnée par les églises au s^r Levinus, pasteur de l'église de Bazas, qui a pareillement représenté la résolution et grande nécessité qu'il y a d'armes et munitions de guerre en la dicte province, et combien la présence de Mr de Soubize ou de Mr de Favas avec leurs troupes pourroit utilement servir à la remettre ; requérant aussi de la part de mondit s^r de La Force d'estre informé de la résolution de l'Assemblée touchant l'ordre qui se doit establir en la dicte province, et qu'en cas de quelque traitté de paix il fust mis en considération comme estant l'un de ceux qui a a reçeu, avec toute sa famille, plus de perte et d'incommodité en ceste guerre.

A esté expédié à Mr Riffaut pour la somme de 45 livres ordonnées au sr Guibert, l'un des commissaires deputez en l'isle d'Oleron, en déduction des gages et entretenemens à luy accordez par la dicte Assemblée, laquelle somme sera allouée en la dépence des comptes dudit sr Riffault rapportant quittance dudict Guibert avec le susdict mandement.

Autre mandement a esté expédié audit sr Riffault pour 14 livres, 14 solz ordonnez à Mr d'Espinay, restans de la despence par luy faitte de l'ordre de l'Assemblée en deux divers voiages vers Mr de Soubize.

Autre mandement audict sr Riffault de 2100 livres paiables à Mr Maleray pour pareille somme par luy employée en l'achapt de cent mousquetz, garnis de leurs fourchettes et bandolières, et cent picques armées qui ont esté envoyées par la dicte Assemblée à Mr de Soubize pour armer les gens de guerre.

Ce jour a esté expédié commission audict sr Constantin, commis à la recepte de l'imposition de Roian, portant ampliation de son pouvoir pour la recepte des aydes, tailles, et aultres subcides imposez l'année présente sur l'élection de Xaintes par les officiers de la dicte élection, en vertu des lettres patentes du Roy ; ensemble pour la recepte des décimes de biens ecclésiastiques, droitz de butin et rançons et toutes aultres natures de deniers, selon qu'il est plus au long porté par ladicte commission ; le tout jusques à ce que par l'Assemblée autrement en ait été ordonné.

A esté ce mesme jour escrit à Mr le baron de Saint-Surin, commandant audict Royan, pour le prier de tenir la main à ce que toutes choses se passent en bon ordre conformément aux réglemens, et d'assister Mrs de Loubie et d'Hespérien, députez vers Mr de Soubize et audict Royan, en l'exécution de ce qui luy est ordonné par les instructions de l'Assemblée à eux expédiées ledict jour.

Du 27. Acte a esté expédié pour la descharge de la somme de 25 livres, à quoy monte le droit de 10ᵉ appartenant à l'Assemblée en la vente d'une barque, nommée la Julienne, du port de trente tonneaux, adjugée ce jourd'huy par les commissaires de l'admirauté au sieur Dous, l'un des procureurs de la ville ; ladicte remise faitte en faveur de ladicte ville.

Sur la proposition touchant le pouvoir de vice admiral à Mʳ de La Ravardière ès costes de Picardie, Normandie, Bretagne, et Poitou, a esté advisé que les députez qu'on envoye vers Mʳ de Soubize en conféreront avec luy pour en avoir ses advis et sentimens, puis en sera communiqué à Mʳˢ de La Rochelle avant que y prendre résolution.

Mandement a esté expédié à Mʳ Riffault de 21 livres, 18 solz, ordonnez à Mʳ de Lagoutte et qu'il a débourcez pour la despence du voiage par luy fait au mois précédent suivant l'ordre de l'Assemblée vers M. de Soubize et en la ville de Roian, pour les affayres des églises.

Sur la proposition faitte le jour précédent par le sʳ Levinus, député de Mʳ de La Force et chef général de la province de la Basse-Guyenne, et en conséquence de l'acte expédié le 14ᵉ du présent mois, l'Assemblée a arresté que Mʳˢ de ceste ville seront priez par les députez de ladicte province, attendu qu'il ne se peut si promptement recouvrer d'aultres armes et munitions, de leur fournir, en attendant, la quantité de trois milliers de souffre dont ilz conviendront du prix que la Compagnie promet payer aus dicts sʳˢ de La Rochelle par le présent acte qui leur servira d'assurance ; et ce outre le milier de poudre, 100 mousquetz et 50 picques que la Compagnie leur a cy devant accordé et qu'elle envoye présentement par Mʳ de Lescun à M. de La Force ; et pour le regard des forces par ladicte province requises que M. de Favas, qui s'y achemine présentement avec troupes, les assistera à son possible dont il sera exhorté et adverty par les députez qui vont ce jourd'hui en l'isle d'Oleron de la part de ladicte Assemblée, laquelle, pour l'ordre qui doit estre estably en ladicte province, s'en remet particulièrement à la prudence et bonne conduitte de mondit s^r de La Force, dont la Compagnie reconnoissant assez le zèle et affection à la conservation de nos églises et les grandes pertes et incommoditéz que luy et M^{rs} ses enfants ont souffertes à ceste occasion, en fera très bonne considération lorsqu'il plaira à Dieu nous ouvrir les moiens de recouvrer la paix et tranquilité ausdictes églises.

Mr de Lescun, l'un des députez de la province de Béarn, ayant requis que, suivant le congé à luy cy-devant octroyé, il luy soit permis de prendre l'occasion du voyage de Mr de Favas pour s'acheminer en Guienne où il est de nouveau appellé par lectres expresses de M^r de La Force ; la Compagnie, en suitte du susdict congé, a permis audict s^r de Lescun de fayre ledict voiage à condition de retourner au plus tost qu'il luy sera possible, ce qu'il a promis ; et a esté prié de conduire les armes et autres munitions que l'Assemblée envoye en ladicte province et Basse Guienne et icelles remettre ès mains de M^r de La Force.

Du 28. Sur la remonstrance faitte en l'Assemblée de la part des propriétaires des marais salans scituez au gouvernement de Brouage, faisans profession de la religion, tendant à ce que l'imposition mise sur le sel provenant des dictz marais fust supprimée et abolie comme grandement préjudiciable aux affayres desdictes églises et propriétaires, pour les causes et raisons par eux amplement desduictes et représentées ; desquelles l'Assemblée, faisant bonne considération, a arresté, après avoir sur ce ouy les députez de ceste ville, que la dicte imposition sera supprimée et abolie, faisans très expresses inhibitions et deffences ausditz propriétaires et tous autres de charger et transporter ledict sel, à peine de confiscation, fors et excepté ce qui concerne les isles de Oleron et Arvert.

Sur ce qui a esté représenté à l'Assemblée par Thomas Thomasson, marchand de la ville de Flessinghe en Zélande, cy devant m⁰ et bourgeois du navire nommé le Rossignol, du port de 140 tonneaux, qu'ayant chargé 130 tonneaux de vin à Bordeaux, il auroit esté arresté et contraint de mouiller l'ancre par les navires de guerre estans devant Royan attendant l'argent pour payer le droit d'impost estably audict lieu ; et, l'estant allé cercher à Bourdeaux, il seroit, pendant son absence arrivé que, par le mauvais temps, ledict vaisseau auroit esté chassé à la coste et tellement brissé et froissé sur les rochers qu'il auroit esté impossible audict Thomasson d'en recouvrer aucune partie, non plus que des apparaux estans en icelluy, quelque fraitz et dilligence qu'il y ait faite ; requérant sur celuy estre pourveu. La dicte Assemblée, ayans mis l'affayre en délibération, et veu le procès verbal fait au dict Roian, désirant autant qu'il luy sera possible pourvoir au soulagement dudit Thomasson et traitter favorablement les subjectz de M[rs] les Estatz des provinces des Pays-Bas, a ordonné et enjoint très expressément aux députez qu'elle envoye présentement audictz Royan pour l'establissement de l'ordre et réglement nécessaire sur le fait dudict impost, de faire exacte perquisition et recherche touchant le naufrage et débris du vaisseau d'icelluy Thomasson, selon qu'il est porté par les mémoires et instructions dont ilz ont esté chargéz par ladicte Assemblée.

Du 29 janvier. Les commissaires nommez par la Compagnie pour assister au conseil de guerre estably près M[r] le maire ayans représenté la proposition faitte audict conseil pour la levée du sel estant en l'isle d'Oleron, a esté arresté qu'ilz y remonstroient les inconvéniens et difficultez qui peuvent survenir en l'exécution de ceste résolution afin d'y apporter les remèdes convenables. A quoy M[rs] de la ville doivent principallement prendre garde, comme y ayans le principal intérêt à cause de l'entretien de leur armée navale;

et seront lesdictz sieurs advertis de ne passer le contract sans y appeller ceux que la Compagnie voudra nommer à cet effect afin de pourvoir à la conservation du droit qu'elle s'est réservé sur ledict sel.

A esté expédié mandement de 11 livres à Mr Riffault, paiables à Mr Rossel pour reste de deux voiages qu'il a fait par ordre de la Compagnie en l'isle d'Oleron et Roian, suivant le compte qu'il en a représenté.

Pour ce qui concerne la despence des députez de la Compagnie lorsqu'ilz seront en voiage par l'ordre d'icelle, a esté arresté que, doresnavant, sur la despence tant ordinaire que extraordinaire qu'ilz feront en leurs voiages leur sera précompté et rabattu la despence ordinaire qu'ilz font durant leur séjour en ceste ville; et qu'ilz bailleront par le menu le compte de la despence de leurs ditz voiages pour estre examiné par lesdictz commissaires qui pour ce seront nommez, demeurant au surplus le règlement de Lodun pour le fait desdictz voiages en son entier.

Du 30. A esté expédié mandement à Mr Riffault pour 24 livres paiables au s^r de Casse, à cause des expéditions par luy faites depuis un mois pour les affayres publicques, suivant l'ordre de l'Assemblée.

Mrs de Chappellière, Maleray, La Goutte et Riffault ont esté nommez pour traitter avec les s^{rs} Chintier et Berthomme, marchands de ceste ville, touchant les fruitz provenus de l'isle d'Oleron, afin de pourvoir au recouvrement du 20e que l'Assemblée s'est réservée.

Ce jourd'huy ont esté receues lectres de Mr de Soubize, escrites de Saujon, donnant advis de l'heureux succez qu'il a pleu à Dieu luy donner depuis la prise dudict Saujon, mesme en l'ataque et deffaite du régiment de Mr de Saint-Luc qui a esté forcé par ses trouppes dans le bourg de Pont-Labé.

Du 1er Febvrier.

Cejourd'huy ont esté nomméz pour assister au conseil de guerre estably près la personne de M^r le maire, durant le présent mois, Mrs de Saint-Simon, Mitois, Chappellière, Milletière et Rodil.

A esté expédié descharge portant quittance à Mr Riffault de 28 livres, 8 solz en fin d'un mémoire de quelques menus fraitz et despences par luy faitte de l'ordre de l'Assemblée, et pour les affaires publicques, durant le mois précédent.

A esté pareillement expédié mandement audict s^r Riffault de 23 livres 4 solz paiables à Cousineau, huissier de l'Assemblée, tant pour ses gages dudict mois précédent, que pour quelques menus fraitz employez en son mémoire au bas duquel est ledict mandement.

Du 2. Mandement de 6 livres a esté expédié au dict Riffault paiables à Mr de Lescun pour reste de son voiage par luy fait vers Mr de Soubize.

Du 3. A esté fait responce à Mr de Soubize par le s^r des Fontaines, qui avoit apporté ses dernières lectres à l'Assemblée escrittes à Saujon, et receues du dernier du mois précédent.

A esté aussi escrit à Mr du Parc-d'Archiac en responce de celle que l'Assemblée avoit receue de luy portant advis de sa liberté et remerciement du soing qu'elle a eu de la procurer.

Du 4. A esté expédié mandement à Mr Riffault de 310 livres, 18 solz, 8 deniers, paiables à Mr Godefroy, marchand de ceste ville, dont il luy avoit respondu par ordre de l'Assemblée pour la valleur de trois milliers de souffre, y compris les fraitz, qui ont esté accordez aux députez de la Basse Guienne pour envoyer en leur province, suivant l'acte du 27 Janvier dernier par lequel M^{rs} de la ville estoient priez de fournir ledict souffre qui s'est depuis trouvé ès mains dudict Godefroy auquel il avoit esté enjoint au dict Riffault d'en respondre.

Du 6. Ce jourd'huy la Compagnie s'est extraordinairement assemblée sur les lectres receues de Mr de Soubize, escrites du camp de Mornac du 3 du courant, portant créance sur Mr Maleray, l'un des députez de la province de Poitou en l'Assemblée; laquelle exposant, il a représenté l'estat des affayres depuis les dernières de mondit s^r de Soubize qui estoit maintenant au siège dudict Mornac où il avoit besoing d'estre promptement assisté de poudres et autres munitions, tant pour le siège que pour se mettre en estat de repousser les forces de M^r le duc d'Espernon, qu'il avoit advis de toutes partz le devoir attacquer. Sur quoy l'Assemblée a ordonné audict s^r Maleray de pourvoir promptement à l'achat et recouvrement de poudres et munitions pour les envoyer ce jourd'huy. Ayant aussi M^r de La Chappelière esté chargé de prier M^r le maire, de la part de la Compagnie, de fayre délivrer les balles de canon demandées par mon dit s^r de Soubize, et commandé de faire en dilligence équiper et partir une patache de guerre pour conduire le tout afin que le délay n'apporte du préjudice et retardement aux affaires.

Du 8 Febvrier. M^r de La Tousche, député de Mr de Soubize près l'Assemblée, a remercié la Compagnie, de la part de mondit sieur, des armes et munitions qui luy ont esté envoyées, ensemble de tous les aultres tesmoignages qu'il reçoit ordinairement de leur bonne volonté et assistance, protestant de son inviolable résolution au bien et conservation de noz églises et de despendre entièrement des ordres et réglements de l'Assemblée.

Sur ce qui a esté représenté en l'Assemblée de la part du conseil de guerre près la personne de Mr le maire par les srs Thévenin et Guibert, députez dudict conseil, que les prises faictes en mer dans l'estendue des communaux de la dicte ville doivent estre jugées audict conseil attendu le pouvoir dudict sr le maire en la dicte ville et gouvernement d'icelle; requérans y estre pourveu et mis l'ordre et réglement nécessaire pour l'advenir. L'Assemblée, ayant mis l'affayre en délibération, a advisé et résolu que conformément aux réglemens et à l'establissement de la Chambre de l'admirauté, suivant ce qui s'est praticqué jusqu'à présent, et pour obvier aux conséquences préjudiciables pour les aultres gouvernemens, toutes les prises qui seront en mer seront jugées par les commissaires de l'admirauté ausquelz est enjoint, pour le regard de celles qui seront faites en l'estendue desdictz communaux, d'y procéder le plus sommairement que faire ce pourra, sans fraitz, et sans qu'ilz en puissent prendre aucunes espèces, comme il a esté cy devant ordonné et s'est pratiqué en ce qui concerne la dicte ville, les droitz de laquelle il leur est pareillement enjoint de conserver soigneusement pour tout ce qui luy pourra appartenir à raison desdictes prises.

Du 9. Sur la requeste du sr Vatable, marchant d'Olonne, à ce qu'il luy fust permis de transporter la quantité de huit muids de sel qui luy a esté pris et emmené en ceste ville, lequel il a rachepté, et luy en fayre expédier le passeport gratis, tant en considération de la perte que de l'assistance qu'il rend au sr Vatable, son père, vieil pasteur aagé de 90 ans et aveugle, qu'il a retiré en sa maison; l'Assemblée, eu esgard à la dicte perte et en considération dudit Vatable, pasteur, a ordonné que ledict passeport sera expédié soubz le nom du m{e} de la barque chargée de sel, sans qu'il soit tenu de payer les droitz sur ce imposez, dont il a esté deschargé.

A esté expédié mandement à Mʳ Riffault de la somme de 821 livres, 8 solz, paiable à Mʳ Malleray et dont il avoit respondu au sʳ Gilles, marchand flamend, de l'ordonnance expresse de l'Assemblée, pour les poudres et autres munitions envoyées à Mʳ de Soubize, suivant l'acte du 6 de ce mois et le mémoire dudict sʳ Gilles.

Du 10. Sur la remonstrance faite par les députez de la Compagnie au conseil, à ce qu'il ne fut doresnavant plus expédié de congez pour aller en mer, attendu que les matelotz abandonnent l'armée navale pour se mettre dans les vaisseaux qui vont en cours; a esté résolu, attendu l'importance, qu'il ne se deslivrera plus de congez jusques à ce que les cappitaines qui sont en mer soient de retour, ou qu'autrement par l'Assemblée ait esté ordonné.

Sur la difficulté qui s'est rencontrée au traitté pour le droit du sel de l'isle d'Oleron que l'Assemblée s'est réservé, a esté donné pouvoir absolu aux commissaires cy devant nommez de conclure et résoudre les affayres.

Les sʳˢ Gautier, Fresneau, Espinet, et aultres députez de l'isle d'Oleron ont présenté lectre à la Compagnie portant créance touchant l'estat de ladicte isle, avec mémoires contenans leurs plaintes et demandes, requérans leur estre pourveu tant pour la garde et conservation de ladicte isle que sur le reste du contenu en leurs mémoires.

Sur quoy a esté advisé, attendu que le gouvernement de ladicte isle a esté, du consentement de l'Assemblée, accordé par Mʳ de Soubize, chef et général en la province de Xaintonge à Mʳˢ de La Rochelle, que les commissaires de ceste compagnie au conseil estably près Mʳ le maire auront soing de faire ouyr lesdictz députez audict conseil, ayant d'abondant esté pareillement nommez Mʳˢ Rossel et

Menuau pour exhorter ledict conseil de pourvoir promptement aux affayres proposées par lesdictz députez.

Lectres de Mr de Favas, escrites de Solac en Médoc, du 7 de ce mois, portant advis de sa descente avec les troupes audict pays de Médoc, ont esté rendues à la Compagnie, laquelle y a fait responce par mesme voye.

M^{rs} le baron de La Musse, de La Chappelière et Milletière ont esté nommez pour entendre une affayre secrette proposée par quelque particulier qui désire n'estre conneu, ayant aussi ledict s^r de La Musse esté subrogé au lieu de Mr de Lescun, absent pour une autre affaire secrette dont ledict sieur de Lescun et aultres de la Compagnie estoient chargez.

Du 12. Mrs de Loubie et Hespérien, cy devant deputéz vers Mr de Soubize et à Royan, sont retournez ce jourd'hui et ont fait rapport à la Compagnie de ce qu'ils ont négotié en leur voiage suivant les mémoires et instructions qui leur avoient esté baillées, et ce sur chacun article dont lecture a esté faitte ; et en ont esté louez et remerciez.

Lesdictz s^{rs} de Loubie et Hespérien ont rapporté un récépissé signé *Constantin*, receveur estably audict Royan, en date du 4 de ce mois, de la commission de l'Assemblée à luy adressante pour la recepte des tailles et autres natures de deniers contenues en ladicte commission du 25 janvier dernier ; portant aussi ledict récépissé que lesdictz s^{rs} ont mis ès mains dudict Constantin coppie signée du réglement général fait et arresté en ladicte Assemblée, dès le 10e may dernier ; ensemble le nombre de cent passeportz en blanc esmanez de ladicte Assemblée pour les deslivrer aux marchands qui en auront besoing et dont il tiendra compte au s^r Riffault, trésorier général de ladicte Assemblée, à laquelle ledict Constantin a aussi envoyé par lesdictz s^{rs} de Loubie et Hespérien la somme de cinq cents pistoles en espèces qui ont esté à l'instant mises ès mains dudict sr pour employer au fait de sa charge.

Sur la requeste présentée par Mr de Lescun à ce qu'il pleust à la Compagnie l'assister de la somme de 300 livres, en déduction de la distribution qui se pourra fayre en après, l'Assemblée, ayant esgard aux pertes souffertes par ledict sr de Lescun et à la grande despence qu'il a cy-devant faitte et continue encore pour le service desdictes églises, luy a volontairement, et par forme de gratification, accordé ladicte somme de trois cens livres qui luy sera payée par Mr Riffault, trésorier général de ladicte Assemblée, ou par le sieur Constantin, commis à la recepte establie à Roian, suivant le mandement qui en a esté expédié.

Du 13. La Compagnie s'est extraordinairement assemblée sur les lectres reçeues de Mr de Soubize du 10e de ce mois portans créance à Mr le baron de Chastelalon, laquelle exposant, il a représenté le besoing qu'a mondit sr de Soubize d'estre promptement assisté de vivres et de munitions pour jetter dans la ville de Roian qui est menassée de siége par Mr le duc d'Epernon ; ensemble de telles quantité d'armes, poudres et plomb qui se pourra recouvrer pour s'en servir selon les occasions. Sur quoy a esté résolu que les commissaires députez par ceste Compagnie pour assister au conseil de guerre establi près de Mr le maire, feront instance à ce qu'il soit pourveu audict conseil aux choses nécessaires pour ladicte ville de Royan, et que, ce qui se trouvera dans le magazin de l'Assemblée provenant du dixiesme des prises adjugées à l'admirauté, soit huille, fer, et autres choses qui y pourront servir, sera fourny par Mr de La Taulle commis à la recepte et recouvrement dudict 10e, dont il demeurera deschargé ; et, pour le regard des armes, poudres et plomb, Mr Maleray est chargé d'en faire recerche et les achetter et payer contant des deniers qui luy seront à ceste fin mis entre mains par ledit Riffault, trésorier général de l'Assemblée, lequel en demeurera pareillement deschargé en ses comptes suivant le mandement qui en sera expédié.

Du 14 febvrier. La Compagnie, suivant la résolution prise dès le 18 décembre dernier que, pour subvenir à la nécessité présente des pasteurs réfugiez en ceste ville, il sera paié par M. Riffault à ceux qui seront nommez de la part desdictz pasteurs, et des premiers deniers qu'il aura entre mains, la somme de quinze cens livres pour estre distribuée entre eux, selon leurs charges et nécessitez présentes et le temps de leur arrivée en ce lieu, à quoy ilz seront exhortez de la part de l'Assemblée par Mrs Clémenceau et de La Chappelière qui ont esté pour ce nommez.

Les convenancés faittes entre M^{rs} de La Chappellière, Maleray et de la Goutte de la part de l'Assemblée, suivant le pouvoir à eux donné le 10e du présent mois, et les sieurs Chintier et Berthommé, marchands de ceste ville, touchant la vente des sels provenans de l'isle d'Oleron, pour la part que ladicte Assemblée s'en est réservée, ont esté leus et veus en la Compagnie laquelle les a approuvez et rattifiez désirant qu'elles soient effectuées selon leur forme et teneur.

En conséquence des susdites convenances, et pour éviter à la despance, il a esté advisé de retirer le s^r Guibert, l'un des commissaires cy-devant envoyé par l'Assemblée en l'isle d'Oleron pour le recouvrement dudit sel; et, à ceste fin, luy a esté escrit de retourner, et audict sieur Véron, l'aultre des commissaires, et pareillement commis au bureau de la recepte establie en ladicte isle, d'y demeurer pour le fait de ladicte recepte jusques à ce qu'autrement en ait esté ordonné suivant la commission à luy expédiée.

Du 15. Ce jourd'huy a esté arresté et accordé commission et pouvoir de vice-admiral ès costes de Picardie, Normandie, Bretagne, et Poitou, soubz l'autorité de l'Assemblée et des chefs et généraulx establis ès dictes provinces, à M^r de

La Ravardière ; et ordonné que, avant la faire expédier, elle seroit communiquée au conseil de Mʳ le maire par Mʳˢ de La Chappelière et La Grange.

Du 16. Sur la requeste présentée par Jacques Du Puy, capitaine de navire, tendant à estre deschargé de la somme de 500 pistoles qu'il a esté condemné, par jugement de l'admirauté, de représenter comme provenant de certaine prise par luy faitte en laquelle il maintient et affirme ladicte somme ne s'estre trouvée ; l'Assemblée, ayant mis l'affayre en délibération et ouyz sur ce les commissaires de l'admirauté, a renvoyé ledict Dupuy par devant lesdictz commissaires ; ordonnant néantmoins que l'exécution dudict jugement pour le regard des 500 pistoles sera surcie durant trois mois pendant lesquelz le receveur du public en ladicte admirauté fera ses diligences pour la recerche de ladicte somme ; comme aussi il est permis audict capitaine Du Puy de faire toutes les poursuites qu'il jugera nécessaire à sa descharge, pour être le tout rapporté par devant les commissaires de l'admirauté et par eux jugé et terminé selon qu'ilz verront estre affaire.

Mʳˢ de Loubie, Rossel, de La Place, Menuau et Savary ont esté nommez pour aller saluer Mʳ de Soubize de la part de l'Assemblée, sur l'advis qu'elle a eu de son arrivée en ceste ville.

Sur la remonstrance faite par Jacques Boutinault, capitaine de marine, qu'ayant, dès le 17ᵉ novembre dernier, obtenu congé de l'Assemblée d'armer et équipper en mer le navire nommé le Croissant, du port de 90 thonneaux, avec sa patache, pour, avec iceux, fayre la guerre et courir sus aux ennemis des dictes églises, tant sur mer que par les descentes qu'il pourroit fayre en terre, et ce pour le temps et espace demandé par Mʳ de Soubize, chef et général en la province de Xaintonge ; et employé en diverses autres occasions pour le service des églises, mesme à la prise, garde et fortification de l'isle d'Argenton, proche de la ville de Blaye en la rivière de Bourdeaux, il requiert le délay de son dit congé luy estre prolongé, ayant son dit navire et patache en équipage et prest de faire la guerre. L'Assemblée ayant sur ce délibéré, et eu esgard aux services rendus par le dict capitaine Boutinault et aux grands fraitz et despens par luy faitz pour l'armement et équipage desditz vaisseaux, a prolongé et prolonge le congé à luy accordé, et cy dessus datté, pour le temps et espace de trois mois à conter du jourd'huy aux mesmes charges et conditions portées par le dict congé.

Du 17 Febvrier. Mʳ de Soubize s'estant excusé de ce qu'à cause de son prompt départ et embarquement il ne pouvoit se trouver en personne en la Compagnie, pour la saluer comme il désiroit et luy protester de la continuation de son affection et inviolable résolution à l'éxécution de ses délibérations et arrestez, Mʳˢ de Mitois, Loubie, La Cloche, Guérin, Rodil et Casaubon ont esté nommez pour le remercier de sa bonne volonté et l'asseurer de celle de la Compagnie; le suppliant de continuer à s'employer courageusement comme il a fait jusques icy pour le bien et conservation de nos églises.

Du 18. Lettres de Mʳ de Favas, escrittes de Soulac en Médoc du 16 du courant, concernant l'estat de la dicte place et lieux circonvoisins, ont esté rendues à la Compagnie et luy a esté fait responce.

Mʳˢ de Beauchamps et Menuau ayans rapporté à la Compagnie avoir vérifié, suivant la charge à eux donnée, le compte de la despence de Mʳˢ de Loubie et Hespérien en leur dernière députation vers Mʳ de Soubize et à Royan; il a esté advisé, conformément aux réglemens sur ce faitz, que, pour la despence extraordinaire desdictz sʳˢ, il sera payé à Mr de Loubie 4 pistolles et à Mr Hespérien 3, et ce par Mr Rifault, suivant le mandement par luy expédié.

Le sr Huet, l'un des pairs de ceste ville cy devant nommé par l'Assemblée à la charge de prévost des bandes en l'isle d'Oleron, assisté de son greffier, ayant supplié la Compagnie de pourvoir tant à ce qui concerne leur entretien qu'autres affayres despendans de l'exercice de leurs charges, et représenté à ceste fin leurs lectres de provision et aultres pièces, Mrs Rossel et Menuau ont esté nommez pour voir les dictes pièces et ouyr sur ce les députez de la dicte isle estans en ceste ville, ensemble les dictz Huet et son greffier, au rapport desquelz fait le mesme jour l'affaire esté renvoyée au conseil estably près Mr le maire.

Du 19. Mrs de La Goutte et Rodil nommez pour le compte de l'achapt des armes et munitions de guerre fait par Mr Maleray pour Mr de Soubize, suivant l'ordre de l'Assemblée porté par le résultat du 13 de ce mois, ayans rapporté avoir vérifié que pour l'achapt de 117 mousquetz garnis de fourchettes et bandollières, 203 picques séches, 576 l. de poudre et 1155 l. de plomb envoyées à mon dit sieur de Soubize, a esté payé par le dict sr Maleray, y compris les fraitz sur ce nécessaires, à la somme de 1856 l., 5 s. A esté ordonné que la dicte somme luy sera rembourcée par Mr Riffaut, suivant le mandement qui en a esté expédié.

Sur la proposition faitte par Mr Maleray qu'afin de pourvoir à ce que les bledz qui se pourront recouvrer en la province de Poitou soient amenez en la présente ville pour la provision et munition d'icelle, il seroit à propos d'en escrire à Mr de Soubize qui est maintenant en la dicte province; a esté advisé de député à ceste fin vers mondit sieur; et ont esté Mrs Maleray et Menuau chargez d'en advertir Mrs de la ville afin qu'ilz y députent aussi de leur part, s'ilz le jugent à propos.

Mrs de La Vallée, de Laurière, Godefroy, Bardonin, Bernardeau, Goyer et Paget, députez du Corps de ville et bourgeois vers la Compagnie pour quelques remonstrances, tant sur la commission de vice-amiral octroyé à M⁰ de La Ravardière et sur autres pointz concernans les articles à eux accordez pour l'imposition de Roian; ensemble sur la fortification de l'isle d'Argenton et le pouvoir requis par M⁰ le maire de juger au conseil de guerre les prises faites en vertu de ses commissions entre les coustumeaux de ladicte ville; il a esté remis à en délibérer sur les articles par eux laissez en la Compagnie.

Du 21. Sur ce qui a esté représenté par le s⁰ Ollivier, facteur du s⁰ Captan marchand de Bourdeaux, qu'ayant cy devant eu permission de charger la quantité de 185 muids de sel, savoir : dans la barque nommée le Don de Dieu de Dieppe 118, dans la Bonnaventure du Rail 70, et dans le Saint Jehan dudict Dieppe 47 muids, à la charge de paier les droitz sur ce imposez en l'isle d'Oleron et à Roian; il a esté adverty qu'outre lesdictz droitz, il en a esté de nouveau imposez d'autres audict Royan, lesquelz il ne luy seroit raisonnable luy fayre payer; requérant en estre deschargé. Sur quoy l'Assemblée a ordonné qu'en payant par ledict Ollivier en ceste ville de La Rochelle, ès mains du sieur Riffault et des receveurs à ce commis par la dicte ville de La Rochelle le droit de 8 livres cy devant imposé sur chacun muid de sel au bureau d'Oléron, et les six livres pareillement imposez à Roian ès mains du sieur Constantin, il demeurera deschargé de tous aultres droitz et impostz tant audict Oleron qu'à Royan; enjoignant ausdictz receveurs establis ès dictz lieux de le faire jouir sans difficulté de la présente descharge et ordonnance.

La Compagnie, délibérant sur les articles présentez de la part du Corps de ville, a résolu, pour ce qui concerne le pouvoir de vice-admiral accordé à M⁰ de La Ravardière, que les costes de Poitou en seront distraittes, et que, tant luy que tous les autres amiraux se trouvans hors l'estendue de son pouvoir, reconnoistront ceux qui auront la charge esdictz lieux conformément aux ordonnances de la marine; pour le regard de l'isle de Argenton, qu'ayant esté jugé nécessaire d'y faire un fort pour incommoder les ennemis, il y faut aussi de nécessité lever un impost tant pour la construction dudit fort que pour l'entretien de la garnison et vaisseaux estans à la rade d'iceluy et aultres fraitz et despences ; quand à la surcéance accordée par l'Assemblée au capitaine Du Puy, elle ne peut préjudicier aux droitz de la dicte ville ny d'aultre, ayant esté trouvée de justice par la dicte Assemblée qui y a pareil intérest que la ville; et, touchant le pouvoir requis de juger au conseil de guerre des prises qui se feront en vertu des commissions de M^r le maire entre les coustumaux de la dicte ville, l'Assemblée, attendu la conséquence, ne se peut départir de l'arresté sur ce fait, remettant le surplus des dictz articles concernans l'imposition de Royan au retour des députez qu'elle y envoye présentement pour y estre pourveu selon qu'il appartiendra et donner sur ce toutes sortes de contentemens ausdictz de la Rochelle, ausquelz Mrs de Mitois, de La Cloche, et Menuau sont chargez de fayre entendre le présent arresté et résolution de la Compagnie.

Du 22 Febvrier. Mrs de Béraudy et Girault, députez du Corps de ville et bourgeois, ont représenté à la Compagnie le traitté fait entre ceste ville et les facteurs des sieurs Captan et Coulon, marchands de Bourdeaux, par lequel ilz promettent de fournir la quantité de 600 tonneaux de bled et d'avantage s'il est possible, pour la provision de la dicte ville, moiennant qu'il leur soit permis d'en transporter pareille quantité audict Bourdeaux, en paiant les droitz d'impostz sur ce establis ; requérant l'Assemblée voulloir agréer et ratifier le dict traitté. Sur quoy l'Assemblée, désirant sur tout que ceste ville soit suffisamment pourveue et munie de bledz, a agréé ledict traitté, à condition toutesfois que tous les maistres des vaisseaux chargez apartenans ausdictz Captan et Coulon seront tenus de prendre passeportz de la dicte Assemblée à peine d'estre déclarez de bonne prise suivant les réglemens.

A esté expédié mandement à M⁰ Riffault de 43 l. 4 s. paiables aux députez de la Basse Guienne pour leur rembourcement de pareille somme par eux fournie pour la conduitte des armes et munitions envoyées par l'Assemblée en ladicte province, selon l'ordre de l'Assemblée porté par acte du 27 Janvier dernier.

Du 23. Lectres de M^rs le baron de Sainct-Surin et de Lescun ont esté rendues à l'Assemblée, tant par Monsieur de La Nasse que par un lacquais du dict sieur de Sainct-Surin, donnant advis de quelques affaires d'importance ausquelles il est besoing de pourvoir; sur quoy la dicte Assemblée a donné charge à M^rs de La Goutte et Casaubon, par elle députez audict Roian sur le subject des plaintes de M^rs de La Rochelle, d'adviser pareillement aux susdites affaires suivant les mémoires et instructions qui leur en ont esté baillées.

Mr de Soubize a escrit à l'Assemblée, de Longeville en Poitou, du 20 de ce mois, donnant advis de la descente en ladicte province et désirant qu'on en advertisse M^r de La Force, afin de tenir entre eux la bonne correspondance qui se doit pour le bien des affaires; ce qui a esté à l'instant effectué et la despesche envoiée par messager exprex, auquel Mr Riffault a payé 15 l. qui luy seront envoyez en ses comptes.

Mrs de Broussart et Girault, envoyez du Corps de ville et bourgeois vers la Compagnie pour la supplier de députer vers Mr de Soubize pour le transport des bledz de la province de Poitou en ceste ville, suivant la résolution du 9ème, ayant à ceste fin nommé de leur part les s^rs Bernon et Baulot, l'Assemblée a pour ce nommé Mr Maleray avec lectres à Mr de Soubize.

Du 24. Mʳ de La Taulle ayant représenté en la Compagnie que, suivant le résultat du 13 de ce mois, il auroit fourny la quantité de deux milliers de poisson sec, deux bariques d'huille d'olive, une barique d'huille de poisson, cinq pains résine et cinq pains de bré, a requis d'en estre deschargé. Sur quoy ladicte Assemblée a deschargé ledict de La Taulle de tout le contenu cy dessus qui a esté envoyé à Roian avec ce que la ville a contribué pour la provision et munition de la dicte place.

Du 25. Suivant l'ordre establY au commancement de l'Assemblée ont esté nomméz à la pluralité des voix, pour la direction d'icelle, durant le mois commenceant ce jourd'huy : Mʳˢ de Saint-Simon, président ; Beauchamps, adjoint et Mʳˢ Rodil et Riffault secrétaires. Signé : *La Muce*, président, *d'Espinay* adjoint, *La Grange* secrétaire et *Geneste* secrétaire.

AU NOM DE DIEU

Continuation des actes de l'Assemblée génerale des eglises réformées de France et souveraineté de Béarn tenant à La Rochelle.

Du Vendredy 25 *Febvrier* 1622. Après l'invocation du saint nom de Dieu, par la pluralité des voix recueillies par billetz, suivant l'ordre establY dès le commencement de l'Assemblée, ont esté nommez ce jourd'huy : Mʳ de Saint-Simon, président ; Mʳ de Beauchamps, adjoint ; et Mʳˢ Rodil et Riffault secrettaires.

Mʳˢ le baron de La Musse, d'Espinay, de La Grange et de La Tour ont esté louez et remerciez par toute l'Assemblée de l'affection, vigilance, prudence et fidélité qu'ilz ont apportée à la conduite et modération d'icelle durant le mois précédent.

Sur ce que Mr de La Nasse a représenté à la Compagnie, a esté résolu qu'il sera prié remettre entre les mains de Mrs de Lagoutte et Casaubon, députez à Royan, les mémoires touchant le personnage dont il a parlé pour, iceux veus par la dicte Compagnie, estre advisé s'il conviendra adjouster ou diminuer aux instructions à eux baillées.

Lesdictz srs de La Goutte et Cassaubon ont rapporté avoir retiré des mains dudict sr de La Nasse deux escritz dudit personnage, qu'ilz ont remis; lesquelz ayant esté veus et leuz, a esté arresté qu'on ne changera rien aux résolutions déjà prises ny aux instructions baillées ausdictz députez; et ont esté chargéz Mrs les commissaires au conseil extraordinaire près Mr le maire luy communiquer lesdictz escritz et mémoires.

Lectres de Mr de Soubize, du 19 Febvrier, a esté rendue par le sr Fromentin, qui a exposé la créance à luy baillée par Mr de Soubize touchant le succèz de sa descente au Bas-Poitou.

Le sr Bernardeau, bourgeois de ceste ville, a présenté un compte du 19 may dernier se montant 440 l. 15 s. pour marchandises achettées par Mr Fromentin pour munir la ville de Saint-Jehan lors du siège, lesquelz Mr de La Chappellière, député de Xaintonge, avoit promis payer ou faire payer à l'Assemblée en cas que dans huit jours ledict sr Fromentin n'envoyast l'argent, priant la Compagnie faire acquitter la dicte somme. Sur quoy le dict sr de La Chappellière ouy et les aultres députéz de la province de Xaintonge, la dicte Assemblée a ordonné que ladicte somme de 440 l., 15 s. desdictes marchandises sera payée par elle à la descharge dudit sr de La Chappellière, les aultres obligacions premièrement acquittées et sans tirer à conséquence.

La Dam{elle} Cabry, veuve du sieur de Fois, conseiller au siège présidial de ceste ville, ayant demandé une sauvegarde pour sa maison de Lambertière en ce gouvernement, la Compagnie, ayant bon tesmoignage de sa religion et des pertes qu'elle a souffertes en ses mouvemens, luy a accordé la dicte sauvegarde à la charge de faire porter ses fruitz en ceste ville et de la communiquer à Mr le maire.

Du 26. Les députez de la province des Sevênes, après avoir fait entendre la détention, à la Bastille à Paris, de Mr de Beaufort, gentilhomme de la dicte province, pris prisonnier conduisant le secours pour la deslivrance de la ville de Montauban, et prié l'Assemblée de voulloir procurer sa liberté; la dicte Assemblée, pour monstrer son soing et affection envers ceux qui assisteront les églises et particulièrement au sr de Beaufort, a esté arresté que, par tous moiens possibles, elle travaillera à sa liberté; et cependant que lectres seront escrites à Mrs de Rohan, Soubize et de La Force pour les prier que, s'ilz font quelques prisonniers de considération, ilz ne les libèrent ny mettent à rançon que le dict sr de Beaufort ne soit libéré.

Ce jourd'huy a esté dépesché une chaluppe exprès à Royan avec lectres à Mr de Saint-Surin touchant la seureté et conduitte en ceste ville de la rivière, duquel a esté fait mention cy-dessus.

Du 28. Mrs de Lagoutte et Cazaubon, députez à Royan, sont partis ce jourdhuy pour leur voiage, avec les mémoires, instructions et lectres, qui leur ont esté baillées pour l'exécution de leur charge.

Du 1 *Mars.*

Sur la proposition faitte par les commissaires de l'admirauté des abus et fraudes qui se commettent au préjudice des réglemens et ordonnances sur ce faizt en la traitte et transport des bledz et autres marchandises de contrebande, tant par quelques habitans de Bourdeaux, soubz le nom emprunté des Flamans, Anglois et aultres, que par l'intelligence et malversation de quelques capitaines et officiers establis en la rivière de Bourdeaux pour lever les impostz et empescher le passage desdictz bledz et marchandises de contrebande; l'Assemblée, pour obvier à la continuation desdictz abus, a ordonné que lesdictz réglemens, par elle faitz sur le fait desdictz traittés, seront gardez et observez selon leur forme et teneur, et particulièrement l'ordonnance par laquelle tous les vaisseaux tant des régnicoles, Anglois, Holandois et aultres alliez passans et repassans chargez de bledz, grains, armes, canons, poudres, et autres munitions de guerre pour mener ailleurs qu'en ceste ville de La Rochelle sont déclarées de bonne prise s'ilz n'ont passeport de l'Assemblée pour toutes marchandises qu'ilz feront porter et conduire, et en payer les droitz à ce establis aux bureaux, soubz peine de confiscation; et afin qu'aucun n'en prétende cause d'ignorence et que lesdictz réglemens et deffences en soient plus notoires, a aussy ordonné ladicte Assemblée que la présente ordonnance et deffences seront envoyées aux députez de l'Assemblée en Angleterre et Pays-Bas pour en informer les marchands desdictz païs, et affichez tant en la traitte de ceste ville qu'au bureau de Roian et autres lieux où besoing sera; et que M^r le maire et Corps de ville de La Rochelle seront priez de tenir la main de leur part à l'observation d'icelle à ce que lesdictz abus et malversations cessent.

Ce jourdhuy mandement a esté expédié à Mr Riffaut de payer, des deniers du public, à Cousineau la somme de 21 l. pour le service par luy rendu à l'Assemblée le mois dernier et autres menus fraitz.

Du 2. Ont esté nommez pour le conseil extraordinaire de guerre establi près la personne de M^r le maire pour ce mois M^rs les barons de La Musse, et Mitois et M^rs de La Chappellière, Milletière et La Tour.

Le s^r du Plomb, envoyé de la part de Mr de Soubize, a rendu lectres de mondit s^r à la Compagnie et exposé sa créance sur l'heureuse victoire que Dieu luy a donnée en la prise de La Chaume et bourg des Sables d'Olonne; envoyant à l'Assemblée cinq drappeaux gaingnez sur les ennemis et l'asseurant tous jours de la continuation de son affection et zèle pour les églises et envers ceste Compagnie; de quoy l'Assemblée, après avoir loué mondit s^r de Soubize de ses exploitz généreux et remercié de l'honneur qu'il rend à l'Assemblée en la personne dudict s^r du Plomb, a arresté qu'il luy sera fait responce, et que les dictz drappeaux par luy envoyez seront baillez et mis entre les mains de M^rs les maire, eschevins, pairs, bourgeois et habitans de ceste ville pour estre gardez et conservez en la maison commune en mémoire dudit exploit; et, pour les présenter de la part de ceste Assemblée, ont esté nommez M^rs le baron de Mitois, Rossel et La Tour; et en outre a advisé que le Consistoire de ceste ville soit prié d'assembler cejourd'huy l'église, extraordinairement, pour en rendre actions de grâces publicques à Dieu.

M^r de La Tousche, agent de Mr de Soubize, a présenté les propositions par escrit qu'il a charge de faire à l'Assemblée de la part de mon dit s^r de Soubize, priant la Compagnie d'en donner ses advis et prendre résolution sur icelles; lesquelles propositions ayans esté veues et examinées, l'Assemblées a trouvé à propos de faire entendre à mon dit s^r de Soubize, par lectres, ce qu'elle a desjà fait et résolu et jugé à propos estre fait en l'occurance présente des affaires, et mis ès mains dudict s^r de La Tousche les responces.

Mrs de Fiefmignon, Dannebaut et Bernardeau, députez de Monsieur le maire, eschevins, pairs, bourgeois et habitans de ceste ville, ont fait entendre qu'ilz ont esté chargés de venir en l'Assemblée pour se conjouir avec nous de l'heureux succèz qu'il a pleu à Dieu donner à Mr de Soubize en ses entreprises, et pour remercier la Compagnie des drappeaux et trophées qu'elle leur a fait honorablement envoyer ce matin ; comme aussi pour luy faire savoir que, sur certains advis que mondit s^r leur demande comme estant du secret et silence, ilz en ont renvoyé la résolution à M^r le maire et conseil de guerre establys près sa personne.

Le s^r Constantin, receveur à Royan, a escrit à la Compagnie, du 26 Febvrier dernier, se plaignant des désordres à la recepte dudict lieu, auquel a esté fait responce.

Lectres de Mr de Lescun ont esté rendues à l'Assemblée, escrites de Roian, contenant advis des mauvaises intelligences qui sont entre les s^{rs} Papin et Constantin sur l'ordre de la recepte et levée des trois cinquiesmes de La Rochelle, avec un mémoire du controlleur de l'Assemblée des fraudes et abus qui se commettent sur la rivière de Bourdeaux en la levée des droitz, et remède qu'il juge à propos pour les empescher ; joint un récit que les anciens du Consistoire de Bordeaux ont fait audict s^r de Lescun de l'estat pitoyable de quelques gentilshommes et soldatz pris, allans au secours de Montauban, condamnez depuis aux galères, prians lesdictz anciens de procurer leur liberté et de Mr de Beaufort détenu à la Bastille, à Paris, pour mesme occasion. A laquelle lettre a esté fait responce, faisant entendre audict s^r de Lescun l'ordre qu'elle a pris pour leur libération.

La Compagnie, délibérant sur l'ordre qui doit estre tenu pour le payement des sommes à elle deues par les s^{rs} Chintrier et Berthommé, en conséquence des conventions faites avec eux pour le 20e du sel que l'Assemblée prend en l'isle d'Oleron, a ordonné que lesdictz Chintier et Berthommé payeront à Mr Riffaut les sommes qu'ilz doivent ou devront cy après ; et, moiennant l'acquit qu'ilz retireront dudit sieur Riffaut, lesdictz s^{rs} Chaintrier et Berthomé demeureront suffisamment deschargez envers l'Assemblée et tous autres.

Du 3 Mars. Lectres ont esté rendues à l'Assemblée, escrittes par Mʳ de La Milletière, député au Païs-Bas, en datte du 30 Décembre et 13 Janvier derniers, en faveur et recommandation des sieurs (*une ligne en blanc*), ... priant l'Assemblée de pourvoir au payement des fraitz de leur passage venant en France pour le service des églises ; ausquelles lectres l'Assemblée, ayant esgard et au tesmoignage qui leur est rendu de leur zèle et valeur, leur a accordé la somme de 54 livres qui est le pris accordé pour leur dit passage ; pour laquelle somme a ordonné mandement leur estre expédié sur Mʳ Riffault.

Pour exercer la justice de l'admirauté, durant trois mois, suivant les réglemens ont esté nommez, Mʳˢ Menuau, président, La Tour, Guérin, Montmezard et Rodil.

Le sʳ Jehan Ollivier, marchand, ayant fait entendre les empeschementz qui luy sont donnez en ceste ville à la charge des selz que l'Assemblée luy a permis faire par son arresté du 21ᵉˢᵐᵉ Febvrier dernier, s'estant constitué par ce moien en plusieurs fraitz, dommages et intérestz ; l'Assemblée, après avoir veu son ordonnance du susdit jour, a chargé les députez du conseil de guerre près Mʳ le maire de faire entendre l'intention de la Compagnie et le prier de faire cesser lesdictz empeschements.

Du 4. Lectres ont esté rendues de Mʳ de St-Surin en responce de celle que la Compagnie luy avoit escritte sur le subject du personnage arresté à Roian, par lesquelles il fait savoir que, suivant le désir de l'Assemblée, il envoye avec seureté, dans une patache de guerre, ledict personnage nommé Rivière ; et qu'en ceste occasion et tous aultres qui se présenteront, il tesmoignera de son affection sincère au bien des églises.

L'Assemblée, ayant appris l'arrivée du dict Rivière conduit et amené en ceste ville, estant à présent soubz la garde des officiers de Mʳ le maire, et délibérant sur la forme de procéder qu'il faut tenir contre luy, ladicte Assemblée, suivant l'ordre estably en ceste ville pour les affaires de ceste nature, a renvoyé la connaissance de ladicte affaire, ses circonstances et dépendances, aux commissaires du conseil de justice pour en juger comme il appartiendra ; et cependant que mon dit s^r le maire sera prié de donner ordre à la garde et seureté dudict Rivière.

Le temps de l'exercice des commissaires au conseil de justice estant expiré, ont esté nommez en leur lieu et place Mrs Favier, La Milletière et Montmezart.

Lectres ont esté rendues à l'Assemblée de la part de M^r de La Force, ensemble un extrait des actes de l'assemblée provincialle de Basse Guienne, convocquée et tenue à Sainte-Foy le 3^{esme} Febvrier dernier, par lesquelles elle fait entendre l'envoy en ceste Compagnie de M^r de La Coste, et lectres que ladicte assemblée de Sainte-Foy escrit, sans toutesfois que ledict s^r de La Coste soit venu en ceste ville ; et, par les dictz actes, il appert de l'estat de ladicte province et de l'ordre que M^r de La Force et la dicte Assemblée y ont mis pour l'observation des réglemens et establissement de la justice, demandant par iceux l'advis et résolution de la Compagnie sur quelques articles résultans des dictz actes.

Comme aussi a esté envoyé, par ladicte Assemblée de Sainte-Foy, un récit bien particulier de l'infraction tant des capitulacions des villes et places prises en la province par les ennemis, depuis la persécution présente, que des excez, meurtres, violemens et aultres inhumanitez exercées sur toutes sortes de personnes, sans distinction de sexe et aage.

Mr de Théobon a escrit à l'Assemblée, le 11 Febvrier, tesmoignant quelque mescontentement sur les sinistres et mauvaises impressions que quelques uns ont voulu donner à l'Assemblée de ses actions ; proteste de l'innocence de ses armes prises pour le maintien de l'église, les priant fayre bon jugement de luy et le fayre jouir de la charge dont l'Assemblée l'a voulu gratifier soubz Mr de La Force, chef et général de la province de la Basse Guienne.

Du 5 Mars. L'Assemblée, délibérant sur les actes de l'assemblée provinciale de la Basse Guienne tenue à Saincte-Foy le 3 Febvrier, et autres propositions des députez de la dicte province, a arresté pareillement qu'on fera entendre à Mr de La Force et à ladicte province l'estat auquel se trouve à présent Mr de Soubize et les asseurer que mondit sr de Soubize les assistera de ses forces lorsque les affayres des provinces deçà le pourront permettre.

Et, pour le restablissement de la justice en la dicte province, ladicte Assemblée considérant le bien et utilité qui reviendra à la dite province que la justice y soit restablie, et reconnoissant qu'il n'y a à présent en ladicte province que la ville de Saincte-Foy où elle puisse estre seurement et commodément exercée, a arresté que la Chambre de justice cy devant establie en la ville de Nérac sera transférée dans la dicte ville de Sainte-Foy ; et a donné et donne pouvoir à mondit sr de La Force et conseil de ladicte province en otorité de ladicte Assemblée de faire entendre à Mrs les président, conseillers, et autres officiers de ladicte chambre, faisans profession de la Religion, qu'ilz ayent à se rendre dans ladicte ville de Sainte-Foy dans le temps que mondit sr de La Force et conseil de la dicte province jugeront à propos pour y fayre corps de compagnie souveraine et y exercer les mesmes charges et fonctions qu'avant ces troubles en la ville de Nérac ; permettant et, en tant que besoing, autorisant tant mondit sr de La Force, conseil de la province que les dictz srs présidents et conseillers et officiers de ladicte chambre qui se rendront dans ladicte ville, de nommer le nombre suffisant de juges et autres officiers nécessaires pour y administrer la justice.

Comme pareillement est permis à la province de Xaintonge, ressortissant à la dicte Chambre de justice de fayre nomination desdictz juges et officiers pour le droit et intérest de leur province, à l'instar de la première institution; sur lesquelles nominations tant de ladicte province de Basse Guienne que de celle de Xaintonge, l'Assemblée fera l'élection et choix des personnes qu'elle jugera suffisans et capables pour l'exercice desdictes charges et leur fera expédier les provisions et commissions sur ce nécessaires; lequel establissement dans la ville de Saincte-Foy ladicte Assemblée fait et ordonne par provision et jusques à ce qu'il ait pleu à Dieu fayre cesser le cours des présens troubles et remettre toutes choses en bonne paix et tranquilité, soubz l'obéissance et service du Roy.

A aussi jugé à propos la dicte Assemblée d'escrire à Mr de Bouillon, en faveur de la dicte province, pour le prier de donner ordre qu'en la viconté de Turenne, et en ses aultres terres, mesmes en la ville de Castillon, ses vasseaux et habitans de ses dictes terres reconnoissent les assemblées, aydent et assistent la dicte province de la Basse Guienne et autres circonvoisins de leur pouvoir; et à Mr de Rohan pour le prier de les ayder et assister de son pouvoir.

Comme aussi ladicte Assemblée donne particulier pouvoir à mondit s^r de La Force et conseil establi près sa personne, dans la dicte province, de pourvoir par son autorité à ce que tous les seigneurs, gentilshommes, villes et communautez et autres personnes, de quelque qualité qu'ilz soient dans l'estendue de sa charge, se rengent à l'ordre establi par les règlemens; remettant à sa prudence et du conseil de ladicte province de procéder contre les rebelles et refusants, selon qu'ilz adviseront, jusqu'à ce que par la dicte Assemblée y ay esté autrement pourveu par un réglement général.

Et pour ce qui tousche et regarde Mr de Téobon, ladicte Assemblée juge à propos que, par les lectres qui seront escrittes tant à M^r de La Force, conseil de la province, qu'au dit s^r de Théobon, on leur fera entendre que ladicte Assemblée confirme l'arresté cy devant fait en sa faveur touchant la direction d'une partie du collocq du Bas Agénois ; et que, lorsqu'elle sera advertie que la condition portée par icelluy soit accomplie, les provisions nécessaires seront expédiées audict s^r de Théobon.

Approuvant et confirmant la dicte Assemblée générale, en tant que besoin seroit, la convocation et tenue de ladicte assemblée provincialle ; ensemble tous les actes faitz et arrestez en icelle, dont ilz ont envoyé l'extrait signé et ce suivant la réquisition faite de leur part.

Du 7 Mars. A esté escrit au s^r Verron, receveur des droitz de l'Assemblée génseralle en l'isle d'Oleron, à ce que le s^r Guibert ait à se retirer, incontinant ladicte lectre receue ; et que son séjour en l'isle d'Oleron est à ses fraitz du jour qu'il a receu la lectre de la Compagnie du 14 Febvrier dernier.

M^{rs} de La Cloche et de La Grange ont esté députez vers Mrs du Corps de ville pour les informer de l'acte qu'elle a fait sur la remonstrance qui luy avoit esté cy devant faitte par Mrs Béraudy et Girault touchant l'accord fait avec quelques marchands de Bourdeaux pour quelque nombre de bledz qu'ils désiroient faire passer moitié à Bourdeaux, et l'aultre moitié la fayre venir en ceste ville ; aussi pour les advertir de l'acte qu'elle a fait sur les abus et malversations qui se commettent en la rivière de Bourdeaux par les estrangers et régnicoles touchant les bledz et aultres marchandises de contrebande qu'ilz portent aux ennemis pour y adviser conjoinctement.

Mrs Menanceau, Chabocelay, Prunier et Cotiby, pasteurs députez de la part de M^{rs} les pasteurs réfugiez en ceste ville, ont remercié l'Assemblée de la gratification de la somme de 1500 livres que ladicte Assemblée leur a accordée et fait donner pour soubvenir à leurs incommoditez.

Lectres de Mr de Soubize ont esté rendues à l'Assemblée, des 5 et 6 de ce mois, par lesquelles il demande qu'il plaise à la Compagnie luy accorder Mʳ Maleray, député en l'Assemblée, pour résider près de luy quelque temps, désirant l'employer en l'intendance de la justice et des finances en son armée.

Autre lectre a aussi esté rendue de Mʳ de Maleray s'excusant de ce qu'il n'est encore peu partir des Sables pour se rendre en ceste ville, et qu'il viendra au plus tost pour rendre compte de son voiage, s'estant arresté pour y establir la recepte.

Du 10. Le sʳ David, l'un des pairs de ceste ville, a représenté que la Compagnie, par son ordonnance du 8 Janvier dernier, l'a gratifié d'une commission pour équiper un navire et une patache en guerre au voiage qu'il a entrepris en Canada; et, parce qu'il a fait charger pour 13000 livres de marchandises dans son navire pour troquer en pelleterie et autres marchandises qui se trouvent audict païs, il demande que ce qu'il employera ausdictes marchandises et fera amener en ceste ville soit exempt du droit du cinquiesme que l'Assemblée prend sur les prises; sur quoy la Compagnie a accordé audict sʳ David sa demande et a nommé Mʳˢ de Guérin et de La Tour pour vérifier ce qu'il chargera.

Ce jourd'huy coppie d'une lectre escritte par Mʳ Savary, l'un des députez de La Basse Guienne en l'Assemblée, à Mʳ de La Forest, gouverneur de Castillon, en datte du 20 Janvier dernier, a esté représentée à la dicte Assemblée; laquelle lectre ayant esté leue, ledict sʳ Savary a reconneu avoir escrit audict sʳ de La Forest la mesme lectre, et, après avoir esté ouy sur le contenu en icelle, il y a esté pourveu par la dicte Assemblée et ordonné que la dicte coppie demeurera entre les mains des secrettaires de la dicte Assemblée.

Du 11. Le sʳ Verron, réceveur des droitz de l'Assemblée en l'isle d'Oleron, a escrit lectres responcives à celles de la dicte

Assemblée des 25 et 26 du mois dernier, luy donnant advis du party qui a esté fait avec des marchands pour la couppe de la dicte ile, desquelz il tiendra registre et controsle, et de toutes autres choses qui sortiront; et qu'il n'a peu faire tenir au s^r Guibert la lectre de la dicte Assemblée que le 26 Febvrier.

Mr Levinus, envoyé par M^r de La Force et province de la Basse Guienne, a rendu lectres de mon dit s^r de La Force et de M^r le marquis, son filz; ensemble de l'assemblée provinciale tenue à Saincte Foy, par lesquelles et par sa créance qu'il a exposée, après avoir remercié l'Assemblée de leur part des gratifications qu'elle leur a fait des armes et aultres munitions à eux envoyées et lectres que la dicte Assemblée a escrit en faveur de la dicte province; et, de la part de mon dit s^r le marquis, des charges desquelles la dicte Assemblée l'a honoré, le dict s^r Levinus a desduit et fait particulièrement entendre l'ordre que mondit s^r de La Force et province ont mis en la justice, discipline militaire et finances, ensemble ce qui s'est passé ès prises de Monflanquin, Clérac et aultres places.

Comme aussi a représenté le dict s^r Levinus qu'il a particulière charge de mon dit s^r de la Force, et de la dicte province, de demander advis et résolution de l'Assemblée sur quelques pointz qu'il mettra par escrit touchant le bien général des églises et de la dicte province; et, particulièrement, en ce qui touche l'affaire de Mr de Théobon, suppliant la compagnie de luy donner quelques jours de terme attendant quelques mémoires qui luy doivent arriver.

M. de Théobon a escrit à l'Assemblée par le s^r Baillon, envoyé exprès de sa part; et, par sa lectre et créance donnée par sa lectre et créance donnée audict sieur Baillon, il se plaint qu'en suitte d'une lectre interceptée, à luy escritte et adressée par M^r le marquis de Miranbeau, et que ses ennemis ont fait treuver pour le rendre odieux dans la province et donner de mauvaises impressions de luy dans la ville de Saincte-Foy, la jurade de la dicte ville, soubz ce prétexte, et estant suscitée par ses dictz ennemis, l'a voulu priver du gouvernement de la dicte ville; priant l'Assemblée ne permettre que par tels artifices il soit dépouillé de ses charges, et, qu'en considération des pertes souffertes et des services que luy et son frère ont rendu pendant ses troubles, voulloir donner le gouvernement de Jensac à son dit frère.

Mr de Maleray, estant de retour de son voyage des Sables d'Olonne, a rendu lectres de M. de Soubize et de Mr du Parc d'Archiac sur le subject des gratifications que mon dit s^r de Soubize a faites audict s^r du Parc d'Archiac et à Mr du Verger-Malaguet; et a rendu compte à l'Assemblée des charges qu'elle luy avoit données par ses instructions; et, ayant exposé sa créance, ladicte Assemblée, sur les propositions faites par ledict s^r Maleray de la part de mon dict s^r de Soubise, a arresté : premièrement que six congez seront expédiez en blanc pour équipper en mer six navires lesquelz seront envoyez à mondit s^r de Soubize ; et que, par la lectre qu'il lui sera escrite, on le priera d'envoyer à l'Assemblée les noms des capitaines qu'il employera, ensemble les noms et port desditz navires.

Et pour les impositions qu'il seroit nécessaire de faire et establir sur le sel de Poitou, pour transporter hors la province, ont esté nommez M^{rs} le baron de Mitois, La Cloche et Guérin, ensemble le dict s^r Maleray pour en conférer avec M^{rs} de ceste ville, sans que lesditz commissaires puissent rien conclure, mais rapporteront à la Compagnie ce qu'ilz auront jugé à propos estre fait et imposé sur ledict sel, pour, eux ouïs, en estre ordonné comme elle trouvera bon.

Comme aussi la dicte Assemblée a accordé à mondict s^r de Soubize, en faveur dudict s^r du Verger-Malaguet, le droit de cinq cens muids de sel qui sera pris et enlevé de l'isle Bouin, et aultres lieux de Poitou, pour le fayre transporter à Marans, Luçon et ailleurs ou bon luy semblera, soubz les passeports qui luy seront expédiez, en baillant le nom des marchands et navire, avec la quantité du sel chargé en chacun d'iceux.

L'Assemblée ayant veu et leu certains mémoires à elle présentez par M^{rs} de ceste ville concernans le bien général des églises et particulière conservation de ceste ville, les a approuvez en tous les articles et propositions; donnans charge aux commissaires du conseil près M. le maire leur faire entendre l'advis de la dicte Assemblée et les asseurer que, pour l'exécution de l'article qui concerne Mr de Soubize, la dicte Assemblée députera exprès quelqu'un de la Compagnie pour faciliter l'exécution d'icelluy.

Mandement a esté expédié à Mr Riffault de paier, des deniers du public, à Mr Rival la somme de 48 livres, 8 solz, pour le rembourcement des fraitz faitz au voiage de Rohan et dernière despesche de la Basse Guienne.

Mr de Lescun a escrit à l'Assemblée la remerciant de la gratification qu'elle luy a fait de la somme de 300 livres.

Ce jourd'hui a esté rendu une lectre du capitaine La Guische, demandant par icelle payement du service rendu à l'Assemblée par sa patache durant un mois, auquel a esté fait responce.

Du 12. L'Assemblée respondant à la lectre de Mr de Soubize du 6 mars sur la demande qu'il fait de la personne du s^r Maleray qu'il désire employer en l'intendance de la justice et finance en ses armées; ladicte Assemblée, après avoir ouy ledict s^r Maleray et les députez de sa province, lesquelz y ont apporté leur consentement, a accordé à mondit s^r de Soubize ledict s^r Maleray; et ordonne que la commission et provisions nécessaires pour l'exercice de la charge d'intendant en la justice et finance près mondit s^r de Soubyse luy seront expédiées; lesquelles provisions le mesme jour ont esté expédiées et délivrées audict s^r Maleray, avec les instructions par escrit de la Compagnie, et a presté le serment de bien et fidellement exercer ladicte charge, garder et faire observer lesdictz réglemens et suivre les instructions à luy baillées, et de se rendre à l'Assemblée toutes fois et quantes qu'elle luy ordonnera.

L'Assemblée, ayant veu l'ordonnance du conseil de ceste ville sur les nouvelles impositions qu'ilz ont mises sur le sel, imprimez en datte du 7 de ce mois de Mars, a nommé et député vers le dict conseil présentement assemblé M^{rs} d'Espinay et La Tour pour faire entendre audict conseil que, par son ordonnance et arresté, il a contrevenu aux réglemens et entrepris sur l'otorité de l'Assemblée et particulier pouvoir des chefs et généraux des provinces circonvoisines ; leur dire qu'ils ayent à révocquer ladicte ordonnance et retirer lesdictz imprimez ; autrement que l'Assemblée y pourvoiera par son autorité et pouvoir ; leur diront aussi que, si le dict conseil a quelque chose à remonstrer sur le subject des dictes impositions en ce gouvernement, que l'Assemblée fera tousjours bonne considération de ce qui concernera le bien de ceste ville et du gouvernement.

M^{rs} d'Espinay et de La Tour ont rapporté qu'ilz ont fait savoir la résolution de l'Assemblée à M^{rs} les maire, eschevins, pairs bourgeois et habitans de cette ville ; à quoy mondit s^r le maire avoit répondu que le conseil n'a jamais pensé d'entreprendre aucune chose contre l'Assemblée, laquelle il reconnoit et honore ; mais que s'il y a quelque chose en la dicte ordonnance qui blesse l'autorité de la dicte Assemblée, ledict conseil la réparera.

Du 14. Mr Levinus s'est derechef présenté à l'Assemblée pour justifier qu'encores qu'il n'aye aucune lectre de créance de la province de la Basse Guienne, il a légitime vocation ; a fait voir des mémoires signez par M^{rs} le président, adjoint et scribe de l'assemblée de Saincte-Foy ; et, faisant entendre ce qui est survenu en la dicte province de l'affayre de Mr de Téobon, a remis un vidimus d'une lectre interceptée, escritte par Mʳ le marquis de Miranbeau au dict sʳ de Théobon, signé par Mʳˢ de La Force, Bouet et Anglade et par deux notaires ; et, après, a rendu lectres de Mʳ de La Force et de Mʳ le marquis son filz, sur ce qui s'est passé en ladicte province depuis leurs dernières lectres, avec celle de Mʳ de Lescun.

Ledict sʳ Baillon, envoié par Mʳ Téobon, s'est aussi présenté pour estre ouy et fayre entendre les justifications dudict sʳ de Téobon, et pour faire voir qu'on ne doit adjouster aucune foy à la dicte lectre du dict sʳ de Miranbeau, son ennemy mortel ; le dict sʳ Baillon, après avoir desduit les causes et prétextes de leur inimitié et différends, il a fait voir cinq lettres escrittes par madame de Pardaillan audict sieur Théobon et à madame sa femme, pleines d'aigreur et tesmoignant la haine que la dicte dame et le marquis luy portent, et rendu lectre dudict sʳ Théobon.

Depuis, le dict sʳ Levinus, solicité de mettre par escrit et signer ce qu'il avoit exposé de l'affaire de Mʳ Théobon, s'en est excusé sur ce qu'il n'avoit aucuns mémoires pour le regard de ladite province par escrit, ny les actes faitz par la jurade de Saincte-Foy ; et ledict sʳ Baillon n'estant aussi particulièrement instruit des défences et justifications sur la dicte lectre et n'ayant connoissance antière de ce qui s'est passé en la dicte jurade.

L'Assemblée, pour n'avoir assez d'esclaircissement ny les actes faitz en la ville de Saincte-Foy pour donner un solide jugement en la dicte affayre qui est de si grande importance, a arresté que lectres en seront escrittes à Mʳ le marquis son filz, à Mʳ Théobon et particulièrement au conseil de la province de la Basse Guienne, par lesquelles la dicte province est chargée de informer à plain l'Assemblée des charges qu'on met sur le dict sʳ Théobon, ensemble de ses deffences et moiens de justification ; et d'envoyer les actes qui ont esté faitz audict affayre en la dicte ville de Saincte-Foy avec l'advis et sentiment de ladicte province pour, le tout rapporté et ouy sur ce que ledict s^r Théobon voudra dire et faire représenter, y estre pourveu par ladicte Assemblée ainsi qu'il appartiendra, laquelle résolution ladicte Assemblée a fait entendre ausdictz Levinus et Baillon.

Du 15 *Mars.* Sur l'interprétation que les commissaires de l'admirauté ont demandée des articles du réglement et clauses mises aux congez des capitaines de marine de ne touscher aux personnes et biens des subjectz du Roy de la Grand-Bretagne, Flamans et aultres alliez de ce royaume; l'Assemblée, expliquant les réglement et clause desdictz congez, a déclaré n'avoir entendu excepter par les dictz réglemens que les subjectz desdictz royaume et provinces unies des Païs-Bas, sans comprendre en iceux les rescéantz et domiciliez au royaume de France, lesquelz seront traittés à l'esgal des naturelz françois de la religion.

Du 16. Ce jourd'hui lectres ont esté escrittes à M^r de La Force, à M^r le marquis, son filz et à la province de la Basse Guienne et ville de Sainte-Foy, avec les deux actes de l'Assemblée du 14 de ce mois; et ont esté baillées et deslivrées à Mr Levinus pour les fayre tenir au plus tost et seurement; et la lectre escritte à Mr Theobon a esté baillée au dict sieur Baillon.

Mr Pérye, pasteur, ayant remonstré qu'il n'avoit eu aucune portion en la distribution de la somme de 1500 livres cy devant accordée à M^{rs} les pasteurs réfugiez en ceste ville, quoyqu'il y soit réfugié depuis dix mois, et qu'il soit à présent en pareille et plus grande nécessité que les autres; la Compagnie, ayant esgard aux incommoditéz dudit sieur Pérye et qu'il n'a rien reçu de la dicte somme, luy a accordé la somme de soixante livres des deniers du public et ordonne que mandement luy en sera expédié sur Mr Riffault.

M^r de La Tour, député de La Basse Guienne en l'Assemblée, a fait entendre par lectres à luy escrittes par son frère, et autres personnages dignes de foy de la dicte province, le bruslement et razement de ses maisons et ruine entière de ses dommaines par les ennemis, en haine de son envoy et demeure en ceste compagnie, ce que Mr Levinus encore attestera véritable priant l'Assemblée, suivant son arresté du. . . . ., voulloir pourvoir à son indemnité ; la dicte Assemblée, après avoir ouy le dict Levinus qui a rendu tesmoignage desdictz bruslementz et razemens, a arresté que le dict s^r de La Tour rapportera preuve plus autentique de la dicte province desditz bruslemens et ruine et de la juste valleur et estimation des dommages qu'il a reçeus pour, après, estre pourveu à son indemnité et des aultres députez qui auront reçeu pareilz dommages par un réglement général.

Mrs de Fiefmignon, Thevenin et Portus, députez du Corps de ville et bourgeois de La Rochelle, ont présenté une requeste soubz le nom de Louis Auger, bourgeois et couratier de Bourdeaux, faisant pour les sieurs Captan et Coulon bourgeois aussi de la dicte ville, tendante à ce que ou les navires chargez de bledz qu'ilz font venir à Royan, en exécution du contract fait avec ceste ville, fussent pris et jugez de bonne prise, estre deschargez des droitz de l'Assemblée ; et que ceux qui sont chargez hors du royaume, et pour lesquelz on n'aura peu fayre tenir les passeportz à ceux envoyez, ne soient subjectz à confiscation faute des dictz passeportz ; prians l'Assemblée y respondre favorablement ; et de la part de la dicte ville ont demandé quinze passeportz pour les navires chargez de bledz qui viendront en ceste ville pour la portion du bled qui leur compète.

L'Assemblée, respondant à la susdite requeste, a arresté qu'on fera entendre à Mrs du Corps de ville et bourgeois de La Rochelle qu'elle ne se peut départir de la résolution prise le 27 Febvrier pour les conséquences et abus qui s'en pourroient ensuivre ; et, pour les passeportz demandez de leur part, elle les octroy sans rien prétendre du droit des expéditions.

Du 18. M^rs les barons de La Musse, de Loubie et de Mitois ayans prié la Compagnie leur voulloir octroyer et donner congé pour 15 jours, désirans se rendre en l'armée de Mr de Soubize pour servir le public sur les occasions qui se présentent ; l'Assemblée, après les avoir louez de leur désir, zèle et affection, leur a fait entendre qu'elle ne pouvoit leur accorder leur congé comme estans grandement nécessaires en ceste Compagnie, et les a priez de voulloir continuer en leurs vocations.

L'Assemblée, reconnoissant la nécessité qu'il y a que quelques uns de M^rs les pasteurs, qui se tiennent à présent en ceste ville, visitent et se tiennent pour quelque temps dans les navires de l'armée navale, pour contenir les soldatz par leurs exortations et prières ordinaires à vivre avec piété et exercice de la religion, a jugé à propos que, comme les pasteurs de ceste ville et les aultres réfugiez en icelle ont offert d'y servir suivant la résolution et ordre du consistoire, que quelques uns du corps de ceste Assemblée seront licenciez d'y servir tant et si longt temps que leurs charges, vocations et affayres de l'Assemblée le pourront permettre.

M^r le baron de Mitois ayant fait entendre que, présentement, il vient de recevoir des mains de M^r de La Tousche une lectre d'un de ses amis, estant près de Mr de Soubize, laquelle il juge estre du secret, ont esté nommez Mrs de Loubie, Roussel et Miletière pour voir ladicte lectre ; et, après avoir rapporté que le subject de ladicte lectre contient un desseing pour lequel le dict s^r de Mitois est invité par mondict s^r de Soubize de l'aller trouver pour en conférer; l'Assemblée a résolu qu'on escrira à mondit s^r de Soubize que la nécessité des affayres n'a peu permettre le départ du dict s^r de Mitois ; et, qu'encore que le dessein s'exécute par aultre moien ou personnes, qu'il luy plaise conserver ses bonnes volontez envers le dict s^r de Mitois.

Du 19. M^rs de La Goutte et Cassaubon sont retournez ce jourd'hui de Roian et ont rendu compte de leur députation, sur le subject de laquelle a esté arresté qu'il en sera délibéré cy après.

M^{rs} de St-Surin, et de Lescun, et le s^r Constantin, commis à la recepte de Royan, ont escrit à la Compagnie sur le voiage des dictz s^{rs} de Lagoutte et de Cassaubon et fait entendre la nécessité qu'il y a de donner promptement ordre aux désordres qui se commettent en la recepte.

Mr de Miauray, gentilhomme de Poitou, est venu saluer la Compagnie et l'assurer de son zèle et affection au bien général de nos églises.

Ce jourd'hui Mr Maleray a pris congé de la Compagnie et a reçeu deux cens passeportz en blanc pour les mettre entre les mains du commis à la recepte des Sables, et en rapporter ou envoyer un récépissé dudict commis.

L'Assemblée, sur le rapport des commissaires cy devant par elle nommez pour l'audition et examen du compte de M^r de La Taule, l'un des députez en icelle et commis à la recepte et recouvrement des droitz provenus du dixiesme appartenant au public des prises adjugées en l'admirauté, et, ouy sur ce ledict s^r de La Taule, a approuvé et ratifié la closture et arrest du dict compte, tant en recepte que despence; et accordé, par forme de gratification audict s^r de La Taulle, en reconnoissance de ses peines, la somme de 400 livres pour huit mois escheuz le premier jour du présent, qui est à raison de cinquante livres par mois pour l'exercice de ladicte commission, laquelle il a esté prié par la Compagnie de continuer soubz pareille gratification, avec promesse le relever indemne de toutes les recerches qui se pourroient cy après faire contre luy par raison de la dicte charge et administration.

Du 21 Mars. Trois lectres de Mr de Couvrelles, depputé en Angleterre, en datte des 1, 5 et 6 Janvier dernier, ont esté rendues par lesquelles il fait savoir ce qu'il a fait en sa négociation audict païs despuis ses dernières, et particulièrement pour la collecte.

Autre lectre a esté donnée de Mʳ Banage, aussi député en Angleterre, escrite d'Eldembourg en Ecosse, ce 2 Febvrier, sur le subject de son voiage audict païs.

Mʳ le baron de La Musse, ayant demandé des commissaires de la part de Mʳ de L'Arbre, de ceste ville, pour quelque affaire secrette qu'il a à proposer, ont esté nommez Mʳˢ de Saint-Simon, Beauchamp et La Milletière.

Mʳ Ferran, envoyé de la part de Mʳ de Lusignan et consuls de la ville de Clérac, a rendu lectre dudict sʳ de Lusignan et consuls du cinq de ce mois, en créance sur le dict Ferran; laquelle exposant, a fait entendre bien particulièrement l'exploit et action glorieuse du dict sʳ de Lusignan en la reprise qu'il a faitte de sa maison et de la ville de Clérac occupées par les ennemis ; suppliant ceste Compagnie, en considération du zèle et désir qu'il a d'assister encore les églises, luy voulloir accorder la direction d'une partie du colloque du Haut Agénois suivant et conformément à ce qui luy a esté accordé cy devant par la province de la Basse Guienne, et le gouvernement de la ville de Clérac ; et moienner qu'en cas de traitté de paix, ledict gouvernement luy soit asseuré ; et afin que la dicte ville, qui relève ses ruines et se fortifie, puisse de tant mieux résister aux ennemis, supplie l'Assemblée leur voulloir octroyer quelques armes et munitions de guerre.

A aussi rendu le dict sʳ Ferran une lectre de Mʳ de La Force, par laquelle, après avoir touché ce qu'il a fait ès prise des villes et chasteau de Tonnins, il tesmoigne désirer que Mʳ de Favas se rende dans la dicte province comme y estant grandement nécessaire ; priant aussi l'Assemblée voulloir ayder ladicte province d'armes et munitions de guerre.

A esté arresté qu'il sera paié à Mʳ de Maleray la somme de 165 l., 16 s., 8 d., pour le droit de controlle qu'il a tenu des deniers du public depuis le premier Janvier jusques à ce jourd'huy que mandement luy en sera expédié.

La Compagnie, délibérant sur le rapport fait par M⁽ʳˢ⁾ de La Goutte et Casaubon, députez à Roian, soit pour le regard de l'amande de 600 livres en laquelle ilz auroient condemné Alain de Verboien, m⁽ᵉ⁾ du navire appelé La Licorne de Flessingues, lequel auroit à deux diverses fois fraudé les droitz d'impositions establis audict Roian et s'estant mis en devoir de le fayre pour la troisième fois, auroit esté arresté par les vaisseaux de guerre qui l'auroient suivy ; soit pour le regard de ladicte amande, un tiers pour les fortifications, l'aultre pour les pauvres blessez et le troisiesme pour les preneurs. Comme aussi la dicte Compagnie a approuvé l'ordre que les dictz commissaires auroient donné à M⁽ʳ⁾ Matheu Constantin, receveur establys par l'Assemblée pour composer les différendz d'entre luy et les commissaires de M⁽ʳˢ⁾ de ceste ville, de recevoir deux solz pour livre oultre et par dessus les ditz droitz d'imposition à commancer du 12 du présent mois jusques à ce que par ladicte Compagnie autrement y eust esté pourveu. Sur quoy la dicte Compagnie, désirant pourvoir et mettre fin aus dictz différends, après avoir veu l'ordonnance de M⁽ʳ⁾ de Soubize, chef et général de la province de Xaintonge en datte du... Janvier dernier, a arresté qu'en ce qui est du passé, et jusques au dict jour 12 du présent mois, le sol pour livre ordonné par mon dict s⁽ʳ⁾ de Soubize au dict receveur, et les huit deniers pour livre au controlleur, seront pris et levez par ledict Constantin sur le total de ladicte recepte et retenus par ses mains ; et, pour l'advenir, que les dictz deux carolus pour livre ordonnez audict receveur et controlleur seront pris sur les marchands, oultre et par dessus les droitz d'imposition ; et, en ce faisant, les quatre deniers restans desdictz deux solz pour livre qui auroient esté levez depuis le 12 du présent mois, par l'ordre des dictz commissaires, demeureront entre les mains dudict Constantin qui sera tenu en conter ainsi que des autres deniers de sa charge ; et, au regard des gages des visiteurs establis par mondit s^r de Soubize, que conformément à son ordonnance, les deux tiers du sol pour livre qui se lèvent pour tonneau que l'Assemblée s'est réservé, leur seront deslivrez par ledict Constantin, par égales portions, et l'aultre tiers aux commissaires de ceste ville, suivant le réglement ; et, quand aux fraitz de la chaluppe qu'il convient entretenir pour la visitte des vaisseaux, que, tant pour le passé que pour l'avenir, ilz seront pris sur le total de la dicte recepte ; la dicte Compagnie a aussi autorisé et approuvé l'ordonnance desdictz s^{rs} commissaires par laquelle ilz auroient fait deslivrer par ledict Constantin à Timoléon Le Hardy, dit La Mothe, et Paul Paquereau, dit Beaurepaire, soldatz de la compagnie de Mr de Vaudoré, qui auroient esté blessez à Pont-l'Abbé, la somme de cent l. et ordonné qu'elle luy sera allouée en la despence de son compte.

Du 22. L'Assemblée a accordé au s^r Caillaust, receveur de Madame Sainte-Croix, de Poitiers, un passeport pour sa personne et son serviteur, deux chevaux et équipage, allant et venant pour le service de la dicte dame, en tous les lieux et endroitz que sesdictes affaires le requerront, et ce pour trois mois seullement.

M^r de La Grange a esté nommé, suivant l'ordre pris en la dicte Assemblée, pour controlleur des deniers du public pendant trois mois et a presté serment de bien et fidellement exercer ladicte charge.

Sur les lectres de Mr de Lusignan, consuls et habitans de la ville de Clérac, l'Assemblée, veu le désir et consentemens desdictz consuls et habitans duquel il nous a apparu par l'exposition de la créance dudict s^r Ferran, a accordé audict s^r de Lusignan le gouvernement de la ville de Clérac, soubz l'autorité de M^r de La Force, chef et général de la province de la Basse Guienne ; et que les provisions à ce requises seront expédiées et envoyées à mon dict s^r de La Force pour les deslivrer audit s^r de Lusignan ; et qu'advenant un traitté de paix, l'Assemblée fera très bonne considération de ses services et des aultres qui comme luy se sont employez pour le bien des églises ; et, pour le regard de la direction de partie dudict colloque a esté arresté qu'on en escrira à mondict s^r de La Force et conseil de la dite province, pour, après avoir eu leurs advis et sentimens touchant la partie dudit colloque dont la direction pourroit estre donnée audict s^r de Lusignan, luy pouvoir envoyer les provisions à ce nécessaires ; et touchant les armes et munitions requises tant par ledict s^r de Lusignan que consuls de ladicte ville de Clérac, la Compagnie, n'ayant moien de les assister, promet de s'employer envers M^{rs} de La Rochelle pour leur en faire recouvrer en envoyant par deçà de l'argent ou en s'obligeant à eux.

Le s^r Véron, receveur de l'Assemblée de l'isle d'Oleron, a escrit, le 21 de ce mois, sur ce qui se passe des affayres de la Compagnie en ladicte isle.

Sur la lectre dernière de M. de La Force, a esté arresté que, par la responce qui luy sera faitte, luy seront représentées les nécessitez de l'Assemblée, lesquelles ne luy permettent faire plus grandes gratifications que celles dont elle a cy-devant usé ; et sera prié de tenir la main à ce que les réglemens touchant les finances soient bien et exactement observées afin que par le moien d'iceux on puisse subvenir aux nécessitez publiques.

Du 23. L'acte et l'arresté de l'Assemblée pour le réglement et gages des officiers establis à Roian a esté envoyé au s^r Constantin, receveur, et autres officiers audit lieu, pour estre suivy et gardé jusques à ce qu'autrement en soit ordonné.

Le s^r Quinson, envoyé de la part des cinq provinces tenant en la ville de Montpellier, a rendu lectre de ladicte assemblée, en datte du 23 febvrier dernier, avec des mémoires et instructions contenant l'estat des dictes provinces et a déduit ce qu'il a voulu représenter par sa créance touchant ce qu'ilz demandent par ladicte lectre et nécessité de leur subsistance; prians instamment l'Assemblée de voulloir promptement y remédier; et, pour empescher les maulx qui pourroient cependant arriver ausdictes provinces, envoyer et députer quelqu'un de ce corps pour s'y transporter et faire entendre les résolutions de ceste Assemblée.

Du 24. La despesche et lectre escritte à M^r de La Force et à M^{rs} du conseil de la Basse Guienne, de Lusignan et ville de Clérac en responce de leur dernière, avec l'arresté de l'Assemblée du 21 de ce mois, ont esté baillées à Mr Ferran pour les faire tenir à ceux à qui elles sont adressées le plus promptement et seurement que ce pourra.

Le département de la distribution des deniers du public pour subvenir à la nécessité des députez des provinces, sur la somme de. . . . . . ayant esté veu, a esté autorisé et ordonné que Mr Riffaut paiera des deniers du public à chacun d'iceux les sommes à quoy reviennent leurs partz; et, qu'à cet effect, ledict département sera mis ès mains dudict Riffaut avec le mandement en fin de icelluy, lequel rapportant avec les quittances en marge des particuliers députez y nommez, les sommes qu'il payera luy seront allouées en ses comptes.

Le compte baillé par M^{rs} de La Goutte et Casaubon des fraitz qu'ilz ont fait au voiage de Royan pour les affaires de l'Assemblée a esté arresté à la somme de 76 l. 6 s. et ordonné que mandement leur en sera expédié sur Mr Riffaut.

Lectres ont esté rendues à l'Assemblée de Mrs de Couvrelles et Banage, députez en Angleterre, en datte des 14 Novembre et 22 Janvier, et autres lectres dudict sieur de Couvrelles, du 22 et 28 Janvier dernier, avec un extrait d'une lectre dudict s^r Banage à luy escritte touchant leur négociation.

Ce jourd'huy l'Assemblée a escrit au sérénissime Roy de

la Grand-Bretagne et à Mrs de Couvrelles et Banage, députez en Angleterre, ausquelz députez elle a envoyé 4 blancz signez selon leur désir, pour s'en servir, à l'effect porté par leurs lectres; ensemble six commissions et congez, aussi en blanc, pour des capitaines de marine.

Du 25. Après l'invocation du saint nom de Dieu ont esté nommez par la pluralité des voix, suivant l'ordre establi dès la formation de l'Assemblée pour le changement de mois en mois de ceux qui auront la conduitte et direction d'icelle: Mr Favier, présidant; Mr Clemanceau, adjoint, Mrs de Lagoutte et Cassaubon secrétaires. Signé *St-Simon*, présidant, *Beauchamp* adjoint, *Rodil* et *Riffault* secrétaires.

AU NOM DE DIEU

Continuation des actes de l'Asssemblée générale des églises réformées de France et souveraineté de Béarn, tenant à La Rochelle.

Du 25 *Mars* 1622. Après l'invocation du nom de Dieu, et que, par la pluralité des voix suivant l'ordre establi dès le commencement en la dicte Assemblée, ont esté nommez pour la direction d'icelle durant le mois commenceant cejourd'hui: Mr Favier, présidant; Mr Clemanceau adjoint et M^rs de La Goutte et Casaubon secrettaires, M^rs de St-Simon, Beauchamp, Rodil et Riffaut ont esté unanimement louez et remerciez par la Compagnie de l'assiduité, affection, vigilence et fidelité qu'ilz ont rapporté à la conduite et modération d'icelle durant le mois précédent.

Ont esté leües les lectres de provision pour le gouvernement de la ville de Clérac accordé à M. de Lusignan et icelles approuvées.

Du 26. Mrs de Mirande, bailly d'Aunis, de Labes, Bernardeau et Girault députez de Mrs du Corps de ville et bourgeois, ont représenté avoir advis, tant par leurs députez en Angleterre que par le s^r de Labes, lequel en est de retour puis peu de jours, que une partie des deniers de la collecte qui se fait, tant audict pays d'Angleterre qu'en Escosse pour la subvention des églises françoises, est amassée et mise mesme desjà ès mains d'un notable marchand de Londres, avec charge de recevoir tous les aultres qui proviendront de ladicte collecte, à laquelle leurs ditz députez ayans tousjours jusques icy travaillé conjoinctement avec ceux de ceste Compagnie, et, veu d'ailleurs les nécessitez de ceste ville à raison des grandes despences qu'il luy convient supporter tant pour fournir aux fraitz de la guerre que pour se munir des provisions qui luy sont nécessaires en cas de siège, comme elle en est menacée, ont requis qu'il pleust à la Compagnie leur (fixer) la portion qu'elle entend que la dicte ville prenne ès deniers de la collecte, afin de donner ordre à ses députez pour l'employ d'iceux. Sur quoy, après avoir délibéré, la Compagnie a nommé Mrs de Loubie, d'Espinay et de La Milletière lesquelz elle a chargez d'assurer Mrs du Corps de ville et bourgeois que, reconnoissant l'importance de ceste dicte ville au général de nos églises, et ne désirant rien tant que d'entretenir la bonne correspondance qui a esté entre eux jusques à présent et leur tesmoigner leur affection particulière au bien d'icelle, leur a accordé la moitié entièrement de tout ce qui proviendra des deniers de la collecte tant en Angleterre que Escosse, déduction faitte néantmoins de ce qui pourra estre distribué en l'église françoise de Londres pour les pauvres réfugiez esdictz païs ; ensemble de ce que les députez de la dicte Assemblée pourront avoir employé suivant son ordre, soit en achapt d'armes ou pour levée de gens de guerre, comme estant le dict employ pour le bien commun des églises et de ladicte ville.

A esté arresté un estat de quelques menus fraitz faitz par M. Riffaut le mois précédent revenant à la somme de 32 l., 26 s.

Mʳˢ de Sᵗ-Simon, La Cloche, et Rodil, nommez commissaires pour traitter conjoinctement avec ceux qui ont esté nommez du Corps de ville et bourgeois, touchant la composition demandée par quelques particuliers de la ville de Bourdeaux pour les biens qu'ilz ont en l'isle d'Oleron.

Mʳˢ de La Grange, de La Tour et Menuau, adjoinctz à Mʳˢ le baron de Mitois et La Cloche pour la correction de certain imprimé.

Ont esté receues lectres de Mʳ de Soubize, dattées du 24 Mars, au camp de La Cheze-le-Viconte, par lesquelles il donne advis de ce qui s'est passé depuis son départ d'Olonne.

Du 28 Mars. L'Assemblée, délibérant sur les lectres et mémoire receues de l'assemblée des provinces tenue à Monpellier, rendues par le sieur Quinçon le 23ᵉˢᵐᵉ de ce mois, après avoir loué le soing, fidellité et vigilance que les députez de la dicte Assemblée ont apporté en la conduitte et direction des provinces qui leur estoient commises, suivant et conformément l'acte de ceste assemblée du 11 Octobre dernier, a approuvé et approuve tout ce qui a esté fait et géré par eux pendant qu'ilz ont agy et exercé leurs charges, mesmement les actes qui regardent la province de Vivarestz et les députez d'icelle, et particulièrement pour l'imposition de neuf l. sur chacun muid de sel qui se chargeroit aux salines de Pecaix pour estre conduit et tiré contremont la rivière du Rosne, selon qu'il est plus à plain porté par l'acte de la dicte assemblée des cinq provinces du 24 Décembre dernier lequel, en tant que besoing seroit, la dicte Assemblée a de nouveau confirmé et ratifié en toutes ses parties ; suppliant Mʳ le duc de Rohan de vouloir interposer son autorité pour l'effect et entier accomplissement desdictz actes ;

et au regard de la somme de deux mil livres pour le remboursement des fraitz extraordinaires faitz par ladicte assemblée des cinq provinces, a renvoyé l'examen desdictz fraitz par devant les commissaires qui ont vacqué à l'audition du compte de l'administration de la dicte assemblée des cinq provinces. A aussi ladicte Assemblée génerallc trouvé juste et raisonnable que, Dieu nous faisant la grâce de venir à un traitté de paix, ladicte assemblée des cinq provinces y soit comprise et les députez en icelle, tant en général qu'en particulier, mis hors de toute recerche ; mais en ce qui concerne la subsistance ou séparation de la dicte assemblée des cinq provinces, a surcie d'en délibérer jusques à ce qu'elle ait reçeu advis tant de Mr le duc de Rohan que des provinces qui la composent sur la nécessité de ladicte subsistance ou séparation ; et néantmoins, afin de contenir toutes choses en bon estat, et empescher le cours des divisions et désordres ès dictes provinces en tant qu'elle le pourra, a arresté de députer un du corps de la dicte Assemblée générale. Lequel, en l'autorité d'icelle et en vertu du pouvoir à elle donné par toutes les églises, essaiera de donner contentement aux uns et aux aultres suivant les instructions qui luy seront baillées jusqu'à ce qu'autrement en ait esté ordonné par ladicte Assemblée générale, laquelle exorte cependant tous ceux faisans profession de la religion ès dictes provinces et qui ayment l'advancement de la gloire de Dieu et le bien des églises, de se tenir en une bonne union comme le seul moien pour nous conserver contre les desseins et machinations des ennemis de Dieu et de son église.

Du 29. Mr Rodil nommé pour assister au conseil de justice au lieu de Mr Favier,

La dépesche de la Basse Guienne tant pour Mrs de La Force et Lusignan que pour les habitans de Clérac délivrées à Mr Ferrand.

Du 30. Lectres escrites à Mʳ de Soubize en responce des siennes du 24 de ce mois, délivrées à Mʳ de La Tousche.

Les instructions pour celuy qui devoit estre député au Bas Languedoc vers Mʳ le duc de Rohan ont esté leües et approuvées.

Mʳ Rossel nommé pour la dicte députation.

Du dernier Mars. Mandement à Mʳ Rifault de la somme de deux cens livres à Mʳ Rossel pour son voiage.

Du 1er Avril.

Autre mandement à Mʳ Riffault de la somme de 60 livres pour le voiage du sieur Quinçon, envoyé de la part de l'assemblée des cinq provinces.

Mʳ Rossel a pris congé de la Compagnie, et luy ont esté données lectres de créance, tant pour Mʳ le duc de Rohan que pour la dicte assemblée des cinq provinces, avec le résultat de ladicte Compagnie sur la despesche du sieur Quinçon auquel a esté donné mesme et pareille dépesche.

Du 2. Mandement à Mʳ Riffaut de la somme de 18 l., 8 s., ordonnée au sʳ Pied-de-Dieu, imprimeur, pour l'impression du nombre de passeportz et quelques livretz.

Autre mandement audict sʳ Riffault de la somme de 24 l., 12 s., ordonnée à Jehan Cousineau, huissier de l'Assemblée, pour ses gages du mois passé et pour quelques fraitz par luy fournis pour la Compagnie.

Du 3. Ont esté receuz lectres des habitans de l'isle d'Oleron donnant advis à l'Assemblée de l'estat de ladicte isle, auquel il estoit besoing de pourvoir promptement; Sur quoy Mʳˢ du conseil de guerre près Mʳ le maire ont esté chargez de communiquer lesdictes lectres audict conseil afin d'y estre pourveu, ce qui a esté fait et la lectre baillée à Mr de Mitois.

Du 4 Avril. Lectre de l'église de Barbézieux en faveur du sieur Kip, conseiller à Saintes, du 24 Mars, ont esté rendues à la Compagnie avec les lectres du dict sieur Kip, du 29 dudict mois, tendant à avoir main levée du sel qu'il a en l'isle d'Oleron.

Du 5. A esté fait responce aux lectres de M^{rs} de l'église de Barbézieux, contenant en substance que ce dont ilz requeroient l'Assemblée n'estoit en sa disposition, ains de M^{rs} de ceste ville.

Ont esté receues lectres de Mr de Favas, escrittes de Soulas du 29 Mars, par lesquelles il représente à la Compagnie l'extrémité où il se voit réduit s'il n'est secouru d'hommes.

Arresté qu'il sera fait coppies de tous les réglemens faitz en l'Assemblée, lesquelz demeureront entre les mains des secrétaires pour y avoir recours quand besoing sera.

Mr de Mitois a rapporté ce qui avoit esté résolu au conseil de guerre touchant l'affaire dont il avoit esté chargé.

Du 6. Lectres de Mr de Soubize, escrittes de Luçon, du 5 Avril, avec créance à Mr Guérineau, porteur d'icelles, laquelle il a fait entendre à la Compagnie et représenté l'arrivée de mondit s^r.

Autres lectres de Mr Maleray, dudict jour, contenant un récit de sa négotiation près mondit s^r de Soubize, et en Olonne, et, avec icelle, un récépissé du receveur d'Ollonne de 199 passeportz qui luy avoient esté deslivrez par ledict s^r Maleray, en datte ledict récépissé du 24 Mars et signé : *des Landes.*

Du 8. Mrs de Mitois, Hespérien et Montmezar ont esté nommez pour aller saluer de la part de ceste Compagnie

Mr le nouveau maire, se conjouir avec luy de son advénement à ladicte charge, et l'asseurer de l'affection de la dicte Compagnie, tant en ce qui regarde le général de la ville qu'en tout ce qui concernera le particulier, dont il les a remerciez avec toutes sortes de complimens et protestations réciproques d'affection.

Mrs de Mitois, de Loubie, Hespérien, de La Milletière, et Guérin ont esté nommez pour assister au conseil de guerre près Mr le maire.

Du 9 Avril. A esté fait une despesche en Angleterre à Mrs de Couvrelles et Banage avec une lectre particulière à Mr de La Ravardière.

Du 11. Mrs de La Lœu, Aubin et Brunet, sr de Passy, députez de Mrs du Corps de ville et bourgeois, ont représenté la nécessité qu'il y avoit d'armer promptement pour résister aux effortz des ennemis, et mesmement sur mer; et que, pour cet effect, ilz avoient pris résolution de mettre sus vingt vaisseaux de guerre pour envoyer à la Manche et empescher le passage aux ennemis; mais que, pour encourager tant les capitaines et soldatz ilz requéroient la Compagnie leur remettre le dixiesme des prises qu'ilz feroient comme ladicte ville de sa part leur avoit accordé en ceste considération l'un des dixiesme qu'elle prend ès dictes prises; l'aultre estant réservée pour les vaisseaux de guerre destinés pour la garde des isles et des rivières. Sur quoy Mrs Hespérien et Guérin ont esté nommez pour faire entendre aus dictz srs du Corps de ville et bourgeois les raisons pour lesquelles la Compagnie ne se peut départir dudict droit de dixiesme, à cause de la conséquence, avec protestation néantmoins, selon les occasions, de contribuer de son pouvoir à tout ce qui sera des deniers publicz et gratifier mesmes les capitaines qui auroient bien servy en tout ce qui se pourra.

Ont esté reçeues lectres de Mr Levinus, avec aultres du

sʳ Constantin, receveur à Roian, donnant advis de l'accidant arrivé à Mʳˢ de Lescun, Rossel et Ferrand. Sur quoy a esté arresté d'en escrire tant à Mʳ de Sᵗ-Surin que ausdictz sʳˢ Levinus et Constantin, afin de s'informer plus à plain du fait par l'envoy d'un trompette; ou, autrement, avec charge audict Constantin de fournir tout ce qu'il conviendra tant pour les fraitz que rançon dudict sieur Rossel.

A esté fait une seconde dépesche en Angleterre pareille à celle du 9 dudict mois avec deux lectres de Mʳ de Soubize, escrittes du Puy-Belliard le 9 dudict mois, avec une lectre de Mʳ Maleray, du mesme jour, rendue à la Compagnie.

Du 12. La Compagnie, délibérant sur les lectres et mémoires de l'assemblée des cinq provinces tenue à Montpellier, en datte du cinquiesme de Mars, et rendues par le sʳ Raymond, dudict lieu de Montpellier, le 11 du présent mois, a arresté qu'il seroit fait mesme responce ausdictes lectres qu'il a esté à celles cy devant apportées de la part de ladicte assemblée par le sʳ Quinson sur mesme subject; et néantmoins, à raison de l'accident survenu en la personne de Mʳ Rossel, député de ce corps, lequel auroit depuis esté pris prisonnier par les ennemis, attendu que ledict sʳ n'estoit chargé que de lectres de créance; que les lectres qui seront escrites, tant à la dicte assemblée des cinq provinces qu'à Mʳ le duc de Rohan, comprendront en substance ce qui est de l'intention de la Compagnie contenue tant par l'acte du 28 Mars dernier que par les instructions baillées au dict sieur Roussel, avec une recommandation particulière à mon dit sʳ le duc de Rohan pour la province de Vivarestz. Et au regard du mandement requis par la dicte assemblée des cinq provinces pour estre les comptes rapportez par le receveur, iceux préalablement renduz par devant ladicte assemblée, a arresté que, suivant et conformément aux réglemens généraux, les comptes qui auront esté rendus ou qui le seront cy après par devant les commissaires de ladicte assemblée seront apportez en ceste Compagnie pour estre veus par ceux qu'elle voudra députer pour cet effect; en ce qui concerne le mandement pour les vacations des députez de ladicte assemblée les a renvoyé chacun vers sa province pour y estre pourveu ainsi que de raison.

Mandement à M. Riffault pour payer au sieur Raymond la somme de 45 livres que la Compagnie luy a ordonné pour son voiage et retour au Bas Languedoc.

Sur ce qui a esté représenté par M^{rs} de La Goutte et Casaubon de la nécessité des blessez qui sont en la ville de Roian, par le deffault de médicamentz convenables pour les penser, ledict s^r de Casaubon a esté prié de prendre le soing de faire faire un coffre pourveu de toutes les drogues et médicamentz nécessaires à un chirurgien, lequel sera envoyé à Mr de Sainct-Surin pour le mettre entre les mains de tel chirurgien qu'il advisera.

Du 13. Mrs de Fief-Mignon, Tallemand, et La Lande, députez de Mrs du Corps de ville et bourgeois, ont dit avoir charge de leur part de prier la Compagnie de les informer des plaintes et malversations, si aucunes ilz avoient, contre le s^r de Treuilbois, commis par les dictz s^{rs} pour admiral des vaisseaux de guerre qu'ilz ont en la rivière de Bourdeaux; sur quoy ont esté nommez Mrs Guérin et Savary pour leur faire entendre qu'ilz n'avoient aucune plainte en particulier contre ledict s^r Treuilbois, ains seullement celles qu'ilz pouvoient avoir en général à cause des navires et marchandises que les vaisseaux de guerre que lesdictz s^{rs} ont en la rivière de Bourdeaux laissent passer sans paier les droitz d'imposition au bureau estably à Roian, selon qu'il appert par certains mémoires des officiers dudict lieu de Royan apportez par les depputez de ceste Compagnie qui leur ont esté mis entre mains.

Lectres reçeues de M^r de St-Luc, du 10 de ce mois, ausquelles a esté fait responce conjoinctement avec Mʳˢ de ceste ville.

Sur ce qui a esté représenté par les députez de la Basse Guienne des nécessitez de leur province et du besoing qu'il y a d'y pourvoir, mesmement à raison de l'accident survenu à Mʳ Ferrand lequel estoit chargé des dépesches que l'on envoioit en ladicte province qui par ce moien sont rendues inutiles; a esté arresté qu'il sera fait un duplicata de la dépesche qui avoit esté baillée audict sieur Ferrand, et, qu'oultre les armes et munitions cy devant accordées à ladicte province, la Compagnie l'assistera encore d'armes et munitions jusques à la somme de 3000 livres et lesdictz députez chargez d'y pourvoir.

Mandement à Mʳ Riffaut de la somme de 135 livres ordonnées estre mises ès mains de Mʳ Casaubon pour un coffre de chirurgien envoyé à Royan.

Du 14 Avril. Sur la réquisition faitte par Mʳ de Favas à la Compagnie tendant à estre payé de ses appointemens de député général, et arrérages d'iceux, suivant un résultat de ceste Assemblée du 14 Juin dernier; a esté arresté qu'il luy sera dit, pour responce à sa demande, que, par le susdit acte du 15 Juin, la Compagnie n'a jamais entendu, comme aussi ne se trouvera-il point qu'elle se soit obligée précisément au payement de ses appointemens et arrérages d'iceux, ains seullement faire et procurer, en tant qu'elle pourroit, qu'il en fust payé, ou par Mʳ du Candal, des deniers de sa charge, selon qu'il est accoustumé, ou d'aultres deniers provenans de la libéralité de Sa Majesté et qui seroient en la disposition de l'Assemblée; d'ailleurs que n'aiant esté présent en la Compagnie ny fait aucune function de député général depuis. . . . . , il n'y a raison ny apparence d'en prétendre les appointemens; et, néantmoins, pour tesmoigner par ladicte Compagnie le désir qu'elle a de le gratifier en tant qu'elle pourra, luy sera déclaré qu'elle entend pour l'advenir tant que le dict s^r sera présent et assistera en la dicte Assemblée, il soit compris ès distributions qui se feront à mesme raison que ceux de l'ordre de la noblesse. Après laquelle responce la Compagnie a jugé nécessaire de luy remonstrer qu'elle eust désiré que, venant en icelle, il luy eust rendu compte de son absence, selon que son devoir et sa charge luy obligeoient.

Du 15 *Avril*. Mrs Hesperien et Savary ayans représenté à la Compagnie que Mr de Favas les avoit priez de luy faire savoir la responce de ladicte Compagnie sur sa demande, a esté remis à luy faire la dicte responce lorsqu'il viendroit en l'Assemblée.

Du 16. M^r de La Tousche a rendu à la Compagnie lectres de Mr de Soubize, escrites du camp de l'isle de Rié du 14e de ce mois, avec aultres lectres de Mr de Maleray, dudict jour, donnant advis de son entrée en ladicte isle.

Sur le rapport fait par Mrs Hesperien et Savary de la responce de Mr de Favas, a esté arresté qu'il seroit donné advis tant à M^r de La Force qu'au conseil de la Basse Guienne, ensemble à M^r le duc de Rohan, de la procédure dudit s^r de Favas sur un mescontentement qui, sans subject, seroit party de ceste ville sans prendre congé de la Compagnie ; laquelle, nonobstant les subjectz de plainte que ledict s^r luy a donné en plusieurs occasions, l'a néantmoins toujours gratifié en tout ce qu'elle a peu, tant au département des charges que partout ailleurs ; et, partant, seront les susditz priez et exhortez de ne se laisser emporter aux advis qui luy pourroient estre donnez au désadvantage de ladicte Assemblée.

Du 18. Ont esté receues lectres de la province de la Basse Guienne et des consuls de Sainte-Foy, du 4 de ce mois, donnant advis de la résolution prise par les habitans dudict Sainte-Foy pour le gouvernement de leur ville.

M. de Monneville s'est présenté à la Compagnie, à laquelle il a rendu diverses lectres, tant du conseil de la province de Normandie que de Mrs de Couvrelles et Leblanc, pasteur à Pleymud, desquelles, lecture faitte en sa présence, il a esté loué et remercié du soing et affection qu'il tesmoigne au bien général de nos églises ; et au regard des conventions dudict s^r avec ledict s^r de Couvrelles et M^{rs} les députez de ceste ville, que ladicte Compagnie pourvoiera à ce qu'il ait contentement.

M^r de La Noue s'est aussi présenté à la Compagnie et proteste de la continuation de son zèle et affection pour le bien de nos églises, dont il a esté loué et remercié.

Ont esté receues lectres du s^r Constantin, du 14 de ce mois, par lesquelles entre aultres choses il donne advis de la mort de Mr Rossel.

Aultres lectres du s^r Véron, du 11 de mois, touchant les affayres de l'isle d'Oleron.

Sur ce qui a esté représenté par M^r de La Taule du refus que font aucuns capitaines de luy payer le 10e qui appartient à la dicte Assemblée franc et quitte de tous fraitz, le tout a esté remis audict s^r de La Taule pour s'en faire payer ainsi que de coustume ; et, en cas qu'il survienne quelque différend sur le payement dudit 10e, qu'il se pourvoiera par devers les commissaires de l'admirauté.

Du 19. M^{rs} de St-Simon, Hespérien et La Milletière de Poitou, nommez pour aller salluer Mr de Soubize de la part de l'Assemblée, l'asseurer de son affection et prendre advis de luy sur ce qu'il juge estre affaire en ses occurances, afin d'en advertir tant M^r le duc de Rohan, que M^r de La Force, que les provinces.

M^r de La Tousche ayant représenté à la Compagnie qu'il avoit quelque chose de particulier de la part de Mr de Soubize qu'il eust désiré verser au sein des commissaires que ladicte Compagnie voudroit nommer ; pour cet effect ont esté nommez Mrs de Mitois, de La Chappelliére et Milletière de Poitou, lesquelz, en ayans depuis conféré particulièrement avec mondit s[r] de Soubize, en ont fait leur rapport, dont ilz ont esté remerciez.

La Compagnie, délibérant sur la dépesche pour la Basse Guienne, en ce qui regarde la responce aux consulz de Ste-Foy, a arresté qu'il leur sera escrit, qu'on remet à leur faire responce et leur mander la résolution de l'Assemblée après avoir eu un plus ample esclaircissement de l'affaire dont ilz luy escrivent, tant par M[r] de La Force que par le conseil de la province ; et, cependant, seront iceux exhortez de veiller soigneusement à la garde et conservation de leur ville.

Du 20. Les s[rs] Gautier et Chasseloup, avec deux aultres députez pour les habitans de l'isle d'Oleron, ont présenté lectre à ceste Compagnie de la part desdictz habitans, en datte du 11 de ce mois, avec créance, laquelle ilz ont exposée, consistant aux désordres qui sont en leur isle, afin d'y estre pourveu ; ce qui a esté renvoyé au conseil estably par M[rs] de ceste ville pour la direction des affaires de ladicte isle ; et, néantmoins, ceux de ceste Compagnie qui sont du conseil de guerre, chargez, touchant certains pointz regardant le général, d'en parler audit conseil de guerre.

Mandement à Mr Riffault de la somme de trente six livres pour un messager envoyé en la Basse Guienne tant pour l'aller que retour.

M[r] de La Milletière, cy devant député vers M[rs] les estatz des Païs Bas, a fait rapport de ce qu'il a géré et négotié esdictz païs, tant auparavant que depuis le départ de M[r] de La Chappellière, aussy député esdictz pays ; dont il a esté loué et remercié.

Du 21. Mrs de Loubie et de La Cloche, nommez pour aller visiter Mr de Loudrières de la part de ceste Compagnie.

M^r le baron de Cercueux et Mr de Beaucastel, nouvellement venuz d'Hollande, se sont présentez en la Compagnie et l'ont asseurée de leur zèle et affection au bien général de nos églises ; dont ilz ont esté louéz et remerciez.

Sur la requeste présentée par le s^r Jehan Aymier, esleu à Marennes, tendant à avoir reprezailles sur les biens du s^r de La Parée, estant en Oleron, d'autant qu'il s'est emparé et jouist de ceux que le dict Aymier a à Marennes ; a esté ordonné que ladicte requeste seroit communiquée à M^{rs} de ceste ville pour, eux ouïs, estre ordonné ce que de raison.

Lectres de Mr Thévenot par lesquelles il donne advis à la Compagnie de sa détention à La Chaume, la suppliant de pourvoir à sa liberté ; à quoy ladicte Compagnie a promis s'employer de tout son pouvoir et, pour cet effect, chargé Mrs de Mitois et de La Chappeliere d'en parler à Mr de Soubize, afin d'essayer d'obtenir par sa recommandation quelque modération de la rançon à laquelle il a esté mis.

Mr de Freton ayant fait entendre à la Compagnie par Mrs Favier et Rodil, ses codéputez, que ne trouvant de seureté pour sa personne en ceste ville, afin de luy venir rendre compte de ses actions depuis son absence d'icelle, il la supplioit de luy donner congé de se retirer en sa province ou en telle aultre part qu'elle lui voudra prescrire ; a esté remis d'en délibérer après en avoir conféré avec Mr de Soubize, dont la charge a esté baillée à Mrs de Mitois, de La Chappellière et de La Milletière.

Lettres de Mr de Saint-Surin, du 20 de mois, présentées à la Compagnie par les s^{rs} de La Renaudie et Gouin.

Du 23. Autres lectres de M^r de St-Surin, du 21 de ce mois, sur lesquelles ont esté nomméz M^{rs} de St-Simon, Hespérien, et Milletière de Paris ; ausquelz a esté donné toute charge de pourvoir aux affayres de Roian et, à ceste fin, en communiquer tant avec M. de Soubize qu'avec mr le Maire de ceste ville.

Ordonnance à Mr Riffaut d'employer tous les deniers qu'il recevra, provenans du sel d'Oleron, au payement de la partie deue par l'Assemblée au sr Daniel Gilles pour les armes envoyées à Pons.

Du 25. Suivant l'ordre establi dès le commancement de l'Assemblée pour la direction d'icelle ont esté nommez à la pluralité des voix pour le mois suivant : Mrs de Mitois, présidant ; La Cloche, adjoint ; La Milletière de Paris et Montmezart, secrétaires.

AU NOM DE DIEU.

Continuation des actes de l'Assemblée génerale des églises réformées de France et souveraineté de Béarn tenant à La Rochelle.

Du 25 Avril 1622. Après l'invocation du sainct nom de Dieu et que par la pluralité des voix, suivant l'ordre establi dès le commancement de l'Assemblée, ont esté nommez pour la direction d'icelle, durant le mois commenceant ce jourd'huy : Mr le baron de Mitois président ; Mr de La Cloche, adjoint ; et Mrs de La Milletière de Paris et Montmezard secrétaires.

Mrs Favier, Clémanceau, de La Goutte et Cazaubon, qui ont eu la direction de l'Assemblée au mois précédent, ont esté louez et remerciez par la Compagnie pour s'estre dignement acquittez de leur charge.

Du 26. Ont esté achettez du sr Gilles 100 mousquetz, avec les fourchettes et bandolières, pour envoyer en la ville de Royan, pour le pris desquelz, à raison de 9 livres pour chascun mousquet, a esté baillé audict s^r Gilles une quittance servant de descharge sur et tant moins de la somme de 1000 livres, laquelle il estoit chargé par l'église françoise d'Amsterdam payer au consistoire de ceste ville au profit du général des églises réformées de France.

Du 27. Sur ce qui a esté représenté en la Compagnie de la captivité de Mr Thévenot, ministre du St Evangile, a esté arresté qu'il seroit baillé 200 livres des deniers du public pour le payement de sa rançon ; l'advance de laquelle somme ayant esté offerte par Mr de Clémanceau, est ordonné que mandement lui sera deslivré de pareille somme pour son remboursement.

Mrs Favier et Rodil, députez de la province du Bas Languedoc, ont représenté à la Compagnie que Mr de Freton, leur collègue, avoit esté constitué prisonnier en ceste ville par l'autorité de M^r le maire sans en avoir communiqué à l'Assemblée ; et pourtant requeroient, au nom de leur province, qu'il pleust à la Compagnie, selon son autorité, prendre connoissance dudict emprisonnement, ensemble de toute la procédure de justice qu'on prétendroit devoir estre faitte cy après contre ledict s^r de Freton, comme estant icelluy du corps de l'Assemblée et l'un des députez de ladicte province du Bas Languedoc en icelle; demandant en oultre qu'acte leur soit octroyé de leur présente réquisition pour servir à leur descharge à l'endroit de leur province. Sur quoy l'Assemblée, ayant mis l'affaire en délibération, a octroyé aus dictz requérans l'acte par eux demandé ; et, pour le surplus, a député vers M^r le maire, et Mrs du Corps de ville, Mrs de Loubie, d'Espinay et de La Milletière de Poitou, avec charge de leur demander les causes dudict emprisonnement et faire plainte de la procédure qui a esté tenue en icelluy ; les prier en oultre que, doresnavant, en toutes aultres occurences semblables qui pourroient survenir, ilz informent préalablement la Compagnie de tous les soubçons ou subjectz d'accusation qui viendroient à leur connoissance contre quelqu'un des membres d'icelle, estant résolue qu'en tout aultre fait et, mesmement en cetuycy, la justice soit deuement et plainement exercée ainsi qu'il appartient ; et que, pour ces causes, elle auroit arresté de procéder à la nomination de commissaires pour connoistre du fait concernant ledict s^r de Freton, par devant lesquelz les dictz s^{rs} du Corps de ville, ou tous aultres qui se voudront porter parties contre luy, se pourront pourvoir et poursuivre leurs accusations ainsi qu'ilz adviseront bon estre.

Les dictz s^{rs} de Loubie, d'Espinay et La Milletière de Poitou, députez pour l'effect que dessus, ont fait rapport qu'ayant eu audiance au conseil de ville, M^r le maire les auroit asseurez que ledict conseil aura considération sur ce qui estoit proposé par eux, et en donneront par après responce à la Compagnie.

M^{rs} de La Grange et Riffault ont esté nommez commissaires sur la requeste présentée par le s^r de Monneville concernant les fraitz par luy faitz pour les soldatz qu'il a amenez d'Angleterre, pour en traiter et convenir conjoinctement avec les s^{rs} commissaires nommez pour le mesme subject par le conseil de ville.

Mrs de Fiefmignon, Thévenin, La Roche et Guérineau, députez par M^{rs} les maire, eschevins, pairs, bourgeois et habitans de ceste ville, ayans esté ouys en la Compagnie, ont représenté qu'auparavant qu'elle eust faist députation vers le Corps de ville sur le subject de l'emprisonnement de Mr de Freton, ils auroient esté nommez et chargez de venir informer la Compagnie que M^r le maire auroit esté obligé de procéder au dit emprisonnement en la forme qu'il auroit esté faite, tant pour la seureté particulière de la personne dudict s^r de Freton, que pour satisfaire aux divers soubzçons et accusations qui s'esmouvoient journellement contre luy par la plus part des habitans de ceste ville, au subject de la déroute arrivée en Poitou ; et qu'en ce faisant M. le maire estimoit n'avoir outrepassé le pouvoir et autorité qu'il a en ceste ville ; comme aussi il requeroit et supplioit la Compagnie de trouver bon ce qui en avoit esté fait, et que la chambre de justice establie en cette ville, soubz l'autorité de l'Assemblée, prist la connaissance du fait qui concerne ledict s. de Freton pour en faire justice, soit à sa condamnation, soit à son absolution, ainsi qu'il appartiendra.

A esté expédié un acte portant descharge à M. du consistoire de ceste ville pour la somme de 1100 livres provenue de la libéralité de l'église françoise d'Amstredam vers les églises réformées de ce royaume ; laquelle ayant esté remise par lectres de change paiable par le sieur Gilles en ceste ville, soubz le nom particulier desdictz sieurs du consistoire, ilz auroient consenty que le paiement en fust fait à l'Assemblée pour le paiement desdictes églises.

Sur le rapport fait par M. de La Grange et Riffault que M. de la ville ayans desjà fourny à d'aultres fraitz pour le s. de Monneville, et qu'ilz n'ont moien pour le présent d'en faire davantage, supplient la Compagnie de vouloir faire l'entier payement de ce qui se trouvera deu audict s. de Monneville pour le fret, transport, et despence de luy et de ses soldatz ; l'Assemblée a arresté d'en faire l'entier payement, pour lequel sera expédié mandement au partisan du sel en l'isle d'Oleron.

Du 28. M. Thévenot, ministre du S. Evangile est venu remercier la Compagnie pour l'assistance qu'il en a receue au payement de sa rançon.

M. de Loubie et Guérin, pasteur, ont esté députtez pour aller en la ville de Royan afin que, par leur moien, la Compagnie peust estre informée de l'estat d'icelle pour y pourvoir selon ses moiens et l'assister pendant le siège.

A esté expédié mandement en faveur du s. Gilles sur les s. Berthommé et Chintier pour la somme de deux mil livres et a esté ledict mandement mis ès mains de Mr Riffault.

Du 29 Avril. Sur le rapport fait par Mrs de St-Simon, de La Place et Rodil cy devant nommez pour ouyr le compte de Mr d'Espinay, cy devant député en Angleterre, l'Assemblée a alloué audict sr d'Espinay la despence portée par son dict compte, et ordonne que mandement luy sera deslivré pour le payement de ce qui se trouve estre deub de reste par son dit compte, revenant à la somme de 304 livres, 5 solz, restans de la somme de 624 livres 5 solz, à quoy revient son compte, sur laquelle il a reçeu 320 livres.

A esté expédié aultre mandement à M. Riffault pour payer au sr de Lezelay 60 livres.

Mr de Maleray ayant rendu compte de la commission qui luy a esté cy devant donnée d'intendant au fait de la justice et des finances en l'armée de Mr de Soubize, il a esté approuvé et remercié par la Compagnie, et ordonné que le dict sr Maleray recevra pareille distribution que les aultres députez de son ordre ont reçeu.

Du 2 May.

Mandement a esté expédié à Mr Riffault pour payer à Cousineau la somme de 20 l. 10 s., pour ses gages du mois passé et aultres menus fraitz.

Mrs de La Muce, Fabvier, du Cré, de La Grange, et Rodil, ont esté nommez pour assister au conseil de guerre establý près la personne de Mr le maire durant le présent mois.

Du 3 May. Mrs Menuau, Guérin et La Tour ont esté nommez pour assister à la chambre de justice en la place de Mrs de la Milletière de Poitou, Montmezar et Rodil.

A esté expédié mandement à M. Riffaut pour payer aux s^rs Véron et Guibert, commissaires députez par l'Assemblée pour la conservation de ses droitz en l'isle d'Oleron, la somme de 315 livres, savoir : audict Véron 225 livres pour cinq mois de service qui escherront l'unziesme jour du présent mois ; et audict Guibert 90 livres restans de la somme de 155 livres pour trois mois de service seulement.

Du 4. Sur la requeste présentée à l'Assemblée par Mr Maquain, l'un des pairs de ceste ville, demandant qu'adveu luy soit octroyé de l'assistance qu'il prétend avoir faitte en la prise amenée en ceste ville par le s^r d'Orillac ; la Compagnie a octroyé ledict adveu, sans préjudice du droit des parties.

A esté arresté qu'il seroit de rechef envoyé soixante mousquetz outre ceux qui ont esté cy devant fournis pour servir à la deffence de la place de Royan.

Il est ordonné que Mr de Monneville sera payé de tout ce qui luy est deub, selon la convention faitte avec luy par les députez d'Angleterre, avec asseurance que la Compagnie reconnoistra encores cy après sa bonne affection en tout ce qui luy sera possible.

Ordonne aussi que les soixante mousquetz, cy dessus destinez pour estre envoyez en la ville de Roian, seront deslivrez audict s^r de Monneville pour l'armement de la compagnie qu'il doit mener en ladicte place.

Mr de Monneville a donné promesse à la Compagnie de la somme de 225 livres par luy reçeue de Mr Riffault, selon qu'elle luy avoit esté ordonnée, pour le payement de ce qui avoit esté par luy advancé pour le passage des gens de guerre qu'il a amenez en ceste ville ; laquelle promesse est demeurée ès mains dudict s^r Riffaut pour luy valloir quittance de ladicte somme par luy débourcée.

Du 6 May. Mr de Lezelay a rendu des lectres de Mr de Soubize à l'Assemblée, escrites de Rhé du 5 du présent, portant créance que ledict sr de Lezelay a exposée en la Compagnie.

Mr Guérin, pasteur, estant de retour de Royan, a rendu lectres à la Compagnie de Mr de Loubie, en datte du 3 du présent, et a rapporté l'estat de la place et des choses nécessaires à pourvoir pour la deffence d'icelle; sur quoy, après que ledict sr Guérin a esté loué et remercié, il a esté aussi à l'instant député avec Mr de La Grange vers Mrs de la ville pour leur représenter l'estat de la dicte place et les exhorter à contribuer pour l'assistance d'icelle.

Mrs Guérin, pasteur, et de La Milletière de Paris ont esté nommez pour traitter avec les commissaires députez du Corps de ville, et convenir ensemble des fraitz communs ès choses nécessaires pour l'assistance de la ville de Royan.

Mandement a esté expédié à Mr Rifaut pour payer au sr Gilles la somme de 540 livres pour le prix de soixante mousquetz cy dessus ordonnez pour armer la compagnie du sr de Monneville.

Du 7. Mrs Guérin et de La Milletière, de Paris, ayans fait rapport de ce qu'ilz ont traitté avec les commissaires du Corps de ville pour la ville de Royan et avoir accordé que la Compagnie fourniroit cent quintaux de biscuit, un millier de poudre, deux milliers de cloux de carnelle et du fer, ilz en ont esté approuvez par la Compagnie et exortez à continuer la diligence nécessaire pour faire promptement exécuter les choses résolues, et pour le soing de tout ce qui pourra estre jugé cy après expédiant à pourvoir pour la conservation de ladicte place.

Mr Rival a esté député pour aller vers Mr de Soubize, en l'isle de Rhé, et le prier de joindre son commandement à celuy que l'Assemblée fait par ledit sr Rival au sr Constantin, commis à la recepte des droitz qui se lèvent pour le public en la rivière de Bourdeaux devant Roian, de venir en dilligence vers elle, asseurant mon dit s^r de Soubize que ledit Constantin luy sera promptement renvoyé.

Mr Guérin, pasteur, a esté député vers Mr de Soubize, en l'isle de Rhé, pour le prier sur ce que Mrs du Corps de ville auroient fait entendre à la Compagnie que les navires du fort d'Argenton estans descendus devant Royan, il seroit survenu quelque différent sur la prétention de commandement entre l'admiral des dictz navires et celuy de la flotte de ceste ville estant audict Royan, requérans la Compagnie d'y pourvoir par son autorité; qu'à ces causes il luy plaise en escrire au s^r de Poyanne, admiral desdictz navires d'Argenton, à ce qu'il defère le commandement à l'admiral de la flotte de ceste ville estant en la rivière de Bordeaux, pour éviter tous les inconvéniens qui se pourroient ensuivre d'une telle contention.

Du 8 May. Lectres de Mr de Loubie à l'Assemblée, escrittes de Roian du 6^{esme} du présent, ont esté reçeues ce jourd'huy, contenant l'estat auquel estoit la place et le besoin qu'elle a d'estre promptement assistée et principalement de gens de guerre et de poudres.

Mr Guérin, pasteur, est retourné d'auprès de Mr de Soubize, rapportant de sa part qu'il se remet entièrement à la Compagnie pour ordonner ce qu'elle trouvera bon au s^r de Poyanne, auquel mondit s^r de Soubize a escrit au contentement de M^{rs} de ceste ville.

A aussi rapporté que mondit s^r de Soubize prie la Compagnie de faire nomination de quelqu'un et le pourvoir de la charge de lieutenant au gouvernement de la ville de Roian.

La Compagnie, deslibérant sur les provisions de lieutenant au gouvernement de ladicte ville et chasteau de Royan, ayant esgard à ce qui luy a esté représenté de Mr de Soubize, a nommé d'un commun et unanime consentement Mr du Verger-Malaguet pour commander en ladicte qualité en la ville et chasteau de Royan, soubz l'autorité de mon dict s^r de Soubize ; et a ordonné qu'à cet effect provisions en seront expédiées au dict s^r du Verger-Malaguet.

Mr Rival est retourné d'auprès de Mr de Soubize avec lectre de créance, laquelle il a exposée en la Compagnie, et a dit en oultre avoir amené avec luy le s^r Constantin.

Du 9. A esté expédié en faveur de Mr du Verger-Malaguet, selon l'arresté précédent, la commission de lieutenant au gouvernement de la ville et chasteau de Royan.

Le s^r Constantin, commis à la recepte des droitz de l'Assemblée qui se lèvent en la rivière de Bourdeaux devant Royan, s'est représenté à la Compagnie, et luy a rendu raison de ce qu'elle voulloit entendre de luy ; s'excusant de ce qu'ayant esté quelques jours auparavant en ceste ville il n'auroit peu avoir le loisir, estant mandé pour le service de Mr de Soubize, de se présenter à la Compagnie à laquelle il a certifié n'avoir fait aucun employ des deniers qui luy appartiennent que selon ses mandemens ; et, en oultre, a présentement deslivré entre les mains de Mr Riffaut la somme de 2000 livres ; et finallement, ayant esté ouy sur le fait de certain passeport en blanc, en datte du premier mars dernier, luy a esté enjoint d'envoyer un estat audict s^r Riffaut de tous les passeportz qui luy ont esté mis entre les mains par la Compagnie, et ordonné que le dict passeport demeurera par devers ledict s^r Riffaut.

La Compagnie, délibérant sur la continuation de l'assistance de la ville de Royan, a arresté d'envoyer de rechef dans la dicte ville 250 hommes de pied armez avec trois milliers deux cens de poudre.

Mrs Gendrault, Barbot, et Passy, députez de M^rs de ceste ville, ont remercié la Compagnie du soing qu'il luy avoit pleu prendre de députer vers Mr de Soubize sur le différend qu'ilz appréhendoient entre l'admiral des navires d'Argenton et celuy de la flotte de ceste ville estant en la rivière de Bordeaux; se remettans à la prudence de la Compagnie de ordonner sur icelluy ainsi qu'ilz adviseront bon estre; la priant, néantmoins, de maintenir et conserver à l'admiral de leurdite flotte le pouvoir et le commandement qui luy a esté donné par l'Assemblée.

Ont aussi asseuré la Compagnie que le navire appartenant à Mr de Soubize luy seroit promptement rendu, et l'ont requise de prier mondit s^r de Soubize de leur voulloir renvoyer son dit navire.

Il a esté escrit au s^r de Poyanne, admiral des navires de Argenton, qu'il eust à défférer à l'admiral de la flotte de ceste ville.

Sur ce que Mr Favas, estant depuis plusieurs jours de retour en ceste ville, ne tenoit compte de venir rendre ses devoirs en la Compagnie selon qu'il est obligé par sa charge, et qu'au contraire, au mespris de l'autorité de l'Assemblée, continuant ce qu'il auroit cy devant commencé, luy auroit fait bailler assignation par devant le Présidial de ceste ville pour estre payé de certaine somme de deniers qu'il prétend luy estre deue pour ses gages et appointemens de depputé général; la Compagnie a chargé Mrs Hespérien et de la Tour, députez de la province de la Basse Guienne, d'advertir ledict s^r de Favas de se rendre en la Compagnie pour satisfaire à ce qu'elle requiert de luy, suivant ce qui luy sera remonstré par la bouche du président de ladicte Assemblée.

Mrs de Lagoutte et Maleray ont esté chargez d'aller au Présidial de ceste ville, et leur remonstrer de la part de ceste Compagnie sur la poursuitte que fait Mr de Favas par devant eux, qu'ilz ne peuvent prétendre prendre connoissance des arrestez de la Compagnie, et moins encor prétendre ou entreprendre aucune juridiction sur elle pour les raisons qui leur en seront plus amplement représentées, et qu'elle remet à la suffisance desdictz s^rs de La Goutte et Malleray.

M^r de La Chappellière a esté député de la Compagnie pour l'exécution de l'arresté en icelle sur les provisions expédiées à Mr du Verger-Malaguet, afin que, par les bonnes exortacions dudict s^r de La Chappellière, il soit obvié à tout désordre, et que rien ne se passe qu'avec paix et union à la seureté et conservation de la dicte place.

Du 10. A esté arresté que l'acte demandé par le s^r Bernardeau sera délivré et mis ès mains de Mr Riffault pour la descharge de M^rs de La Chappellière et de Lagrange pour 444 livres, pour les provisions fournies par le dict Bernardeau durant le siège de Sainct-Jehan, suivant l'acte du 26 Febvrier dernier.

Mrs Guérin et La Milletière, de Paris, ont esté nommez pour aller au Corps de ville et leur représenter que la Compagnie, considérant la nécessité qu'il y a d'envoyer promptement un secours dans la ville de Royan, tant de gens que de munitions de guerre, a résolu d'armer 250 soldatz et y fayre conduire avec eux le plus promptement que fayre ce pourra 3200 de poudres, outre celles qui y ont esté cy devant envoyées; les prians à cet effect que la levée desdictz soldatz se face sans aucun retardement en ceste ville soubz l'autorité de M^r le maire; leur remonstrer aussy que la Compagnie, ayant appris qu'ilz auroient retenu en ceste ville le s^r Constantin, lequel y seroit venu à leur mandement et avec promesse à Mr de Soubize de le renvoyer sans aucun délay, ilz sont priez de permettre audict s^r Constantin de se retirer à Royan pour continuer à y faire la recepte pour laquelle il est commis par ladicte Assemblée.

Mr de Saint-Germain Dechaux est venu saluer la Compagnie et l'assurer de la continuation de son service; de quoy il a esté remercié avec asseurance que la Compagnie fera tousjours considération de luy où les occasions s'en présenteront.

Du 11. Mrs de Fiefmignon, Pineau et Guérineau, députez de M^rs de la ville, ont requis la Compagnie d'ordonner que les juges de la chambre de l'admirauté ne prendront désormais aucunes espices pour les jugementz, et voulloir nommer des commissaires pour, avec ceux qui seront nommez de leur corps, taxer les vacations des officiers et du greffier de la dicte chambre ; ont aussi demandé que la Compagnie leur donnast la part de tous les bledz qui luy revient de son droit des prises qui se font en mer pour estre convertis en biscuit pour servir aux nécessitez publicques ; ont remercié la Compagnie du soing qu'elle prend à la conservation de la place de Royan et de ce qu'elle a résolu d'armer 250 soldatz pour cet effect, la levée desquelz ilz ont offert de permettre en ceste ville ainsi qu'ilz en ont esté requis de la Compagnie. Et, pour ce qui concerne le s^r Constantin, ont dit qu'il luy sera permis de se retirer après qu'il leur aura fourny la somme de mil escuz sur ce qu'ilz prétendent leur estre deu par luy ; se sont aussi plains de ce que le sergent Relion, soy disant estre otorisé de l'Assemblée, procède à la vente des vaisseaux sans y appeller les commissaires de la ville.

La Compagnie, ayant délibéré sur les propositions faites en icelle par lesditcz s^rs députez de ceste ville, a nommé Mrs Favier, Hespérien et Cazaubon pour aller fayre responce sur icelles au Corps de ville, et leur dire que, pour le regard des juges de l'admirauté, la Compagnie a ordonné qu'après le mois présent ilz ne prétendront aucunes espices, et qu'elle nommera commissaires pour procéder à la taxe des officiers et du greffier de la dicte chambre ; et, sur le second chef de leur demande, que se réservant l'entière disposition du 10^esme qui luy peut revenir des prises, de quelques natures qu'elles soient, elle a néantmoins résolu que le bled qui luy peut revenir des prises qui ont esté à présent amenées en ceste ville leur seroit baillée pour tenir lieu et jusques à la concurrence du remplacement de cent quintaux de biscuit qui a esté par eux advancé pour la Compagnie pour envoyer en la ville de Roian; et feront instance en ce qui regarde ledict s^r Constantin à ce qu'il soit mis en liberté purement et simplement pour se retirer à l'exercice de sa commission, à la charge qu'il reviendra dans trois semaines, suivant le commandement qui luy en a esté fait par la Compagnie, pour rendre ses comptes en icelle, ès reddition desquelz M^{rs} de la ville pourront nommer commissaires pour y assister afin que, par la closture dudict conte, ledict Constantin, se trouvant leur estre redevable, soit par eux poursuivy pour le payement ainsi qu'ilz adviseront bon estre; déclarant en oultre que le sergent Relion n'a aucune charge de la Compagnie en ce qu'il entreprend; ce qu'ayant esté fait par lesdictz s^{rs} Favier, Hespérien et Cazaubon, et leur rapport ouy en la Compagnie, ilz ont esté remerciez.

Mr de Favas est venu en la Compagnie où, après avoir entendu par la bouche du président d'icelle qu'elle trouvoit fort mauvaise la procédure qu'il avoit entreprise à l'encontre d'elle, et de ce que, depuis le temps qu'il est de retour en ceste ville, il ne se seroit acquitté du devoir de se représenter à la Compagnie pour lui rendre compte des commissions qu'il a exercé soubz son autorité; mais qu'au contraire, et au lieu de ce faire, il continue la procédure susdicte; que néantmoins, lorsqu'il aura satisfait la Compagnie au compte qu'il a à luy rendre de l'exécution de ses commissions, et en se désistant de la procédure par luy commencée, et s'adressant à la Compagnie pour ce qu'il a à requérir d'elle, elle l'asseure de luy donner tout le contentement qu'il luy sera possible; ledict s^r de Favas a fait responce que, s'il eust creu qu'on l'eust appelé en la Compagnie pour entendre la censure qui luy vient d'estre faitte, il ne s'y seroit pas présenté; et qu'au surplus, pour ce qui concerne la procédure par luy commancée, il déclaroit qu'il l'avoit commancée avec desplaisir et qu'il la continueroit avec regret ; et que pour les commissions qu'il avoit exercées en Médoc et ailleurs, soubz l'autorité de l'Assemblée, il estimoit avoir assez satisfait au compte qu'on luy en demande par les lectres qu'il a escrites de fois à autre à la Compagnie. Sur quoy ledict s^r de Favas s'est retiré tesmoignant se sentir offencé de la Compagnie, lui disant, à la sortie de la chambre, qu'elle avoit fait assez d'aultres actions qu'elle ne devoit pas faire, et qu'il en advertiroit les provinces ; et ne voulut attendre qu'il luy feust fait responce.

Du 12 May. M^{rs} de La Goutte et Maleray ont fait rapport d'estre allez ce jourd'huy au présidial de ceste ville, et leur avoit fait entendre, suivant l'intention de la Compagnie, ce qu'ilz avoient charge de leur dire, dont ilz ont esté remerciez.

Mrs Guérin et de Milletière, de Paris, ont rapporté que, suivant l'arresté de la Compagnie, ilz avoient donné ordre que deux milliers de poudre, pris et achaptez du s^r Gilles, feussent seurement conduitz à Royan, qui auroient pour cet effect esté mis dans le navire du s^r Aubin, admiral de la flotte envoyé de ceste ville en la rivière de Bourdeaux.

Mr de Freton, détenu prisonnier en la tour Sainct-Nicolas de ceste ville, ayant escrit à la Compagnie, après la lecture de ses lettres, les commissaires du conseil de guerre establi en ceste Compagnie près la personne de M^r le maire, ont esté chargez de luy parler de l'affayre dudict s^r de Freton, et savoir de luy ce que M^{rs} de ceste ville se disposent de faire pour ce regard, pour, leur rapport entendu, délibérer en la Compagnie ce qu'elle jugera expédient de faire sur la demande dudict s^r de Freton ; et, cependant, qu'il luy sera fait responce en particulier par Mr Favier.

M^{rs} Le Goust et de La Jarrie, conseillers au présidial de ceste ville, et députez d'icelluy vers la Compagnie, ont représenté que, sur les remonstrances qui leur ont esté faittes de la part d'icelle, ilz désiroient grandement que le différend meu par M*ᵉ* de Favas contre l'Assemblée se peust doucement terminer en icelle; mais, qu'au surplus, ilz estiment ne pouvoir refuser de rendre justice audict s*ʳ* de Favas, et qu'il n'y a cause pour laquelle ilz ne puissent prendre connoissance ne juridiction de ce qui concerne l'Assemblée; à quoy leur a esté respondu que la Compagnie y sçauroit bien pourvoir et conserver son autorité.

Du 13. M*ʳˢ* de S*ᵗ*-Simon et de La Milletière, de Paris, ont esté nommez pour aller au Corps de ville et y représenter la nécessité de haster le secours pour la ville de Royan, au retardement duquel il est évident que quelques mal affectionnez travaillent jusques icy de tout leur possible, divertissans les soldatz et empeschant les bonnes volontez que la Compagnie et M*ʳˢ* de la ville y apportent.

Du 14. Sur la demande faitte par Olivier et Augier, faisans pour les s*ʳˢ* Captan et Coulon, marchans de la ville de Bourdeaux, à ce que le nombre de neuf passeportz leur fust délivré, suivant l'accord fait par M*ʳˢ* de ceste ville avec lesdictz Captan et Coulon. Après avoir ouy les commissaires nommez de la Compagnie de la chambre de l'admirauté, qui ont représenté que lesdictz Captan et Coulon, abuzent desdictz passeportz pour faire conduire des blez ailleurs qu'ès lieux portez par ledict accord; et mesmement qu'ilz ont rapporté un passeport, en datte du 12 mars dernier, trouvé dans une prise faitte par le capitaine Friquelet, par lequel appert qu'il a esté adjousté audict passeport ces mots : *et seille et autres grains*, d'une aultre escriture que celle dudict s*ʳ* Riffault qui a remply ledict passeport du mot *bled*, *froment* seullement; et en oultre, que, par la déclaration faitte par l'équipage de la dicte prise et charte-partie d'icelle, il leur est apparu clairement qu'ilz avoient ordre d'aller et de fait faisoient leur route, en Arcassonne, au préjudice dudict passeport qui est pour

aller à Bourdeaux ou ès lieux qui sont en l'union des églises, et non ailleurs, sur peine de confiscation ; l'Assemblée a arresté que les passeportz demandés par les ditz Ollivier et Augier ne leur seront point deslivrez ; et ordonne aux commissaires de l'admirauté de mander lesdictz Ollivier et Auger pour respondre par devant eux sur l'abus commis audit passeport, pour procéder à l'encontre d'eux ainsi qu'il appartiendra par raison. La Compagnie a aussi révocqué et déclaré nuls les passeportz cy devant baillez à Mr de Maleray pour porter en Poitou ainsi qu'il est mentionné en l'acte du. . .
. . . jour du mois. . . . . . desquelz passeportz ledict s^r Maleray a rapporté à la Compagnie le récépissé du s^r des Landes, receveur estably en Olonne.

Du 15. Cejourd'huy la Compagnie s'est extraordinairement assemblée sur l'advis qui luy a esté donné de la part de M^r le maire qu'il désiroit venir en icelle ; lequel y estant venu, accompagné de Mrs Pineau et Guérin, pairs de la dicte ville et des scindics et plusieurs bourgeois et habitants d'icelle, luy a fait ses complimens et protesté de son affection et service ; ensemble de la bonne correspondance et union laquelle il désire entretenir avec elle. En après, a représenté avoir charge du Mrs du Corps de ville, bourgeois, et habitans, de dire à la Compagnie que, désirans qu'il soit procédé le plus promptement que faire se pourra au procès de Mr de Freton, ilz prient la Compagnie qu'à cet effet il luy plaise nommer dix personnes de son corps afin d'adviser, avec dix aultres qui seront nommez du Corps de ville, et autant des bourgeois et habitans, sur ce qui sera le plus expédient de faire sur ce subject. Ce que la Compagnie ayant entendu, elle a remercié mondit s^r le maire, avec assurance qu'elle délibérera sur la proposition par luy faitte.

La Compagnie, délibérant sur ce qui a esté proposé par M^r le maire, après avoir arresté qu'on procéderoit à la nomination de dix personnes du corps de l'Assemblée, ont esté nommez par la pluralité des voix M^{rs} de St-Simon, La Musse, Clémanceau, La Cloche, les deux Milletières, Menuau, Guérin de Millau, La Tour, de Montmezart.

Du 16 May. Les s^{rs} députez cy dessus nommez ayans communiqué avec M^r le maire, accompagné de dix du Corps de ville et autant de bourgeois, ont rapporté que, par le résultat de ladicte conférance, les dictz s^{rs} maire, eschevins, pairs et bourgeois, requièrent de la Compagnie que, pour procéder à la confection du procès de Mr de Freton, il plaise à la Compagnie donner ampliation de pouvoir à la chambre de justice establie en ceste ville, et adjouster trois aultres commissaires de son corps à ceux qui ont esté cy-devant nommez par l'Assemblée pour assister en la dicte chambre.

Sur la demande cy dessus que, pour procéder à la confection du procès de Mr de Freton, l'un des députez de la province du Bas Languedoc en la dicte Assemblée, détenu prisonnier en la Tour Sainct-Nicollas de ceste ville, il pleust à la Compagnie amplifier le pouvoir cy devant donné aux commissaires establiz pour le conseil de justice en la dicte ville, et leur attribuer la connaissance du fait du dict s^r de Freton ; l'Assemblée, après meure délibération sur ce subject, a résolu et arresté que lesdictz commissaires connoistront du fait concernant le dict s^r de Freton, circonstances et despendances, pour en juger et décider sans appel et en dernier ressort, tout ainsi que des aultres cas et chefs dont leur a esté cy devant attribué la connoissance ; et, oultre les commissaires cy devant par elle nommez au dict conseil, ont esté d'abondant nommez M^{rs} de La Milletière de Poitou et de Paris, et Montmezard, pour y assister et en connoistre, avec pareil pouvoir que les aultres commissaires dudict Conseil.

Du 17. La Compagnie, délibérant sur les procédures et déportemens de Mr de Favas, a arresté qu'il en sera dressé un acte pour la confection duquel elle a adjoinctz aux secretaires du présent mois Mrs de La Cloche, de La Milletière de Poitou et de La Goutte.

Du 19. L'Assemblée, considérant que comme il est très raisonnable que ceux qui sont appelez à l'administration des affayres publicques s'y comportans avec l'intégrité, zèle et affection qui se doit, en reçoivent l'honneur et la louange qu'ilz méritent; aussi n'est-il pas moins requis que les actions de ceux qui s'esloignent de leur devoir soient conneus d'un chascun de crainte d'y estre ou surpris ou trompez. C'est pourquoy, après avoir meurement examiné les déportemens de Mr de Favas depuis son retour de la Cour, et reconneu qu'au lieu de despendre entièrement des résolutions de l'Assemblée, selon qu'il y est obligé par serment solemnel et que le devoir de sa charge le requiert, il en auroit, en tant qu'en luy a esté, ruiné l'otorité, et n'a tenu à luy qu'il ne l'ait réduitte à un entier mespris par ses procédures; ladicte Assemblée a jugé du tout nécessaire et du bien des églises de rendre notoire à un chacun, par cet acte, ce que jusqu'à présent elle avoit voulu dissimuler pour l'honneur de la charge de député général à laquelle il a esté nommé en l'Assemblée dernière de Lodun; non que la dicte Assemblée n'eust grand subject de ne le faire pas à cause du juste soubzçon qu'elle pouvoit avoir de la sincérité de ses affections, pour avoir quelque temps auparavant fermé les portes de Casteljaloux, où il commendoit, comme place de seureté, aux dépputez de l'Assemblée qui fut tenue à Orthès; mais la créance de plusieurs de la dicte Assemblée que la faveur de ceste nomination l'obligeroit à l'advenir à une plus ferme et constante résolution aux occasions qui s'offriroient pour la deffence de la cause commune de la religion que nous professons l'emporta pour l'heure par dessus ce soubçon. En quoy l'Assemblée de Lodun s'estant grandement deçeue, ceste-cy ne l'a pas esté moins en ce que, après avoir esté convocquée par luy, elle auroit, sur les diverses et réitérées protestations dudit s^r de Favas, de son zèle et affection au bien de nos églises, pris une telle opinion de sa probité et fidellité que, sur l'advis qu'il auroit donné à ladicte Assemblée de quelques lectres escrites à la Cour par aucuns de nos grands, desquelz il escrivoit en ces termes *qu'il eust désiré que les dictes lectres eussent esté premièrement digérées en ceste Compagnie; et que si ces seigneurs eussent demeuré en silence tout eust mieux esté,* elle luy auroit, à leur exclusion et de tous aultres, remis la direction entière des affaires de ladicte Assemblée; et depuis, par acte du 16 Mars 1621, sur ce qu'il auroit donné à entendre du refus fait par Sa Majesté de recevoir aucune chose de la part de la dicte Assemblée, elle luy auroit donné pouvoir, avec Mr Chalas, son collègue, d'agir en leur nom pour toutes les églises. Mais, au lieu d'user de ce pouvoir, et comme il devoit, s'est conduit par une telle liberté que pour complaire à quelques Grands de la faveur desquelz il se promettoit recevoir des biensfaitz après avoir, contre l'ordre et intention de l'Assemblée qui en prévoioit les conséquences, (il a) fait poser les armes à M^r de La Force soubz prétexte d'un accommodement dont on l'asseuroit, ainsi que depuis il a luy mesme reconneu en la Compagnie; on a vu ensuitte le Béarn entièrement perdu et M^r de La Force et M^rs ses enfans réduitz à l'extrémité; mais pour tesmoigner manifestement que ledict s^r de Favas n'a recerché en cela qu'une occasion de faire mieux ses affayres, c'est qu'après estre venu en ceste Assemblée, luy du commencement, sur une proposition faitte de le renvoyer en Cour, le refusa, disant que s'il y avoit deux testes il y en porteroit une; néantmoins il s'est remarqué que depuis, se montrant des plus froids et retenu aux affaires les plus importantes au bien de nos églises, sans voulloir donner à connoistre ouvertement ce qui estoit de ses sentimens, il se faisoit voir autant ardant à faire valoir envers la dicte Assemblée la perte qu'il se plaignoit faire par son absence de la Cour, tant à cause de ses appointemens de député général que des biensfaitz et pensions qu'il recevoit de Sa Majesté qu'il estimoit à 26000 livres par an, desquelz il disoit ne pouvoir estre payé, demeurant icy. Tellement que, sur ces considérations, il pressoit incessamment la Compagnie l'en voulloir asseurer ou luy permettre de s'en retourner à la Cour. A quoy l'Assemblée ne voyant aucune apparance, à cause de l'estat auquel estoient les affaires et pour les raisons plus amplement représentées par l'acte du 14 Juin dernier, elle se seroit résolue de le gratifier en tout ce qu'elle pourroit ; et, pour cet effect, désirant de l'obliger à demeurer, elle luy auroit, pour un premier tesmoignage de affection, conféré la lieutenance de M^r le maire en ce gouvernement, comme apert par l'acte du 6 Juin dernier ; et, continuant au mesme désir de le gratifier, par aultre acte du 14 dudict mois de Juin ensuivant, auroit arresté que les appointemens affectez à la charge de député général luy seroient continuez, desquelz et des arrérages il seroit payé des deniers des églises, à quoy elle s'employeroit de tout son pouvoir pour son contentement ; comme de fait, tant que le dict s^r de Favas a esté présent en l'Assemblée, il a receu à double de ce qu'ont eu les aultres députez de son ordre ; et, à quelque temps de là, estant question de faire un ralliement dans le Poitou pour le secours de Sainct-Jehan, elle auroit estendu son pouvoir dans ladicte province, quoy qu'il y en eust assez d'aultres qui pouvoient prétendre aussi bonne part en ce commandement en l'absence des chefs et généraux de la province ; et depuis, comme ledit s^r de Favas eust fait entendre à la Compagnie qu'il se voulloit retirer en la Basse Guienne, où il se disoit estre appellé, elle luy auroit accordé la lieutenance génerralle en ladicte province au delà la Garonne ; outre tout ce que dessus, ledict s^r ne peust desnier que, combien que l'indemnité promise génerallement à tous ceux qui souffriroient quelque perte pour la deffense des églises luy deust suffire, néantmoins, en ayant demandé une particulière pour sa maison de Castets en cas qu'elle feust assiégée, moiennant quoy il se faisoit fort et promettoit mesme qu'elle tiendroit deux mois entiers et arresteroit l'armée du Roy, l'Assemblée luy auroit accordé très volontiers sa demande, pourveu qu'elle tint un mois seullement, dont les secrétaires ayans dressé acte, ledict s^r de Favas, ne l'ayant trouvé à son gré, l'auroit biffé et jetté de l'encre dessus, ne voulant qu'il parust en icelluy sinon de l'indemnité promise par l'Assemblée et non des offres par luy faitz, ce qui fit bien dès lors soubçonner quelque chose de sinistre de ses intentions; mesmement à cause des nouvelles qui vindrent aussi tost après la rédition de Castets et Casteljaloux, toutes deux places de seureté dont il avoit le gouvernement, sans qu'en l'une ne en l'aultre y eust esté fait la moindre résistance; néantmoins le tout passa soubz silence et fut toléré pour les considérations du temps et pour n'engendrer des divisions parmy nous; mais toutes ces gratifications, qui devoient estre audict s^r de Favas autant de puissans aiguillons pour l'animer à maintenir de tout son pouvoir ladicte Assemblée, ont esté tout au rebours prises par luy non d'une simple mesconnoissance, mais d'un mespris tout ouvert de son autorité. Premièrement en ce que, depuis, il n'a jamais daigné se présenter en l'Assemblée pour rendre compte d'aucunes charges qui luy ont esté conférées pour le maniement des finances, et particulièrement en ce qui est des droictz revenans au public en conséquence des réglemens, lesquelz, au lieu de fayre exercer exactement comme il y estoit obligé par sa charge, il s'est porté luy mesme à les violer et enfraindre partout où il a esté, tant en l'isle d'Oleron qu'à Soulac de Médoc auquel lieu entre aultres, encores que par ses lectres du 8 Febvrier dernier il eust promis de fayre conserver avec soing les dictz droitz, il se seroit néanmoins approprié tout le butin qui y fut fait; d'ailleurs, tant que ledict s^r de Favas a esté en l'isle d'Oleron, il a si peu defféré à l'Assemblée que, quelque chose dont elle l'ait fait prier par ses députez à diverses fois, il n'en auroit fait aucun estat; et, lorsqu'il a voulu sortir de ladicte isle pour aller en la Basse Guienne, ce qu'il fit sans le sceu et permission de la dicte Assemblée, il auroit fait descente au lieu de Soulac de Médoc, nonobstant que les habitans luy eussent fait voir, premier que descendre, la sauvegarde qui leur avoit esté accordée en considération des contributions qu'ilz payoient volontairement pour l'entretènement de la garnison de Royan, laquelle, par ce moien, a esté privée des commoditez qu'elle en recevoit; et le public n'en a receu aucun advantage; mais s'estant depuis ledict s^r retiré en ceste ville, au lieu de se présenter en l'Assemblée pour y rendre compte de son absence, y estant venu quelques jours après, il n'y tint autres propos que des appointemens qu'il prétend luy estre deubz; et combien qu'il eust veu au mesme temps que, pour assister la province de la Basse Guienne, la Compagnie avoit esté contrainte, à faute de fonds, d'employer quelques particuliers d'icelle pour s'obliger en la somme de 3000 livres pour l'achapt des armes, poudres et munitions qu'il y convenoit envoyer, cela n'empescha pas qu'à la mesme heure il ne demandast à toute instance le payement de sesditz appointemens, et cela encores avec des parolles de mespris et de desdains de la Compagnie, disant qu'il savoit bien qu'elle n'en avoit la volonté ny le pouvoir; et, comme s'il eust desjà médité une deffection, n'auroit point craint de dire tout hautement que sa province estoit en estat de faire sa condition advantageuse quand elle voudroit, ce qui ayant esté relevé en la Compagnie il n'auroit en outre reparti sinon qu'il ne conseilleroit jamais à sa province de se perdre; et, depuis ces parolles représentées aux députez de la province, ilz auroient unanimement déclaré que ce n'estoit l'intention de leur province de traitter à part, ains seulement avec le général des églises. Sur quoy la Compagnie ayant advisé à ce qu'elle avoit à luy dire, tant pour les choses passées que sur sa demande, elle attendoit qu'il vint prendre sa responce de la bousche du président ; mais, mesprisant d'y venir et présumant peut-estre que l'on feust obligé de luy porter, il se seroit tellement laissé emporter à sa passion que, oubliant le respect qu'il devoit à l'Assemblée, ayant l'honneur d'estre l'un des membres d'icelle, et au mespris de l'ordre establi parmy nous, il auroit envoyé assigner par un sergent le présidant et adjoint de l'Assemblée par devant l'assesseur et lieutenant particulier criminel de ceste ville pour se voir condamner à luy paier la somme de 11000 livres qu'il prétend luy estre deue pour ses appointemens, par vertu de l'acte cy dessus mentionné du 14 Juin ; mais le sergent, retenu par ce qui luy fut dit de l'impertinence de ceste procédure, il s'en seroit allé le lendemain, sans prendre congé, avec parolles d'outrages contre l'Assemblée de laquelle en plusieurs lieux et à personnes de qualité il a parlé en termes comme d'une assemblée non légitime, combien qu'il se puisse dire et avec vérité qu'il est seul et principal auteur de la convocation d'icelle ; et, de plus, en disant qu'il sauroit bien faire sa paix quand il voudroit, il auroit adjousté des menaces contre le public dont aussi il n'auroit gueres tardé à faire ressentir les effectz, d'autant que s'estant tost après trouvé dans Royan à divers conseilz tenus par le sr de St-Surin pour la capitulation de la place et redition de icelle entre les mains de Mr d'Espernon, il n'y auroit résisté en façon quelquonque, ny tenu compte de luy remonstrer le préjudice qu'il faisoit aux églises par une telle capitulation ; mesme ne se seroit soucié d'en donner advis à ceste compagnie, ny à Mrs de ceste ville, combien qu'il seust très-bien tout ce qui estoit de la dicte capitulation et ce qu'elle portoit, ainsi qu'il a recogneu en la présence de plusieurs personnes d'honneur, alléguant pour toute raison que ledict sr de St-Surin estoit son amy et qu'il n'estoit là que comme particulier et pour l'assister ; mais Dieu ayant préservé pour lors la place de la trahison dudict sr de Saint-Surin par des moiens non esperéz et par la résolution courageuse de quelques particuliers tant de la garnison de ceste ville qui s'y rencontrèrent, ledict s^r de Favas y estant venu incontinant après, au lieu de s'y arrester, comme le service des églises luy obligeoit et son propre honneur luy devoit porter, il auroit descouragé autant qu'il peut ceux qu'il voioit en résolution d'y demeurer, leur disant tout haut, en présence mesme des députez qui y estoient de la part de l'Assemblée, qu'ilz ne devoient point attendre de secours ny de la ville, ny de la dicte Assemblée ; et que, quand M^{rs} de ceste ville le voudroient, il ne leur conseilleroit pas, mesmes en auroit emmené quelques soldatz, lesquelz autrement n'estoient en volonté d'en partir ; et de fait, sans pénétrer plus avant aux autres praticques secrettes dudit s^r de Favas, il a bien tesmoigné en effect ce qui estoit de son intention en ce qu'après estre de retour en ceste ville, ayant repris ses premieres erres et fait assigner de nouveau par un aultre sergent qu'il auroit trouvé à sa dévotion les président et adjoint de ladicte Assemblée, afin de luy oster, en tant qu'a luy a esté, le moien d'envoyer les armes, vivres et munitions nécessaires pour le secours de Royan, il auroit fait saisir entre les mains du receveur des deniers particuliers tous les deniers et aultres choses apartenans au public dont ladite Assemblée pouvoit disposer. Sur quoy ayant esté mandé de venir en la Compagnie où il se seroit rendu, et après plusieurs semonces, luy auroit fait entendre le mescontentement qu'elle recevoit de ses déportemens, comme aussi de sa procédure laquelle estoit sans exemple, voire ridicule à son esgard, en ce que, plaidant pour des prétendus appointemens de député général, il desdaigne non seullement d'en faire la fonction mais mesmes d'en prendre les qualitez, ainsi qu'il se voit par les actes et exploitz signifiez à sa requeste ; la Compagnie luy ayant enjoint de rapporter les originaux desditz exploitz avec deffencé de se pourvoir ailleurs que par devers ladicte Assemblée, laquelle en ce cas luy offroit de luy faire toute raison et justice selon son pouvoir, il auroit refusé de ce faire sinon à condition d'estre payé de tous ses dictz appointemens ; ce fait, se seroit retiré et depuis ne se seroit voulu trouver en ladicte Assemblée, ains continue ses poursuites encommancées, nonobstant l'entremise d'aucuns de la Compagnie qui se seroient efforcez de le ramener à son devoir. Par toutes lesquelles actions et déportemens ledict s^r de Favas, donnant évidamment à connoistre n'avoir autre intention que d'abattre entierrement l'otorité de ladicte Assemblée et renverser tout ordre estably parmy nous, pour, en ce faisant, se rendre considérable envers nos ennemis et cercher de l'avantage à ses intérestz particuliers ; afin que l'honneur qu'il a eu jusques à présent de posséder plusieurs charges qui luy ont esté conférées pour le service de noz églises et soubz l'otorité de ceste Assemblée ne luy soient un moien pour exécutter ses mauvaises intentions, à ces causes, après avoir sur ce meurement délibéré, ladite Assemblée, au nom et en vertu du pouvoir à elle donné par toutes les églises, à défaut de ne s'estre ledict s^r de Favas voulu soubzmettre aux résolutions et réglemens d'icelle ainsi qu'il y est obligé par serment, elle l'a déclaré et déclare descheu de la charge et qualité de député général ; et, en ce faisant, l'a privé et prive de tous les droictz, honneurs, prérogatives, gages, et appointemens qu'il pourroit prétendre en conséquence d'icelle ; comme pareillement elle a révocqué et révocque toutes les commissions et pouvoirs qu'elle luy a cy devant donnez, et arresté que le présent acte sera envoyé par toutes les provinces et icelles exhortées de ne s'adresser à luy, ne se servir de son entremise ès dictes qualitez pour quelque cause et occasion que ce soit, ce qui luy sera signifié.

Après que ledict acte cy dessus délibéré contre Mr de Favas a esté leu et résoleu en la Compagnie, les députez de la province de la Basse Guienne ayans requis qu'il fust surcis à l'exécution d'icelluy ; après avoir délibéré sur la demande desdictz députez, la Compagnie a arresté de différer l'exécution dudict acte jusques à lundy prochain, pendant lequel temps elle charge, comme cy devant, les dictz députez de voir ledict s^r de Favas, l'exorter à venir en la Compagnie, selon son devoir, pour y rendre raison de ce qu'il a fait soubz les commissaires d'icelle et se soubzmettre à toutes ses résolutions.

Du 21 May. Lectres ont esté despeschées ce jourd'huy à Mrs de Couvrelles et Banage, députez vers le roy de la Grande Bretagne.

Du 23. Mr de Loubie, cy devant député à Royan, en estant retourné après la redition de la place, a fait rapport en la Compagnie de tout ce qui s'est passé en la dicte place depuis qu'il y arriva durant le siège, et ensemble les causes, raisons, et conditions de la redition d'icelle ; et a ledict s^r esté loué et remercié de sa peine et bonne affection qu'il y a apportée ; a esté aussy prié d'aller vers M^{rs} de la maison de ville pour leur fayre un semblable récit et ont esté nommez pour aller avec luy Mrs Clémanceau et Guérin.

M^r de La Chapellière, cy devant député pour aller à Royan avec Mr de Soubize, et chargé d'y délivrer la commission de lieutenant en ladicte place à Mr du Verger-Malaguet, estant de retour, a fait rapport en la Compagnie qu'estant arrivé à M. de Soubize le mardy, 10e du présent mois, sur le soir, en la rivière de Bourdeaux, à la rade de Royan, il n'auroit peu entrer en la dicte place à cause de la grande tourmente ; et cependant la redition de ladicte place s'estant ensuivie en mesme temps et, par ce moien, la commission expédiée en faveur de Mr du Verger-Malaguet ayant demeuré sans effect et sans luy estre deslivrée, ledict s^r de La Chapellière l'auroit rapportée et rendue à la table ; et auroit ladicte commission à l'instant biffée et ledict s^r de La Chapellière remercié de la peine qu'il auroit prise.

La Compagnie, ouy le rapport de M^{rs} les députez de la Basse Guienne, a arresté de dire à Mr de Favas, lorsqu'il se présentera en icelle, qu'elle requiert de luy, comme elle a desja appris qu'il est disposé de faire, qu'il luy rende compte et esclaircissement de tout ce qu'il a fait depuis son départ et luy promettre de se départir de sa procédure; et qu'à l'advenir ledict s^r de Favas, ny aultres de la dicte Assemblée ne s'adresseront ailleurs que par devers elle pour ce qu'ilz auront à luy demander, et protestera ledict s^r de Favas de despendre à l'advenir des résolutions d'icelle; moiennant quoy elle l'asseurera de pourvoir à son entretien, selon son pouvoir, durant le séjour qu'il fera parmy nous et ce en déduction de ses appointemens de député général.

Mr de Lagrange a esté chargé par la Compagnie de deslivrer aux s^{rs} Guillaudeau et Jubin, advocat et procureur du public au conseil de justice, une coppie de lettre escritte par Mr de Freton au s^r Baudan, conseiller au présidial de Nismes, laquelle auroit esté envoyée par la province du Bas Languedoc à l'Assemblée; ce qu'il a fait en présence de la Compagnie.

Du 25 May. Suivant l'ordre establi dès le commencement de l'Assemblée, ont esté nommez à la pluralité des voix pour la conduitte et direction d'icelle durant le mois commanceant cejourd'huy : Mr du Pont de la Pierre, président; Mr du Cré adjoint; M^{rs} de La Grange et Guérin secretaires. Ainsi signé : Mitoys *président*, La Cloche *adjoint*, La Milletière *secrétaire*, et Montemesart *secrétaire*.

AU NOM DE DIEU

Continuation des actes de l'Assemblée génerale des églises réformées de France et souveraineté de Béarn, tenant en la ville de La Rochelle.

Du 25 May 1622. Après l'invocation du saint nom de Dieu et, qu'à la pluralité des voix, suivant l'ordre establi dès le commancement de l'Assemblée, ont esté nommez pour la direction et modération d'icelle, durant le mois commanceant cejourd'huy : Mʳ du Pont de la Pierre président; Mʳ du Cré adjoint ; et Mʳˢ de La Grange et Guérin secrétaires.

Mʳˢ de Mitois, de La Cloche, de La Milletière et Montmesar ont esté louez et remerciez unanimement par la Compagnie de l'assiduité, vigilence et affection qu'ilz ont apporté à la conduitte et modération d'icelle durant le mois précédent.

A esté arresté d'escrire par messager exprès à Mʳ de La Force, chef et général de la province de la Basse Guienne, et au conseil de la dicte province, ensemble au conseil de la province de Haut Languedoc et Haute Guienne et à la ville de Montauban pour les advertir de l'estat présent des affayres et avoir de leurs nouvelles, avec double despesche à la dite ville de Montauban.

Mandement a esté expédié à Mʳ Riffault de la somme de 125 l. 10 s., paiable à Mʳ le baron de Cercueux, pour la dépence par luy faitte pour amener quelques soldatz de Holande pour le service des églises.

Mʳ du Parc d'Archiac est venu en l'Assemblée, de la part de Mʳ de Soubize, et a représenté que mondit sʳ reconnaissant n'estre à présent en commodité de pouvoir conserver le fort d'Argenton, quoyque très important au bien de nos églises, il l'a offert à Mʳˢ de ceste ville de La Rochelle, soubz des conditions qu'il jugeoit très raisonnables, lesquelles toutefois n'ont esté acceptées ; et a pareillement représenté ledict sʳ du Parc que, se retrouvant mondit sʳ de Soubize en ceste ville du tout inutile, et désirant néantmoins, en l'estat où sont les affaires, pouvoir servir selon le zèle et affection qu'il a au bien des églises, il prie la Compagnie luy voulloir départir ses bons advis et sentimens afin que, suivant iceux, il se puisse disposer à servir aux lieux où on le jugera plus à propos. Sur quoy a esté advisé de députer vers mondit sʳ pour conférer plus particulièrement sur ladicte proposition avant qu'en prendre résolution, ayant à ceste fin nommé M⁽ʳˢ⁾ de Mitoys, Hesperien, la Milletière, de Paris, et Rodil.

Sur le rapport desdictz s⁽ʳˢ⁾ lesquelz ont représenté avoir reconneu, en leur conférence avec M⁽ʳ⁾ de Soubize, qu'il croit ne pouvoir plus utillement servir que de s'acheminer en Angleterre, afin de procurer et advancer à son possible le secours et assistance que les députez de ceste Compagnie vers le sérenissime Roy de La Grand Bretagne nous ont fait espérer de sa part, l'Assemblée, ayant sur ce meurement délibéré, a grandement loué et approuvé le dessein de mondit s⁽ʳ⁾ de Soubize, s'asseurant qu'il s'employera en ce voiage selon le zèle et affection qu'il a toujours tesmoignée au bien et conservation de nos églises.

A esté cejourd'huy arresté et signé un mémoire de quelques fraitz paiez par M⁽ʳ⁾ Riffaut, durant le mois précédent, suivant les ordonnances de l'Assemblée montant 45 livres.

Du 26. M⁽ʳˢ⁾ de Sainct-Simon, de La Cloche et de La Grange sont nommez pour l'audition du compte du s⁽ʳ⁾ Constantin, commis à la recepte de l'imposition establie à Royan, et chargez de donner advis de leur commission à M. le maire afin qu'il y face trouver quelqu'un de la part de M⁽ʳˢ⁾ de la ville, s'ilz le jugent à propos; comme aussi pour le prier de faire remettre le dict Constantin en liberté, en baillant en tout cas par luy caution de se représenter ou paier le reliqua de son dict compte à qui il appartiendra.

M⁽ʳˢ⁾ de S⁽ᵗ⁾-Simon, de La Place et Rodil cy devant nommez pour l'audition et vérification du compte de M⁽ʳ⁾ de La Chapellière, député en Hollande, sont pareillement nommez pour l'audition du compte de M⁽ʳ⁾ de La Milletière, de Paris, aussi cy-devant député audict païs de Hollande.

Du 27. M⁽ʳ⁾ du Parc d'Archiac est venu en l'Assemblée, de la part de M⁽ʳ⁾ de Soubize, pour la remercier des bons advis qu'elle luy a voulu départir touchant son voiage en Angleterre; et proteste, comme il a tousjours fait, d'employer sa vie et tout ce que Dieu luy a donné pour le bien et conservation de son église; comme aussi pour supplier la Compagnie de voulloir permettre à Mr de Mitoys, député de la province de Normandie, de l'accompagner en ce voiage où il le croit grandement nécessaire pour affaires très importantes pour le service des dictes églises. Sur quoy, l'affayre mise en délibération, a esté résolu, attendu que ledict sieur de Mitois est à présent seul de sa province et le peu de nombre de la noblesse qui se trouve maintenant en la Compagnie, qu'elle ne luy peut accorder son congé.

Du 28. A esté expédié mandement de la somme de 60 livres à Mr Rifflaut, paiable à Mr Rival, pour icelle employer aux fraitz d'un voiage pour le service des églises en Guienne et Languedoc.

Mr de Marnay est venu en la Compagnie, à son retour du siège de Royan où il a esté blessé, et l'a asseurée de la continuation de son zèle et affection au bien des églises.

Du 30 May. Mr de Savignac Dainesse est venu en la Compagnie où il a représenté ce qui s'est passé en la Basse Guienne, touchant le traitté fait par Mr de La Force pour la redition de la ville de Sainte Foy et autres places de la dicte province; ensemble pour le traitté particulier dudict sr de La Force.

Mr Portus, député de la ville de Montauban vers l'Assemblée, est particulièrement venu en la Compagnie et a présenté lectres de M. le duc de Rohan, du 10 Febvrier dernier, avec celles de la dicte ville de Montauban, sans datte, et portant créance, pour laquelle exposer il a requis d'estre réunis au jour subséquent, ce qui lui a esté accordé.

Du dernier May. Ledict sieur Portus est venu en la Compagnie pour exposer sa créance qu'il a baillée par escrit et dont la teneur s'ensuit :

« Sur la créance qui m'a esté donnée par la ville de Mon-
« tauban vers M^{rs} tenans l'Assemblée génerallc des églises
« réformées de France et souveraineté de Béarn en la ville
« de La Rochelle, je, sousigné, ay exposé : qu'entre toutes
« les villes de ce royaume qui professent la réformation,
« Montauban est l'une de celles qui portent le plus d'hon-
« neur et de respect à toutes les ordonnances et qui plus
« absolument désire despendre de leur commandement et
« conduitte ; leur ay représenté à quelle extrémité de déso-
« lation et misère elle a esté réduitte par la violence du
« siège de l'année précédente, les grandes incommoditez et
« ruines que nous avions souffertes et comme nos terres
« nous avoient esté rendues. . . . . . . et incultes
« pour longt temps ; comme nous travaillons continuelle-
« ment à réparer nos brêches et à fayre de nouvelles forti-
« fications ; que, pour nostre armement, avictaillement et
« pourvoir d'hommes et munitions de guerre, il nous auroit
« convenu entrer en incroiables despences que j'ay fort par-
« ticulièrement déduictes ; qu'il estoit impossible qu'une
« communaulté seule, telle que la ville de Montauban, peust
« fournir de ses seulz moiens à telle despences ; les ay sup-
« pliez très humblement de nous ordonner et procurer une
« subvention proportionnée à nos nécessitez sur les deniers
« dont ilz ont la disposition ; leur ay rapporté l'exemple de
« la province du Bas Languedoc d'où nous avions recueilly
« quelque charité qui revenoit à peu, eu esgard à nos
« grandes presques incroyables ruines ; les ay encores très
« humblement suppliez qu'en cas que Dieu nous voulust
« faire ceste grâce de fléchir le cœur de nostre Roy à nous
« redonner la paix, nous youlloir comprendre en icelle le
« plus advantageusement que faire ce pourroit, afin de nous
« pouvoir relever de nos indicibles pertes, pour la description
« ou déduction desquelles ou autres choses servans à l'effect

« de ma dicte députation je me porterois en tous les lieux où
« ladicte Assemblée m'ordonneroit. Fait à La Rochelle, ce
« dernier May 1622 signé : *Portus.* »

Du 1ᵉʳ Juin.

Ce jourd'huy ont esté reçeus lectres de Mʳ de La Force et
des députez au conseil de la Basse Guienne, en datte du
13 may dernier, par un messager que l'Assemblée y avoit envoyé exprès, portans lesdictes lectres advis de l'estat auquel
estoit lors la province et asseurance de leurs résolutions à se
maintenir et repousser les effortz des ennemis.

Mʳˢ de Sᵗ-Simon, Clémanceau, et Menuau ont esté nommez
pour aller, de la part de l'Assemblée, visiter Mʳ de Favas et le
consoler de la perte de feu, Mʳ le viconte de Castetz, son filz,
décédé à l'issue du siège de Tonneins ; ayant estimé l'Assemblée, à propos de différer la poursuitte contre le dict sʳ de
Favas jusqu'à ce qu'il ait eu temps de se résoudre de ceste
affliction ; espérant que, cependant, il se pourra remettre à
son devoir comme les députez de la Basse Guienne ont esté
chargez de continuer à l'en exorter.

Mandement a esté expédié à Mʳ Riffaut de 22 l., 18 s.,
payables à Cousineau, huissier de l'Assemblée, pour ses gages
et quelques menuz fraitz du mois précédent.

A esté advisé d'escrire par l'adresse qu'en a donnée Mʳ de
La Chappellière, tant à Mʳ le duc de Rohan qu'aux provinces
du Haut et Bas Languedoc, Seveines et Vivarestz, pour leur
représenter l'estat des affaires et leur dire que le bruit qui
couroit du traitté fait par Mʳ le duc de Lesdiguières a servy
de prétexte et deffection au traitté de la Basse Guienne ; que
les députez par eux envoyez en Cour n'ont donné aucun
advis à l'Assemblée, bien qu'ilz se soient fort approchez de
ceste ville ; qu'on supplie mondit sʳ de Rohan de se tenir
dans les termes du pouvoir à luy dicerné pour ledict traitté

pour ne pas l'outrepasser, se ressouvenant des promesses de ne point abandonner nos églises et exorter les dictes provinces à ne se point descourager, représentant à mon dit s^r de Rohan, et à eux, le bon estat de l'armée navalle de ceste ville.

Du 2 Juin. M^rs de St-Simon, Loubie, Marchat, de La Milletière, de Paris, et La Goutte ont esté nommez pour assister au conseil de guerre establi près M^r le maire durant un mois commenceant ce jourd'huy.

Mandement a esté expédié à Mr Rifault de la somme de 200 livres paiable à quatre pasteurs de la province de Xaintonge et de Poitou qui ont nécessairement besoing d'estre assistez, et laquelle somme sera distribuée savoir : à Mr Lefebvre 80 livres, et à Messrs Verpillot, Toussaintz et de L'Estang, chacun 40 livres, dont le dict s^r Riffaut demeurera deschargé en ses comptes.

Du 3. Sur ce qui a esté représenté à la Compagnie que le s^r de La Pacale et le capitaine La Roche ont rapporté n'avoir peu faire entrer dans le fort d'Argenton les vivres et munitions nécessaires pour la conservation de la dicte place, suivant le commandement qu'ilz en avoient de Mr de Soubize, à cause qu'il y a des navires de guerre ennemis proche dudict fort ; a esté advisé de député vers Mrs du Conseil de ville pour les prier de faire advancer quelques vaisseaux de leur flotte dans la rivière de Bourdeaux, pour s'emparer des dictz navires et faire entrer lesdictz vivres et munitions au dict fort d'Argenton ; et ont esté pour ce nommez Mrs de Saint-Simon et d'Espinay, lesquelz ont rapporté que lesdictz s^rs de la ville ne pouvoient envoyer aucuns vaisseaux en ladicte rivière sans ruiner le dessein pris au Conseil pour la dicte armée navale.

Mr de Couvrelles, l'un des députez de l'Assemblée vers le Sérénissime Roy de la Grand Bretagne, est retourné et a, ce jourdhuy, fait rapport de ce qu'il a négotié en sa députation, dont il a esté loué et remercié par la Compagnie à laquelle il a représenté les lectres de Sa Majesté et de Monseigneur le prince de Galles, son filz, portans créance que le dict s^r de Couvrelles a exposée et baillé par escrit.

Suit la teneur desdictes lectres.

« M^{rs} l'affection naturelle que nous avons à la profession
« que vous tenez nous a fait voir par deçà avec beaucoup
« de contentement les s^{rs} de Couvrelles et Banage, vos
« députez, et recevoir de pareille affection les instances
« qu'ilz nous ont faittes de vostre part sur lesquelles nous
« nous sommes déclarez à eux à cœur ouvert du sentiment
« intérieur et compassion que nous avons de l'estat présent
« de vos affaires ; et quand de la volonté que nous avions
« aussy de vous prester toute l'assistance qui seroit en
« nous pour y remédier, comme ilz vous pourront tes-
« moigner que nous y sommes employez autant que l'estat
« public des choses et de nos affayres particulières le nous
« a peu permettre; et vous pourrez asseurer qu'avec pareil
« soing et affection nous continuerons à tenir la main, et
« contribuer tout ce qui dépendra de nous, pour le bien et
« repos de vos églises, ainsi que nous avons plus particu-
« lièrement déclaré à ce gentilhomme, le s^r de Couvrelles,
« auquel nous vous prions de donner créance sur ce que
« nous l'avons chargé de vous faire entendre de nostre
« part; et croire que l'esloignement de voz députez d'icy
« n'est causé d'aucun manquement ny réfroidissement d'af-
« fection qui soit en nous, mais seullement pour le bien et
« advantage de voz affaires ; et ne vous dirons autre chose
« pour le présent, sinon que nous leur donnons la louange
« et tesmoignage de s'estre acquittez icy, avec toute dilli-
« gence et discrétion, de la charge que leur aviez commise.
« Sur ce nous prions Dieu, M^{rs}, qu'il vous ait, avec vos
« églises, en sa saincte garde et protection. Signé : *Jacques*

« R. ; à nostre palais de Westmestre, ce 30 mars 1622. »
Et en la suscription : « A M^{rs} les députez de l'Assemblée
« géneralle des églises réformées du Royaume de France»;
et sont lesdictes lectres cachettées du cachet des armes de
S. M.

« M^{rs}, tant par la vostre que par la relation de vos dépu-
« tez, j'ay entendu le misérable estat et la désolation extrème
« en laquelle se trouvent tous ceux qui font profession de
« la religion réformée en La France et Béarn ; ce qui m'a
« tellement contristé que je n'ay jamais obmis aucune occa-
« sion d'intercéder et solliciter le Roy, mon très honoré
« seigneur et père, d'y apporter tout le soing et les remèdes
« qu'il trouveroit plus propres pour destourner ou appaiser
« les troubles, dont peu s'en faut que vous ne soiez du tout
« accablez; ce que S. M. a tellement pris à cœur que, tant
« par l'entremise de son ambassadeur M^r le viconte de
« Doncastre vers le Roy très chrestien, que par autres
« moiens, nous espérons que bien tost vous sentirez les
« effectz signalez du soing de S. M. en vos affaires et de
« mon intercession vers icelle, ce que le s^r de Couvrelles
« vous fera entendre plus particulièrement ; auquel me
« remettant je vous prieray de croire que je vous demeu-
« reray tousjours en toutes vos occasions, M^{rs}, très affec-
« tionné. Ainsi signé : *Charles P.* De nostre palais de Sainct
« Jacques, ce 29 mars 1622 »; et, en la subscription :
« à M^{rs}, M^{rs} les députez des églises réformées de France et
« souveraineté de Béarn, assemblez à La Rochelle » ; et
sont lesdictes lectres cachettées du cachet des armes de
son altesse

Ensuit la teneur de la créance dudict s^r de Couvrelles.

« Sur le commandement qui m'a esté fait par M^{rs} de l'As-
« semblée Génerale des églises réformées de France et de
« Béarn, tenant à la Rochelle, de mettre par escrit et signer,
« suivant la coustume praticquée en ladicte Assemblée par

« ceux qui y apportent quelque créance, celle que j'ay
« exposée ce matin ensuitte des lectres de S. M. à la dicte
« Assemblée, en datte du 30 mars 1622 :

« Je soubzsigné, cy devant député de ladicte Assemblée
« génerralle vers S. M. de La Grand Bretagne, certifie qu'elle
« me dist en créance ce que j'ay exposé ce matin verballe-
« ment à ladicte Assemblée, assavoir :

« Que la dicte Majesté ayant fait pour le bien des églises
« réformées de France autant que l'estat des affaires pu-
« blicques et des siennes particulières luy a peu permettre,
« mais non tant qu'elle eust bien souhaitté, avoit enfin
« appris, tant par Mr l'ambassadeur de France, résidant près
« sa personne, que par le retour du sien extraordinaire en
« France, que le Roy parroissoit plus porté à pacifier les
« troubles de son royaume et donner la paix à ses subjectz
« de la religion réformée qu'il n'avoit monstré estre jus-
« ques icy ; ayant mesme prié Sadicte Majesté de la Grand
« Bretagne, par lectres expresses, de renvoyer vers luy son-
« dit ambassadeur extraordinaire envoyé premièrement par
« elle pour cet effect.

« Que l'un et l'aultre ambassadeur asseuroient S. M. que
« rien ne pouvoit tant aider à l'effect d'une si bonne œuvre
« que si tous les députez qui estoient près d'elle, non seul-
« lement de la ville de La Rochelle en particulier, mais
« principallement de l'Assemblée générale se retiroient, le
« Roy, ne pouvant avec l'honneur et le respect que ses
« subjectz lui doivent, condescendre à leur redonner la paix
« par l'intercession d'un prince estranger tant qu'ilz tien-
« droient des députez près de luy ; qu'à ceste occasion Sa
« dicte Majesté de la Grand Bretagne seroit d'advis et con-
« seilloit aux députez de ladicte Assemblée de se retirer plus
« tost pour quelque temps d'auprès d'elle, afin que, comme
« ilz l'avoient tousjours asseurée et tesmoigné jusques icy,
« que tant eux que les autres de la religion, qui sont en
« France, seroient tousjours prestz de rendre tous les de-

« voirs et très humbles respectz que de bons et fidelles
« subjectz doivent à leur roy, l'ayant aussy véritablement
« monstré en la dernière submission qu'ilz ont fait présenter
« à S. M. très chrestienne, ils facent encore le mesme en
« ceste occurance pour s'acquérir une justice entière par
« ceste seconde obéissance, et faisant voir à tout le monde
« que leurs submissions ne sont point en parolles seulle-
« ment, mais qu'en effect ilz se mettent en tous les devoirs
« et obéissance qu'on leur demande, ilz puissent aussi don-
« ner à S. M. de la Grand Bretagne de justifier aux yeux
« de toute la Chrestienté ce qu'elle fera en leur faveur après
« que, de sa part et de la leur, ilz auront fait tout ce qu'on
« désire d'eux pour leur acquérir une bonne et seure paix.
« Pour à quoy parvenir S. S. M. renvoyera du plustost
« M^r le viconte de Doncastre, son ambassadeur extraordi-
« naire, suivant les prières réitérées que lesdictz députez
« luy en ont fait.

« Qu'ils peuvent aussi asseurer ladicte Assemblée géné-
« ralle que leur esloignement d'auprès Sa S. M. ne part
« d'aucun refroidissement de sa bonne volonté envers les
« églises et moins d'aucun manque d'affection; pouvant
« protester devant Dieu n'avoir aultre but en ce conseil
« qu'elle leur donne de leur esloignement, ny aultre desseing,
« que pour le bien de leurs affaires et faciliter la paix de
« leurs églises selon leurs instances ; pour tesmoigner de
« quoy elle est bien contente, afin que par leur absence les
« affaires qu'ilz pourroient avoir près d'elle ne soient retar-
« dées, qu'ilz laissent quelques personnage moins remar-
« quable, du choix duquel elle se rapporte à eux ; les asseu-
« rant que sur leur élection elle luy donnera toute créance
« et accèz près d'elle; par le moien de quoy il pourra para-
« chever les affaires qui leur restent là avec presqu'autant
« d'utilité pour eux, et moins d'éclat et d'offence envers le
« Roy leur souverain.

« Que ce mesme personnage pourra servir à luy faire en-

« tendre l'estat de leurs affaires duquel, oultre la particulière
« information qu'elle commendera à son ambassadeur de
« luy donner, elle désire d'estre advertie de leur part, priant
« l'Assemblée d'en donner aussy advis à son dit ambassadeur
« extraordinaire ; comme elle se charge de les tenir pareil-
« lement advertis de temps en temps du succez de sa négo-
« ciation, le pouvant asseurer qu'elle ne les trompera jamais
« ny n'aidera non plus à les tromper.

« Que ce qui les doit d'autant plus rendre certains que
« cet esloignement de leurs députez, leur pouvant aider à fa-
« ciliter leur paix, ne leur peut estre préjudiciable à recevoir
« les effectz de ses royales promesses, c'est qu'elle charge ex-
« pressément lesdictz députez d'asseurer l'Assemblée qu'au
« cas que la négotiation de son ambassadeur extraordinaire
« ne réussice à une bonne paix pour les églises réformées
« de France, selon l'espérance qu'on luy en donne, Sadicte
« Majesté désire et trouvera bon que la dicte Assemblée ren-
« voye vers elle pour en tirer toute l'assistance et secours
« qu'on doit attendre d'un prince vrayement chrestien et
« très affectionné à la deffence de la religion réformée à
« laquelle il ne défaudra jamais, souhaittant à la vérité qu'en
« ce cas qu'on ne luy envoyast qu'un députté aux poursuit-
« tes duquel elle n'accordera pas moins que d'une douzaine,
« outre que le grand nombre nuisant en quelque sorte par
« son esclat empesche avec ce la liberté de la communi-
« cation.

« Qu'outre le tesmoignage asseuré qu'on peut prendre que
« le retour desdictz députez vers l'Assemblée n'est point un
« abandon que S. M. face de leurs affaires, ny qu'elle n'en
« veille plus prendre soing à l'advenir, puisqu'elle les asseure
« de trouver bon qu'on renvoye vers elle au cas qu'on ne
« leur accorde la paix, elle a bien voulu encores monstrer
« publiquement le soing particulier qu'elle prend d'eux par
« l'octroy qu'elle leur a volontiers fait de ses navires pour la
« conduitte de leurs députez ; car quoy que ce soit chose

« qu'elle estime de peu de conséquence, si est-elle bien aise
« de pouvoir faire parroistre à tout le monde que, non seul-
« lement elle désire leur conservation en particulier, mais
« veut employer selon les occasions pour leur général de
« leurs églises les moiens que Dieu luy a mis en main pour
« leur procurer la paix et les bonnes graces de leur Roy en
« l'entretien de ses éditz et la liberté de leur conscience,
« suivant les instances et très humbles prières que luy en
« ont tousjours fait les ditz députez de la part de l'Assemblée
« généralle, laquelle elle prie de rechef de l'asseurer de
« la continuation de son soing à l'advancement de la
« gloire de Dieu et repos de son église. Fait à La Rochelle
« en l'Assemblée Générale le 3 Juin 1622. Signé : *Cou-*
« *vrelles.* »

A esté ce jourd'huy expédié mandement à Mr Riffaut de la somme de 304 l., 5 s., paiable à Mr d'Espinay, cy devant député en Angleterre, pour reste de la despence du dict voiage suivant le compte arresté par les commissaires à ce députez.

Du 4 Juin 1622. Sur la proposition faitte par Mr de Couvrelles qu'il estoit nécessaire de nommer quelques commissaires pour avec ceux qui seroient nommez de la part de la ville de La Rochelle, adviser sur certaines particularitez de ce qui s'est passé en la négotiation d'Angleterre, tant sur le fait de la collecte que autrement, la Compagnie, ayant jugé à propos de remettre les dictes affaires à des commissaires, a pour cet effect nommé, avec ledict sr de Couvrelles, Mrs de Saint-Simon, Hespérien et Rodil.

Mrs Menuau, Guérin, La Tour, Rodil, et Montmezart, commissaires cy devant nommez pour le fait de l'admirauté, ont esté priez de continuer ladicte commission pour les trois mois prochains ensuivans.

Sur la requeste verballement faitte en la Compagnie par Mr de La Taule, commissaire nommé pour le recouvrement des droitz du public provenans des prises adjugées en l'admirauté, afin d'estre deschargé de ladicte commission, la Compagnie, reconnoissant que ledict sʳ de La Taule s'en est jusques icy dignement et fidellement acquitté l'a prié de continuer aux mesmes conditions qui luy ont esté cy devant accordées.

Mʳˢ Massiot et Cazaubon, commissaires cy devant nommez pour ouyr les chirurgiens qui ont pensé et médicamenté les soldatz blessez durant le siège de Roian, sur la requeste par eux présentée, en ayant fait rapport à la Compagnie ; il a esté ordonné qu'il leur sera payé par Mʳ Riffault la somme de 75 livres, savoir au nommé Pierre Courreau, attendu sa maladie, 45 livres, et au nommé Jehan Masson 30 livres, dont a esté expédié mandement audict sʳ Riffaut.

Mʳ de Favas est venu en l'Assemblée pour la remercier de l'honneur qu'elle luy avoit fait de députer vers luy pour le consoler de la perte de feu Mʳ le viconte de Castets, son filz, avec assurance qu'il se porteroit tousjours à rendre toutes sortes de devoirs et submissions à ladicte Assemblée et despendroit entièrement de ses arrestez et résolutions.

Du 6 Juin. A esté advisé d'escrire au roy de La Grand Bretagne par le capitaine anglois qui a amené Mʳ de Couvrelles et les députez de la Rochelle, luy en faisant les très humbles et condignes remerciemens, ensemble des tesmoignages de sa bonne volonté envers les églises de ce royaume qui ont représenté à la Compagnie, tant par les lectres de S. M. que par le rapport du dict sʳ de Couvrelles ; suppliant Sa dicte Majesté la vouloir continuer et départir son assistance en l'urgente nécessité desdictes églises qui luy sera représentée par les lectres ; comme pareillement sera fait responce à Monseigneur le prince de Gales et escrit à Mʳ le marquis de Bouquinken (sic), grand admiral d'Angleterre, et à Mʳ Carvert, secrétaire d'Estat.

Sera aussi escrit à Mʳ de Beauvais, pasteur de l'église d'Alençon, réfugié en Angleterre, pour le remercier de l'assistance qu'il a rendue aux députez de la Compagnie, tant au fait de la collecte qu'autrement, et le prier de présenter les lectres de l'Assemblée tant à S. M. S., à Son Altesse, qu'aux ditz s^{rs} et avoir soing des affaires qui se présenteront pour le bien de nos églises en l'absence de nos députez; et semblablement à Mr Bouclamachy, pour le remercier de l'assistance par luy rendue au recouvrement de ladicte collecte et le prier de continuer.

L'Assemblée, délibérant sur les propositions faittes dès le dernier jour de May par Mr Portus, député de la ville de Montauban ; a esté advisé que Mr Guérin, député de la province, conféreroit particulièrement avec ledict s^r Portus avant de prendre résolution.

Du 7. Sur ce qui a esté représenté par Mrs de Saint-Simon et Hespérien, commissaires nommez par l'Assemblée pour, avec ceux de la Ville, adviser à ce qui s'est passé en la négotiation des députez en Angleterre ; a esté ordonné qu'il sera fait présent au sieur Christophle Harys, gentilhomme anglois, capitaine du navire du Roy de la Grand'Bretagne, qui a ramené les dictz députez, d'une chaisne d'or avec une médaille du pois de 150 ; au maistre et contre maistre du navire, à chacun une couppe d'argent de 100 livres ; au pilote 50 livres, ensemble cinq barriques de vin pour leur retour et quelque présent au reste de l'équipage ; ce qui sera payé par moitié par ladicte Assemblée et M^{rs} de la ville sur les deniers provenans de la collecte faitte audict païs d'Angleterre.

Et pour ce qui a esté représenté par les mesmes commissaires, touchant les conditions passées cy devant entre lesdictz s^{rs} de Couvrelles, et depputez de la ville, avec quelques colonnelz et capitaines anglois et escossois pour amener des troupes de deçà, en espérance de se joindre à l'armée de M de Soubize, l'Assemblée, ayant sur ce délibéré, a arresté qu'il seroit escrit ausdictz colonnelz et capitaines pour les advertir comme mondit s^r de Soubize est passé en Angleterre et qu'il n'y a à présent de deçà corps d'armée sur piedz en ces provinces; les priant à cette occasion de ne presser point leur passage, se remettant à l'ordre qui sera donné par mondit s^r de Soubize, tant pour eux qu'autres qu'il pourra amener et despendre de sa conduitte, avec asseurance que se rendans icy avec mondit s^r auquel la Compagnie escrit sur ce subject, on exécutera de bonne foy les conditions qui leur ont esté accordées, comme il s'est pratiqué à l'endroit de ceux qui sont desjà arrivez, lesquelz ont receu toutes sortes de bon traittement.

Sur le rapport de Mr Guérin, député de la province de Haute Guienne et Haut Languedoc en l'Assemblée, et par elle nommé pour conférer avec Mr Portus, envoyé de la ville de Montauban, touchant les propositions par luy faittes pour le secours et assistance de ladicte ville, et ouy de rechef ledict s^r Portus sur lesdictes propositions et ouvertures qui luy ont esté faites par ledict s^r Guérin, l'Assemblée, après meure délibération, reconnoissant le bon et signalé devoir de ladicte ville au bien et conservation généralle de nos églises, et combien il importe qu'elle soit secourue et assistée pour continuer et soustenir les effortz d'un nouveau siège dont elle est menacée a, en conséquence du pouvoir à elle donné par toutes les églises, résolu de luy rendre tout le secours et assistance qui luy seroit possible; et, à ceste fin, accordé qu'en vertu du présent acte, il soit emprunté par ladicte ville, dequelques personnes que se puisse estre, jusqu'à la somme de 18000 livres, à prendre sur les deniers procédans de la collecte sur toutes les provinces, si plustost ladicte Assemblée n'a en sa disposition d'autres deniers pour les assister de ladicte somme : à quoy elle s'employera très volontiers mesme à augmenter ladicte collecte pour ladicte ville de Montauban selon qu'elle jugera nécessaire; et en cas qu'il plaise à Dieu touscher le cœur de nostre Roy pour redonner la paix ausdictes églises, ladicte Assemblée promet, comme il est très raisonnable, d'employer toutes sortes de moiens pour obtenir que ladicte ville de Montauban y soit comprise le plus advantageusement que faire ce pourra.

Du 8. Sur la requeste présentée par le sʳ du Prune, controlleur de l'admirauté, à ce qu'il plaise à la Compagnie luy ordonner ses taxations et gages pour l'exercice de la dicte charge ; luy a esté ordonné la somme de 300 livres jusques à ce jour d'huy, et, pour l'advenir, y sera pourveu selon la recepte qui se pourra fayre.

Mʳ de Favas ayant fait prier la Compagnie de pourvoir à son entretenement et luy ordonner sur ce quelque somme, suivant la promesse qui lui en a esté faitte de la part de l'Assemblée par les députez de la Basse Guienne ; a esté ordonné, avant que pourvoir à cet affaire, que ledit sʳ de Favas, conformément à la susdicte promesse et ce qu'il avoit aussi promis de sa part ausdictz députez, se présentera à l'Assemblée pour rendre raison des charges qui lui ont esté commises ; et baillera main levée des saisies faites à sa requeste sur les deniers et marchandises provenans du droit de l'admirauté et appartenant au public.

En conséquence des actes cy devant passez en l'Assemblée, mesmes de celuy du 23 May dernier, Mʳ de Favas s'est présenté en icelle, où après luy avoir esté fait lecture du susdict acte du 23ᵉˢᵐᵉ May et interpellé de déclarer s'il se voulloit soubmettre et acquiescer selon que les députez de la Basse Guienne l'auroient rapporté et promis de sa part à la Compagnie ; a, icelluy sʳ de Favas, déclaré qu'il y acquiessoit et s'y soubzmettoit entièrement ; promettant de rechef de despendre en ce fait et toutes aultres choses des résolutions de la dicte Assemblée, laquelle a trouvé bon que le présent acte en ait esté dressé, et ordonné qu'il sera enregistré avec les aultres actes pour y avoir recours quand besoing sera.

Du 9 Juin. Sur ce qui a esté représenté par Mʳ de Saint-

Simon, commissaire à ce député, touchant la solde et entretenement des gens de guerre anglois nouvellement arrivez en ceste ville; a esté ordonné que les fraitz du passage et despence desdictz gens de guerre, depuis leur partement d'Angleterre jusques en ceste ville, sera payé également par moitié par l'Assemblée et ladicte ville, selon l'ordre et règlement qui y sera particulièrement mis par les dictz commissaires, et ce, jusqu'à ce qu'autrement en ait esté ordonné.

Du 10. Ce jour, la dépesche de l'Assemblée en Angleterre a esté résolue et signée; et, pour porter ladicte dépesche et pourvoir à ce qui a esté résolu par l'acte du 7 juin touchant les colonnelz et capitaines qui estoient chargez de faire levée de gens de guerre en Angleterre et Ecosse, l'Assemblée a trouvé bon d'y envoyer exprès le s^r de Clairville auquel a esté ordonné, pour les fraitz de son voiage, la somme de 350 livres, dont M^{rs} de la ville en donneront 150 livres; et a esté escrit, par ledict s^r de Clairville, tant à Mr de Soubize qu'aux ditz colonnelz et capitaines et autres sur le fait de la dicte négociation.

A esté expédié mandement à Mr Riffault de la somme de 1100 livres, paiable au s^r Gilles, marchand hollandois, sur les deniers provenans du traitté fait avec les s^{rs} Chintrier et Berthomé, pour le droit revenant à l'Assemblée des selz de l'isle d'Oleron; et ce, en déduction de ce qui est deub audict Gilles par l'Assemblée.

Du 11. Mrs Favier, La Cloche, et La Milletière, de Paris, ont esté députez vers M^{rs} du corps de ville pour leur faire plainte de ce que le s^r de La Taule, commissaire député par l'Assemblée, n'est depuis quelque temps appellé à la visite et inventaire des prises faites par les capitaines de marine, lesquelz aussi ne tiennent compte de faire juger lesdictes prises à la chambre de l'admirauté; désirant ladicte Assemblée qu'il y soit pourveu et que les réglemens sur le fait de la dicte admirauté soient exactement observez ; y adjoustant la résolution prise, comme cy devant, sur le refus fait de payer le droit de dixiesme que ladicte Assemblée s'est réservé esdictes prises adjugées à l'admirauté, de ne se départir du dixiesme destiné pour subvenir aux nécessitez publicques. Sur quoy Mrs de Beaupréau, Aubin et La Lande sont venus en la Compagnie, de la part dudict Corps de ville et bourgeois de La Rochelle, pour représenter comme ilz avoient esté prévenus en la susdicte députation ayans cy-devant esté nommez quelques uns de leur corps pour venir en l'Assemblée sur le mesme subject ; mais, l'ayant desjà trouvée séparée, l'affaire auroit esté remise jusqu'à présent. Qu'ilz prioient instamment la Compagnie de considérer que, si on ne s'estoit pourveu en la Chambre de l'admirauté et adverty le s^r de La Taule des prises cy devant faites, cela estoit venu du retardement de ladicte députation ; et que les capitaines qui avoient fait les prises avoient esté contraintz de retourner aussy tost en l'armée navale, ne voulant empescher que la Chambre de l'admirauté ne continue l'exercice et function de sa charge ; et finallement supplioient la Compagnie, eu esgard aux grands fraitz de ladite armée navale, de leur voulloir accorder lesusdict dixiesme qu'elle s'est réservée des prises adjugées en l'admirauté.

Sur ce qui a esté représenté en l'Assemblée, que, nonobstant les promesses et submissions faittes par Mr de Favas, contenues par l'acte du 8 de ce mois, il ne se vouloit trouver en ladite Assemblée pour rendre raison des charges à luy commises, ne se départir des saisies faites à sa requeste sur les deniers et marchandises provenans du droit de l'admirauté, que premièrement il n'eust esté ordonné de la somme qui luy seroit distribuée pour subvenir à son entretenement ; ladicte Assemblée, reconnaissant ceste procédure du tout extraordinaire et contre l'ordre et authorité d'icelle, a ordonné, comme par cy devant, qu'auparavant délibérer sur ce, ledict s^r de Favas se mettra en son devoir conformément au susdict acte et se départira desdictes saisies, ce que les députez de la province de la Basse Guienne sont chargez de luy faire savoir ; et, qu'à deffault d'y satisfaire, sera procédé contre luy suivant l'acte expédié dès le 19 de May dernier qui luy sera signifié.

Mrs Hespérien et Savary, députez de la Basse Guienne, ayans fait rapport à la Compagnie que ledict s^r de Favas persistoit en sa résolution de ne se trouver en l'Assemblée ny se départir desdictes saisies qu'il ne soit pareillement pourveu à sa demande, et eu esgard à ce que, ce jourd'huy mesme, sans attendre la responce desdictz s^{rs} députez, il a, contre sa promesse et au mespris de ceste Compagnie, fait faire une nouvelle saisie ; a esté ordonné que le susdict acte du 19 May, dont l'Assemblée avoit différé la signification, espérant que le dict sieur Favas viendroit à se reconnoistre et luy rendre raison de ses déportemens, comme il l'avoit promis, et qu'il est porté par le dict acte, luy sera signifié sans aucun retardement ; et à mesme instant, selon qu'il a esté cy-devant résolu, sera député vers M^{rs} de la ville pour les informer des justes raisons qui ont meu l'Assemblée à ceste procédure contre ledict s^r de Favas.

Trois lectres de change soubz le nom de l'Assemblée ont esté ce jourd'huy expédiées sur Mr Burlamaki, à Londres, pour la somme de 750 livres, au lieu de trois aultres expédiées dès le 25 May dernier sur Mrs de Couvrelles et Banage, députez en Angleterre, qui ont esté retirées à cause du retour dudict s^r de Couvrelles ; ladicte somme payable à quinze jours de veue pour le compte des s^{rs} Jacob Thiboul et Henry de Picquier, pour la valeur receue provenant de la vente de 1200 livres de poudre par eux faitte à l'Assemblée pour envoyer à Royan ; ladicte somme payable sur les deniers de la collecte d'Angleterre.

Du 13 juin. Sur la proposition et demande faitte à l'Assemblée, le unziesme de ce mois, de la part du Corps de ville et bourgeois de La Rochelle, par Mrs de Beaupréau, Aubin et La Lande, touchant le droit de dixiesme que la dicte Assemblée s'est réservé sur les prises adjugées en l'admirauté; la Compagnie a résolu, comme par cy devant par l'acte du 11e avril dernier et aultres subçéquans, qu'elle ne se peut départir dudit droit, tant à cause de la conséquence que pour estre presque le seul fonds qui luy reste pour subvenir aux despences et nécessitez publicques; estant néantmoins ladicte Assemblée très-disposee de continuer à contribuer de tout son pouvoir, selon les occasions, aux fraitz et nécessitez de ladicte ville et province de La Rochelle; et sont Mrs Favier, La Cloche et La Milletière, de Paris, de rechef nommez pour faire entendre ceste résolution ausdictz s^rs de la ville.

Ce jourd'huy, sur l'asseurance donnée à l'Assemblée de la part de Mr de Favas par Mrs de Loubie et d'Espinay, députez en ladicte Assemblée, qu'il se mettroit en son devoir selon qu'il luy estoit enjoint par les actes précédens; ayant mesme baillé main levée des saisies qu'il avoit fait faire, la Compagnie luy a ordonné la somme de 2,000 livres pour subvenir à sa despence et entretenement qui luy sera desduitte sur ses gages et appointemens de député général par Mr du Candal ou aultre ayant charge du payement desdictz appointemens à la descharge des églises; et a esté expédié mandement de la dicte somme sur Mr Riffaut.

Du 14. Lectres de Mr Banage, l'un des députez de la Compagnie en Angleterre, escrites de Dimbourg *(sic)* le 29 avril dernier, et donnant advis de sa négotiation en Escosse, ont esté ce jourd'huy receues en la Compagnie et mises ès mains de Mr de Couvrelles pour les communiquer à M^rs de la ville avant que prendre résolution sur le contenu en icelles.

Du 15. A esté expédié mandement de 340 livres sur Mr Riffault, paiables à Mr de Couvrelles pour employer à la despence des soldatz anglois venus pour le service des églises, dont il tiendra compte à l'Assemblée.

M%% de Mitois, de Couvrelles, Clémanceau, Chappellière, les deux Milletières ont esté nommez pour ouyr certaine proposition faite de la part de M%% le maire pour les affayres généraux.

Du 16. Sur la difficulté faitte par M. de Favas de recevoir le mandement de 1,000 livres qui luy a esté expédié le 13 de ce mois sur ses appointemens, désirant qu'il fust de mesme que les précédens pour les sommes qu'il a reçues; a esté ordonné que ledict mandement demeurera en la mesme forme qu'il a esté expédié.

A esté expédié ce jourd'huy mandement de 60 livres sur M%% Riffaut, ladicte somme paiable aux députez de la province du Bas Languedoc pour les frais d'un voiage que l'Assemblée a advisé se devoir faire vers M%% le duc de Rohan et en ladicte province; et a esté escrit par cette voie à M%% de Montauban pour leur donner advis de l'estat des affaires, comme aussi en la province du Haut Languedoc.

Du 17. Les commissaires nommez le 15^{esme} de ce mois pour conférer avec les députez du Corps de ville et bourgeois sur une proposition faitte de la part de M%% le maire pour les affaires généralles en ont fait rapport à l'Assemblée, laquelle a estimé qu'il n'écheoit quand à présent aucune délibération sur la dicte affaire.

Du 18. A esté expédié mandement de 200 livres sur M%% Riffaut pour un voiage, outre celuy mentionné au 2 article précédent, que l'Assemblée a ordonné estre fait pour le service du public en la province du Bas Languedoc et aultres lieux par un personnage qui ne doit estre nommé; desquelz 200 livres le dict s%% Riffault demeurera deschargé en ses comptes, rapportant ledict mandement seullement; et a esté derechef escrit par la susdicte voye à Mʳ le duc de Rohan et aux provinces de dela, ensemble à Mʳˢ de la ville de Montauban.

Du 19. Ce jour la Compagnie s'est assemblée extraordinairement pour veoir les lectres reçeues de Mʳˢ de Montauban par un messager que la Compagnie y avoit envoyé exprès; lesquelles lectres portent advis de l'estat de la province et de ladicte ville, avec asseurance de leur ferme résolution à supporter toutes sortes d'extrémitez et n'entendre à aucun traitté d'accommodement qu'avec le général et par ordre de ladicte Assemblée, laquelle a advisé de donner communication des dictes lectres à Mʳˢ de La Rochelle.

Du 20 *juin.* A esté expédié mandement de 30 livres sur Mʳ Riffaut que l'Assemblée a ordonné estre payez au susdict messager retournant de Montauban, et ce par forme de gratification, outre ce qui luy avoit esté accordé pour son voiage, en considération de la dilligence qu'il a faitte et de ce qu'il a rapporté nouvelles certaines de la dicte ville et de la province.

Mʳˢ de Pacale et le capitaine La Roche ont esté nommez par l'Assemblée pour conduire le ravitaillement envoyé en l'isle et fort d'Argenton, sur la rivière de Bourdeaux, et leur a esté donné charge expresse qu'en cas qu'ilz trouvassent ceux de la garnisson dudict fort n'estre en estat de pouvoir subsister, ilz rameinent ledict ravitaillement en ceste ville.

A esté expédié mandement de 66 livres sur Mʳ Riffaut paiables à Mʳ de Beauchamps, l'un des députez en l'Assemblée, pour les distribuer savoir : 60 livres aux sieurs de La Pacale et La Roche pour les fraitz du susdict voiage, et 6 livres pour le remboursement de pareille somme fournie par ledict sʳ de Beauchamp au couvreur qui a recouvert le logis où se tient l'Assemblée.

Pour les fraitz et despens du voiage fait par Mʳ de La Chappellière, l'un des députez de l'Assemblée vers M^rs les Estatz des provinces unies du Païs Bas, auquel voiage il auroit séjourné depuis le 2 juin 1621 jusqu'au 3 janvier ensuivant, et dont il a représenté le compte par le menu aux commissaires pour ce nommez par ladicte Assemblée; luy a esté ordonné la somme de 1150 livres, sur quoy il a receu, suivant ledict compte, 975 livres et, partant, luy reste à payer 175 livres, dont a esté expédié mandement sur Mr Riffaut.

Mrs David, bailly d'Aunis, et de La Lande, députez du Corps de ville et bourgeois de La Rochelle, sont venus de leur part remercier la Compagnie de la communication qu'elle leur a fait des lettres et bonnes nouvelles qui ont esté receues de Montauban, avec asseurance que, non par exemple de ladicte ville seulement mais par leur devoir et inclination, ilz sont résolus de ne se départir jamais de l'union de nos églises ny entendre à aucun traitté ou accommodement particulier; et, pour en donner plus de preuve à la Compagnie, ilz ont représenté la coppie des lectres qu'ilz ont depuis peu escriltes à ce subject ausdictz s^rs de Montauban, par lesquelles ilz les exhortent d'en user de mesme et promettent de lier leur repos et du général des églises avec celuy de leur ville.

Ayant de plus lesdictz députez supplié l'Assemblée, comme par cy devant, de leur délaisser le dixiesme qu'elle s'est réservé sur les droitz de l'admirauté, et de voulloir nommer quelques commissaires pour appeller ceux qui seront nommez, de la part de ladicte ville, pour pourvoir au règlement qui se doit faire touchant les droitz des commissaires et officiers establis sur le fait de la dicte admirauté :

L'Assemblée, pour faire responce aux demandes contenues en l'article cy dessus, a nommé Mrs de Couvrelles, Clémanceau et La Miletière, de Poitou, lesquelz sont chargez de représenter ausdictz s^rs du Corps de ville et bourgeois, comme il a esté cy devant fait à diverses fois, que la dicte Assemblée ne se peut, en sorte que ce soit, départir de l'observation des règlemens, ny par conséquent du droit de dixiesme qu'elle s'est réservé sur les prises adjugées en l'admirauté pour subvenir aux despences et nécessitez publicques, et ce pour les raisons qu'ilz pourront plus amplement desduire; mesme de ce qu'outre le dixiesme attribué par les règlemens à ladicte ville, elle luy a depuis accordé un aultre dixiesme pour fournir aux fraitz de l'armée navale; et pour le regard des commissaires requis sur le fait de ladicte admirauté, qu'il en sera cy après délibéré par ladicte Assemblée, laquelle a de plus ordonné aus dictz députez de réitérer audict Corps de ville les plaintes de l'inobservance desdictz règlemens, notamment en ce qui concerne l'admirauté nonobstant les promesses sur ce faites par les précédens députez, notamment de ce que M^r le maire, au préjudice desdictz règlemens et de l'otorité de l'Assemblée, a fait expédier soubz son nom des congez et commissions aux capitaines de marine allans en mer.

Sur quoy lesdictz s^{rs} députez ont rapporté à la Compagnie que, après l'exposition de leur charge au dict Corps de ville, M^r le maire, prenant la parolle, auroit de nouveau fait très grande instance pour ledict droit de dixiesme, adjoustant ne leur pouvoir céler que, si l'Assemblée ne leur vouloit accorder, ilz estoient résolus de le prendre.

Du 21 Juin. Sur la proposition faitte par M^r de La Tour, l'un des députez de la Basse Guienne, tendant à ce que le payement de la somme de 80 livres dont il se trouve redevable par un compte qu'il a rendu en l'Assemblée, et dont Mr Riffaut luy veut faire déduction sur ce qui luy a esté ordonné par la dernière distribution, soit surcis jusqu'à une aultre fois, attendu qu'il a présentement besoing de ladicte somme; l'Assemblée, après avoir ouy le rapport des commissaires cy devant nommez pour l'audition dudict compte qui a esté représenté en la Compagnie a ordonné que le payement de ladicte somme de 80 livres deue par la closture d'icelluy sera surcis par ledit

Riffaut jusqu'à la prochaine distribution qui se fera en l'Assemblée.

Mrs de Fiefmignon, d'Hannebaut, et Guérineau sont venus à la Compagnie de la part du Corps de ville et bourgeois de La Rochelle, pour remonstrer que, sur l'envoy fait ce matin de Mrs de Couvrelles, Clémanceau et La Milletière, ils ont esté chargez de protester, de leur part, la résolution qu'ilz ont de demeurer en bonne union et correspondance avec ladicte Assemblée et d'observer les réglemens d'icelle ; insistans néantmoins tousjours à ce qu'en considération des grands fraitz et despences qu'ilz sont contraintz faire pour l'entretien de leur armée navalle, le dixiesme des prises qui se pourront faire par la dicte armée, que l'Assemblée s'est reservée, oultre les deux dixiesmes à eux accordez leur soit délaissé par ladicte Assemblée, laquelle ilz ont aussi supplié de pourvoir à ce qui luy fut représenté par la précédante députation touchant la nomination de quelques commissaires pour régler les affaires concernant l'admirauté ; et finallement ont présenté de la part de ladicte ville nombre de commissions pour les cappitaines de marine estans en l'armée navale, requérans qu'elles soient expédiées et signées par l'Assemblée, avec asseurance, sur la plainte qui en a esté faitte de sa part, que M^r le maire n'en fera plus expédier, en ayant seullement signé deux ou trois par l'importunité et précipitation des capitaines qui estoient près d'aller en mer.

La Compagnie, délibérant sur la proposition et remonstrance cy dessus faitte de la part du Corps de ville et bourgeois de La Rochelle, et persistant en la résolution qu'elle leur a ce jourd'huy fait savoir par ses députez de ne se départir du droit de dixiesme qu'elle s'est réservée des prises adjugées en l'admirauté, a arresté de députer de nouveau vers lesdictz s^{rs} Mrs de Couvrelles, Clémanceau de La Milletière, de Paris, afin de le représenter de rechef, bien particulièrement, les justes raisons et considérations qui la portent à ladicte résolution et le mal qui peut revenir au général de nos églises s'ilz se veullent attribuer et prendre ledict droit (comme Mᵣ le maire l'a fait entendre ausdictz députez de l'Assemblée) qui seroit la priver entièrement de tous les moiens de faire ses résolutions et icelles exécuter, et de continuer sa subsistance a laquelle ilz les ont tousjours exhortez et tesmoigné le désirer grandement, comme aussi de fournir aux despences et nécessitez publicques pour entretenir la communication et correspondance nécessaire avec toutes les provinces et les assister aux occasions, comme elle en est à toute heure requise ; protestant ladicte Assemblée, en ce cas de violence et de tous les inconvéniens qui s'en pourront ensuivre au préjudice des dictes églises dont elle sera contrainte, à son très grand regret, de donner advis aux provinces pour sa descharge ; ayant pour le surplus icelle Assemblée remis à délibérer touchant la nomination des commissaires requis pour le réglement de l'admirauté ; et au regard des congez et commissions pour les capitaines de l'armée navale, ordonné qu'elles leur seront expédiées et délivrées entre les mains du sʳ Gaschot, procureur de ville.

Du 22. Suivant le résultat contenu en l'article précédent a esté expédié 20 congez et commissions, remplies du nom des capitaines de l'armée navale, pour le temps et espace de deux mois seullement, et icelles mises entre les mains dudit sʳ Gaschot, procureur de ville, pour les deslivrer ausdictz capitaines suivant le mémoire qu'il en a donné, escrit et signé de sa main.

Du 23. Sur la représentation de certain livret ou libelle, imprimé à Bordeaux, et trouvé en la prise de certain vaisseau, faitte par un capitaine de l'armée navale, l'Assemblée a ordonné que ledict livret intitulé : *Advis céleste de Henry le Grand*, sera imprimé en ceste ville avec un advertissement sur le subject et impression d'icelluy, pour en estre envoyé des exemplaires par les provinces, mesmes en païs estranges, afin de tesmoigner tant plus le dessein et résolution des ennemis de nostre religion à la ruine totale et subversion d'icelle.

A esté expédié mandement à M⁽ʳ⁾ Riffaut, servant de descharge, de la somme de 333 l. 2 s., pour la moitié de ce que s'est trouvé monter le présent fait aux capitaines, officiers et équipage du navire anglois qui a ramené les députez de l'Assemblée et de la ville de La Rochelle, dont l'aultre moitié se paye par la dicte ville, suivant la résolution prise par l'acte du 7 du présent mois de Juin.

Du 24. M⁽ʳ⁾ de Loubie ayant proposé en la Compagnie qu'il avoit à représenter une affaire d'importance, lequel il estimoit devoir estre tenu secret, ont esté nommez pour ouyr ledict s⁽ʳ⁾ de Loubie : M⁽ʳˢ⁾ de Couvrelles, Clémanceau, et La Milletière de Poitou.

M⁽ʳˢ⁾ de Couvrelles et La Chappellière ayans aussi représenté qu'ilz ont pareillement à proposer une affayre secret et d'importance, ont esté nommez M⁽ʳˢ⁾ du Pont de La Pierre, Clémanceau et Riffaut, au rapport desquelz a esté ordonné que lesdictes affayres seroient communiquées à M⁽ʳ⁾ le maire dont ilz ont esté chargez.

Du 25 Juin. Après l'invocation du nom de Dieu, et suivant l'ordre observé dès le commancement de l'Assemblée, ont esté nommez pour la direction et modération d'icelle durant le mois commanceant ce jourd'hui : M⁽ʳ⁾ de Couvrelles, présidant ; M⁽ʳ⁾ de La Chappellière, adjoint, et M⁽ʳˢ⁾ de La Goutte et Maleray, sécretaires. Signé : Berne, *présidant* ; du Cré, *adjoint* ; La Grange, *secrettaire* ; et Guérin, *secretaire.*

AU NOM DE DIEU

Continuation des actes de l'Assemblée générale des églises réformées de France et souveraineté de Béarn, tenant à La Rochelle.

Du 25 juin 1622. Après l'invocation du saint nom de Dieu et que par la pluralité des voix, suivant l'ordre establi dès le commencement de l'Assemblée, ont esté nommez : Mr de Couvrelles, président ; M^r de La Chapellière, adjoint et M^{rs} de La Goutte et Maleray secrettaires.

M^{rs} Du Pont de La Pierre, du Cré, de La Grange et Guérin ont esté louez et remerciez du soing, vigilence et affection qu'ilz ont apporté en la direction du mois précédent.

Mandement à Mr Riffaut de la somme de 60 livres ordonnée au s^r Baugé Chapuzeau pour le rembourser de quelques fraitz par luy faitz au retour des soldatz qu'il a amené d'Argenton.

Du 28. Lettres de Mr de Freton à l'Assemblée par lesquelles il se plaint de la longueur qui luy est tenue à luy rendre justice ; sur quoy a esté résolu qu'il en seroit parlé à M^r le maire.

Mr Rival a fait son rapport touchant les poudres envoyées par l'Assemblée pour le secours de Roian, lesquelles n'y ayans peu estre conduittes à temps, a dit en avoir esté mis 1700 dans le magazin de ceste ville et deux milliers, qui sont demeurez dans le navire du capitaine Aubin, que la ville offre rendre, toutesfois et quantes en luy rendant ce qui a esté fourny par les capitaines de l'armée navale de ceste ville de vivres et munitions à ceux de Royan.

Du 29. Lectres escrittes à Mr Banage, tant sur la réception du canon et marchandises par luy envoyées, que sur l'estat présent des affaires et luy ont esté envoyez sept blancz signez.

A esté aussi escrit à Mr de Soubize, en Angleterre.

Les députez de la province du Bas Languedoc ont prié l'Assemblée de vouloir, suivant la résolution prise le jour d'hier, députer vers M^r le maire pour le prier de faire procéder au jugement du procès de Mr Freton, attendu le longt temps qu'il y a qu'il est prisonnier et que son procès est en estat et entièrement instruit, ce qui leur a esté accordé ; et pour cet effect Mrs de Loubie, de La Cloche ont esté nommez et lesdictz s^{rs} priez d'aller visiter ledict s^r de Freton de la part de la dicte Compagnie.

Du premier Juillet.

Mrs de Vauguion, baillif d'Aunis, et La Lande, députez du Corps de ville et bourgeois, ont représenté que, sur l'advis qu'ilz ont eu que quelques capitaines poursuivoient instamment pour obtenir des congez de l'Assemblée pour aller en mer, ilz sont chargez de la supplier de n'en voulloir accorder aucuns ; et, à cet effect, leur remonstrer que ce seroit dissiper entièrement leur armée navale du succez de laquelle, en ce qui est des moiens humains, semble despendre principallement la conservation de ceste ville, d'autant que soubz ce prétexte il n'y auroit capitaine qui ne cerchast de quitter l'armée en espérance d'obtenir semblable permission, croyant y fayre mieux ses affaires. Ont dit aussy avoir charge de requérir la Compagnie de luy donner un adveu de toutes les prises qui se trouveront avoir esté faittes sur les ennemis par les capitaines de marine estans en ladicte armée, soubz les commissions de M^r le maire de ceste ville ou autrement, sans avoir pris congé de l'Assemblée ; et, en ce faisant, mander et enjoindre aux officiers et commissaires de l'admirauté de ne faire aucune difficulté de procéder au jugement desdictes prises par défault desdictz congez ; et d'autant qu'aucuns des dictz officiers de l'admirauté retiennent nombre de procès à juger, soubz prétexte qu'ilz ne sont paiez de leur vacation, en quoy le public et la dicte ville reçoivent un notable intérest à cause de la dépérition des marchandises, vaisseaux, et aultres choses prises sur les ennemis dont ilz n'ont moien de disposer ; suppliant aussy la Compagnie de nommer commissaires avec ceux qu'ilz ont nommé de leur part pour adviser aux taxes desdictz officiers et commissaires.

Sur quoy, l'affaire mise en délibération, ont esté nommez Mrs de Loubie, Hespérien, Menuau, et Riffaut pour aller vers M^{rs} de ceste ville et leur représenter les griefs que l'Assemblée reçoit d'eux par chacun jour, au préjudice de tant de solennelles protestations qui luy ont esté faites de leur part ; et, par mesme moien, leur faire reconnoistre qu'en ce faisant, c'est, sans y penser, se porter à la ruine de la dicte Assemblée de laquelle ilz sont obligez en toute sorte de maintenir les droitz et l'autorité, s'ilz veulent et entendent demeurer en l'union des églises dont ilz ne doutent nullement ; c'est pourquoy ladicte Assemblée ne voulant prendre aucun ressentiment des torts et injures qui leur sont faites en la perception des droitz du public, ains ayant seullement esgard à ce qu'elle juge de justice en la nécessité des affaires de ladicte ville, elle leur accorde très volontiers de ne deslivrer cy après aucuns congez qui puissent nuire à leur flotte ; comme aussi elle leur octroye l'adveu des prises faites par les capitaines de leur armée navale en baillant l'estat desdictes prises par les capitaines de leur armée navale, et payant les droictz, suivant les réglemens sur ce faitz ; et pour le regard des commissaires pour adviser à ce qui est du fait de l'admirauté, qu'ilz sont prestz d'en nommer de leur part. Après laquelle responce sont les susditz commissaires chargez de leur représenter que l'Assemblée ne pouvant, en façon que ce soit, à cause de la nécessité à laquelle elle est réduitte, fournir doresnavant à la nourriture des Anglois qui sont en ceste ville, a résolu de les renvoyer, si Mrs de ceste ville ne les vouloient retenir pour leur service ; auquel cas la dicte Assemblée leur fournira la moitié des armes qu'il conviendra, selon qu'elle a cy devant offert.

Mandement à Mr Riffaut pour la somme de 20 livres ordonnée à Cousineau, huissier de l'Assemblée, pour son appointement du mois précédant et quelques menus fraitz par luy fournis.

Autre mandement audict sr Riffaut de la somme de 1534 l. 19 s., ordonnée à divers particuliers desnommez en l'estat qui luy a esté baillé, faisant moitié de la somme de 3069 l., 18 s., à quoy revient la despence des Anglois qui sont venus en ceste ville pour le service du party.

Du 4. A esté arresté qu'il sera envoyé vers Mr le duc de Rohan, auquel il sera escrit et aux provinces du Haut et Bas Languedoc, Sevennes et Vivarestz, pour leur faire entendre l'estat de ceste ville et les exhorter de nous faire savoir de leurs nouvelles à toutes occasions, ce qui a esté fait.

Sur ce qui a esté représenté par Mr Du Pont de la Pierre, de la part de Mr le maire, congé a esté donné à Mrs de Couvrelles et de La Chappellière.

Du 5 Juillet. Mrs Favier, les deux Milletières et La Grange, nommez commissaires pour conférer avec ceux nommez de la part de la ville sur le réglement des officiers de l'admirauté.

Mrs de Mitois et Clémanceau nommez commissaires pour communiquer avec Mr le maire de la dépesche qui se doit faire vers Mrs les ducz de Bouillon, de La Trimouille et Mr le prince de Sédan.

Lectres de Mr de Freton à l'Assemblée donnant advis de ce

qu'il juge le plus expédient et nécessaire, quand à présent, pour le bien et conservation de ceste ville.

Du 7. Mrs de Mitois, de Loubie et de La Grauge nommez pour assister au conseil de guerre estably près M^r le maire.

M^{rs} de St-Simon et de La Taule nommez pour adviser à l'achapt des armes que l'Assemblée a promis fournir.

Du 8. Sur ce qui a esté représenté touchant l'exécution de l'acte arresté contre Mr de Favas, dès le 19 May, et qu'il n'y avoit apparance de différer davantage après tant de diverses remises; a esté arresté que, pour toutes préfixions et délaiz, il en sera délibéré lundy prochain, unziesme du présent mois.

Dudict jour. Sur ce qui a esté représenté par Mrs de Couvrelles et de La Chappellière touchant leur voiage, Mrs du Pont de la Pierre, Clémanceau et Riffaut, commissaires cy devant nommez avec les dictz de Couvrelles et de La Chappellière, ont esté priez de continuer à l'acheminement de ceste affaire jusqu'à l'entière résolution d'icelle.

Du 11. L'Assemblée, délibérant sur la proposition requise à ce jourdhuy touchant l'acte du 19 May par lequel, pour les raisons y contenues, elle auroit déclaré le s^r de Favas descheu de la charge de député général et révocqué toutes les charges et commissions qu'elle luy a cy devant octroyées, dont, pour certaines bonnes considérations sur l'espérance qu'il se remettroit en son devoir, et que, suivant le deu de sa charge et sa promesse mesme, il viendroit en ceste Assemblée pour y rendre compte de ses actions, elle auroit différé l'exécution jusques à ce jour; après avoir reconneu que le dict s^r de Favas, abuzant de la longue patiance, benignité et gratifications dont l'Assemblée a usé à son endroit, continuait néantmoins aux mesmes déportemens que par le passé, tant envers le général de nos églises qu'au particulier de la dicte Assemblée en laquelle il ne s'est voulu trouver depuis, quelque instance ou interpellation qui luy en ait esté faitte, et quelques importans affayres qui soient survenus ; mesprisant tout ordre et foulant aux piedz toute otorité. Ayant aussi, la dicte Assemblée, esté plainement informée de la vérité des justes soupçons qu'elle avoit cy devant pris de la sincérité de ses intentions aux nouvelles de la reddition de Castelz et Castel-jaloux, par la descouverte des lectres qu'il en escrivit en mesme temps à Mr de Bullion, contenant le mandement qu'il en avoit donné à son filz et le désir qu'il avoit de demeurer en son particulier dans l'obéissance du Roy ; et voyant d'ailleurs l'événement et l'effect des menaces qu'il a cy devant fait en la Compagnie touchant la défection de la Basse Guienne, de laquelle il tesmoigne par ce moien avoir eu une claire connaissance ; et comme, aussi, il eust peu se vérifier si l'on eust approfondy l'affaire de certain messager de la Basse Guienne, cy devant déféré au conseil de justice ; à raison de quoy, et de plusieurs aultres circonstances, tant des personnes qu'il a souvent près de luy dont la foy est grandement suspecte, que de plusieurs lectres par luy escrites et receues, mesmement de celle de Du Fay, l'un des complices de Phillippon et Bonnet exécutté en ceste ville, dont on a encore advis depuis peu et de bon lieu, que la trame continue tousjours ; luy estant impossible de prendre aucune confiance en luy, la Compagnie a jugé ne devoir différer davantage l'exécution et signification dudict acte. A ces causes, et afin de ne manquer au devoir de leurs charges et à l'acquit de leurs consciences, a arresté, pour prévenir les mauvaises intentions dudit s^r de Favas, qu'il sera député tant vers Mrs du Corps de ville, bourgeois et habitans que vers M^{rs} du consistoire pour leur donner connoissance des causes de la privation et révocation des charges dudict s^r de Favas, tant celle de député général que toutes aultres ; et les advertir de prendre soigneusement garde au péril qui menace leur ville s'ilz prennent davantage de confiance en luy pour la conduitte de leurs gens de guerre; protestant, devant Dieu et les hommes, que, pour leur regard, ilz n'ont aultre but ne intention que le bien général des églises, le salut et conservation de ceste ville, comme aussi afin qu'il ne puisse cy après luy estre imputé chose quelconque du mal qui en pourroit arriver. Et sera le présent acte, avec celuy du dix neufiesme May, signifié audict s^r de Favas.

Mrs de Saint-Simon, Hespérien et La Milletière de Paris, nommez pour aller au Corps de ville, suivant la résolution prise cy dessus, et Mrs de Loubie et La Cloche vers le Consistoire.

Mrs de Belebat, Lanbertière et Brachetière se sont présentez en la Compagnie en laquelle, après avoir protesté de leur zèle et affection au bien de nos églises, ilz ont fait entendre les traittemens indignes dont use ledict s^r de Favas tant envers la noblesse qu'autres gens de guerre; à raison de quoy ilz déclaroient ne pouvoir recevoir commandement de luy ny luy obéir, et qu'ilz désiroient aller faire les mesmes protestations à M^r le maire. Sur quoy la Compagnie les a remerciez du tesmoignage qu'ilz luy rendent de leur zèle et affection, les exhortant de continuer, et néantmoins, s'agissant du gouvernement de ceste ville, les a renvoyez sur le subject de leur plainte par devers ledict s^r maire.

Mr Gauvin, l'un des pairs de ceste ville, s'est présenté à la Compagnie de la part de M^{rs} de ceste ville pour la prier de faire faire ouverture du chay que tient M^r de La Taule afin d'estre procédé promptement à la vente des marchandises qui y sont, afin de subvenir à l'urgente nécessité de la ville pour l'entretien de l'armée navale; desquelles marchandises, et de la vente d'icelles, ledict s^r de La Taule pourra tenir compte pour la conservation des droitz de l'Assemblée; ce qui luy a esté accordé.

Du 12. M⁽ʳˢ⁾ de Cerceux et Mennet sont venus saluer la Compagnie à laquelle ledict s⁽ʳ⁾ Mennet a rendu lectres de M⁽ʳ⁾ de Soubize, du 23 juin dernier, dont ilz ont esté remerciez.

M⁽ʳˢ⁾ de Fiefmignon, Le bailly d'Aunis et de La Lande, députez du Corps de ville et bourgeois, ont dit avoir charge de demander à la Compagnie les actes faitz contre ledict s⁽ʳ⁾ de Favas, afin d'estre informez des raisons du contenu ausdictz actes; et néantmoins avoir aussi charge de se plaindre de ce qu'ilz n'avoient plus tost esté advertis des soubzçons que l'on avoit contre ledict s⁽ʳ⁾ de Favas; ensemble de ce qu'on l'avoit démis la lieutenance de M⁽ʳ⁾ le maire sans leur en avoir communiqué, et pourtant supplioient la Compagnie de trouver bon que ledict s⁽ʳ⁾ continuast en sa charge et le vouloir autoriser à ceste fin; et oultre ont dit estre chargez de faire plainte de ce qu'on a receu en la Compagnie quelques gentilshommes, lesquelz, tant pour eux qu'au nom de plusieurs autres, seroient venus en icelle pour se plaindre du dit s⁽ʳ⁾ de Favas, protestans ne luy pouvoir obéir, ce qui estant préjudiciable à l'otorité et forme de leur gouvernement, ilz supplient la Compagnie ne vouloir plus désormais recevoir telles plaintes. A quoy ayant esté répondu sommairement par M⁽ʳ⁾ le Président, a esté remis à leur en faire une plus ample responce après en avoir délibéré.

M⁽ʳˢ⁾ Guérin et Montmezart, nommez pour porter à M⁽ʳ⁾ de Favas les actes des 19 May et 11 du présent mois afin qu'il n'en puisse prétendre cause d'ignorence.

M⁽ʳˢ⁾ Favier et Rodil ayant représenté les longueurs que l'on apporte au jugement du procès de M⁽ʳ⁾ de Freton et requis la Compagnie de députer de rechef vers M⁽ʳ⁾ le maire pour le supplier de faire que la justice soit rendue sans plus user d'aultre délay, veu le longt temps qu'il y a qu'il est prisonnier; la Compagnie leur a tesmoigné le déplaisir qu'elle reçoit d'une telle longueur et, néantmoins, a jugé à propos en l'occurence des affaires qui se présentent de différer encore quelques jours.

Du 13 Juillet. M⁰ de Beaucastel est venu saluer la Compagnie et luy a apporté lectres de M⁰ de Soubize.

La Compagnie, délibérant sur la responce qui ce doit faire à la députation faitte le jour d'hier vers elle de la part de M⁰ˢ de ceste ville, a arresté que M⁰ˢ de Saint-Simon, Hespérien et La Milletière, de Paris, après avoir rendu au Corps de la ville les actes des 19 May et 11 du présent mois concernant M⁰ de Favas, selon ce qui avoit desjà esté résolu et qu'il est porté par lesdictz actes ; leur représenteront que l'Assemblée ne peut nullement approuver que ledict s⁰ de Favas soit plus longuement continué en la lieutenance de M⁰ le maire pour les raisons contenues esdictz actes, lesquelz ilz desduiront bien particulièrement ; mesmement pour les lectres tant escrites que reçeues par ledict s⁰ de Favas avec les advis donnez sur icelles ; et, au regard de plusieurs plaintes faites par les députez du dict Corps de ville et bourgeois, que l'Assemblée ne les pouvoit advertir de la résolution prise par elle sur le fait dudit s⁰ de Favas, estant l'ordinaire des Assemblées génerailes non de demander advis aux provinces de ce qu'elles ont affaire, mais de leur faire entendre ce qui a esté fait ; que le blasme de la précipitation dont ilz se plaignent ne peut tomber sur l'Assemblée puisqu'elle traitte ceste affaire depuis deux mois et plus, et qu'elle y apporte toutes sortes de circonspections et d'indulgences ; que pour les advertissemens sur les deffiances et soubzsons de ladicte Assemblée contre ledict s⁰ de Favas, on n'a pas creu le devoir faire publiquement sans grandes adminicules et preuves ; qu'on les a donnez en particulier à M⁰ˢ les maires, tant à celuy qui est à présent qu'au précédent ; que l'Assemblée avoit beaucoup plus subject de se plaindre de n'avoir esté advertie de leur volonté touchant la continuation dudict s⁰ de Favas en sa charge, et qu'elle n'eust jamais creu, qu'en ceste ville, on voulust attribuer audict sʳ de Favas un privilége et prérogative qu'ilz n'accordoient ny à Mʳˢ les maires ny à aucun autre dont les charges ne sont qu'annuelles ; et que, s'ilz en eussent communiqué à l'Assemblée ce luy eust esté une occasion de les advertir d'y prendre garde ; et, au regard de ce que les députez dudict Corps de ville et bourgeois ont représenté touchant quelques gentilshommes, lesquelz seroient venus en ceste Compagnie pour faire plainte du dict sʳ de Favas, avec protestation de ne luy pouvoir obéyr à cause des traitements indignes dont ilz disent qu'il use à l'endroit des gens de guerre ; que l'Assemblée n'ayant point accoustumé de desnier audiance à ceux qui la demandent, elle ne l'avoit peu refuser ausdictz gentilshommes ; mais, après les avoir ouïs sans entrer en autre déclaration, leur auroit donné advis de se retirer par devers Mʳ le maire pour luy faire entendre leurs plaintes, comme lesdictz gentilshommes auroient aussi tesmoigné estre de leur intention.

Mʳˢ Guérin et Montmezart ont rapporté avoir donné à Mʳ de Favas, suivant la charge qu'ilz en avoient de la Compagnie, les actes du 19 May et 11 du présent mois ; lesquelz actes il a receu de leurs mains sans avoir responce.

Sur la proposition faitte en la Compagnie touchant le serment que l'on veut faire prester aux gens de guerre, par lequel on les veut aussi obliger de prester mesme serment à Mʳ de Favas comme lieutenant de Mʳ le maire ; Mʳˢ de Mitois, de Loubie, et de Lagrange, commissaires nommez de la part de ceste Compagnie pour assister au conseil de guerre ; sont chargez de représenter audict conseil que l'Assemblée ne peut approuver qu'il se preste aucun serment au dict sʳ de Favas, comme n'estant plus dans l'union des églises et déclaré descheu de toutes ses charges pour les raisons contenues ès actes de la dicte Assemblée des 19 May et 11 du présent mois qui luy ont esté notifiez ; et, en cas qu'il fust persisté au contraire par ceux qui assisteront audict Conseil, en demanderont acte pour servir de descharge à la dicte Assemblée envers les provinces, et qu'il ne luy puisse estre rien imputé du mal qui en pourra arriver; sont aussy lesdictz commissaires chargez de requérir que tous les chefs et gens de guerre soient obligez de prendre leurs commissions de l'Assemblée, suivant les réglemens lesquelz seront gardez tant en ce regard que pour l'establissement des officiers entre lesdictz gens de guerre, et particulièrement pour l'office de mareschal de camp, en cas qu'il en soit parlé.

M^{rs} le baron de Boisroger, de Destingant, Sandouville de Chavignay, des Jonchetz et de Canapville, gentilshommes Normands, se sont présentez à la Compagnie pour l'asseurer de leur affection au bien des églises et luy ont rendu lectres du conseil de la province de Normandie.

Mrs de Mitoys, de Loubie et de Lagrange, commissaires nommez de la part de ceste Compagnie pour assister au conseil de guerre establÿ près M^r le maire, ont représenté que, s'estans trouvez ceste après disnée audict conseil, comme lecture y eust esté faitte de la forme de serment que doivent prester les gens de guerre audict s^r maire, et voyant que par icelluy on les vouloit aussi obliger de prester le mesme serment à Mr de Favas; ainsi que lesdictz commissaires, par la bouche dudict s^r de Mitois, auroient commencé d'exposer la charge qu'ilz avoient de l'Assemblée sur ce subject, ledict s^r de Favas, se levant sans attendre que le dict s^r de Mitois eust achevé ce qu'il avoit à proposer, luy auroit dit qu'il avoit signé un acte faux; et, à mesme instant, sans aucun respect ny dudict s^r maire ny d'une compagnie célèbre qui l'assistoit, composée tant de ceux dudit Conseil que de plusieurs gentishommes, chefs et capitaines de gens de guerre, auroit mis la main à l'espée et icelle tirée: ce qui auroit obligé le dict s^r de Mitois à l'y mettre pareillement. Sur quoy seroit survenu un grand bruit et désordre en ladite Compagnie, duquel le dict s^r de Mitois, à son regard, a déclaré estre très desplaisant mesmement pour le respect dudit sr maire, en la présence duquel ceste action s'est passée, estant prest de luy en faire telle satisfaction que la Compagnie jugera raisonnable ; mais le supplie de considérer qu'il y a esté contraint par l'agression et violence dudict sr de Favas ; et d'autant que ceste offence rejalist principallement sur l'Assemblée, lesditz srs commissaires se rapportent à elle d'en poursuivre la satisfaction telle que par sa prudence elle jugera y escheoir. Sur quoy la Compagnie, ayant déclaré qu'elle prenoit sur elle toute l'offence faite ausdictz sr commissaires par ledict sr de Favas, a exhorté ledict sr de Mitois de n'en tesmoigner aucun ressentiment en son particulier, ains s'en remettre à la satisfaction que ladicte Compagnie entend en poursuivre contre ledict sr de Favas ; et à ceste fin, a chargé les mesmes commissaires nommez le jour d'hier pour aller au Corps de ville afin de faire plainte du procédé dudict sr de Favas et en demander la satisfaction condigne à l'offence, tant pour le regard de la dicte Assemblée que pour le particulier dudit sr de Mitois.

Mrs Le Blanc, pasteur, Chintrier et Thinault, anciens, députez de la part dudict Consistoire, ont dit avoir charge de remercier la Compagnie de la communication qu'il luy avoit pleu leur faire des résolutions prises en icelle sur le subject de Mr de Favas ; sur lesquelles, et toutes aultres qui y seroient conclues et arrestées, ilz prioient Dieu voulloir estendre ses saintes bénédictions et les faire réussir à son honneur et gloire, au bien de son église, salut et conservation de ceste ville.

Du 14. Lectres reçeues de Mr de Loudrières, escrittes de Pleymud en Angleterre, en datte du 11 Juin dernier.

Despesche pour l'Angleterre deslivrée au capitaine La Limaille, en laquelle il y a lectres pour le roy de La Grand Bretagne, Mr le prince de Galles, Mr de Soubize, Mr le marquis de Buchinguam, Mr l'archevesque de Cantorbery et Mrs de Beauvais et Burlamaki.

Du 15. Mrs de Saint-Simon, Hespérien et Rodil ont esté nommez pour adviser au payement du passage des gens de guerre qui sont venus de Normandie par la voye d'Angleterre, afin de leur donner contentement.

Du 17. Lectres de Mr de Navailles, du 14 du présent mois, par lesquelles il asseure la Compagnie de sa constante résolution au service des églises, sans que la considération de sa liberté le puisse esbranler de faire chose au préjudice de sa conscience et de son honneur ; auquel a esté arresté de faire responce, et, par icelle, après avoir loué son zèle et affection, l'exorter à continuer, avec asseurance que l'Assemblée recerchera et embrassera toutes sortes d'occasions qui se pourront présenter pour procurer sa liberté.

Sur ce qui a esté représenté par Mrs Mitois et Clémanceau touchant certain affaire qui leur a esté cy devant commise, dont ilz ont conféré avec ceux nommez de la part de Mrs du Corps de ville et bourgeois, leur ont esté adjoinctz, Mrs Maleray et La Tour pour adviser plainement à cet affayre avec ceux qui seront pareillement adjoinctz aux premiers commissaires nommez de la part tant dudict Corps de ville que bourgeois sur la dicte affaire.

Sur ce qui a esté représenté par Jacques Geoffry, marchant et bourgeois, pour une moitié du navire nommé La Colombe, de Sainct-Gilles, que, combien qu'il ait tousjours fait profession de la religion, mesmes qu'il est ancien en l'église dudict Sainct-Gilles, et que luy et les siens ont tousjours fidèlement servy le party, ayant encore à présent en l'armée navale son frère puisné, un de ses enfans et un sien nepveu lieutenant du capitaine Ivernet ; comme aussi en haine de la dicte religion, lors de la déroute de Mr de Soubize, il n'a peu éviter que sa maison, ainsi que des aultres de la religion audict lieu de Sainct-Gilles, n'ait esté entièrement pillée et un navire, lequel luy appartenoit, baillé par confiscation au conte de La Rochefoucault, outre lesquelles pertes il auroit encore esté contraint payer 50 pistoles de rançon pour un sien filz qu'il avoit aux troupes de mondit sr de Soubize ; néantmoins, désirant trouver moien de sauver ce peu qui luy restoit afin de se retirer puis après en quelque lieu de seureté, il auroit esté comme nécessité de charger avec ses parprenans dans ledict vaisseau le nombre de 40 tonneaux et demy de bled froment pour Espagne, ne le pouvant autrement attendu ceux à qui il avoit affaire ; faisant le quel voiage il auroit esté rencontré par un des vaisseaux de guerre de ceste ville ou commande le capitaine Bonnaut, lequel prétend faire juger tout de bonne prise, tant la part dudit Geoffry que des autres bourgeois dudit navire qui sont papistes ; et d'autant qu'il ne seroit raisonnable qu'il fust traitté à la mesme rigueur que ceux de contraire party, considéré mesme qu'à présent il ne sçauroit où se retirer, ceux de son équipage qui sont retournez audict Saint-Gilles ayans fait courir le bruit qu'il s'estoit laissé prendre pour venir en ceste ville ; suppliant à ces causes la Compagnie, eu égard à ce que dessus et à la pauvreté à laquelle il est réduit, ne luy restant rien à présent que la moitié dudit navire et bled, afin de luy donner moien de nourrir une femme et sept enfans dont il est chargé, vouloir ordonner à Mrs les commissaires de l'admirauté que main-levée et deslivrance luy soit faite de ladicte moitié de navire et bled estant en icelluy. A esté arresté que lesdictz commissaires seront exhortez de faire bonne considération des choses cy dessus et luy rendre justice selon les circonstances de cet affaire comme pleine d'équité et commisération.

Du 18 Juillet. Mr le baron de Boucoles est venu saluer la Compagnie, l'asseurer de son affection et du désir qu'il a de servir les églises, priant à cesté fin ladicte Compagnie d'intercéder envers Mrs de ceste ville pour luy faire avoir promptement des armes.

Arresté qu'il sera fait un duplicata de la despesche faitte

en Angleterre le 14 de ce mois à laquelle sera adjoustée une lectre pour Mʳ d'Aisne.

Sera escrit à Mʳ le prince d'Orange, à Mʳ le duc pensionnaire des estatz d'Hollande et à Mʳ Boncorps, sieur de Northuye pour leur donner advis de l'estat présent des affaires et particulièrement de ceste ville.

Mʳˢ du Pont de la Pierre, d'Espinay et Savary, nommez pour savoir la volonté de Mʳ le maire sur le subject de Mʳ de Freton, ont rapporté que ledict sʳ avoit fait responce que, si tost qu'il auroit donné l'ordre à l'embarquement de l'armée navale, il donneroit jour pour vacquer au jugement du procès de mondit sʳ de Freton.

Du 19. Mʳˢ de Loubie, de Mitois et de Lagrange, chargez de faire entendre à Mʳ le maire la résolution de l'Assemblée en cas que Mʳ de Favas entreprist de présider au conseil de guerre en l'absence dudit sʳ maire de ne le pouvoir permettre attendu les actes faitz contre luy.

La despesche d'Angleterre deslivrée à Mʳ Fleury, pasteur et celle pour Mʳ le prince d'Orange à Mʳ Thiboul.

Sur le rapport de Mʳˢ de Mitois, Clemanceau, Maleray et La Tour de la conférance qu'ilz ont eue avec les commissaires nommez de la part de la ville touchant l'affaire de Mʳ de Bouillon, a esté remis à en délibérer après avoir eu le sentiment de Mʳˢ du Corps de ville et bourgeois sur le rapport de leurs commissaires.

Du 22. Sur la requisition cy devant faitte de la part de Mʳˢ les maire, eschevins, pairs, bourgeois et habitans de ceste ville, à ce que, pour oster et faire cesser les difficultez qui se rencontrent par chacun jour au grand préjudice et retardement de leurs affayres pour l'adjudication des prises faites sur les ennemis par les capitaines de leur armée navale, à default de rapporter par lesdictz capitaines des congez de l'Assemblée, il luy pleust donner un adveu pour toutes lesdictes prises ; ladicte Assemblée, reconnoissant les nécessitez urgentes de ladicte ville a déclaré et déclare, comme autresfois et conformément à l'acte du premier de ce mois, qu'elle advoue toutes et chacune les prises spécifiées dans l'estat qui en a esté baillé par leur procureur et lequel sera incéré au pied de l'adveu qui leur sera deslivré, tout ainsi que si lesdictes prises avoient esté faites soubz les congez de ladicte Assemblée, en paiant par les preneurs le dixiesme que ladicte Assemblée s'est réservé pour subvenir aux nécessitez publicques, selon qu'il est porté par les règlemens ; et, en ce faisant en vertu du pouvoir à elle donné par toutes les églises, a enjoint aux commissaires establis sur le fait de l'admirauté de ne faire aucune difficulté de procéder au jugement et adjudication desdictes prises, nonobstant et sans avoir esgard que les capitaines qui ont fait les dictes prises ne soient munis de congez et pouvoirs de la dicte Assemblée ; à la charge, néantmoins, que doresnavant tous les capitaines, tant de la dicte armée navale qu'autres, seront tenus de prendre des congez de l'Assemblée sur les peines portées par les règlemens.

Du 23. A esté arresté d'envoyer vers M^r le duc de Bouillon, M^r le duc de La Trimouille et M^r le prince de Sédan, avec lectres de créance, mémoires et instructions pour celuy qui sera envoyé.

Du 25 Juillet 1622. Suivant l'ordre establi dès le commencement de l'Assemblée, après l'invocation du nom de Dieu, ont esté nommez à la pluralité des voix pour directeurs le mois prochain : Mrs de Saint-Simon présidant ; Hespérien adjoint ; Mrs Savary et Cassaubon secretaires. Signé : *Couvrelles*, président ; *Louis le Cerclier*, adjoint ; *de La Goulle*, secrétaire ; et *Maleray*, secrettaire.

AU NOM DE DIEU.

Continuation de la dicte Assemblée des églises réformées de France et souveraineté de Béarn, tenant à La Rochelle.

Du 25 Juillet 1622. Après l'invocation du saint nom de Dieu et que, par la pluralité des voix, suivant l'ordre estably, ont esté nommez pour la conduitte et direction de l'Assemblée durant le mois qui court : Mrs de Saint-Simon présidant ; Hespérien adjoint ; Savary et Cazaubon secrettaires.

Mrs de Couvrelles, de La Chappellière, de La Goutte et Maleray ont esté louez et remerciez par toute l'Assemblée de l'affection, vigilance, prudence et fidellité qu'ilz ont apporté en la conduitte et modération d'icelle durant le mois précédent.

Sur ce qui a esté représenté par Mrs Favier et Rodil des longeurs et difficultez qu'apporte le conseil de justice de procéder au jugement du procès fait contre Mr de Freton, pour l'absence de M^r le maire ; L'Assemblée a donné charge à Mrs du Pont de La Pierre, d'Espinay, et Savary de parler derechef audict s^r maire, et le prier de prendre jour et heure pour assister au jugement dudict procès, comme chef dudict conseil, suivant la promesse qu'il luy en a cy devant faitte.

Du 26. Mrs du Pont de La Pierre, d'Espinay et Savary ont rapporté avoir veu et parlé à M^r le maire qui les a de nouveau assurez qu'il assisteroit au jugement du procès de Mr de Freton, au plustot ; et qu'il donneroit jour et heure aux députez de la province du Bas Languedoc pour faire assembler ledict conseil.

Mrs Favier et Rodil ont représenté à la Compagnie que suivant le susdict rapport, ilz ont veu ledict s^r maire qui, de nouveau, s'est excusé d'assister au conseil de justice pour l'affaire de Mr de Freton à cause des grandes occupations qu'il a à faire embarquer les soldatz qui doivent aller en l'armée navale ; lesdictz s^rs ont de rechef prié la dicte Assemblée de députer vers Mrs du Corps de ville et bourgeois pour ce subject ; a esté arresté que M^rs du conseil de justice verront en corps ledict s^r maire et le prieront d'assister au jugement dudit procès le plustot que faire ce pourra.

A esté arresté que la dépesche de l'assemblée du Bas Languedoc du 27 du passé, rapportée par le messager, sera envoyée par aultre voye ; et, pour cet effect, sera mise entre les mains des députez de ladicte province la somme de 30 livres pour, avec aultres trente livres qu'ilz ont par devers eux, ordonnée pour mesme subject, faire ladicte dépesche.

Sur ce qui a esté représenté par Mrs David, Pineau, Pareau, et Casaux, députez du Corps de ville et bourgeois, que, désirans munir abondamment ceste ville de poudres et aultres munitions de guerre et de bousche, ilz sont résolus d'envoyer en Angleterre et Holande ; et n'ayant à eux le moien de fournir à une si grande despence et à ce qui leur faut pour achapter les dictes munitions, ont prié la Compagnie d'agréer que, sur les deniers de la collecte d'Angleterre et d'Escosse, ilz prennent par advance et au delà de ce qu'ilz ont reçeu jusqu'à présent, et sur le total de ce qui se trouvera recueilly entre les mains de ceux qui ont charge de recevoir lesditz deniers, la somme de 50,000 livres. L'Assemblée, après meure délibération, a nommé Mrs de Couvrelles, Clémanceau, et La Milletière, de Paris, pour faire entendre auxditz s^rs du Corps de ville qu'elle leur a cy devant donné une moitié de ladicte collecte de laquelle ilz peuvent disposer comme bon leur semblera ; et que l'aultre moitié que l'Assemblée s'est réservée est tellement affectée au secours estranger qu'elle attend tous les jours, qu'elle ne peut détourner à autre usage les dictz deniers et les employer ailleurs ainsi qu'elle a commancé de faire, ayant paié la moitié du passage et armé les soldatz anglois qui sont venus en ceste ville par l'ordre de l'Assemblée; promettant néantmoins, selon les occasions et moiens qu'elle aura, de contribuer de tout son pouvoir à ce qui sera des nécessitez publicques de la ville.

Du 27 Juillet. Mr Menuau a rapporté que, suivant le désir de l'Assemblée, le conseil de justice l'auroit député, avec M^{rs} le bailly d'Aunix, Deser, Guillaudeau et Aubin, vers M^r le maire pour le prier de prendre jour et heure pour assister au jugement du procès de Mr de Freton, comme chef dudict conseil, et que le dict s^r Maire, après s'estre excusé de n'avoir peu vacquer aux affaires pour les grandes occupations qu'il a à faire embarquer les soldatz en l'armée navale, les a néantmoins assurez qu'au plustost il establiroit ledict conseil pour juger ledict procès.

Mandement à Mr Riffaut de délivrer contant à Mrs de Loubie et Couvrelles la somme de 45 livres pour pareille somme qu'ilz ont employé en quelque voiage que l'Assemblée leur avoit ordonné de faire faire.

Du 28. Lectres ont esté receues de la ville de Montauban du 19me du mois courant, par messager exprès, donnant advis de leur estat, du progrès des armes de nos ennemis, et assurant l'Assemblée qu'ilz seront tousjours estroittement unis avec le général des églises, et de voulloir despendre entièrement des résolutions de ladicte Assemblée; et qu'ilz n'entendront jamais à aucun traitté particulier; laquelle lettre a esté communiquée à Mrs du Corps de ville et bourgeois.

Autre lectre de Mr de Saint-André de Monbrun, gouverneur de Montauban, a esté receue par mesme voye, dudit jour 19me Juillet, par laquelle il asseure l'Assemblée de son zèle et affection au bien général des églises et obeissance aux résolutions d'icelle.

Mémoires et instructions ont esté données à Mr de Lescure, envoyé par l'Assemblée vers M[r] le duc de Bouillon, pour luy représenter, et à M[r] le duc de la Trimouille, l'estat des affaires générales et du particulier de ceste ville, et les prier de voulloir armer le plus puissamment et promptement qu'ilz pourront contre nos ennemis pour fayre diversion de leurs armes.

Du 29. Madame de Regnier, vefve, ayant demandé à la Compagnie passeport pour sortir 250 muidz de sel de l'isle d'Oleron et le transporter en Angleterre, Bourdeaux ou Bayonne, en paiant les droitz imposez; l'Assemblée, pour les services qu'a rendus au public et général des églises le deffunt s[r] de Regnier, et encores ceux qu'elle reçoit de M[r] le conte de Marennes, frère de ladicte dame, luy a permis de transporter et sortir de la dicte isle d'Oleron 250 muids de sel et icelluy faire mener et conduire en Angleterre, Bordeaux, et Bayonne, comme bon luy semblera, payant les droitz imposez sur ledict sel.

Mr Portus, député de la ville de Montauban, s'est présenté ce jourd'huy à la Compagnie et exposé avoir receu lectres des consuls de la ville de Montauban, et, par icelle charge, de représenter les grands fraitz et despences qu'il leur convient faire tous les jours pour se mettre en estat et soustenir un second siége dont ilz sont menacez par la présence du Roy; et mesmes que, depuis peu, M[r] le duc de Rohan leur a donné pour gouverneur Mr de Saint-André de Monbrun, pour l'entretien duquel et des gens de guerre qu'il a avec luy en la dicte ville, il leur faut tous les mois 30000 livres; ce qui leur est impossible de supporter s'ilz ne sont aidez par l'Assemblée des deniers publicz qu'elle peut avoir en sa disposition. C'est pourquoy il supplie l'Assemblée d'augmenter ses libéralitez en leur endroit oultre et par dessus ce qui leur a esté cy-devant accordé, afin que, par ceste subvention, ilz puissent s'entretenir en bon estat pour résister aux violences des ennemis communs de la religion ; et leur fournir présentement la somme de 18000 livres cy devant accordée pour subvenir à leurs grandes et insuportables despences qui s'augmentent tous les jours ; à laquelle réquisition Mr Guérin, député de la province du Haut Languedoc, s'est joint, et prie instamment la Compagnie de faire bonne considération de ce que dessus. Sur quoy l'Assemblée, après meure délibération, n'ayant en elle les moiens de augmenter ses libéralitez pour le présent oultre ce qui leur a esté accordé, néantmoins pour tesmoigner sa bonne volonté en leur endroit et le désir qu'elle a de leur ayder de tout son pouvoir, a arresté qu'il leur sera advancé la somme de 6000 livres sur les 18000 livres qui leur ont esté promis cy devant ; et d'autant que la Compagnie n'a pour le présent aucuns deniers en sa disposition a nommé Mrs Merchat, La Tour, Rodil, Guérin, et Montmesar pour conférer avec ledict s^r Portus des moiens qu'il y auroit de trouver ladicte somme à emprunter et de laquelle s'obligeroit des particuliers de l'Assemblée telz qu'on voudra.

Du 1er Aoust.

La prise faitte par le capitaine Poyane du navire nommé Le Saint Pierre, de Rotredam, chargé de blé, seille, et quelques marchandises appartenans à quelques marchans portugais a esté advoué par l'Assemblée et l'adveu délivré au capitaine Bouchereau, institué dudict Poyanne, et icelluy renvoyé à l'admirauté.

Il a esté ordonné que Mr Riffaut payera à Cousineau, huissier de l'Assemblée, la somme de 22 livres, tant pour ses gages que pour ses menuz fraitz qu'il a faitz pour l'Assemblée.

Ont esté nommez pour ouyr le compte de la despence de Mr de Couvrelles et le rapport qu'il a à faire en la Compagnie touchant sa négociation en Angleterre Mrs Favier, La Cloche, et Milletière, de Poitou.

Du 2. Sur ce qui a esté représenté par Mrs Favier et Rodil, députez du Bas Languedoc, que Mr le maire leur auroit fait espérer que ce jourd'huy il assisteroit, pour l'affaire de Mr de Freton, au conseil de justice qui estoit assemblé pour ce subject, et qu'ayant esté voir ledict sr maire pour le prier de se rendre au conseil il se seroit excusé sur les grandes affaires qu'il a et sur ce que Mrs les bourgeois auroient changé leurs commissaires qui avoient conneu et assisté à l'instruction dudict procès, et nommé d'aultres juges ; et que les commissaires du Corps de ville se voulloient faire descharger et en faire nommer d'aultres en leur place ; ce qui semble estre recerché pour retarder le jugement dudict procès ; et par ainsi ont prié l'Assemblée de députer vers Mrs du Corps de ville et bourgeois pour leur représenter ce que dessus. L'Assemblée a nommé Mrs de Couvrelles, de La Chappellière et de La Grange pour aller vers lesdictz srs du Corps de ville et bourgeois, et leur représenter qu'il est du tout nécessaire que ceux qui ont desja conneu de l'affayre dudict sr de Freton et assisté à l'instruction dudict procès le jugent et terminent, d'autant qu'ilz sont mieux instruictz en l'affaire que ne pourroient estre ceux qui viendroient après ; et lesdictz srs du Corps de ville et bourgeois sont priez d'enjoindre à leurs commissaires de vacquer au jugement dudict procès le plus promptement que faire ce pourra, veu le longt temps qu'il y a de la détention dudict sr de Freton et que le procès est instruit, fait et parfait et Mr le maire prié assister comme chef du conseil.

Lesdictz srs de Couvrelles, de La Chappellière, et de La Grange sont retournez de la maison de ville et rapporté que les dictz srs du Corps de ville avoient arresté que leurs commissaires qui avoient jà conneu l'affaire de Mr de Freton continueroient et assisteroient au jugement du dict procès, et que Mr le maire, en son particulier, les avoit asseurez qu'il y vacqueroit, et que les occupations qu'il avoit eu pour le public l'avoient empesché d'y travailler jusqu'à présent.

Mrs Favier, de La Cloche, et La Milletière, de Poitou, ont représenté avoir ouy Mr de Couvrelles sur le rapport qu'il a à faire de sa négociation, et estiment qu'il est à propos que ledict sr de Couvrelles soit ouy particulièrement en l'Assemblée, sur ce qui s'est passé en son voiage, afin que chaque député soit plainement informé de ce qu'il a fait et négotié pour le public audict pais d'Angleterre, pour en rendre un jour compte dans les provinces ; ont aussi rapporté 17 blancz signez qui leur ont esté mis en main par ledict sr de Couvrelles, savoir : 3 de Mr de Bessay et Mrs Rosel, et Guérin, et Laporte ; dix de Mrs de Loubie, Hespérien, Geneste, et Riffault ; trois de Mrs de Freton, La Cloche, Maleray et Guérin ; 4 de Mrs de Saint-Simon, Beauchamp, Rodil et Riffault ; et trois lectres : deux au roy de la Grand Bretagne et l'aultre au consistoire de l'église françoise à Londres ; et le reste de tous les blancz signez et congez qui luy ont esté envoyez par la Compagnie ont esté remplis ou employez par ledict sr de Couvrelles selon qu'il l'a vérifié par devant lesdictz srs commissaires ; veu lequel rapport, a esté arresté que ledict sr de Couvrelles sera ouy particulièrement en l'Assemblée touchant ce qui s'est passé en sa négociation, et cependant demeure deschargé de tous les blancz signez, congez et lectres qu'il avoit reçeues de la Compagnie.

Du 3 Aoust. Mr de Couvrelles ayant esté pleinement ouy en la Compagnie a rendu compte de sa négociation vers le roy d'Angleterre, par la lecture des discours et harangues qu'il a faitz et tenus à S. M. Sérénissime, des requestes qu'il a présentées tant à elle qu'à Mrs de son Conseil et aultres choses regardans sadicte négociation ; et dit qu'il eust plustost fait le rapport sans l'employ qu'il a eu de la Compagnie tant à la Table qu'aultres commissions qu'il a reçeu d'elle depuis son arrivée ; L'Assemblée a loué et remercié ledict s^r de Couvrelles du soing, fidélité, et affection et diligence qu'il a rendu en la charge qui luy avoit esté donnée de la Compagnie, avec Mr Banage, vers le roy de la Grand Bretagne, et est prié ledict s^r de Couvrelles de faire imprimer la harangue qu'il fit au roy en sa première audiance.

Sur ce qui a esté proposé qu'il s'est passé et fait beaucoup de choses qui ne sont incérées dans les actes de l'Assemblée et qui néantmoins mériteroient d'estre recueillies afin d'en informer les provinces, la Compagnie a donné charge à M^{rs} de La Place et de La Cloche de travailler à recueillir ce qui s'est passé et qui n'est dans le corps des actes, le plus diligemment que faire ce pourra ; et est ordonné que les sécretaires qui ont des papiers en main les mettront entre les mains desdictz s^{rs} pour y travailler du premier jour : ce qu'ilz ont promis faire.

Lectre de créance de M^r le comte de Marennes, détenu prisonnier de guerre en la citadelle de Xaintes, a esté rendue par Mr de Vadelincour, laquelle exposant, a prié la Compagnie de vouloir accorder un passeport audict s^r conte pour transporter mille muids de sel de l'isle d'Oleron où bon luy semblera ; et pour les bons services qu'il a rendus au bien général des églises l'a gratifié du droit à elle appartenant imposé sur le transport dudict sel, bien faschée qu'elle ne peut favoriser le dict s^r conte de plus que desdictz droitz apartenans au public.

Du 4. Passeport a esté accordé à Jehan du Plessis, marchant de Bayonne, pour mener et conduire audict Bayonne, et ramener en ceste ville, la barque nommé la Jehanne, du port de 30 thonneaux ou environ, dont est maistre François Chandeau, dit La Rivière ; ladicte barque chargée de 20 muids de sel, lequel passeport ne doit servir que pour ce voiage.

Il est ordonné à Mⁱ Riffaut de rembourcer Mʳ de Couvrelles de la somme de 300 livres par luy advancée pour envoyer la dépesche que l'Assemblée a faite à Mʳ le duc de Bouillon, dès le 28 du mois passé.

Du 5. Mʳ Rival, ayant prié la Compagnie de luy advancer la somme de 150 livres sur ce qui luy pourra escheoir de la première distribution qui se fera, afin de pourvoir à sa nécessité, la Compagnie a ordonné que ladicte somme de 150 livres luy sera advancée, et ordonné à Mʳ Riffaut de la luy deslivrer et icelle précompter au dict sʳ Rival sur ce qui luy escherra à la première distribution qui se fera.

Du 6. Les commissaires au conseil de justice ont rapporté en l'Assemblée que, le jour d'hier, le procès intenté contre Mʳ de Freton a esté jugé ; et, par arrest, déclaré innocent, absous; et deschargé des cas à luy mis sus et imposez, et ordonné que les prisons luy seront ouvertes ; et ont prié la Compagnie de les descharger dudict conseil et en pourvoir d'aultres en leurs places ; ce qui a esté fait et lesdictz sʳˢ commissaires louez et remerciez.

Mʳ de Freton est venu en la Compagnie et l'a remercié du soing et affections qu'elle luy a tesmoigné durant sa détention, et protesté de la continuation de son zèle et fidélité au bien général des églises ; l'Assemblée, après avoir tesmoigné audict sʳ de Freton le contentement qu'elle reçoit de sa deslivrance et le desplaisir qu'elle a eu de sa prison, l'a remercié de sa bonne affection et a trouvé bon d'escrire aux provinces de Languedoc et Sevènes, à la ville de Montauban et à Mʳ le prince d'Orange, à Mʳˢ les ducz de Bouillon et de Rohan et à Mʳ de Soubize et aultres seigneurs et provinces qui auront sceu sa détention afin de les informer de son innocense.

Pour assister au conseil de justice en la place desdictz commissaires qui en sont sortis, la Compagnie a nommé Mrs Favier, Maleray et Rodil.

Sur ce qui a esté représenté par Mrs David, Pineau, et La Rose, de la part du Corps de ceste ville et bourgeois, qu'il leur est impossible d'entretenir les soldatz anglois qui sont en ceste ville à cause des grandes despences ausquelles ilz ne peuvent subvenir; ont prié la Compagnie de se charger de ladicte nourriture desdictz soldatz et en descharger ladicte ville, et de ne deslivrer aucuns congez pour aller en mer afin de leur donner moien d'entretenir leur armée navale en bon estat qui autrement se dissiperoit et destourneroit les matelotz qu'ilz ont desjà affectez pour leur dicte armée navale; a esté différé de respondre sur la dicte question jusqu'à lundy.

Du 8 Aoust. La Compagnie, deslibérant sur ladicte proposition faitte samedy dernier par lesdictz srs David, Pineau, et La Rose, députez du Corps de ville et bourgeois, touchant la nourriture des soldatz anglois, a député Mrs de Couvrelles, Guérin pasteur, et Guérin de Millau, pour représenter ausdictz srs du Corps de ville les grandes nécessitez de l'Assemblée à cause de l'interruption des droitz de dixiesme appartenans au public sur les prises qui se font en mer; et qu'il luy est impossible de contribuer aucune chose pour la nourriture et entretien des dictz Anglois; et les assurer qu'elle payera la moitié du trajet et armement desdictz soldatz, suivant les conventions faites par ses députez en Angleterre avec ceux dudict Corps de ville et bourgeois; et leur dire aussi que la Compagnie n'a délivré aucuns congez sans en avoir communiqué avec Mr le maire.

Pour assister au conseil de guerre près Mr le maire ont esté nommez Mrs de Mitois, Couvrelles et de La Grange durant un mois, et Mr de Loubie remercié.

Du 9. Mrs David, Pineau et La Rose ayans représenté que

M₨ du Corps de ville et bourgeois ont résolu de se charger de la nourriture et entretien des soldatz anglois derniers venus en ceste ville, ont supplié la Compagnie de payer entièrement le passage et armement desdictz soldatz et en descharger la dicte ville, à cause des grandes nécessitez d'icelle et aultres despences presque insuportables ; l'Assemblée a arresté que, suivant les conventions faites par ses députez avec ceux du Corps de ville en Angleterre, elle paiera la moitié du passage desdictz soldatz anglois derniers venus ; et oultre, pour tesmoigner ausdictz s₨ du Corps de ville sa bonne volonté, a résolu d'armer à ses despens lesdictz soldatz et en descharger ladicte ville, sans tirer à conséquence, ny que pour l'advenir elle entende s'obliger à mesme chose pour ceux qui viendront.

Sur l'advis que l'Assemblée a eu de l'entrée du conte de Mansfeld et du duc de Brunsvich avec leurs armes en France, a trouvé bon de leur escrire et à M₨ le duc de Bouillon pour le prier qu'en continuant de tesmoigner son zèle et affection envers nos églises il prenne le soing de ceste armée de laquelle despend humainement la restauration de nos églises ; et faire en sorte qu'elle s'approche de la rivière de Loire où M₨ de Soubize le pourra joindre avec ses forces ; et, pour donner moien à ceux des provinses voisines tant de Normandie que aultres de s'approcher et rallier ensemble ; est aussi prié mon dict s₨ le duc de Bouillon d'envoyer un député en l'Assemblée pour y donner ses advis et sentimentz et tesmoigner en cela l'union et correspondance qui doit estre entre luy et l'Assemblée.

A esté aussi jugé à propos d'escrire à M₨ le duc de La Trimouille, à M₨ le prince de Sédan et conte de Roussy pour les informer de l'estat de nos affaires et les prier de joindre leurs armes à celles de mondit s₨ le duc de Bouillon, et particulièrement mondit s₨ le duc de La Trimouille d'envoyer un député pour résider près l'Assemblée, luy donner ses advis et sentimens.

A esté aussi escrit à Mrs de Bessay et de La Haye, pour les informer de l'estat des affaires de deçà et les prier de s'employer envers mondit sr le duc de Bouillon pour l'obliger à armer promptement pour secourir les églises persécutées ; et le dict sr de Bessay est chargé de rendre les lectres de l'Assemblée ausdictz srs conte de Mansfeld, duc de Brunswich, et aultres susditz seigneurs, et faire à un chacun les complimentz nécessaires au nom de l'Assemblée suivant les mémoires qui luy ont esté envoyez.

Du 10. Lectres ont esté escrittes et envoyées à Mr de Soubize, en Angleterre, par la voie d'un marchand de Dieppe.

Mandement à Mr Riffaut de mettre entre les mains de Mr de Couvrelles la somme de cent livres pour faire tenir la despesche de l'Assemblée à Mr le duc de Bouillon.

Ayant esté rapporté que Mrs du Corps de ville et bourgeois continuent à prendre, non seulement tous les droitz affectez au public des prises qui se font par l'armée navale, mais aussi de celles qui sont faites par les capitaines particuliers qui vont en mer ; et mesmes, depuis peu, de celle qui a esté faitte par le capitaine Richardière de Poitou, a esté arresté que plainte sera faitte à Mrs du Corps de ville et bourgeois de ce que dessus.

Mrs David, Pineau, et La Roze sont derechef venus en l'Assemblée, de la part du Corps de ville et bourgeois ; ont dit ne pouvoir plus longtemps se charger de la nourriture des soldatz anglois derniers venus en ville par l'ordre des députez de l'Assemblée et de ceux dudit Corps de ville en Angleterre et paier la moitié du passage d'iceux à cause des nécessitez de la ville et aultres despences insupportables ; ont prié la Compagnie de payer la nourriture desdictz soldatz ; et, moiennant ce, ilz contribueront la moitié de ce qu'il fault pour le trajet et passage desdictz Anglois. La Compagnie a fait entendre ausdictz David, Pineau et la Roze, comme cy devant, qu'elle payera la moitié du passage desdictz Anglois et les armera à ses despens, sans tirer à conséquence ne que pour l'advenir elle veille s'obliger à mesme chose pour ceux qui viendront.

Lectres ont esté escrittes à M^r le prince d'Orange, l'informant de ce qui se passe de decà, et de l'estat des affaires des églises et de la liberté qu'a obtenue Mr de Freton.

Mrs Guérin, pasteur, et Guérin, de Millau, ont rapporté à la Compagnie avoir veu le s^r Portus, député de Montauban, qui les a assurez avoir trouvé à emprunter soubz l'obligation de Mrs de Saint-Simon, Couvrelles, Maleray, La Milletière, de Poitou, Milletière, de Paris, et Riffaut la somme de 5,865 liv., 16 s. La Compagnie, pour tesmoigner sa bonne volonté envers la dicte ville de Montauban, a prié lesdictz s^{rs} de Saint-Simon, Couvrelles, Maleray, Milletières, de Poitou et de Paris, et Riffaut de emprunter la dicte somme en leur propre et privé nom, promettant de les relever indemnes de la dicte obligation et de leur donner telle asseurance qu'ilz jugeront nécessaire; et, pour faire la dicte somme de 6,000 livres accordée à la dicte ville de Montauban par acte du 29 du passé, est ordonné que Mr Riffaut mettra entre les mains dudict s^r Portus la somme de 135 livres, pour, avec la dicte somme de 5865 l., 16 s. la faire tenir à la dicte ville de Montauban.

Du 15 Aoust. Mrs de Saint-Simon, Couvrelles, Maleray, Milletières, de Poitou et de Paris, et Rifaut ayans représenté que, suivant le désir de l'Assemblée, ilz se sont obligez envers les s^{rs} Casaux, Portus, de ceste ville, Pages et Viette de la somme de 5,865 l., 16 s., et tiré lectres d'eschange sur iceux de ladicte somme, paiable dans trois mois à Montauban, ont prié l'Assemblée de leur donner acte d'indemnité et garentie de la dicte somme; ladicte Assemblée, reconnoissant que ladicte somme de 5,865 livres, 16 solz, contenue dans les obligations du 13^{esme} du courant, signées *Charbonnier*, ont esté empruntées par eux desdictz s^{rs} Casaux, Portus, de ceste ville, Pages et Viette, par l'ordre et prière de l'Assemblée et pour envoyer à M^{rs} de la ville de Montauban en déduction de l'assistance à eux cy-devant promise par acte du 7^{esme} Juin dernier, pour le payement de laquelle somme de 5,865 l., 16 s., ladicte Assemblée promet garentir et descharger et rendre indemnes les dictz s^{rs} obligez; et, pour plus grande asseurance, a affecté et affecte dès à présent ausditz s^{rs} de Saint-Simon, Couvrelles, Maleray, Miletière, de Poitou, Milletière, de Paris, et Riffaut généralement tous et chacuns les deniers qui sont à présent, ou pourront cy-après revenir, aux églises par quelque subvention, octroy, ou concession que ce soit des collectes ou aultres faittes, ou à faire; et pour cet effect leur en faire expédier les mandemens, acquitz et descharges requis et nécessaires jusqu'à la concurence de ladicte somme de 5,865 l., 16 s.

Du 17. Lectres ont esté escrites et envoyées à M^{rs} de la ville de Montauban, et à Mr de Saint-André de Montbrun, responsives à celles que la Compagnie a receu desdictz s^{rs} du 29 Juillet dernier.

La Compagnie, délibérant sur ce qui a esté représenté par Mrs David, Pineau, et La Rose, de la part du Corps de ville et bourgeois, touchant la nourriture et payement du passage des soldatz anglois derniers venus en ceste ville, a arresté que la somme de 560 livres, à quoy revient la part et moitié desdictz s^{rs} du Corps de ville pour le paiement du trajet desdictz soldatz, sera advancée par la Compagnie pour ne retarder plus longt temps le maistre du navire qui les a conduitz, par forme de prest pour lesdictz s^{rs} du Corps de ville et bourgeois; et ordonné qu'il sera escrit au s^r de Boulamachi de retirer par devers soy pareille somme de 560 livres sur la moitié de la dicte collecte d'Angleterre donnée par l'Assemblée à ladicte ville.

Ce jourd'huy ont esté mises entre les mains de Mr Guérin, de Millau les lectres de change faisant la somme de 6,000 livres pour envoyer à Montauban.

Du 18. La Compagnie a donné charge à Mrs Favier, La Goutte et Milletière, de Paris, d'informer amplement ouyr et examiner tous les tesmoins qui leur seront présentez contre Mr de Favas sur l'affaire de Royan, et le tout rapporter pour y estre pourveu et ordonné ce qui sera jugé expédient et nécessaire pour le bien général des églises.

Du 19. Mr Taleman, l'un des pairs de ceste ville, ayant fait proposer qu'en une prise en mer faitte par le capitaine Fleury, vers les costes d'Angleterre, il avoit, dans le navire, des marchandises comme il vérifiera, s'il plaist à la Compagnie de luy bailler des commissaires pour voir les preuves qu'il en a et justifier par devant eux de ce que dessus, qui rapporteront le tout à la Compagnie pour par après luy en donner main levée. La Compagnie, après avoir ouy les commissaires de l'admirauté qui sont saisis dudict affayre et ont conneu de ladicte prise, leur en a renvoyé et renvoye la connaissance; par devant lesquelz ledict s^r Taleman se pourvoiera comme il verra estre affaire.

Mandement à Mr Rifaut de bailler et deslivrer à Mr Guérin, député du Haut Languedoc, la somme de 26 l., 16 s., qu'il a fournie pour la despence en ceste ville et retour du messager de la ville de Montauban.

Sur le rapport fait à la Compagnie par Mrs de Saint-Simon, Couvrelles, Hespérien, et Rodil, cy-devant commissaires pour adviser aux fraitz du passage de Mr de Bois-Roger et autres gentilshommes de Normandie, a esté donné mandement à Mr Riffaut de bailler et deslivrer content à Mr de Couvrelles la somme de 234 livres, à quoy se sont montez les fraitz du passage et traject desdictz s^rs de Boisroger et aultres gentilshommes.

Sur ce qui a esté proposé que le s^r Fromentin, receveur

de Roian, a fait la recepte des deniers qui se sont levez au fort de Argenton sans en avoir rendu aucun compte ; la Compagnie a ordonné qu'il rendra compte des deniers de la recepte d'Argenton par devant les commissaires que l'Assemblée luy baillera.

A esté résolu que la recepte faitte par Mr Riffault des deniers du public sera veue et examinée par Mrs de Mitois, La Cloche, et de La Grange, commissaires députez par la Compagnie pour cet effect ; et ordonne que, doresnavant, les comptes des trésoriers et receveurs généraux seront veus, ouys et examinez de trois en trois mois, suivant le règlement fait en l'Assemblée dès le commencement.

L'Assemblée, pour de très grandes raisons et sur les justes deffiances que le s^r de Favas luy a données de sa fidélité par ses actions et déportemens, l'ayant déclaré descheu de sa charge de député général et revocqué les commissions qu'elle luy avoit baillées, selon qu'il est contenu par les actes des 19 may et vingt un Juillet dernier, se fust volontiers contentée, sans passer plus oultre, se promettant que ceste correction luy seroit un subject de se mieux comporter à l'advenir ; mais voyant au contraire qu'il continuoit de mal en pis, médisant publicquement et en tous lieux de la dicte Assemblée et blasmant non seullement ses résolutions, mais s'opposant ouvertement aux protestations de ceux qui témoignent en voulloir despendre et demeurer en l'union des églises, ainsi qu'il luy est advenu en plain conseil de guerre ; et, de plus, accusant les actes de la dicte Assemblée de fausseté, auroit esté si ozé de tirer l'espée contre les députez d'icelle estans audit conseil ; voyant d'ailleurs qu'il faisoit diverses menées et pratiques en ceste ville pour rendre ceste Compagnie odieuse à un chacun, semant à ceste fin des libelles injurieux contre l'honneur d'icelle, employant toutes sortes d'artifices pour la mettre en division et mauvaise intelligence avec le général de la dicte ville, pour, selon qu'il a tousjours fait paroistre estre son dessein, troubler autant que sera en son pouvoir l'estat et l'union desdictes églises. Ladicte Assemblée, estimant ne pouvoir différer davantage à procéder contre luy selon les rigueurs et peines portées par les règlemens généraux, l'affaire meurement deslibérée, et les déportemens dudict s^r de Favas pleinement examinez, a icelluy s^r de Favas déclaré et déclare déserteur de l'union des églises, et, comme tel, exorte tous ceux qui désirent demeurer en la dicte union de ne luy adhérer en façon que ce soit, ains le rejetter et toutes propositions qui leur pourroient estre faittes de sa part; dont sera donné advis aux provinces et consistoires d'icelles; lesquelz sont pareillement exortez de procéder contre luy selon la discipline ecclésiastique et arrestez des sinodes nationnaux; et, pour porter ledict acte au consistoire de ceste ville, ont esté nommez Mrs de Loubie, Rostolan et Rodil.

La Compagnie désirant pourvoir promptement aux nécessitez publicques et à son entretien, et n'ayant pour le présent des deniers en sa disposition ny moien d'en faire, a arresté que, sur les deniers de la collecte d'Angleterre, sera pris la somme de 9000 livres pour estre appliquée ausdictes nécessitez publicques et à l'entretien de l'Assemblée; laquelle somme sera remplacée des premiers deniers que l'Assemblée aura en sa disposition.

Du 20^{esme} *Aoust.* Sur ce qui a esté proposé par M^r de La Taule, receveur des droitz du public des prises faites par les capitaines Poyanne, Richardière, et aultres, il a esté empesché par le sieur Reaux, commis du Corps de ville pour recevoir les deniers qui leur appartiennent; la Compagnie a ordonné que ledict sieur de La Taule actionnera ledict Reaux et aultres commis à la dicte recepte par lesdictz sieurs du Corps de ville par devant les commissaires de l'admirauté, et iceux poursuivre jusqu'à restitution desdictz droitz, apartenans au public, par eux pris et levez, tant des dictes prises, que de celles qui ont esté faites par l'armée navale depuis trois mois en çà.

L'Assemblée, sur les abus et malversations qui se commettent depuis quelque temps en l'interversion des droitz du dixiesme appartenans au public, sur les prises qui se font en mer, tant par les capitaines de marine que tous aultres qui prétendent que lesdictes prises leur appartiennent; estans aussi advertis que, pour donner lieu aus dictz abus, les capitaines de marine qui vont en mer se font autoriser de commissions et congez aultres que ceux qui sont émanez de ceste Compagnie; afin d'obvier aux abus et entretenir les réglemens sur ce faitz en leur force et vigueur, a en conséquence d'iceux, déclaré et déclare nulles toutes commissions aultres que celles qui seront directement émanées de ceste Compagnie; et, en ce faisant, enjoint aux commissaires de l'admirauté de juger et de déclarer nulles toutes les prises, de quelque nature qu'elles soient, et sur quelles personnes qu'elles ayent esté faites, les restituer et en faire deslivrance aux propriettaires d'icelles qui réclameront lesdictes prises, si elles n'ont esté faittes en vertu des commissions expresses de ceste Compagnie; et, qu'en conséquence d'icelles, les droitz attribuez au public ne sont bien et loyaument paiez suivant les réglemens; et ordonné que, pour cet effect, le présent acte sera leu et publié en la chambre de l'admirauté, l'audiance tenant, et enregistré au greffe d'icelle.

La Compagnie a trouvé bon d'escrire à M^r le viconte Doncastre pour le prier qu'en continuant à tesmoigner son zèle et affection au bien général des églises, il s'employe envers S. M. S. pour nous faire obtenir d'elle les effectz de ses royalles promesses, en nous assistant d'un prompt secours, pour arrester les armes des ennemis, et empescher par sa prompte assistance la ruine dont nous sommes presques accablez.

A esté aussi résolu d'escrire à Mr de Soubize, luy donnant advis de l'estat de nos affaires et du particulier de ceste ville et des nouvelles que l'Assemblée a eue de Mʳ le duc de Rohan.

Sera aussi escrit à Mʳ de Bourlamachi, et prié de faire tenir en ceste ville par lectre d'eschange, ou par le moien de Mʳ du Parc d'Archiac, la somme de 15000 livres des deniers qu'il a par devers luy de la collecte d'Angleterre et d'Escosse, pour estre employée aux nécessités publicques, selon l'ordre de l'Assemblée.

Lectres ont esté escrites à Mʳˢ Banage et de Beauvais, les informant au long de ce qui se passe en ce lieu et de l'estat des affaires des églises.

Les commissaires de l'Admirauté ayans représenté que l'adveu donné par l'Assemblée à Mʳˢ du Corps de ville des prises faites par leur armée navale sans commission de la Compagnie, n'a esté enregistré au greffe de l'admirauté à cause que le procureur desdictz sʳˢ du Corps de ville vouloit fayre modifier ledict adveu en ce que, par icelluy les droitz de dixiesme appartenant au public estoient réservez ; la Compagnie a estimé que lesdictz commissaires ne doivent avoir aucun esgard audict adveu, s'il n'est leu, publié et enregistré au greffe de l'admirauté, selon sa forme et teneur, et jusques à ce qu'à la diligence du procureur desdictz sʳˢ du Corps de ville ledict adveu soit vérifié ; et enjoint ausditz commissaires de déclarer nulles toutes les prises qui auront esté faites sans congé et commission de l'Assemblée, et les deslivrer aux propriettaires qui les réclameront.

Du 21. Ce jourd'huy, la Compagnie s'estant extraordinairement assemblée pour ouyr Mʳ de La Tousche Chappelliere, envoyé par l'Assemblée vers Mʳ le duc de Rohan et provinces du Bas Languedoc, et Sevènes, et après avoir rendu compte de son voiage, a esté résolu qu'il mettra par escrit et signera la créance qu'il a exposée pour estre insérée dans les actes ; ce qu'il a fait, dont la teneur s'ensuit :

« M^r le duc de Rohan, n'estant pas d'advis que je prise
« sur moy aucunes lectres, me donna charge, premier, de
« salluer l'Assemblée de sa part et de la remercier du soing
« qu'elle avoit eu d'envoyer exprès vers luy et luy faire en-
« tendre, tant par lectres que principallement de bouche,
« toutes les particularitez et notamment la bonne et ferme
« résolution en laquelle on y estoit de n'entendre jamais à
« aucun traitté particulier ; 2° d'assurer l'Assemblée qu'à
« diverses fois il lui avoit escrit et dépesché vers elle, et de
« fraische mémoire, deux messagers consécutivement, peu
« auparavant que j'arrivasse vers lui ; 3° de représenter à
« l'Assemblée sommairement ce qui s'estoit passé touchant le
« cercle ; savoir que chaque province avoit révocqué ses
« députez ; que, nonobstant ceste révocation, ceux du cer-
« cle avoient ordonné qu'ilz subsisteroient jusques à la paix ;
« qu'ilz disposeroient des finances et confereroient toutes
« functions qui peuvent appartenir à une Assemblée géné-
« ralle, attendu l'esloignement de celle de La Rochelle, et le
« peu de communication qu'elle peut avoir avec les pro-
« vinces de delà qui seules, excepté La Rochelle, sont au-
« jourd'huy en estat ; que, sur ceste résolution, les pro-
« vinces avoient fait une seconde révocation de leurs ditz
« députez avec intimation aux pasteurs, s'ilz ne revenoient
« bien tost en leurs églises, de les en destituer et d'en mettre
« d'aultres en leurs places ; que les peuples estoient fort
« animez contre les ditz députéz du cercle, tant à cause de
« leurs aultres déportemens que pour ce qu'ilz avoient offert
« à Mr de Chastillon de le restablir en sa première autorité,
« en cas qu'il se voulust employer pour les maintenir ; que
« finalement lesdictz députez du cercle avoient esté con-
« traintz de se retirer (les uns) pour servir en leurs pro-
« vinces, les aultres près M^r le duc de Rohan où ilz avoient
« demeuré quelque temps ; 4° de fayre voir à l'Assemblée la
« vérité des procédures de mon dit Sgr. de Rohan en la né-
« gotiation de paix : assavoir que mon dit Sgr. avoit exacte-

« ment suivy ce qui estoit des intentions de l'Assemblée sans
« voulloir aller au delà du pouvoir à luy donné par elle;
« qu'il avoit envoyé en cour le sieur des Isles-Maisons pour
« demander au Roy la paix au nom de toutes les églises et
« pour obtenir sauf-conduit pour ceux qui seront députez
« des provinces de deçà, entendant que se fussent quelques
« uns de l'Assemblée, quoy qu'il ne les osast nommer;
« qu'il avoit rendu ledict sieur des Isles-Maisons porteur de
« certains articles avec charge expresse de les communiquer
« à l'Assemblée et d'en avoir son consentement; mais que
« ces ouvertures là n'ayant point esté receues en Cour, on
« n'avoit non plus voulu permettre audict sieur des Isles-
« Maisons de venir à La Rochelle; et m'a mondit Sgr. de
« Rohan fait l'honneur de me faire voir tous les mémoires
« qu'il avoit baillez audict sieur des Isles, et la lectre qu'il
« avoit escritte au Roy, en laquelle il ne pressoit rien que
« l'intérest général des églises, mettant le sien particulier soubz
« les pieds, et supliant très humblement S. M. que, si elle es-
« toit offencée de ses déportemens, il luy pleust de les luy par-
« donner; et que, donnant paix et seureté aux églises de France
« et de Béarn, elle luy voulust permettre d'aller porter la pic-
« que quelques années en païs estrangers, jusques à ce qu'il
« se fust rendu capable de rentrer en ses bonnes grâces : et
« c'est autant qu'il m'a peu souvenir de la substance de la
« dicte lectre; 5° pendant que j'estois à Monpellier, près
« Mr de Rohan, il fut pris un secrétaire de M^r le président
« Faure, entre les mains duquel furent trouvées certains
« mémoires et lectres de chiffre d'importance, esquelles
« se descouvroit plusieurs menées et trahisons; et, entre
« aultres chargans les s^{rs} marquis de La Charse, de Mon-
« tauban, de Bertissières, de Carlincas, Bimar, et Americ,
« premier consul de Montpellier, le s^r de Bertissières appré-
« hendant se retira; Mgr. le duc de Rohan fit lire les lectres
« et mémoires premièrement à la maison de ville, le samedy
« 13° Juillet, et le dimanche après en pleine assem-

« blée au temple, ensemble fit lire les lectres de l'Assemblée ;
« 6° Le 25 Juillet arriva à Montpellier un gentilhomme de
« Mgr. le duc de Bouillon par lequel il prioit M^r le duc de
« Rohan qu'ilz nouassent ensemble, et de telle sorte que,
« désormaiz, ilz ne se séparassent point l'un de l'aultre ; luy
« promettant que si, dans le premier de septembre le Roy
« ne donnoit la paix aux églises, il seroit à la campagne dans
« le 15^{esme} du dict mois ; de quoy Mgr. de Rohan fut très
« contant et accepta fort volontiers les offres de Mgr. de
« Bouillon, le priant aussi de son costé que jamais ilz ne
« vinssent à traiter l'un sans l'aultre, ny tous deux sans le
« général des églises ; 7° en suitte de quoy Mgr. de Rohan
« m'a expressement chargé de dire à l'Assemblée que son
« advis estoit qu'elle envoyast au plus tost vers mondit
« Sgr. de Bouillon pour avoir correspondance avec luy ; et,
« de plus, qu'elle envoyast en toute diligence vers le roy de
« la Grand Bretagne pour advancer le secours d'Angleterre ;
« qu'elle envoyast aussi vers Mr de Soubize, tant aux mesmes
« fins que pour l'obliger à dépescher promptement l'un des
« siens vers mondit Sgr. de Bouillon. Finablement j'ay
« charge très expresse de Mgr. le duc de Rohan d'asseurer
« l'Assemblée qu'il n'entendra à aucun traitté particulier, et
« qu'il leur gardera inviolablement la parolle qu'il leur a
« une fois donnée de ne les abandonner jamais ; qu'il les
« prie du réciproque, comme il s'en asseure. Ainsi signé :
« *Paul Lecerclier.* »

Du 23 Aoust. La Compagnie, ayant eu advis que l'armée navale du Roy se prépare pour aller au devant de Mr de Soubize s'opposer et l'empescher de venir de deçà avec le secours d'Angleterre ; et mesmes que Mr de Guise est arrivé à Nantes pour s'embarquer en ladicte armée ennemie, a jugé nécessaire d'en donner advis à mondit Sgr. de Soubize, afin qu'il pourvoye à sa seureté ; et M^r le maire prié de donner congé au capitaine Bazan pour porter les advis à Mr de Soubize.

Mandement à M⁰ Riffaut de deslivrer contant à M⁰ de Couvrelles la somme de 560 livres, pour payer le passage de 140 soldatz anglois arrivez en ceste ville par l'ordre de l'Assemblée et pour le service des églises.

Du 25. Suivant l'ordre establi dès le commencement de l'Assemblée pour le changement de mois en mois de ceux qui auront la conduitte et direction d'icelle, après l'invocation du nom de Dieu, ont esté esleuz et nommez à la pluralité des voix recueillies par testes : M⁰ de Freton président; M⁰ Marchat adjoint, et M⁰ˢ de La Grange et Massiot sécrettaires. Ainsi signé: *Saint-Simon, Espérien, Savary* et *Casaubon.*

AU NOM DE DIEU.

Continuation des actes de l'Assemblée des églises réformées de France et souveraineté de Béarn, tenant à La Rochelle.

Du 25 Aoust 1622. Après l'invocation du saint nom de Dieu, et, qu'à la pluralité des voix, selon l'ordre establi dès le commencement de l'Assemblée, ont esté nommez pour la direction d'icelle, durant le mois commenceant ce jourd'huy; M⁰ˢ de Freton, président; Marchot adjoint; de La Grange et Massiot sécrettaires.

M⁰ˢ de Saint-Simon, Hespérien, Savary et Casaubon ont esté louez et remerciez du soing, vigilence, affection et fidélité qu'ilz ont apporté à l'exécution de leur charge au mois précédent.

A esté arresté qu'il sera escrit à M⁰ˢ Burlamachy, à Londres, de fournir à M⁰ du Parc d'Archiac, qui est avec M⁰ de

Soubize en Angleterre, la somme de 15,000 livres des deniers provenans de la collecte, pour icelle faire apporter en ceste ville par la commodité du retour de Mʳ de Soubize, et la deslivrer ès mains de l'Assemblée afin de l'employer aux affaires et nécessitez publicques.

Mʳˢ de Couvrelles et de La Taule sont nommez pour traitter avec le sʳ Gilles, marchand flamend, touchant les armes nécessaires pour armer les soldatz anglois.

Mandement à Mʳ Riffault de payer à Mʳ Papin, notaire, la somme de 14 livres pour plusieurs expéditions concernans les affaires de l'Assemblée.

Du 26 Aoust. Lectres de Mʳ Banage, député de l'Assemblée vers le sérénissime roy de la Grand Bretagne, escrittes d'Edimbourg le 14ᵉˢᵐᵉ de ce mois, ont esté rendues à la Compagnie donnant advis de sa négociation audict païs.

Aultres lectres de Mʳ Le Blanc, pasteur de Saint Maixant, estant de présent en Angleterre, escrites de Plémut, du 3 de ce mois, ont aussi esté rendues à l'Assemblée portant advis comme, pour faire amener plus seurement en ceste ville quatre pièces de fonte de fer envoyées d'Escosse par ledict sʳ Banage, il les a mises dans le vaisseau du capitaine Fleury qui doit venir avec la flotte de mondit sʳ de Soubize.

Lesdictes lectres de Mʳˢ Banage et Le Blanc ont esté communiquées à Mʳˢ du Corps de ville par Mʳ Massiot, l'un des sécrettaires de l'Assemblée, qui a rapporté de leur part les lectres qui leur avoient aussy esté escrittes par ledict sʳ Banage pour estre aussy pareillement communiquées à l'Assemblée.

Mʳˢ de Saint-Simon, Hespérien et Rodil ont esté priez de continuer la charge qui leur avoit esté cy-devant donnée pour, avec Mʳ de Couvrelles et les députez de la ville envoyez en l'Assemblée, traitter de ce qui doit estre payé des deniers de la collecte d'Angleterre à Mʳˢ de la ville par Mʳ Burlamachy, suivant l'octroy à eux fait par l'Assemblée.

Du 27. Mʳˢ Richier, Guiot, Affaveur, et aultres au nombre de dix, au nom des habitans faisans profession de la religion es isles de Xaintonge, non comprise l'isle d'Oleron, ont remonstré à l'Assemblée qu'au préjudice de l'arresté fait en icelle, dès le 28 Janvier dernier, Mʳˢ de la ville ont traitté avec quelques partisans pour enlever jusques à 800 muids de sel desdictes isles, moiennant l'imposition de 18 livres sur chasque muid, pour employer au payement de la garnison du dict Oleron ; supplians la Compagnie à ce qu'il ne se passast rien contraire audict arresté qui peust préjudicier tant au général de la province qu'au particulier des habitans. Sur quoy Mʳˢ du Pont de La Pierre et de La Goutte, desputez de la ville en l'Assemblée, ont esté chargez de représenter au Conseil de ville l'importance de ceste affaire et, à ceste fin, leur communiquer la requeste desdictz habitans et pièces y attachées.

Du 29. Les commissaires députez pour traitter avec Mʳˢ de la ville sur le fait de la collecte d'Angleterre, ayans représenté en la Compagnie ce qui s'est passé en leur dernière conférance, il a esté arresté que lesdictz commissaires assistéz de Mʳˢ du Pont de la Pierre et de La Goutte, et y appellez de part et d'autre Mʳˢ les pasteurs de ceste ville pour y assister, adviseront de conférer avec Mʳˢ les commissaires de ceste ville des moiens de terminer les différends qui peuvent estre entre ladicte Assemblée et ville, tant sur le fait des prises adjugées en l'admirauté que des droitz, impositions et toutes aultres choses, afin d'obtenir toute bonne union et concorde pour le bien général de nos églises et conservation particulière de ladicte ville ; et que si cependant Mʳˢ de la ville estoient pressez de faire partir leur député pour Angleterre, il seroit escrit à Mʳ Burlamachi de leur deslivrer la moitié de la dicte colecte à eux accordée par l'Assemblée, déduction préalablement faitte de la somme de 10,000 livres que l'Assemblée a ordonnée estre réservée en fonds ès mains dudict sr Burlamachi sur le total de ladicte collecte, pour estre employez aux fraitz et despenses déduictes seront préalablement partagées par moitié entre l'Assemblée et ladicte ville lors de la closture du compte final de ladicte collecte.

Mandement de 100 livres a esté ordonné au sr de La Tousche Le Cerclier, pour reste de la despence du voyage par luy fait en la province du Bas Languedoc pour les affayres du public vers Mr le duc de Rohan, dont il auroit rapporté responce, estant party dès le 18 Juin dernier.

Du 30. Mandement de 23 livres paiables à Pierre Pié-de-Dieu, imprimeur en ceste ville ; savoir : 18 livres pour 36 exemplaires fournis à la Compagnie d'un livre composé par Mr Dumoulin, pasteur de l'église de Paris, et cent solz pour 50 exemplaires du livret intitulé : *Advis céleste de Henry le Grand*, imprimé par l'ordre de l'Assemblée.

Sur ce qui a esté proposé qu'il est nécessaire de faire provision d'armes pour les gens de guerre qui se pourront allier près de Mr de Soubize à son retour d'Angleterre, a esté arresté qu'il sera escrit à Mr Burlamachi qu'après que, sur les deniers de la collecte qui sont entre ses mains revenans à la part de l'Assemblée à la somme de 15,000 livres, qu'on luy a mandé de faire tenir tant pour la subsistance de l'Assemblée que remboursement de 6,000 livres empruntez pour Mrs de Montauban, et déduction faitte de 5,000 livres, moitié de 10,000 livres qu'il a esté ordonné audict sr Burlamachi de réserver pour employer aux fraitz qui pourront survenir, il face fonds de 10,000 livres pour l'achapt desdictes armes ; et, pour pourvoir au recouvrement d'icelle, que la Compagnie a jugé les deux tiers devoir estre de mousquetz garnis de fourchettes et bandollières, et l'aultre tiers de picques armées de corseletz et bourguinottes seullement, ont esté nommez Mrs de Saint-Simon et Maleray.

Du 1ᵉʳ Septembre 1622.

Mandement de 25 l., 2 s., 6 d. ordonnées à Cousineau, huissier de l'Assemblée, tant pour ses gages du mois précédant qu'aultres menus fraitz pour le service de l'Assemblée.

Mʳˢ de l'Houmeau et Richier, pasteurs, Désert et Thinot, anciens, députez du consistoire de ceste église, ont représenté de sa part à l'Assemblée que, suivant l'acte du 19 Aoust dernier à eux envoyé par l'Assemblée, touchant la désertion, contre Mʳ de Favas, et ayans appellé en leur compagnie les pasteurs refugiez en ceste ville et fait savoir audict sʳ de Favas qu'il eust à se trouver audict consistoire, il s'y seroit présenté le mercredy, dernier Aoust; où, après lecture à luy faitte du susdict acte de la dicte Assemblée, de ceux des sinodes nationnaux, et l'avoir ouy en ce qu'il a voulu sur ce proposer, ilz l'ont exorté de se soumettre au dict acte et se remettre bien avec la dicte Assemblée dans le terme de huit jours prochains : à défaut de quoy ilz luy déclaroient qu'il sera procédé contre luy selon la teneur dudict acte, et conformément à ce qui est porté par lesdictz sinodes nationnaux, nonobstant opposition ou appellation quelconque. Sur quoy, ayant esté délibéré Mʳˢ de La Chappellière et Milletière, de Poitou, ont esté chargez de remercier Mʳˢ du consistoire en la personne desdictz sʳˢ députez, et leur dire que l'Assemblée ayant procédé en ceste affaire selon qu'elle y estoit obligée en consience, et pour le bien général de nos églises, ilz se promettoient qu'ilz en useroient de mesme de leur part.

Du 2. Mandement de 300 livres ordonnez à Mʳ de Loubie en déduction de la première distribution qui se fera en l'Assemblée.

Autre mandement de 60 livres ordonnée à Jacques Le Large, soldat du lieu de Preuilly en Touraine, qui auroit eu le bras emporté d'un coup de canon au siége de Roian, les dictes 60 livres pour subvenir à ses nécessitéz.

Mrs du Pont de Pierre et de La Goutte, députez dès le 27 du mois passé vers Mrs du Conseil de ville sur la requeste et plainte des habitans des isles de Xaintonge, ont rapporté que lesdictz s^{rs} du Corps de ville prioient l'Assemblée de surceoir ceste affaire et la remettre à la conférence des commissaires nommez de part et d'aultre touchant les affaires d'entre l'Assemblée et la ville.

Du 3. M^{rs} de La Milletière, de Paris, Maleray, Rodil, et Montmezar ont esté nommez commissaires pour vacquer à la chambre de l'admirauté durant le temps de trois mois, commenceant cejourd'huy; et Mr Menuau continué en la dicte commission pour ledict temps.

Sur la proposition et requeste faitte par M^r de La Taule, commissaire nommé pour les droitz du public sur les prises jugées en l'admirauté, afin d'estre deschargé de ladicte commission; la Compagnie, comme par cy devant, l'a prié de continuer, le remerciant du soing, vigilence, et fidélité qu'il apporte en l'exercice d'icelle.

M^r de La Grange a esté pareillement continué à l'exercice du controlle général des finances du public pour le temps de trois mois.

Du 5. Mandement de 300 livres à Mr Freton et à luy ordonnée qui luy seront déduictes sur la première distribution qui se fera en l'Assemblée.

Du 6. Mrs de Mitois, Hespérien, et La Milletière, de Poitou, ont esté députez vers M^{rs} de la ville pour leur faire savoir qu'ayant advis certain que les galères ont repassé la rivière de Bourdeaux pour joindre l'armée navale commandée par Mr de Guise qui est ès costes de Bretagne, il est à craindre qu'elle donne empeschement au passage de Mr de Soubize, venant d'Angleterre; et qu'il seroit à propos faire advancer l'armée navale de ceste ville tant pour favoriser ledict passage que pour empescher la junction desdictes galères.

Mr de La Tousche, de Mouchamps, est party pour aller trouver Mr de Soubize, avec lectres de l'Assemblée et de Mrs de la ville, et chargé de luy donner advis de l'estat des affaires de deçà.

Sur le rapport des commissaires de l'Assemblée au conseil de guerre establi près Mr le maire, touchant les récusations proposées en une affaire poursuivie au conseil de guerre contre le sr Feret, pour la redition du fort de Soulac en Médoc et vente des armes et munitions y estans, dont il prétend ne devoir rendre raison qu'à Mr de Favas, soubz l'otorité duquel il commendoit en ladicte place; a esté arresté qu'en cas que les dictes récusations dudict sr Feret soient particulières contre lesdictz commissaires, ou l'un d'eux, elles seront jugées audict conseil; que si elles sont contre le corps de ladicte Assemblée elles doivent estre déclarées inadmissibles et lesdictz commissaires ne se peuvent départir du jugement dudit affaire.

Du 7. A esté delibéré d'escrire à Mr Carvert, premier secrettaire d'estat d'Angleterre, pour luy donner advis qu'ayant esté pris par les gens de guerre de ceste ville un courrier d'Espagne venant d'Angleterre et, avec luy un jeune homme flamant qui s'advoue domestique du milor Digby, ambassadeur extraordinaire du S. roi de la Grand'Bretagne en Espagne, avec le dict courier et luy ont esté rendus sains et entiers tous les pacquetz et lectres addressantes tant à mondit sieur l'ambassadeur et ses domesticques qu'aux marchands et aultres subjectz de sa S. M.

Du 8. Sur la proposition faitte touchant la distribution

pour subvenir aux nécessitez de la Compagnie, a esté résolu que la dite distribution se fera de la somme de 9,000 livres, conformément et sur le pied des précédentes ; et ont esté pour ce nommez Mrs de Saint-Simon, La Cloche et La Tour.

Mandement de 75 livres ordonné à M^r de La Chappellière pour trois divers voiages tant en la rivière de Bourdeaux qu'ès isles de Rhé et Oleron, pour les affaires publicques.

M^r de La Goutte a esté nommé pour se transporter en l'isle d'Oleron, avec charge de pourvoir aux affaires de l'Assemblée, et particulièrement touchant le bois réservé pour les affaires publicques, conformément au résultat du Corps de ville.

Du 9. Mrs de Maleray et La Taule, commissaires nommez pour compter avec le s^r Gilles, sont chargez d'arrester ledict compte et luy fayre expédier lectre de change de ce qui luy sera deub sur la colecte d'Angleterre.

Du 10 Septembre. Sur ce qui a esté représenté en l'Assemblée touchant le pouvoir cy-devant, et dès le 24 Juin dernier, donné à Mrs de Couvrelles, du Pont de La Pierre, Clémanceau, Chappellière et Riffaut pour traitter certain affaire d'importance avec M^r le maire et les députez de ville ; la Compagnie a advisé que lesditz s^rs commissaires continueront l'acheminement du dit traitté, à condition de ne recevoir ny d'escrire doresnavant aucunes lectres ny ouïr ce qui leur pourra estre représenté sur ce subject, sans en donner advis à l'Assemblée, et que les lectres ne soient signées par la table.

Du 13. Mandement de 41 livres, 14 solz, 6 deniers, pour quelques menus fraitz extraordinaires faitz par Mr Riffaut, de l'ordre de l'Assemblée, durant le mois précédent.

Le rolle de la distribution pour les députez de l'Assemblée

montant 9144 livres 10 solz a esté arresté par la Compagnie, et, en fin d'iceluy, fait mandement à Mr Riffaut, trésorier général, pour le payement de ladicte somme avec charge de desduire à chacun des particuliers ce qu'ilz auront sur ce receu.

Ce jourd'huy deux lectres de change, première et seconde, ont esté expédiées par l'Assemblée sur Mr Philippes Burlamachi, à Londres, pour la somme de 3166 livres paiables sur les deniers de la collecte d'Angleterre aux sieurs Ysaac et Peter Vanianne pour la valleur receue du s^r Daniel Gilles, provenant des armes et poudres par luy fournies de l'ordre de l'Assemblée, suivant le conte arresté avec luy.

Du 14. Mrs Maleray et La Taule sont chargez de retirer du s^r Gilles les quittances, rétrocessions, et transportz nécessaires pour la seureté de l'Assemblée; notamment sur la partie de 7500 livres pour les armes cy devant envoyées à Pons, dont aucuns de la dicte Assemblée estoient obligez avec M^{rs} le marquis de Chasteauneuf, de Saint-Germain, de Chastillon et de Dompierre, afin d'essayer de recouvrer la dicte somme; A quoy M^{rs} de La Tour et Savary sont chargez de travailler avec les dictz s^{rs} Maleray et La Taulle.

Du 15 Septembre. Lectres ont esté receues de M^r d'Angoulins, gouverneur de l'isle d'Oleron, responsives à celles de l'Assemblée, par lesquelles il l'asseure de tenir la main à ce que les deniers appartenans au public pour le droit des rançons et butins soient mis ès mains du s^r Verron, à ce commis par l'Assemblée, auquel, à ceste fin, il permettra l'entrée au conseil de guerre estably en la dicte isle, suivant le désir de l'Assemblée, à ce que rien ne se passe en son préjudice.

A esté pareillement receu lectres de M^r de La Goutte, député de ladicte Assemblée audict Oleron, donnant advis de sa négociation en ladicte isle et de l'envoy fait par ledict sʳ d'Angoulin à Mʳ le maire d'un certain prisonnier de guerre nommé Lacourt, de Bourdeaux, que ledict sʳ maire avoit envoyé quérir à l'instance de l'Assemblée afin de faciliter par son moien la délivrance de Mʳ Belot, pasteur de la province de Xaintonge, détenu prisonnier audict Bourdeaux.

Du 16. Mʳˢ de Saint-Simon, de La Place et Guérin, de Millau, commissaires nommez pour ouyr le compte de la despence de Mʳ de La Milletière, de Paris, cy devant député en Holande, en ont fait rapport en la Compagnie qui a approuvé et agrée ledict compte montant en recepte 773 livres, 12 solz, y compris 406 livres provenans de la collecte d'Amstredam; laquelle somme a esté entièrement employée par ledict sʳ de La Milletière et à luy allouée pour la despence de sondit voiage commencé le 2 Juin 1621 et finy le 14 Avril 1622.

A esté pareillement approuvé par l'Assemblée la convention faitte par ledict sʳ de La Milletière avec les conducteurs d'ouvrages et maneuvres qu'il a amenez en ceste ville; ensemble le payement qu'il leur a fait, tant pour l'advance de deux mois de gages qu'aultres menus fraitz de leur despence revenant le tout à 744 l., 8 s., provenant ladicte somme de 1200 livres par luy empruntée de Mʳ du Vergier-Malaguet, dont il a esté remboursé par l'Assemblée, suivant une lectre de change dudict sʳ de La Milletière; sur le surplus desquelz 1200 livres en a esté presté 400 livres au sʳ Thiboul, député de la ville, comme apert par sa reconnoissance demeurée ès mains dudict sʳ de La Milletière pour en faire le recouvrement au profit de l'Assemblée; et les 55 livres, 12 solz, restans pour le parfait payement desdictz 1200 livres sont employez en la recepte du susdict compte dudict sʳ de La Milletière.

A aussi fait rapport le dict sʳ de La Milletière que la collecte recuillie en quelques églises particulières dudit pays d'Holande de 5869 l., 16 s., dont les députez de La Rochelle ont reçeu 3900 livres ; savoir est : de la collecte d'Amsterdan 3600 livres faisant avec les 400 livres reçeues par ledict s^r de La Milletière et employés en son compte 4000 livres, et 300 livres de la collecte de Horne.

Et pour le regard des 1000 livres de la collecte de l'église françoise d'Amstredam, elles ont esté receues en ceste ville en vertu d'une lectre de change tirée sur le s^r Daniel Gilles et paiable à M^{rs} du consistoire qui l'ont fournie à l'Assemblée ; tellement que de toute ladicte somme de 5869 l., 16 s., provenant de ladicte collecte de Holande, il en reste encor 569 l., 16 s., ès mains du s^r Corneille Ninch, marchant d'Amsterdam, qui en doit tenir compte à l'Assemblée.

Outre le compte cy dessus, ledict s^r de La Milletière a remis ès mains de l'Assemblée 22 blancz signez de l'Assemblée qui les a fait lacérer en sa présence, savoir : 10 du 2me May 1621 et 12 du 29 Juillet ensuivant, qui luy avoient esté baillez en partant et depuis envoyez, pour employer en lectres missives selon les occurrences des affayres de sa négociation, en laquelle il a fait paroir à l'Assemblée avoir employé et remply les aultres blancz signez à luy deslivrez et envoyez, oultre ceux cy dessus dont il demeure deschargé ; ensemble du pouvoir et ampliation d'icelluy, en datte des 24 et 27 May 1621, à M^r de La Chappellière, son collègue, et à luy fournir pour ladite négociation à leur partement, dont ledict s^r de La Chappellière demeure pareillement deschargé comme de tous les susditz blancz signez.

Du 17 Septembre. Pour assister au conseil de guerre establ y près M^r le maire, ont esté nommez de la part de l'Assemblée Mrs de Saint-Simon, de La Muce, et La Milletière, de Poitou ; et Mrs de Mitois, de Couvrelles, et La Grange louez et remerciez du soing et vigilence qu'ilz ont apportée durant le temps de leur assistance audit conseil.

Du 18. La Compagnie s'est extraordinairement assemblée pour ouyr le rapport du sr de Lescure retournant du voiage vers où il avoit esté envoyé par l'Assemblée, duquel il a esté loué et remercié.

Du 19. Lectres ont esté reçeues de Mr le conte de Marennes, par lesquelles il prie la Compagnie de vouloir commuer le lieu du transport du sel, dont le passeport luy a esté accordé, de l'isle d'Oleron au lieu de Marennes où il a de longt temps du sel à luy apartenant; sur quoy a esté advisé de communiquer lesdictes lectres à Mrs de la ville afin de ne préjudicier aux arrestez cy devant faitz sur le transport dudict sel.

Cinq lectres de mesme teneur et par porteur exprès ont été escrittes à divers gentilshommes qualifiez pour les exhorter de se mettre en devoir de servir avec leurs amis, selon les occasions, à l'arrivée de Mr de Soubize, et donner preuve de leur zèle au bien de nos églises.

Du 20. L'Assemblée, délibérant sur la demande cy dessus faitte par Mr le conte de Marennes, a résolu que l'arresté cy-devant fait touchant le transport des selz dudict Marenne ès lieux circonvoisins sera observé conformément à ce qui en a esté traitté avec Mrs de la ville.

Du 21. Mandement de 75 livres à Mr de Couvrelles, pour estre par luy employez en un voiage secret pour les affayres publicques.

Du 22. Lectres ont esté reçeues de Mr le duc de Rohan, en datte du 1er de ce mois, portant advis de l'estat des affaires de delà, mesme du siège de la ville de Montpellier qu'il dit avoir très bien pourveue et munie de toutes choses nécessaires; faisant aussi la dicte lectre mention de certain pourparlé de paix pour lequel mondit sgr. demande un nouveau et absolu pouvoir, l'induisant à se porter à une paix générale qu'il jugeroit tolérable et seure, avec assurance de n'en abuser. Sur quoy la Compagnie a remis à en délibérer meurement, et cependant ordonne que les lectres seront communiquées à M^{rs} de la ville par Mrs du Pont de La Pierre et Massiot, leurs députez en l'Assemblée.

A esté pareillement reçeu lectres de Mrs de Montauban, par ledict porteur, en datte du 7 Aoust, laquelle luy fut baillée dès lors qu'il passa pour son voiage en Haut Languedoc, n'ayant eu moien d'y passer au retour.

Mrs David et Guérineau, députez du Corps de ville et bourgeois, ont rapporté à la Compagnie qu'estans en terme de compter avec quelques hostes de ceste ville pour la despence faitte par Mr de Bouquolle et gens de guerre qui l'ont accompagné, attendant qu'ils ayent esté logez en la ville, ilz ont estimé en devoir donner advis à l'Assemblée afin qu'elle nommast aussi quelques uns de sa part pour arrester le dict compte et faire fournir par moitié ladicte despence.

Sur la proposition et demande faitte par Mr de Mitois à ce que le sieur de La Faurie Chabirgnac, prisonnier de guerre amené par le s^r de Sandouville et aultres, feust retenu jusques à ce que, par son moien, soit eschangé, ou autrement le s^r de Boissy, gentilhomme normand, lequel avec aultres gentilshommes de ladicte province a esté pris par les galères venant en ceste ville pour le service des églises puisse estre mis en liberté; les commissaires de la Compagnie au conseil de guerre sont chargez de tenir la main à la deslivrance dudict s^r Boissy et aultres.

M^r de La Goutte, cy-devant député par la Compagnie en l'isle d'Oleron, a fait rapport de sa négociation et apporté lectres de M^r d'Angoulin, gouverneur en la dicte isle, à l'Assemblée, du 20 de ce mois.

Du 23. Mr Proust, Aigret et La Lande, députez du Corps de ville et bourgeois de La Rochelle, ont représenté à la Compagnie qu'ayans depuis peu, pour fournir à leurs grandes despences et nécessitez, mesmes à l'entretien de leur armée navale, fait imposition de 20 l. sur chacun cent de sel sortant des isles de Rhé et Oleron; les marchands flamans et anglois, de ce advertis, menacent d'aller charger le dict sel ès isles de Bouin et aultres de Poitou où ilz ne payent aucun subcide, tellement qu'il seroit nécessaire de mettre une double imposition sur ledict sel de Poitou pour les obliger de prendre celuy de deçà; suppliant la Compagnie de nommer commissaires pour traitter ceste affaire avec eux. Sur quoy a esté fait nomination de Mrs de la Milletière, de Poitou, Maleray et La Grange.

L'Assemblée, délibérant sur la proposition faite le jour précédent par les s^rs David et Guérineau, députez du Corps de ville et bourgeois, touchant la moitié de la despence des gens de guerre amenez par Mr de Bouquolle, a arresté qu'elle n'estoit aucunement tenue à ladicte despence, et que, n'ayant pour le présent aucuns moiens d'assister Mrs de la Ville en leurs nécessitez et grandes despences, elle ne leur peut aussi fournir d'aucune chose, ce qu'elle feroit très volontiers, quoy qu'elle n'y soit obligée, si elle en avoit la commodité.

Mr Portus, de Montauban, ayant représenté à la Compagnie les lectres à luy escrittes par la dicte ville, et, suivant icelle, supplié qu'il feust pourveu à leur faire fournir les 18000 livres à eux cy devant accordées; à quoy s'est aussi joint Mr Guérin, député de la province en l'Assemblée, elle a résolu et promis de s'y employer à son possible si tost que la commodité s'en offrira.

Mrs de Mirande, baillif d'Aunis, Berthet et La Lande, députez du Corps de ville et bourgeois, sont venus remonstrer de leur part à la Compagnie qu'ayans appris, par les lectres de M^r le duc de Rohan à l'Assemblée, qu'elle leur a communiquées, comme il estoit entré en quelque traitté et négotiation pour la paix géneralle, ilz ne pouvoient céler que ceste procédure leur sembloit estrange, veu qu'estans si intéressez en affaire de telle importance, ilz croient en devoir estre advertis ; et supplioient la Compagnie en vouloir faire bonne considération et les informer de la résolution qu'elle prendroit en ceste affaire.

Du 24. Mrs du Pont de La Pierre, de La Goutte, Chappellière, Milletière, de Poitou, et Massiot ont esté envoyez au Corps de ville, sur la députation faitte le jour précédent de leur part, pour leur fayre entendre, comme on fit dès lors à leurs députez, que la Compagnie n'estimoit en ceste occasion leur avoir donné aucun subject de plainte, leur ayant (comme elle a tousjours pratiqué mesme en affaire de moindre conséquence) communiqué les lectres de M^r le duc de Rohan et de Mrs de Montauban, incontinant après qu'elles ont esté veues en la Compagnie, n'ayant encore pris aucune résolution en ceste affaire et dont elle aura soing de leur donner advis.

Mandement de 90 livres ordonnée au marchant Miraumont, sçavoir : les 60 livres restans de ce qui lui avoit esté promis pour son voiage vers M^r le duc de Rohan, au Bas Languedoc, et les 30 livres par forme de gratification pour les fraitz et despences extraordinaires dudict voiage, duquel il a rapporté certaines nouvelles à l'Assemblée.

A esté arresté qu'il sera escrit, par homme exprès, à M^r le duc de Rohan pour responces à ses lectres du premier de ce mois ; et qu'il sera pareillement escrit aux conseilz des provinces du Haut et Bas Languedoc, et aux Villes de Montauban, Montpellier et aultres, pour leur donner advis de l'estat des affaires de deçà et de la résolution prise par l'Assemblée sur le subject des lectres de mondit s^r de Rohan.

Du lundi 26 Septembre. Suivant l'ordre establi dès le commencement de l'Assemblée, après l'invocation du saint nom de Dieu, ont esté nommez à la pluralité des voix, et par billetz, en la forme accoustumée, pour la direction d'icelle durant le mois qui commence cejourd'huy : M^r le baron de La Muce président ; M. Rival, adjoint et Mrs Guérin et La Tour sécrettaires. Signé : *Fretton* président, *Marchat* adjoint, *de La Grange* et *Massiot* sécrettaires.

AU NOM DE DIEU

Continuation des actes de l'Assemblée Généralle des églises réformées de France et souveraineté de Béarn, tenant en la ville de La Rochelle.

Du lundi 26 *Septembre* 1622. Après l'invocation du saint nom de Dieu, suivant l'ordre establi dès le commencement de l'Assemblée, ont esté nommez, pour la conduitte et modération d'icelle, durant le mois commenceant ce jourd'huy : M^r le baron de La Muce, présidant ; Mr Rival, adjoint, et Mrs Guérin et La Tour-Geneste sécrettaires ; et, à l'instant, Mrs de Freton, Marchat, de La Grange et Massiot ont esté louez et remerciez du soing, vigilence et fidélité qu'ilz ont apportée en la direction de l'Assemblée, durant le mois précédent.

Pour assister au conseil de guerre establi près la personne de M^r le maire, au lieu et place de M^r le baron de La Muce, a esté nommé Mr de Loubie pour y vacquer avec les aultres commissaires cy-devant nommez pendant le temps de leur nomination.

Sur la connoissance que l'Assemblée a eue que plusieurs prisonniers de qualité ont esté faitz la nuit précédente par les gens de guerre de ceste ville, commendez par M^r le baron de Chastelalon, l'un des maistres de camp, a trouvé bon qu'en considération des bons et signalez services que des églises et le particulier de la ville de La Rochelle ont reçeu de Mʳ Forain et de Mʳ le baron de Navailles, detenus prisonniers ès mains de nos ennemis, de s'employer de tout son pouvoir pour procurer leur liberté et les rachapter par eschange ; et, à cet effect, Mʳˢ les commissaires au conseil de guerre et les députez de ladicte ville en ceste Assemblée ont esté chargez d'y travailler soigneusement.

Du 27. Mʳˢ les députez de la ville de La Rochelle en la présente Assemblée ont représenté de la part de ladicte ville, bourgeois et habitans d'icelle, qu'ayant communiqué à leur province, de la part de l'Assemblée, les lectres à elle escrittes par Mʳ le duc de Rohan, du 1ᵉʳ du présent mois de septembre, pour avoir leurs advis et sentimens sur le subject d'icelles, ilz ont esté chargez de remercier l'Assemblée de ladicte communication et de présenter, comme ilz font, l'advis de leur province contenu en l'acte du conseil de ville, signé : *Du Verger* secrettaire, en datte du jour d'hier ; sur les raisons duquel ilz ont prié la Compagnie de faire bonne considération, tant pour ce qui regarde le bien général de nos églises que le particulier de ladicte ville de La Rochelle ; se remettant au surplus à la prudence de la dicte Assemblée et aux résolutions qu'elle prendra sur ce subject.

L'Assemblée, délibérant sur le contenu des lectres escrittes par Mʳ le duc de Rohan, du premier du présent mois de septembre, portant demande d'un nouveau pouvoir et absolu pour faire et conclure la paix, a arresté, conformément à la résolution prise dès le 24ᵉˢᵐᵉ de ce mois, qu'il luy sera fait responce, et, après l'avoir remercié très humblement de son affection et de tant de peines et travaux qu'il prend pour la deffence des églises affligées, luy sera représenté l'extrême regret que l'Assemblée a de ce que le traitté de paix, qu'elle désire et recherche avec tant d'affection, ne s'advance plus heureusement qu'il n'a fait jusques icy ; que l'Assemblée prend une extrême confiance en sa prudence, au zèle et affection qu'il a tousjours tesmoigné au bien de nos églises, et qu'elle juge fort à propos, pour le bien d'icelle, qu'il plaise à mondit sgr. le duc de Rohan de voulloir continuer en vertu du pouvoir à luy cy devant donné par la dicte Assemblée, le vingt-deuxiesme janvier dernier, à demander la paix au Roy, bonne et assurée, pour les dictes églises ; et, pour y parvenir, qu'il luy plaise obtenir un passeport, pour les députez de ladicte Assemblée, de M^{rs} nos Grands qui sont en l'union desdictes églises, ensemble des villes de La Rochelle, Montauban et aultres villes intéressées, afin de se rendre en seureté au lieu dont mondit s^r aura convenu ; et cependant, qu'il luy plaise nous informer, le plus promptement qu'il sera possible, de l'estat des provinces de delà, du siège de Montpellier et des articles dont il avoit traitté, ensemble des difficultés qui s'y sont rencontrées, afin que, sur une pleine connoissance, l'Assemblée en puisse prendre une meure délibération pour le bien et repos desdictes églises.

A esté aussi arresté d'escrire aux provinces du Haut et Bas Languedoc, Sevènes, Vivarestz, et à la ville de Montauban.

Du 28 Septembre. Ce jourd'huy Mr Portus, député de la ville de Montauban, a dit à l'Assemblée qu'ayant appris qu'elle fait une despesche aux provinces, et qu'il ce parle de quelque traitté de paix, il la supplie d'en voulloir donner advis à la ville de Montauban et de le voulloir ouyr, en cas de traitté, sur les mémoires et instructions particulières qu'il a de la dicte ville ; sur quoy l'Assemblée luy a fait entendre que la dicte ville de Montauban est en si grande considération à l'Assemblée, outre les ordinaires solicitations qui luy en sont faites par le député de la province du Haut Languedoc, qu'elle se résolust le jour d'hier, comme il appert par les actes, de leur escrire pour leur donner connoissance de ce qui se passe et l'asseurer, comme autresfois, qu'elle ne traittera jamais que ladicte ville n'en soit advertie, et qu'elle n'y trouve ses seuretez et ses advantages.

Sur la requisition de Mr de Savignac, tendant à ce que, suivant ce qui luy fut verballement accordé dès le 30^{esme} may dernier, en conséquence de l'acte du 22 novembre précédent, il pleust à la Compagnie expédier un adveu de tout ce que luy, et ceux qui l'ont assisté, ont exécutté en la province de la Guienne, en vertu des commissions de l'Assemblée, notamment depuis la dernière reprise des armes, et, particulièrement, ce qui concerne la mort de feu Mr de Boesse Pardaillan, razemens, bruslemens, et desmolicions des églises et maisons, et tous aultres actes d'hostilité, tant contre noz ennemis de contraire religion que ceux qui, faisant profession de la nostre, les ont assistez et suivis, tant en leurs armes que siége et prise des villes et places de nostre seureté, comme ledict sr de Pardaillan et aultres; l'Assemblée, en ayant meurement délibéré, a ordonné que ledict adveu sera expédié audict sr de Savignac, tant pour luy que ceux qui l'ont assisté, comme d'actions de guerre et d'hostilité, afin qu'ilz n'en puissent estre recherchez ne inquiettez à l'advenir.

Du 29. Ce jourd'huy l'acte fait en faveur de Mr le duc de Rohan, et les lectres escrittes tant à luy qu'aux provinces du Hault et Bas Languedoc, Sevênes et Vivarestz et à la ville de Montauban ont esté mises ès mains de Mrs les députez du Bas Languedoc pour les faire tenir par porteur exprès; ensemble deux actes : l'un de l'Assemblée, par lequel Mr de Favas est déclaré déserteur de l'union des églises, et l'aultre du consistoire de la ville de La Rochelle sur la publication d'iceluy, que l'Assemblée a trouvé bon d'estre inséré dans les actes.

Ensuit le dict acte du consistoire de la ville de la Rochelle du 10^{esme} *Septembre et publié le* 11^{esme} *du mesme mois :*

« M^{rs} de l'Assemblée géneralle des églises de France et
« souveraineté de Béarn ayant communiqué au consistoire
« un sien acte, du 19 may dernier, par lequel, pour les
« causes y contenues, Mr de Favas est déclaré déserteur de
« l'union desdictes églises; ledict consistoire, assisté de
« M^{rs} les pasteurs réfugiez en ceste ville, y appellez, s'est
« rassemblé jusqu'à six fois pour procéder en ceste affaire
« avec meure délibération et donner loisir au dict s^r Favas de
« s'humilier devant Dieu, à ce qu'il luy fist la grâce de don-
« ner lieu aux remonstrances qui luy ont esté faites en son
« nom, pour n'estre contraintz d'en venir jusques à ce qui
« est porté pour la discipline ecclésiastique et sinodes na-
« tionnaux qui obligent à poursuivre telles personnes par
« toutes censures ecclésiasticques; ouy ledict sieur de Favas
« par deux diverses fois et les pasteurs et anciens qui luy
« ont esté envoyez par trois fois; et n'ayant peu amener le-
« dict s^r de Favas à se réunir avec lesdites églises représen-
« tées par ladicte Assemblée génerálle, le consistoire, ou
« dit nom et en l'authorité de Nostre Seigneur Jésus-Christ,
« vous dénonce ledict s^r de Favas déserteur de l'union des-
« dictes églises, et vous exhorte à prier le Seigneur pour luy
« à ce que, touché d'une sincère humilité devant Dieu, il
« cerche de luy estre reconcilié par sa réunion au Corps de
« son filz qui est le chef de son église. Signé : *Blanc*, modé-
« rateur; et *Renault*, ancien. »

Du 30^{esme}. Mr de Mirande s'estant présenté à la Compagnie
luy a représenté que, lors de l'establissement de la chambre
de l'admirauté, il luy fut promis par M^{rs} de La Grange, La
Goutte et Guérin, de la part de ceste Compagnie, qu'il seroit maintenu en la possession libre de son office de juge ordinaire de l'admirauté, avec liberté d'y employer l'un de ses
enfans pour en exercer la charge en cas d'absence, maladie,
ou aultre incommodité; ce qui luy avoit esté accordé par le
Roy et dont il a les provisions en main; et que, néantmoins,

le greffier et procureurs de l'admirauté ne le reconnoissent plus, soubz couleur que son filz est en charge comme s'il en estoit entièrement despouillé ; suppliant la Compagnie de voulloir, en explicant les provisions accordées à son filz, déclarer qu'il a pleine et entière liberté d'entrer en la dicte chambre pour exercer ladicte charge, toutesfois et quantes qu'il luy plaira et que sa santé et commodité luy permettront, au lieu et place de son dit filz ; et pareillement d'assister à toutes instructions qui se feront des prises qui seront représentées à justice. L'Assemblée, désirant tesmoigner au s^r de Mirande l'estime qu'elle fait de son affection et des bons et agréables services qu'il a rendu au général des églises, et de sa longue expérience et capacité au fait de l'admirauté, et interprétant les provisions cy devant accordées à sa prière à Mr Gamaliel de Mirande, son filz, du 6 Juin 1621, a donné droit au dict s^r de Mirande, père, d'entrer en la chambre de l'admirauté pour y juger les causes et procès en dernier ressort, et sans appel, avec droit de séance immédiatement après celuy qui présidera, qui sera tousjours l'un des commissaires de la Compagnie, les uns en l'absence des aultres, sans que ceste clause puisse tirer à conséquence pour son filz ; et d'y faire les aultres functions comme l'un des aultres commissaires toutesfois et quantes qu'il voudra, en la forme que son dit filz l'exerce, et sans que la commission expédiée audict de Mirande filz puisse préjudicier audit de Mirande père ; et y pourront entrer lesdictz s^{rs} de Mirande, père et filz, l'un en l'absence de l'aultre, à la volonté du père, à la charge d'observer les réglemens sur ce faitz par la dicte Assemblée et sans préjudice de la jonction faitte de la justice ordinaire de l'admirauté, laquelle demeurera en sa force et vigueur jusques à ce qu'il ait pleu à Dieu faire cesser les présens troubles.

Du 1er Octobre.

Mʳˢ de Beaupréau, baillif d'Aunis, et La Lande ont dit avoir charge de Mʳˢ les maire, eschevins, pairs, bourgeois et habitans de ceste ville de supplier la Compagnie qu'il luy plaise enjoindre aux commissaires de la chambre de l'admirauté de juger une prise faitte par le capitaine Taulnier, sans avoir esgard au deffault de sa commission ; ensemble toutes les aultres prises qui se pourront faire cy après par les capitaines de marine du corps de leur armée navale soubz les congez de l'admiral, puisqu'il a commission de l'Assemblée ; autrement, en ce cas qu'elle ne fera leur désir, ilz y pourvoiront d'eux mesmes par quelqu'autre voye. Sur quoy la Compagnie, combien qu'elle ait recogneu que ladicte demande et les parolles peu respectueuses dont ilz ont usé blessent l'honneur et l'authorité de l'Assemblée, a néantmoins résolu, pour éviter tous inconvéniens et pour leur témoigner qu'elle désire procurer les advantages de la subsistance de l'armée navale, qu'on leur délivrera tel nombre de commissions et pour tel temps qu'ilz désireront ; et au surplus, pour maintenir l'honneur du général des églises représentées par ladicte Assemblée a résolu que l'acte du 20 aoust dernier demeurera en sa force et vigueur ; et, ce faisant, que toutes les prises qui seront faittes sans commission de l'Assemblée seront déclarées nulles, conformément aux réglemens et aux clauses ordinaires apposées en toutes les commissions de marine par elle expédiées ; enjoignant ausdictz commissaires de l'admirauté de tenir la main à l'observation dudit acte, puisqu'il ne se rencontre aucune difficulté que lesdictz capitaines de marine ne prennent présentement commission de la dicte Assemblée, comme ilz ont tousjours fait jusques icy ; et, d'ailleurs, qu'on fera plainte au Corps de ville des paroles dites par les ditz commissaires au préjudice des protestations qu'ilz ont si souvent faittes de se soubzmettre aux résolutions de l'Assemblée ; et, pour un dernier, qu'on se plaindra des longueurs que leurs commissaires apportent à la liquidation des droitz du 10^{esme} du public qu'ilz prennent de leur propre autorité, contre les résolutions et la volonté de l'Assemblée.

Mandement a esté expédié à Mr Riffaut de la somme de 60 livres pour mettre ès mains de M^{rs} les députez du Bas Languedoc, afin d'envoyer un porteur exprès vers M^r le duc de Rohan et provinces du Haut et Bas Languedoc, Sevènes et Vivarestz.

Le capitaine Gentillot a remis à la Compagnie quatre commissions de marine, à luy cy-devant délivrées en blanc, signées par Mrs de Saint-Simon, Hespérien, Savary et Cazaubon, du 4^{esme} aoust dernier, lesquelles ont esté biffées, et en a retenu deux aultres dont il a remply l'une du nom de Esteven Bray et l'aultre de son lieutenant qui commende en l'une de ses pataches.

Du 4. Cejourd'huy ont esté rendues lectres à l'Assemblée, de la province de Vivarestz, en datte du 7 septembre dernier, signée *Richard, Tavernot,* et *Imbert,* par lesquelles ilz donnent advis comme ilz ont esté nécessitez, pour résister à la persécution violente des ennemis des églises, de nommer Mr de Brisson pour lieutenant général de M^r le duc Rohan en la dicte province, soubz le bon plaisir de l'Assemblée et de Mr de Rohan, auquel, pour cet effect, ilz en ont escrit et fait une députation expresse ; comme aussi ont envoyé l'acte de la province sur ladicte nomination, du 2 septembre dernier, suppliant la Compagnie de vouloir agréer la dicte nomination et leur voulloir donner les provisions de ladicte charge, suivant les réglementz, desquelz ilz protestent ne se départir jamais, ains de les observer inviolablement ; à laquelle prière s'est joint Mʳ Merchat, député de la province. Comme aussi ont esté rendues lectres du dict sʳ de Brisson demandant adveu de la prise et razement du chasteau de Privas, tant pour luy que pour ceux qui l'ont assisté; et qu'il plaise à l'Assemblée de luy envoyer les provisions du gouvernement de la ville de Nismes, dont il a esté cy devant pourveu; sur lesquelles demandes l'Assemblée a remis à délibérer d'aujourd'huy en huit jours afin de voir si dans le dict temps nous aurions aucunes nouvelles sur ce subject de mondict sʳ le duc de Rohan.

Du 6 Octobre. Mandement à Mʳ Riffaut de payer à Cousineau la somme de 23 livres, tant pour ses gages du mois précédent que pour quelques menus fraitz.

Lectres ont esté escrittes à Mʳ de Soubize, en Angleterre, pour le prier de haster son retour avec un prompt secours.

Mʳˢ de Saint-Simon, de Couvrelles, Hespérien, de La Goutte et Rodil, commissaires cy devant nommez pour conter avec Mʳˢ de la ville de tout ce qu'ilz ont pris et prennent appartenant au public, ont esté chargez d'aller prier Mʳ le maire de leur donner jour pour en sortir à l'amiable.

Du 8. L'Assemblée a accordé au capitaine Bond, Anglois, deux douzaines d'espées pour armer quelques soldats de sa compagnie, ausquelz la dicte Assemblée avoit cy-devant donné des mousquetz; et pour en faire l'achapt Mʳˢ de Saint-Simon et la Taule ont esté nommez.

Du 12. A esté accordé un passeport au sieur Abel Denis, ancien de l'église de Bourdeaux, pour deux navires qu'il a en Irlande, jusqu'à la somme de mil livres en chaque vaisseau pour le temps de trois mois.

Du 13. Sur la demande de Mʳ de La Goutte à ce qu'il

plaise à l'Assemblée voulloir faire un réglement pour raison des prises des navires qui viennent d'Espagne, chargez de marchandises, sans aucun connoissemens ny déclaration des propriétaires, afin que les commissaires de l'admirauté les jugent de bonne prise sans aucune surcéance de réclame, à cause des abus qui s'en ensuivent au préjudice des preneurs et du public; la Compagnie a trouvé bon que lesdictz de l'admirauté de ceste Assemblée en confèrent avec ceux de la ville pour après, sur leur rapport, estre ordonné ce qu'il appartiendra.

Pour voir de faire une nouvelle imposition sur le transport des selz, vins, et aultres marchandises des isles de Xaintonge et aultres isles adjacentes, l'Assemblée a nommé Mrs de Freton, de La Goutte, de La Grange et Maleray qu'elle a chargez d'y prendre quelqu'ordre avec ceux que la ville voudra nommer, à la charge qu'ilz entendront les réfugiez desdictes isles qui sont en ceste ville pour savoir s'ilz y prétendent aucun préjudice.

Du 17. L'Assemblée, délibérant sur la despesche cy-devant reçeue de la province de Vivarestz, et après avoir examiné la procédure qu'elle a tenu en la nomination de Mr de Brisson pour lieutenant général en la dicte province soubz le bon plaisir de l'Assemblée et othorité de M^r le duc de Rohan, chef et général d'icelle, combien que ladicte province n'aye observé les formes portées par les réglements généraux, ayant fait ladicte nomination sans le consentement et otorité de mondit s^r le duc de Rohan, et nonobstant les difficultez qui en furent représentées de sa part, qui les obligeoit à suspendre ladicte nomination et à cercher par prières et remonstrances son contentement, ce qui leur sera remonstré ; a néantmoins trouvé bon, excusant ceste procédure sur la nécessité du temps, d'escrire à mondit s^r le duc de Rohan pour le prier de donner ses intérestz au bien général de ladicte province; et, au surplus, ayant esgard à la prière de ladicte province et à la confience qu'elle tesmoigne prendre en la fidellité dudit sʳ de Brisson, luy a accordé ladicte charge provisoirement, jusqu'à ce qu'autrement par ladicte Assemblée en ait esté ordonné ; et a envoyé les provisions de la dicte charge, par porteur exprès, à mondit sʳ le duc de Rohan, des mains duquel ledict sʳ de Brisson sera tenu de les recevoir, et luy prester le serment en cas requis ; et, sur l'adveu demandé par ledict sʳ de Brisson de la prise et razement du chasteau de Privas, ladicte Assemblée, en confirmant l'acte cy devant fait sur ce subject du 23 mars 1621, a advoué et advoue, tant pour luy que pour ceux qui l'ont assisté, la prise et razement dudict chasteau comme fait pour la liberté et seureté de ladicte province ; et, pour la demande faitte par ledict sʳ de Brisson des provisions du gouvernement de la ville de Nismes, dont il a esté cy-devant pourveu, l'Assemblée se réserve d'en délibérer lorsqu'elle sera informée de cet affayre par mon dit sʳ le duc de Rohan et par les consulz et habitans de la ville de Nismes.

Mandement à Mʳ Riffault de bailler à Mʳ Merchat 12 liv. pour le retour du messager de la province de Vivarestz.

René Horry et Martial du May, dit le capitaine La Roche, ayans esté déprédez par Jehan Lambert, de Horne, capitaine flamand, ont prié la Compagnie de voulloir escrire une lectre en leur faveur à Mᵍʳ le prince d'Orenge et à Mʳˢ les Estatz des provinces unies des Païs Bas afin qu'ilz en puissent avoir réparation en justice ; ce qui leur a esté accordé.

Du 19 Octobre. A esté arresté d'escrire à Mʳ le duc de Rohan, et luy envoyer, par porteur exprès, la commission de Mʳ de Brisson pour la lieutenance génerale de la province de Vivarestz ; et de recommander à mondit sʳ de Rohan l'assistance particulière de la dicte province, sur la prière qu'en a fait Mʳ Marchat, député, et d'escrire aux villes de Montauban, Montpellier et Nismes ; et cependant de surceoir le départ du porteur en attendant des nouvelles de Mr de Soubize et de l'armée navale des ennemis.

Sur la demande faitte d'un passeport pour emmener du vin en Bretagne, et sur le mémoire donné par Mr Verron, concernant les droitz du transport des selz de l'isle d'Oleron et aultres isles de Xainthonge, a advisé de convenir des droitz avec Mrs de la ville ; et, pour cet effect, Mrs les commissaires cy-devant nommez pour liquider les aultres droitz avec ladicte ville sont chargez d'y travailler diligemment.

Mrs Hespérien, La Tour, Guérin et La Taule ont esté nommez pour liquider avec le capitaine Gentillot ce qui reste de quelques prises par luy cy devant faites et l'exhorter de se tenir dans les réglemens.

Du 24. Ayant esté représenté qu'il seroit important et pour l'Assemblée et pour la Ville que Mr Véron tînt le controlle des selz qui se transportent de l'isle d'Oleron par les partisans, des 800 muidz restans de 2000 dont la ville avoit convenu vers Mrs de La Goutte et Riffaut : ont esté nommez pour l'aller représenter au conseil de guerre afin d'éviter les abus qui s'y peuvent commettre, et de fayre plainte des longueurs qu'apportent leurs commissaires à la liquidation des droitz qui appartiennent au public.

Lesdictz srs de La Goutte et Riffaut, estans de retour, ont rapporté que le Corps de ville rendra responce à la Compagnie sur ce qu'ilz leur ont représenté, après l'embarquement des matelotz et gens de guerre auquelz ilz sont occupez pour ce jourdhuy, à cause des advis certains qu'ilz ont receu de l'approche de l'armée navale du Roy.

Du 25 Octobre. Pour la direction de l'Assemblée, le mois prochain, ont esté nommez, suivant l'ordre estably : Mr de Saint-Simon président, Mr Clémenceau adjoint et Mrs de Montmesar et La Goutte secrettaires ; et les susditz actes ont esté signez : *La Muce,* président ; *Rival* adjoint ; *Guérin,* secrettaire ; *La Tour,* sécrettaire.

AU NOM DE DIEU

Continuation des actes de l'Assemblée géneralle des églises réformées de France et souveraineté de Béarn.

Du 25 Octobre 1622. Après que, suivant l'ordre establv dès le commencement de l'Assemblée, ont esté nommez à la pluralité des voix pour la direction d'icelle, le mois prochain : Mrs de Saint-Simon présidant, Mr Clémanceau adjoint, M^{rs} de La Goutte et Montmezard secrettaires.

M^{rs} le baron de La Muce, Rival, Guérin et de La Tour Geneste, directeurs le mois précédent, ont esté louez et remerciez du soing, vigilence et affection qu'ilz ont apporté en leur exercice.

A esté escrit à Mrs du Vivarestz sur le fait du s^r de Brisson.

Du 26. Mrs de Couvrelles, de Loubie et La Milletière, de Poitou, nommez pour assister au conseil de guerre establv près M^r le maire.

Mrs Favier, de Beauchamp et de La Grange nommez commissaires pour ouyr le compte de M^r de La Taule.

Du 1er Novembre.

Mrs Guérin, de Millaud, Milletière, de Paris et Savary nommez pour le conseil de justice.

Du 2. A esté résolu de faire partir le messager qui doit aller vers M^r le duc de Rohan, sans plus différer, et qu'il sera escrit aux provinces des Sevénes et Vivarestz.

Mandement à M. Riffault de payer à Cousineau, huissier de l'Assemblée, la somme de 19 l. 15 s., pour ses gages du mois précédent.

Du 3. Mandement à M. Riffaut de payer à M. de Couvrelles la somme de 90 livres pour le voiage d'un messager envoyé vers M. le duc de Rohan.

Du 4. M.rs Favier, La Cloche et Milletière, de Poitou, ont rapporté avoir veu et examiné le compte de la recepte et despence faitte par M. de Couvrelles en son voiage d'Angleterre, où luy et M. Banage ont esté cy-devant députez vers le Sér. Roy de la Grand Bretagne; et après avoir esté ouys sur quelques articles qu'ilz ont remis au jugement de la Compagnie, iceux jugez par l'Assemblée, ledict compte a esté clos, arresté et approuvé par la Compagnie; et s'est trouvé la recepte monter 14334 l. 9 s. 6 d., et la despence 14098 l. 7 s. 10 d., tellement que la recepte doit à la despence 239 l. 12 s. 8 d., laquelle somme sera déduitte et précomptée audict s. de Couvrelles sur la portion qui luy pourra escheoir des premiers deniers qui seront à distribuer à la Compagnie. Ce faisant, demeurera ledict s. de Couvrelles dès à présent quitte et deschargé de toutes et chacunes les sommes par luy receues tant en Angleterre qu'en ceste ville, selon qu'elles sont employées au compte par luy rendu à l'Assemblée; laquelle promet le garentir et rendre indemne de toutes recherches qui en pourroient estre faites et de tous despens, dommages et interestz qu'il pourroit souffrir cy après à raison dudict compte.

Et d'autant que, par ledict compte, il se trouve une promesse du s. Anthoine Alaire, marchand de ceste ville, du 27esme avril 1622, de 1186 l. 19 s., avec une lettre de change dudit Allaire, du 25esme may suivant, de la somme de 4255 l. et une promesse du s. d'Orliac de la somme de 400 livres, paiables lesdictes trois sommes ausdictz s.rs de Couvrelles et

David et Defaux, aussi cy-devant députez de ceste ville vers le Sér. Roy de la Grand Bretagne, comme icelles appartenans par moitié à l'Assemblée et à la ville, lesquelles sommes n'ayant esté acquittées par lesditz s^rs Allaire et d'Orliac ont esté employées en reprise par ledict s^r de Couvrelles et par luy mises ès mains des secrettaires pour les deslivrer à. . . . *(un blanc dans le texte)* afin d'en faire le recouvrement et compte avec ledict s^r Allaire.

Mandement à Mr Riffaut de payer à Mr Pages la somme de 450 livres pour l'achapt de cinquante mousquetz, garnis de fourchettes et bandollières, fait par Mrs de Couvrelles et de La Taule, suivant l'ordre de l'Assemblée pour armer les Anglois.

Pour subvenir à l'entretien des députez qui sont à présent en l'Assemblée, la Compagnie a ordonné qu'il sera fait une distribution de la somme de 7 à 8000 liv. à prendre, tant sur le reliqua des comptes des receveurs commis par ladicte Assemblée, que sur ce qui ce pourra provenir de la collecte d'Angleterre et tout autre nature de deniers qui se trouveront au pouvoir et disposition de ladicte Assemblée; de laquelle distribution sera fait et dressé estat par les commissaires à ce députez à raison de 3 l. 5 s. par jour pour chacun de l'ordre de la noblesse, et 43 s. pour ceux des deux aultres ordres, pour le temps que chacun des dictz députez aura séjourné en ladicte Assemblée à compter du jour de leur arrivée en icelle jusques à la fin du présent mois; rapportant à la masse, avec les deniers à recevoir, ceux qui ont desjà esté receus par les distributions précédentes, et déduction faitte à chacun de ce qu'il a reçeu d'icelle, sauf de 632 l. 10 s. à M^r de La Milletière, de Paris, et 75 l. fournies à M^r de La Cloche durant sa maladie, lesquelles la Compagnie n'a pas voulu leur estre déduictes; ensemble de leurs absences qui ont excédé le terme d'un mois; le tout à la descharge des provinces, lesquelles seront tenus de parfaire à leurs ditz députez jusqu'à la concurrence des sommes qui leur ont esté par elles ordonnées pour tout le temps qu'ilz auront servy en leurs dictes députations.

Du 7 Novembre. Les commissaires cy devant nommez pour la distribution ordonnée du 4 du présent mois ont rapporté l'estat qu'ilz en ont dressé, montant à la somme de 23004 l. 10 s. 4 d.; lequel a esté veu, approuvé et arresté par la Compagnie, qui a ordonné que les deniers seront distribuez aux desnommez dans le dict acte, à mesure qu'ilz se pourront recouvrer.

Du 9. Sur ce qui a esté représenté à l'Assemblée que le capitaine Bonnaut, ayant eu commandement de M^r l'admiral de l'armée navale de ceste ville d'aller descouvrir celle des ennemis, auroient fait rencontre d'un navire, nommé le Jacques d'Ollonne, chargé de 50 tonneaux de bled froment, lequel il auroit représenté par devant les commissaires de l'Admirauté pour estre procédé au jugement de ladicte prise, dont lesdictz commissaires avoient fait de la difficulté attendu que le dict Bonnault n'avoit aucune commission de l'Assemblée, suivant ce qu'auroit cy-devant arresté ladicte Assemblée; la Compagnie a jugé, d'autant que ladicte prise a esté faitte en expédition militaire, que lesdictz commissaires, nonobstant ledict deffault et commission, ne doivent faire difficulté de procéder à l'adjudication d'icelle, suivant et conformément aux réglemens de l'Assemblée sur le fait de l'admirauté.

Le sieur capitaine du Bois, de Montauban, a présenté lectres à la Compagnie de la part de M^r le duc de Rohan, du 22 octobre dernier, donnant advis de la publication de la paix faitte devant Montpellier; avec coppie de la déclaration du Roy sur les articles accordez par S. M. à tous ses subjectz de la religion, comme aussy ceux qui concernent le particulier de La Rochelle et Montauban, et la nomination des six qui doivent estre présentez au Roy afin d'en accepter deux d'iceux à la charge de député général ; ensemble les mémoires et instructions baillés par mondit s' de Rohan au s' de La Brochetière, lequel estant demeuré malade à Montauban les avoit mis entre les mains dudict Dubois.

De toutes lesquelles lectres mémoires et instructions cy dessus lecture ayant esté faitte, la Compagnie, d'un commun consentement, a loué Dieu de ce qu'il avoit pleu à sa divine bonté inspirer au cœur de nostre Roy, l'inclinant aux vœux et supplications très humbles de ses subjectz faisans profession de la religion, de rendre la paix à son estat et à eux, avec la seureté de leurs vies, la liberté de leurs consciences, suivant et au désir des éditz qui leur ont esté accordez ; en reconnoissance desquelles graces, faveur et bénédiction ilz demeureront à jamais obligez de prier Dieu pour les jours longs et heureux de S. M. et prospérité de son estat.

Sera aussi mondit s' le duc de Rohan loué et remercié d'avoir procuré un tel bien à nos églises, lesquelles conserveront à tousjours la mémoire de ceste obligation.

Et au regard de la nomination des six que mondit s' de Rohan a présentez au Roy pour en estre accepté deux d'iceux à la charge de député général, que l'Assemblée l'a pour agréable, et ce pour ceste fois seullement, pour les considérations touchées par le susdit mémoire et sans tirer à conséquence ; et qu'elle escrira aux provinces de s'adresser doresnavant à ceux qui auront esté acceptez aux affaires qu'elles auront à poursuivre en Cour et les reconnoistra en ladicte charge tout ainsi que s'ilz avoient esté nommez par la dicte Assemblée ; laquelle, pour tesmoigner la prompte obéissance qu'elle désire rendre aux commendemens de S. M., a arresté que dès à présent les députez en icelle désisteront de s'assembler, sinon pour donner ordre à leurs affaires et pourvoir à leur séparation et jusques à la vérification et publication de l'édit.

Du 10. Mr de Clairville, cy-devant envoyé par la Compagnie en Angleterre, estant de retour, luy a rendu lectres de Mr de Soubize luy donnant advis sur les causes du retardement de son voiage.

A aussi ledict s^r rendu lettres à la Compagnie de Mrs Beauvais, Banage et Calendrin, avec cinq lectres de change paiables à Mrs de Couvrelles, David et de Fos.

La première, en datte du 2 septembre 1622, de la somme de 467 livres par Henry Sauvage sur le s^r Thomas Tolé, de la Rochelle.

La seconde, du 2 juillet 1622, de la somme de 3600 livres, tirée par Mr de Soubize sur M^rs de La Goutte et Maleray.

La troisiesme, du 24 Aoust, de la somme de 150 livres, tirée par Mr de Montmartin sur Mr Gendrault, eschevin de ceste ville.

La quatriesme, du 10^esme Juin 1622, de la somme de 1500 livres, tirée par Edouart Le Roy sur le s^r Jehan Gallot, marchant demeurant à La Rochelle.

La cinquiesme, du 1er juillet 1622, de pareille somme de 1500 livres, tirée par le dict Edouart Roy sur le dict Gallot.

Toutes lesquelles cinq ont esté par luy rendues par la Compagnie.

La Compagnie, ayant à diverses fois ordonné que le s^r Fromentin, depuis trois mois, rendroit compte de la recepte par luy faitte en l'isle d'Argenton et payeroit les droitz appartenant au public, voyant qu'il n'y a satisfait, quelque instance qu'elle luy en aye fait faire par ses commissaires, a arresté que, dans trois jours, il remettra son compte et pièces justificatives d'iceluy ès mains de M^rs d'Espinay, Rival et Rodil, pour l'ouyr et examiner et, après, en faire rapport à la Compagnie; et autrement à son refus et délay elle y pourvoiera.

Sur la proposition faitte touchant le compte des deniers

de la collecte faitte en Angleterre et Escosse pour la subvention des églises de ce royaume, dont la recepte et recouvrement ont esté cy-devant commis par l'Assemblée à Mr Philippe Burlamachi, demeurant à Londres, a esté arresté que le compte desdictz deniers sera clos et arresté par Mr Banage, député de la dicte Assemblée en Angleterre, avec le sr de Burlamachi, ou aultre ayant charge de luy, pour estre les deniers qui resteront entre leurs mains pour la part de la dicte Assemblée envoyée par la plus prompte et seure voye que faire se pourra par lectre de change à Paris, ou en ceste ville de La Rochelle, ès mains de Mr de Couvrelles, afin d'estre employée aux affaires et nécessitez publicques des dictes églises, selon qu'il a esté ordonné par la dicte Assemblée ; et demeureront les dictz srs de Burlamachi, et tous aultres, deschargez de la recepte et maniement des deniers de la ditte collecte en vertu du compte qui en sera arresté et quittances qui en pourront estre délivrées par le dict Sr Banage, auquel la dicte Assemblée donne tout pouvoir et autorité de ce faire en vertu du présent acte.

A esté arresté, pour l'exécution de l'acte cy-dessus, de despescher le plus promptement que faire ce pourra en Angleterre ; et pour cet effect nomme le sr de Clairville, auquel sera deslivré la somme de 300 livres dont luy sera expédié mandement sur Mr Riffaut, qui luy a esté deslivré.

Sera par la mesme voye escrit à Mr du Candal.

Mrs Gargoulaud, Viette, La Lande et La Roche, députez du corps de ville et bourgeois, ont représenté que, pour entretenir la bonne union et correspondance qui a tousjours esté entre l'Assemblée et ceste ville, d'autant que le courrier qui vient de la part du Roy pour la paix doit aller ce matin au corps de ville pour exposer sa légation, ils ont charge de faire entendre à la Compagnie afin que, si elle l'a agréable, elle y face trouver quelques uns de son corps afin d'estre informez de ce qui sera proposé ; dont la dicte Compagnie les a remerciez et député pour se trouver au dict corps de ville Mrs de Mitois, de Loubie, d'Espinay, du Cré, Menuau et Rodil.

Lecture faite de la despesche arrestée par les commissaires cy-devant nommez vers M^r le duc de Rohan, elle a esté agréée et approuvée par la Compagnie.

Sur la proposition faitte par M^r de La Tour-Geneste, touchant l'indemnité par luy cy-devant requise de la Compagnie à raison du saccagement, bruslement et rasement de ses maisons, a esté arresté que les provinces seront exhortées, chacune en droit soy, d'avoir esgard aux pertes et ruines souffertes par les députez de ceste Compagnie en haine de leur députation ; et de pourvoir à leur indemnité autant que faire ce pourra, mesmement des deniers de la collecte où il s'en trouvera.

Mandement à Mr Riffaut de payer à Mr de Saint-Simon la somme de 52 l. pour le voiage d'un messager envoyé vers M^r le duc de Rohan et 7 s. pour le voiage du s^r Colville en l'isle de Rhé.

Mr de Boisrogier, estant venu en la Compagnie, a représenté comme Mr de Boissy, et aultres gentishommes de la province de Normandie, venans en ceste ville pour servir le général des églises, auroient esté pris en mer par les galères du Roy qui leur auroient pris tout ce qu'ilz avoient ; et, outre, auroient contraint de paier sommes notables pour estre libérez. A ces causes supplioient la Compagnie qu'il luy pleust recommender les dictz de Boissy, et aultres gentishommes prins avec luy, de la dicte province de Normandie, et l'exhorter d'avoir esgard aux grandes despences et pertes qu'ilz ont faittes et souffertes pour le service des dictes églises ; et, autant que faire se pourra, pourvoir à leur indemnité sur leurs pertes et grandes incommoditez par eux souffertes.

La Compagnie, procédant au jugement des députez par les provinces en ceste Assemblée qui ne sont point acquittez de leur devoir a renvoyé tous ceux qui ne se sont point trouvez au jugement de leurs provinces, lesquelles sont engagées de faire rapport du jugement qu'elles en auront fait en l'Assemblée géneralle prochaine ; et comme ainsi soit que le s^r marquis de Chasteauneuf, l'un des députez de la Basse-Guienne, ait, à pris d'argent, abandonné la garde de la ville de Pons qui, comme place de sureté, luy avoit esté commise par l'Assemblée ; que le s^r de Veilles, l'un des députez du Haut Languedoc, au lieu de s'employer à la manutention des églises en sa province à laquelle il avoit esté envoyé par l'Assemblée, s'est rangé avec ceux qui les opprimoient ; et que le s^r de La Piterne, l'un des députez de la Xaintonge, soulz un faulx donné à entendre, se seroit séparé de cette Compagnie et ait prononcé plusieurs propos calomnieux contre elle, et qu'ainsi tous les trois soient convaincus d'avoir prévariqué en leurs charges, abandonné les églises, et faulcé leur serment : la dicte Compagnie a déclaré et déclare les dictz s^{rs} de Chasteauneuf, de Veilles et La Piterne déserteurs de l'Union des églises et décheus de tous les honneurs et gratifications qui leur avoient esté conférées par l'Assemblée ; laquelle descharge les provinces des sommes qu'ils pourroient leur demander pour leur deffray durant le dict temps qu'ilz ont esté en la dicte Assemblée ; permettant mesmes aux dictes provinces de repéter, si bon leur semble, sur les dictes personnes, les deniers qu'elles leur ont fourny pour ce subject ; et sont les églises exhortées de procéder contre eux selon que le requièrent les sinodes nationnaux. Et combien que les s^{rs} de Saint-Bonnet, l'un des députez de la province des Sevènes, de Chasteauneuf, l'un des députez de Vivarestz, et de Lignières, l'un des députez du Haut Languedoc, ne soient et n'ayent escrit depuis leur départ, l'Assemblée, néantmoins, pour certaines considérations, les renvoye à leur province pour y desduire les excuses des dictz deffaultz si aucunes en ont ; et cependant sont les dictes provinces exhortées de ne les employer ès charges qui concernent les églises jusqu'à ce qu'elles en ayent jugé. Et quant aux s^rs de Grandry et de La Primaudaye, députez d'Anjou, et Jaucourt, député de Berry, d'Asnières et Colinet, députez de Bourgongne, de Sérignac et Bony, députez des Sevennes, Avias, député de Vivarestz, et Henleix, député de Bretagne, qui se sont retirez avec congez soubz condition, soit de retourner, soit de faire venir leurs substituez ou aultres en leurs places, et qui cependant n'ont satisfait à aucune des dictes conditions, ny mesmes escrit à l'Assemblée, quoy qu'aucuns d'eux ayent escrit depuis à des particuliers; et que, notamment, les dicts s^rs de Sérignac et Bony eussent pris charge de diverses choses pour leur province dont ils n'ont rendu aucun compte, la Compagnie révoque les gratifications qu'elle leur a fait, descharge les provinces des sommes qu'ilz pourroient leur demander pour leur defray durant le temps qu'ils ont demeuré en l'Assemblée, et les exhorte de n'employer les dictes personnes en aucune charge qui concerne les dictes églises jusques à ce qu'ils ayent fait juger de leurs excuses, si aucunes en ont, en l'Assemblée géneralle prochaine.

Mandement à Mr Riffaut de payer à Mr de Beauchastel la somme de 120 l. pour les fraitz par luy faitz venant en ceste ville servir le général des églises.

Autre mandement à Mr Riffault de payer à Mr de Lescure la somme de 94 l. 18 s. pour reste de fraitz par luy faitz à son voiage de Sédan vers M^r le duc de Bouillon.

Autre mandement à Mr Riffaut de payer à Cousineau la somme de 20 l. tant pour ses gages du mois précédent que pour quelques menus fraitz.

Mr Guérin, pasteur, et M^r de La Milletière, de Paris, commissaires pour ouyr le compte du Sr Verron, en ont fait rapport à la Compagnie; et a esté clos et arresté et approuvé par icelle et s'est trouvé la recepte monter 1313 l. 2 s. 8 d. et la despence 1185 l. 17 s. 7 d.; partant la recepte doit à la despence la somme de 127 l. 5 s. un d. ; laquelle somme ledict

Verron a mise ès mains du sr de La Taule, dont demeure ledict comptable et deschargé.

A esté arresté que la somme de 300 l. sera tirée sur Mr Burlamachi auquel, pour cet effect, lectres d'eschange première et seconde ont esté ce jourdhuy escrittes; et ce pour le payement du retour en Normandie de Mr de Caus et aultres capitaines et officiers du régiment de Mr de Bricole, Mrs de ceste ville ayant pareillement contribué pour le mesme subject.

Pareille somme de 300 l. a esté accordée au capitaine Guinguan, pour la venue et retour de certains Anglois, dont luy a esté payé de contant 100 l. par Mr de Couvrelles, suivant l'acquit qu'il en rapporte; et pour les deux cens livres luy ont esté deslivrées lettres d'eschange première et seconde sur Mr de Burlamachi.

Le compte et recepte et despence faitte par le sr Constantin, commis par l'Assemblée à la recepte des droitz d'imposition au bureau establi en la ville de Royan, ayant esté vérifié et examiné à diverses fois par les commissaires à ce députez, a esté ce jourdhuy rapporté à la Compagnie en laquelle il a esté clos et arresté; et s'est trouvé la recepte dudict conte monter 179984 l. 17 s. et la despence à pareille somme: partant est demeuré quitte ledict comptable; mais il faut noter que de toute la recepte dudict compte il n'en est venu de bon à l'Assemblée que la somme de 16207 l. 3 d. pour leur droit de dixiesme, ayant esté le surplus accordé à Mrs de La Rochelle pour les fraitz et despence de leur armée navale, et à Mr de Soubize pour l'entretien de la garnison et gens de guerre estans au dict Royan, outre le payement de la ville, garnison, droitz des officiers et aultres fraitz et despences nécessaires; sur laquelle somme revenant à l'Assemblée elle n'a néantmoins touché que 12228 l. 17 s. employés en recepte au compte du sr Riffaut, trésorier général pour la dicte Assemblée, clos avec le présent, et 429 l. 12 s., payées à son acquit par ledict Constantin pour les affayres publicques qui doivent estre employées au payement de la dernière distribution ordonnée aux députez de ladicte Assemblée, oultre 2500 l. fournies comptant par ledict Constantin à la closture de son compte et 1000 l. qui restent deus par le s^r Papin, receveur de la ville, dont il a fait la recepte en l'absence dudict Constantin.

Autre compte rendu par le s^r de La Taule, l'un des députez en l'Assemblée et commis à la recepte des droitz provenus de l'admirauté, ayant pareillement esté vérifié et examiné par les commissaires à ce députez et par eux rapporté en l'Assemblée, en laquelle il a esté clos et arresté; et s'est trouvé la recepte dudict compte, ensemble d'aultre précédent rendu par le s^r de La Taule, clos le 10 mars 1622, dont le debs est employé audict dernier compte, se monter à la somme de 42003 l. 6 s. 9 d., estant le dict comptable demeuré reliquataire de 405 l. 15 s. 4 d. qu'il a payée présentement contant, pour estre employée en la distribution mentionnée en l'article précédent; et soit noté que de toute la dicte recepte en a esté payé au s^r Riffault, trésorier et receveur général susdict, 35867 l. 13 s. 8 d., contenus en la recepte de son compte, le surplus ayant esté employé sur les mandemens de l'Assemblée pour l'acquit des debtes et aultres despences nécessaires pour les affaires publicques, selon qu'il est particulièrement enseigné par ledict compte, lequel est demeuré avec les actes de l'Assemblée.

Le compte du s^r Riffaut, trésorier et receveur général des deniers du public, dans lequel sont rapportez les deniers revenans à l'Assemblée, nommément des receptes particulières suivant les règlemens, a esté aussi ce jourdhuy rapporté par les commissaires députez à l'examen d'iceluy par la dicte Assemblée, en laquelle il a esté clos et arresté; et revient la recepte du dit compte à la somme de 71177 l. 4 s., n'estant demeuré le comptable reliquataire que de la somme de 126 l. 13 s. 4 d. qu'il a payée contant présentement pour fournir à la susdite distribution; et, pour le regard de la recepte, elle a esté employée par ledict Riffaut tant au payement des distributions précédentes qu'en achapt d'armes, poudres et munitions de guerre et de bouche, payement de gens de guerre anglois, plusieurs voyages et aultres fraitz et despences pour les affaires et nécessitez publicques, selon qu'il est plus particulièrement porté par ledict compte dudict s^r Riffault, lequel est demeuré avec les actes de l'Assemblée pour estre le tout mis aux archives de ceste ville de La Rochelle, comme tous les aultres titres et papiers des Assemblées précédentes.

L'Assemblée, désirant selon pouvoir donner contentement à M^r de La Cressonnière pour les 6000 l. qu'elle doit à deffunt M^r son père suivant les actes sur ce faitz dès le mois d'Avril de l'année 1621, a arresté que les quatre pièces de canon de fer que Mr Banage a achepté en Escosse et fait mettre ès mains du capitaine Fleury, en Angleterre, pour les conduire en ceste ville, seront vendues pour la somme de 1200 l., s'il ne se peut davantage, pour les deniers estre mis ès mains du s^r David Gilles à la descharge et acquit dudict s^r de La Cressonnière, envers lequel il estoit redevable de la somme de 2040 l. pour l'achapt d'armes et aultres munitions de guerre ; et le restant montant 840 l. sera paié par M^r de La Goutte audict Gilles pour l'entière descharge dudict s^r de La Cressonnière sur les deniers que ledict s^r de La Goutte a entre ses mains, appartenans à l'Assemblée par raison de la prise faitte par Bazan ; et, pour l'exécution de ce que dessus, a esté nommé Mr de Maleray, l'un des députez de la province de Poitou, pour faire ledict payement audict Gilles ou retirer les sommes cy-dessus et les remettre ès mains dudict s^r de La Cressonnière, duquel il retirera quittance à la descharge de la dicte Assemblée ; laquelle quittance il envoyera au prochain sinode national, qui sera prié de voulloir pourvoir au payement de la somme de 4000 l. restant à payer audict s^r de La Cressonnière par les meilleures voyes qu'il luy sera possible.

L'Assemblée, ayant esgard à ce que Mr de Saint-Simon luy a représenté que sa femme est héritière de feu François de Crimal, vivant sieur Descros, les biens duquel, situez au conté de Nice, sont induement retenus depuis plusieurs années par le duc de Savoye, requérant l'intercession de l'Assemblée envers le Roy pour luy faire avoir restitution desdictz biens; l'Assemblée a jugé bon de charger les députez généraux qui seront de faire instance par supplication à S. M. afin qu'il luy plaise escrire audit seigneur duc à ceste fin et, en cas de dilayement ou refus de luy, accorder lectres de represailles.

Sera escrit à Mr Banage, en responce de ses dernières lettres, et luy sera ordonné de pourvoir au recouvrement des deniers restans de la collecte et en disposer selon qu'il luy sera escrit par les dictes lectres.

A esté accordé à M^r de La Chappelière la somme de 400 l. qu'il avoit receue des deniers provenans de la collecte d'Angleterre et dont il estoit comptable à l'Assemblée, laquelle l'en a deschargé et gratifié de la dicte somme.

Les mémoires et instructions dressez pour envoyer aux députez généraux qui seront acceptez par S. M. pour résider près sa personne, ayans esté leus ont esté approuvez en la Compagnie; comme pareillement les lettres escrites aux provinces touchant la déclaration de la paix avec ordre de s'adresser doresnavant aus dictz députez pour les affaires concernans les églises.

A esté ordonné qu'il sera payé au colonel Bilinsly, anglois, pour la moitié que l'Assemblée doit contribuer à ceste despence, 3500 l.; savoir: deux mil livres pour les lieutenans de ses capitaines et soldatz, et quinze cens livres accordées audict colonel pour ses fraitz et desdommagement, y compris deux cens cinquante livres pour fraitz de ses capitaines; de laquelle somme en sera payé deux cens livres contant et le surplus en lettres d'eschange sur les deniers restans à recouvrer de la collecte d'Angleterre.

Sur lesdictz deniers restans de la dicte collecte pour la moitié qui en revient à la dicte Assemblée a esté ordonné à Mr de Couvrelles et Mr Banage, cy-devant députez en Angleterre, la somme de dix huit cens livres ; savoir : au dict sr de Couvrelles 600 l., et audict sr Banage 1200 l., à eux accordées en considération des peines et despences qu'ilz ont souffertes au recouvrement de ladicte collecte ; et qu'il sera de plus employé par ledict sr Banage, qui est encore audit pais, sur la moitié revenant à l'Assemblée, la somme de 750 l. pour gratifier les srs Burlamachi, de Beauvais, Calendrin et Chrestian du soing qu'ilz ont eu au recouvrement, selon qu'il sera particulièrement escrit audict sr Banage et dont seront tirées lettres d'eschange sur ledict Burlamachi, dont la ville de La Rochelle leur fournist pareille somme.

Pour subvenir aux urgentes nécessitez de Mrs Lefebvre et Thévenot, pasteurs, réfugiez en ceste ville, a esté ordonné que, sur les deniers qui pourront se recouvrer provenans de la collecte faitte en la province de Xaintonge, il leur sera distribué à chacun 100 livres.

Pour le recouvrement des receptes deues par plusieurs particuliers à cause des droitz de l'admirauté, employé au compte du sr de La Taule, commis à la recepte desdictz droitz, a esté nommé le sr Du Prince, controolleur de ladicte admirauté, auquel l'Assemblée donne pouvoir de faire ledict recouvrement, pour estre les deniers en provenans mis par le dict Du Prince ès mains de Mr de La Chapellière, qui en tiendra compte à la prochaine Assemblée générale ou sinode nationnal ; et pour les peines et vacations dudict Prince luy a accordé à raison de 2 s., 6 d. pour livre.

Les cinq lettres d'eschanges tirées d'Angleterre en ceste ville de La Rochelle, paiables à M. de Couvrelles pour l'Assemblée, et à Mrs David et de Faux pour ladicte ville, mentionnées en l'acte cy dessus le mesme jour que le présent, ledict sieur de Couvrelles a deslivré sa quittance des quatre montant pour la moitié de l'Assemblée 1808 l. 10 s. ; laquelle somme il a présentement remise ès mains de ladicte Assemblée pour employer en l'acquit de la distribution ordonnée aux députez d'icelle dès le 4^{esme} de ce mois, acquit des debtes, aultres fraitz et despences nécessaires ; ayant aussi remis à l'Assemblée la lectre d'eschange de 3300 livres tirée par Mr de Soubize sur Mr Maleray, qui ne l'a voulu accepter sur ce qu'il a remonstré ladicte somme avoir esté employée pour la levée des Anglois et dont ledict s^r de Couvrelles demeure pareillement deschargé, ensemble de la somme de 162 l., 7 s., 6 d., restans de trois cens livres cy-devant fournie à M. Le Blanc, pasteur réfugié en Angleterre, des deniers de ladicte collecte par ordre de Mr Burlamachi, qui l'a aussi remis en la dicte Assemblée pour l'effect que dessus; et pour le surplus des trois cens livres il a esté employé par ledict s^r Le Blanc, et quelques fraitz et despences pour le public suivant l'ordre de l'Assemblée, qui l'en a deschargé; comme aussi de la somme de 23 l., 2 s., 8 d., dont il estoit demeuré chargé par le reliqua de son compte du 4^{esme} novembre, laquelle somme il a mise ès mains de l'Assemblée.

Mr Maleray a remis entre les mains de l'Assemblée, suivant la charge qui luy avoit esté donnée, l'obligation, quittance et aultres pièces concernant le payement de la somme de 7005 l., deus aux s^{rs} Gilles et Gensen, marchands flamans, par M^{rs} le marquis de Chasteauneuf, Chastillon, La Vallade, Saint-Germain et Dompierre, de laquelle Mrs de Loubie et de Mitois, Hespérien, Savary, Rival, et aultres députez de ladite Assemblée estoient cautions envers lesdictz Gilles et Gensen ; comme pareillement la reconnoissance faitte par lesdictz s^{rs} députez que le dict payement dont ilz auroient retiré quittance en leur nom, du 24^{esme} septembre dernier, auroit esté fait des deniers de l'Assemblée, qui leur auroit promis de les garentir dudit plégement; et, pour ce, faisoient cession et transport de tous leurs droitz et actions à la dicte Assemblée, dont ledict s^r Maleray en a esté remercié et ordonné que lesdictes pièces seront mises entre les mains de. . . . . *(lacune dans le texte)* pour en faire la poursuitte et recouvrement soubz le nom et au profit des dictes Eglises, dont il sera tenu compte à la prochaine Assemblée générale ou sinode nationnal des dictes églises.

Mʳ de Beauchamp, l'un des députez de la province de Bretagne en l'Assemblée, ayant des lectres d'eschange tirées sur. . . . . *(lacune dans le texte)* pour le payement de 1400 livres fournies en Holand par Mʳ Du Verger-Malaguet aux députez de ladicte Assemblée, a consenty qu'elle fust biffée et lacérée comme estant solue et acquittée des deniers de ladicte Assemblée ; si elle se trouvoit, qu'elle demeure nulle et sans effect.

Il a esté ordonné que les actes originaux de l'Assemblée, ensemble les lectres d'envoy, pouvoirs, lettres missives, comptes-rendus et aultres pièces concernans les affaires qui se sont traittées en ladicte Assemblée, contenues et mentionnées dans lesditz actes, ensemble le sceau de ladicte Assemblée, seront laissez entre les mains de Mʳˢ de La Chappellière et de La Goutte pour les remettre comme les actes, brevetz et autres pièces des Assemblées précédentes au Trésor et Chartres de ceste ville de La Rochelle, afin d'y estre conservées pour y avoir recours quand besoing sera.

Fait et arresté en ladicte Assemblée des églises réformées de France et souveraineté de Béarn tenant à La Rochelle, ce unziesme novembre mil six cens vingt et deux.

Signé :
Sainct Symon *président*   J. Clémenceau, *adjoint pour actes de l'Assemblée pour la province d'Anjou.*

De Lagoutte *secrétaire*

De Montmésar *secrétaire.*

TABLE

DES NOMS D'HOMMES ET DES NOMS DE LIEUX

MENTIONNÉS DANS LES ACTES DE L'ASSEMBLÉE
DE LA ROCHELLE [1].

A

Abbeville, (Somme) 217.
Affaneur, 403.
Agenais (Bas-), 29, 121.
Aigret (Jacques), fils de Jacques A. et de Madeleine Talbot ; ancien à La Rochelle, 7, 414.
Aisene, Essene, voy. Ayssènes.
Albert de Luynes (Charles d'), fils d'Honoré et de Anne de Rodulf. Il fut grand fauconnier, premier gentilhomme de la chambre, capitaine de la Bastille, lieutenant général en Normandie; connétable le 2 avril 1621, mort le 15 décembre après avoir tenté inutilement le siége de Montauban. Garde des sceaux à dater du 3 août 1621, comme chef du conseil après la mort du chancelier Du Vair, 7.
Albigeois, 77, 111.
Alençon, 348.

Allain, assesseur à Saint-Lô, 7, 16, 20, 34, 35, 44, 47, 49, 50, 69, 112, 128, 134, 201.
Allaire (Antoine), fils d'Antoine A. et de Esther Brechelière ; marchand, pair en 1617, mort en 1638; 429.
Alteyrac, voy. Tauriac.
Americ, premier consul à Montpellier, 399.
Amos, 162.
Amsterdam, 186, 410, 411.
Anduze (Gard), 182, 187, 193.
Anglade, 285.
Angleterre, 208, 209, 380, 433.
Angoulin, voy. Berne.
Anguitar, voy. Poussard.
Anias, voy. Avias.
Annebaut, ou Hannebaut, voy. Denebault.
Argenton (île d'), près de Blaye, 264-267, 341, 357, 363, 394, 433.

---

1. Nous avons relevé tous les noms d'hommes relatés dans le texte que nous publions; mais nous n'avons pas noté tous les renvois qui se rapportent à ceux de ces noms qui se retrouvent presque à chaque page. En ce qui concerne ces derniers, on ne trouvera ici que les mentions véritablement utiles pour suivre l'histoire de l'Assemblée et de chacun de ceux qui prirent part à des travaux.

Artiganoue, lieutenant du château de Fontenay, 63, 68.
Arvert (île d'), (*Charente-Inférieure*), 253.
Asnières, *voy.* Loriol.
Aubigny (N. d'), 115.
Aubin (*Jean*), fils de Jacques A. et de Jeanne Joyeux; membre du corps de ville en 1611, vice-amiral, mort en 1621; 301, 322, 381.
Auger (Louis), bourgeois de Bordeaux, 323.
Avias, originaire de Mirabel où il était ancien, 7, 94, 115, 124, 172, 173, 180, 437.
Auvillers, lieutenant de Soubise, 208, 209.
Aymier (Jean), élu à Marennes, 308.
Ayssènes (*Aveyron*), 38, 103.
Aytré (*Charente-Inférieure*), 245.

B

Bacalan, *voy.* Laurec.
Bailli d'Aunis, *voy.* Barbot.
Baillon, 281, 284.
Baix (*Ardèche*), 110.
Baleyne, *voy.* Mars.
Balot, 185.
Barbezieux (*Charente*), 300.
Barbot (Amos), fils de Jean B. et de Mathurine Rousseau; bailli du grand fief d'Aunis en 1589, pair de la commune en 1599, mort en 1625. Parmi les nombreux Rochelais de ce nom vivaient à la même époque Jean B., s^r de Treuilbois, maire en 1577, et Jacques B., s^r de l'Ardène, maire en 1581; son fils Abel, s^r de l'Ardène, était en 1622 du corps de ville et de la chambre de justice, 50, 100, 101, 122, 135, 140, 144, 162, 221. 317.
Bardonnin, rochelais, 98, 112, 148, 184, 206, 214, 229, 265.
Basnage (Benjamin), père du célèbre jurisconsulte, pasteur de Carentan et de Sainte-Mère-Église. Il assista aux synodes de Saint-Maixent (1616), Tonneins (1614); envoyé en Écosse et en Angleterre à l'effet de recueillir de l'argent pour les frais de la guerre, il rentra en France après la conclusion de la paix seulement. En 1631, député de Normandie au synode de Charenton, modérateur à celui d'Alençon (1637), envoyé en 1644 auprès de la reine-mère par le synode de Charenton, 55, 85, 97, 429, 433, 440.
Bastard (Henri), marquis de la Cressonnière, sgr. de La Ménardière, Montlouet, le Bourg-Bastard, St-Pierre-du-Chemin, le fief de Menemblet, chevalier de l'ordre, gentilhomme de la chambre, baron du Petit-Château. Il était fils de René B. et de Charlotte Bigot. Député aux assemblées de la Rochelle en 1612 et 1616, de Grenoble en 1615; gouverneur de Maillezais. Ses deux fils Henri et René furent tués dans l'expédition de Soubise en Bas-Poitou, 25, 32, 34, 35, 41, 53, 60-62, 67, 77, 78, 440.
Baudan (Maurice), s^r de Vestric, docteur en droit, viguier de Nîmes en 1613, conseiller au présidial en 1622, premier consul en 1652; 335.
Baudéan (Jean de), comte de Parabère, marquis de la Mothe-Saint-Héraye, sgr. de Saint-Sauran et La Roche, gouverneur de Niort et lieutenant général en Poitou. Fils de Bernard de B. et de Jeanne

de Caubiot ; mort en 1631, chevalier des ordres, 244.

Baudouin (Nicolas), s^r de Belœil et la Noue, fils de Nicolas B. et de Pérette Ogier ; il fut juge-prévôt de La Rochelle, pair en 1622 ; député à l'assemblée de Loudun en 1619 ; mort en 1648 ; 84, 122, 140.

Baugé (*Maine-et-Loire*), 68.

Baugé-Chapuzeau, 363.

Baulot (Jean), rochelais, fils de Jean B. et de Marie d'Agoult. On connaît aussi Antoine Bollo, marié en 1579 à Catherine Thibault. Un livre de la Bibliothèque de La Rochelle porte : *J. Bolotus chirurgius*, 155, 268.

Baylens (Bernard de), sgr. de Poyanne, gouverneur de Dax en 1617 ; 75, 86, 247, 316.

Bayonne, 282, 286.

Bazan, marin, 440.

Bazas (*Gironde*), 250.

Béarn, 75, 79.

Beaucastel (Pierre de), sgr. de Pradelles, fils de Jean de B., sgr. de Montvaillant, et de Jeanne de Belcastel de Pradelles, 308, 374, 437.

Beauchamps, *voy*. Le Noir.

Beaufort (Pierre de), 168, 189.

Beaufort, *voy*. Gabriac.

Beaupreau, *voy*. Guynot.

Beaurepaire, *voy*. Paquereau.

Beauvais, pasteur à Alençon, 348, 433, 442.

Beaux (les) (*Bouches-du-Rhône*), 75.

Belcastel, *voy*. Beaucastel.

Belebat (N. de), 369.

Bellanger (N.), baron de Cerqueux, 308, 336, 370.

Bellanger (Siméon), écuyer, s^r de La Brachetière, capitaine d'une compagnie de gens de pied, gentilhomme de M. de Soubise, 116, 191, 245, 432.

Belot, pasteur en Saintonge, 410.

Bénac, *voy*. Montaut.

Benzin (N. de), s^r de La Cadée, neveu de Jean Bernard de Salles, gouverneur de Navarrenx, 3, 23, 32, 77.

Béraudy (Martin de), s^r de Beauséjour, maire en 1611 et 1617, fils de Mathurin de B. et de Marie Gaultier, mort en 1627 ; 267, 279.

Béraud ou Bérault (Michel), ancien moine, pasteur de Réalmont en 1578 ; député au synode de Sainte-Foy la même année et en 1601 ; à l'assemblée de Nantes (1590), professeur de théologie à Montauban. Son fils, Pierre, était pasteur à Bergerac en 1603, à Pamiers en 1615, professeur de théologie à Montauban, délégué en 1625 à l'assemblée de Grenoble par le Haut-Languedoc, 70, 72.

Bergerac (*Dordogne*), 14, 90, 100, 107, 151.

Bernardeau (Pierre), rochelais, fils de Pierre B. et de Françoise Buffet, mort en 1648 ; 135, 144, 153, 155, 158, 177, 209, 241, 265, 270, 273.

Bernardin, avocat au Parlement de Bordeaux, 70.

Berne (Jean), s^r d'Angoulins, maire en 1619, député au synode de Castres pour la ville de La Rochelle où il était ancien ; en 1628 au nombre des délégués choisis pour faire la paix avec le roi. Son père était Louis B., sa mère Alexandrine Bigot. Jean mourut en 1648 ; 7, 135, 410.

» Louis, s^r du Pont-de-la-Pierre, fils de Jean B. et de Catherine Rondeau, maire en 1603 et 1614 ; en 1619 député à l'assemblée de Loudun, mort en 1625 ; 1, 3, 90, 335.

Bernon (Benjamin), s^r de l'Isleau, fils de Jean B. et de Pérette Annonay ; échevin à La Rochelle en 1619, député à l'assemblée de Saumur en 1611. On croit qu'il posséda la Guillemaudière près de Sainte-Hermine et reçut sous ce nom une lettre de Henri IV du 1ᵉʳ février 1594; 268.

Berry, 9, 11, 34.

Berthomé, rochelais, probablement c'est le même personnage qui figurait à l'assemblée de la Rochelle de 1616 sous le nom de Berthomois, 155, 177, 255, 262, 274, 312.

Bertichères ou Bertissières, *voy.* Chaumont.

Bertot, rochelais, 98.

Berudel, 168.

Bessay (Jonas de), chevalier, sgr. de Bessay, baron de Saint-Hilaire, sʳ de la Contencière, La Vouste, le Puymillet, fils de Giron de B. et de Renée de La Lande de Machecou; gouverneur de Talmont en 1596 en remplacement de Saint-Etienne, son oncle; de 1615 à 1620 il servit sous Louis, Claude et Henri de la Trémouille. Député à l'assemblée de Châtellerault en 1605, de Jargeau en 1608, au synode de Tonneins, à l'assemblée de Loudun en 1619, mort en 1630. Son fils aîné Louis se convertit; son autre fils Giron, sʳ des Granges, abandonna Talmont lorsque son père eut été défait à Saint-Benoît-sur-Mer, 1, 3, 17, 35, 53, 99, 103, 113, 126, 134, 150, 161, 165, 208, 390.

Béthune (François de), comte, puis duc d'Orval, fils de Maximilien de B., duc de Sully, et de Rachel de Cochefilet; gendre du duc de La Force, 2, 8, 47, 78, 208.

Béthune (Maximilien Iᵉʳ de), duc de Sully, grand maître de l'artillerie, mort en 1641; 9, 16, 22, 29, 34, 38, 47, 53, 78.

Bigot, 193.

Bilinsly, colonel anglais, 441.

Binard (Jean de), fils de Pierre de B, capitaine de 100 chevau-légers et gouverneur de Châtillon-sur-Loing. Il fut maître de camp d'un régiment d'infanterie, sous Rohan. En 1622, soupçonné d'avoir voulu livrer au roi Nîmes et d'autres places du Languedoc, il fut condamné à mort et exécuté. Sa mémoire fut ensuite réhabilitée sur les instances de sa veuve Marthe de Favier de Vestric, 399.

Blacons, *voy.* Forest.

Blanc (Michel), pasteur de La Rochelle de 1615 à 1622, député à Charenton en 1623, mort à Paris le 3 septembre. Sa femme était Marie Oyseau, 7.

Blandin (Isaac), sʳ de Fiefmignon, fils de Jean B., maire en 1571, et de Madeleine Boulier. Il fut lui-même maire en 1608 et mourut en 1632; 3, 158, 187, 303, 311, 320.

Blaye (*Gironde*), 264.

Boisguerenne (le capitaine), 117, 134, 141.

Boisroger, gentilhomme normand. Il appartenait probablement à la famille de Mustel; j'ai constaté que Charles de Mustel, chevalier, sgr du Boisroger, faisait un acte, en 1660, en faveur du pasteur de la Haye-du-Puys, 373, 393, 435.

Boisrond, *voy.* Saint-Léger.

Boisse-Pardaillan, *voy.* Escodéca.

Boissy, gentilhomme normand, 413, 435.

Bollo, *voy.* Baulot.

Boncorps (N. de), sgr de Northuyl, 377.

Bond, capitaine anglais, 424.

Bonnaut (le capitaine), 376, 431.

Bonne (François de), sgr de Lesdiguières, fils de Jean de B. et de Françoise de Castellane, 29, 46, 47, 53, 61, 65, 74, 83, 86, 89, 91, 122, 123, 130, 142, 145, 146, 149, 163.

Bonnefoy (N. de), lieutenant du gouverneur de Pons, 21.

Bonnet, 285.

Bonye (Jean), d'Anduze, pasteur à Sauve, à Saint-André et à Saint-Jean de Gardenenque, 2, 15, 85, 93, 99, 437.

— 449 —

Boquigny (N. de), anglais, 220.
Bordeaux. 70, 148, 165, 188, 217, 221, 227, 254, 267, 272, 274, 279, 287, 323, 382, 410, 424.
Bos, *voy.* les Baux.
Bouchereau (Samuel), né à Bourgueil, pasteur à Saumur et recteur à l'académie de cette ville, mort en 1630, 73.
— (le capitaine), 383
Boucole ou Bouquolle (N. baron de), 376, 413, 438
Bouillon, *voy* La Tour.
Bouilly. 1.
Bouin (île de), (*Vendée*), 282, 414.
Bouet, 285.
Boullereau, 2.
Bourbon (Henri de), deuxième prince de Condé, fils de Henri Ier et de Marie de Clèves, 7.
— (Henri II de), vicomte de Lavedan, marquis de Malauze, fils de Henri Ier de B.-M. et de Françoise de Saint-Exupéry, mort le 31 déc. 1647 après avoir abjuré. Pendant toute sa vie le marquis de Malauze combattit avec les protestants ; il assista aux assemblées de Grenoble (1615), Figeac (1617), Millau (1620) ; en 1621 il servait dans le Castrais, en 1622 dans le haut Languedoc, 78, 111.
Bourgade (David de La), pasteur à Maslacq, 97, 162.
Bourigaud, 217.
Bourlamachy, *voy.* Burlamachy.
Bourguenan (*Vendée*), 131.
Bousquet (David), sgr. de Veilles, fils de David B. et de Gabrielle Contenier. Gagné par les promesses de Vendôme, il songeait à livrer Montauban au roi lorsqu'il fut tué en 1623 en cherchant à arrêter un convoi de blé destiné aux protestants de cette ville. 8, 9, 16, 20, 22, 27, 40, 42, 44, 58, 77, 79, 95, 97, 104, 436.
— (Jonathan), sgr. de Verlhac, frère du précédent, servait sous Rohan ; tué à l'attaque de La Caussade tentée après la levée du siége de Montauban, 81.
Boussiron (Charles de), sgr. de Grandry et de Bray, fils de René de B. sgr. de La Brachetière, Matifeu-Laage, Pellouailles, et de Charlotte Savary. Il fut cornette de Duplessis-Mornay à la bataille d'Ivry, député de l'Anjou à l'assemblée de La Rochelle en 1616, et l'un des deux députés généraux en Cour ; mort à Saumur en 1624 ; 46, 50, 94, 437.
Bourigault (le capitaine), 263, 264.
Bouvot, 2.
Brachet (Théophile), s^r de La Milletière, fils d'Ignace B., intendant de la maison de Navarre, et d'Antoinette Faye. Ancien à Charenton ; il publia contre Daniel Tilenus, ministre de Sedan, en 1622, un factum très-vif pour soutenir le droit de l'Assemblée de La Rochelle à rester réunie. Agent de Rohan de 1625 à 1627, il fut enfermé à la Bastille et condamné à mort ; mais le roi lui fit grâce et même le pensionna. Brachet, dès lors dévoué au roi, publia de nombreux écrits pour amener la paix entre les deux églises, s'attira la haine de ses coreligionnaires et finit par abjurer le 2 avril 1645 ; mort en 1665 ; 2, 3, 17, 53, 121, 307.
Bragnault (Daniel), fils de Gabriel B. et de Bastienne Richard ; capitaine de marine. En 1622, il traversa la flotte royale victorieuse et rentra à La Rochelle après avoir perdu 103 hommes sur les 120 qui formaient son équipage ; il se distingua pendant le siége de 1627 et entra plus tard dans la marine royale, 136, 142, 151.
Bray (Etienne), capitaine de marine, 423.
Bricole, *voy.* Boucole.
Bressuire (*Deux-Sèvres*), 64.
Brisson (N.), gouverneur de Privas, 423, 425, 426, 428.

29

Brouage (*Charente-Inférieure*), 197, 200, 210, 253.

Brunet (Michel), s' de Passy, fils de Jean B. et de Jeanne Lacroix. Il y avait à la même époque à La Rochelle un autre Michel Brunet, s' de Passy, fils de Nicolas B. et de Judith Bigot. C'est dans l'hôtel de l'un d'eux que l'Assemblée de La Rochelle tenait ses séances, 152, 177, 211, 229, 301.

Brunet (Jean-Jacques de), baron de Pujols, vicomte d'Ambialet, gentilhomme de la chambre du roi, fils de Henri de B., sgr. de Lestelle, et de Madeleine de Lordat. Il fut gouverneur de Clérac et de Tonneins avant 1616, servit avec distinction sous Louis XIII et testa en 1647; 27.

Broussart ou Brossart (Jeanne de), femme de Pierre de Beaufort, 168, 189.

— (Daniel de), Rochelais, 268.

Brunswich (Frédéric-Ulric), duc de Brunswich, mort en 1634; fils de Henri-Jules, duc de B., et d'Elisabeth de Danemarck, 390.

Buckingham (Georges Villiers, duc de), créé marquis de Buckingham en 1618 par Jacques II; duc en 1622, grand sénéchal en 1626; depuis cette date jusqu'en 1628 qu'il fut assassiné à Plymouth, il soutint énergiquement les protestants de France et fit en personne, une descente dans l'île de Ré. Il était d'origine française, fils de Georges de V. et de Marie de Beaumont, 163, 348, 374

Burlamachy (Philippe), banquier de Londres, 349, 397, 401, 409, 434, 442, 443.

C

Cabry (N.), veuve du s' de Fois, fille de Jean C., avocat au présidial, et de Marie Blandin, 270.

Cahors, 77.

Caillaut, neveu de Mme Sainte-Croix, 292.

Calendrin, 423, 442.

Calumes, *lis.* Calcomies (*Aveyron*), 38.

Cambis (Jacques de), baron de Fos et de Sérignac, fils de Théodore de C., intendant de l'artillerie en Languedoc en 1585, et d'Espérance d'Assas; il fut ancien de l'église de Quissac, capitaine au régiment de Fontcouverte en 1610, député au synode de Tonneins en 1614; 2, 44, 47, 49, 78, 437.

Canapville, gentilhomme normand, 373.

Candal (Isaac du), sgr. de Fontenailles, conseiller secrétaire du roi, commis à la recette des deniers accordés aux protestants par le roi, 37, 69, 129, 304, 434.

Caudelay (N. de), sgr. de Gémozac, gouverneur de Royan dès 1588; il jura l'union à l'assemblée de Loudun en 1599, 17.

Cantorbery (l'archevêque de), 374.

Captan, marchand de Bordeaux, 266, 267, 323.

Carlincas, 399.

Carvert, secrétaire d'Etat en Angleterre, 348, 407.

Casaubon, pasteur en Béarn, 2, 3, 134, 136.

Casaulx (Jean), s' de la Prée-aux-Bœufs, échevin, l'un des députés envoyés à Henri IV en 1603, chargé l'année suivante de faire un règlement pour l'échevinage, 380, 391.

Casse (N. de), 253.

Castaing, 16, 25, 27, 40.
Casteljaloux (*Lot-et-Garonne*), 326, 329.
Castelmauron (*Lot-et-Garonne*), 26.
Castelnau, *voy*. Caumont.
Castelnau de Chalosse, *voy*. La Motte.
Castets-en-Dorthe (*Gironde*), 156, 329.
Castillon (*Gironde*), 27, 195, 278, 280.
Castres (*Tarn*), 24, 42, 69, 104, 110, 119, 129, 185.
Caumont (Jacques-Nompar de), duc de La Force, pair et maréchal de France, gouverneur de Béarn, fils de François de C., sgr. de Castelnau, tué à Paris, lors de la Saint-Barthélemy, et de Philippe de Beaupoil, dame de La Force, 28, 30, 33, 47, 53, 72, 75, 79, 82, 85, 99, 100, 109, 139, 186, 245, 252, 290.
— (Armand de), marquis puis duc de La Force, maréchal de France en 1652, fils aîné du précédent. Il avait épousé Jeanne de La Rochefaton, dame de Saveilles, et mourut en 1675; 153, 186, 216.
— (Henri Nompar de), marquis de Castelnau, puis duc de La Force, fils de Jacques-Nompar de C. et de Charlotte de Gontaut-Biron. Il avait épousé Marguerite d'Escodeca, fille d'Armand, baron de Boisse, et de Jeanne de Bourzolles, 47, 56, 61, 70, 85, 91, 93, 99.
— (Jean de), sgr de Montpouillan, frère du précédent, tué à la défense de Tonneins.
Caus, capitaine dans le régiment de Bricole. 428.
Ceillus (N. d.), gouverneur de Calumes ou Calcomies, 38.
Cerqueux, *voy*. Bellanger.
Chabocelay, pasteur, 279.
Chabot (Gui de), baron de Jarnac, sgr. de Saint-Gelais, capitaine de 100 chevau-légers, conseiller d'état en 1614, lieutenant du roi en Saintonge sous Condé. Fils de Léonor C. et de Marguerite de Durfort, 42, 98, 109, 118, 120, 130, 143, 146.
Chaillou, avocat à Saintes, député à l'assemblée de Loudun, 15.
Chaintrier, ancien et marchand à La Rochelle, 224, 255, 268, 274, 312.
Chaize-le-Vicomte (La) (*Vendée*), 297.
Chalas (Jean), fils d'Antoine C.; avocat et 1er consul à Nîmes en 1611, 1612, député à Loudun en 1619; commissaire en 1623 pour l'exécution de la paix en Touraine, en Poitou et en Saintonge, 3, 31, 33, 40, 83, 84, 89, 100, 101, 103, 106, 112, 118, 122, 125, 127, 230, 234.
Chalosse, *voy*. La Motte.
Champagne (Louis de), fils de Louis de C., tué à Coutras en 1587, et de Madeleine de Melun. Il porta les titres de comte de La Suze et de marquis de Nonnanville, et mourut en 1636, après avoir été général au service de Berne; gouverneur de Montbéliard, Belfort et Ferrette, lieutenant général des armées du roi, 56, 133, 137, 151, 191.
Champdeniers (*Deux-Sèvres*), 137.
Champoléon, *voy*. Martin.
Chancelier de France, *voy*. Du Vair.
Chandeau, dit *La Rivière* (François), marin, 386.
Chandolent, *voy*. Eschallart.
Chandeniers, *voy*. Champdeniers.
Chapelle-la-Reine (La) (*Seine-et-Marne*), 65.
Chasseloup, de l'île d'Oleron, 307.
Chasteauneuf, *voy*. Pierre-Buffière.
Chasteauneuf, de Vivarais, *voy*. Pierregourde.
Chastellaillon, *voy*. Green de Saint-Marsault.
Chastillon (Gaspard, comte de), fils de François, colonel général de l'infanterie, et de Marguerite d'Ailly de Péquigny. Élu par

l'assemblée de Nîmes chef des églises de Languedoc, Gévaudan, Vivarais et Cévennes ; sa conduite peu franche le fit destituer par l'assemblée de Nîmes, et il se rangea du parti du roi; maréchal de France, duc et pair en 1642, mort en 1646; 6, 29, 40, 47, 51, 53, 69, 75-8, 83, 86, 99, 105, 106, 132, 134, 142, 244, 443.

Chastillon, contrôleur et intendant de finances, 163.

Chauffepié (Jean), fils de Jean C., ministre à Marennes. Il fut lui-même ministre à Niort, député à Châtellerault en 1605, à Jargeau et Grenoble en 1608, à Alais en 1620; 244.

Chaume (La) (*Vendée*), 273.

Chaumont (Abdias de), fils de Antoine de C., sgr. de Quitry, et de Jeanne d'Assy de Canteloup, sgr. de Bertichères, gouverneur d'Aigues-Mortes, 399.

Chauvernon, pasteur à Taillebourg, 67, 126.

Chauvin (David de), baron de la Musse, fils de David de C. et de Sara du Bouais de Baulac. Il avait épousé Anne, fille de La Noue dit *Bras-de-fer;* condamné à mort par contumace par arrêt du parlement de Bretagne du 10 mai 1622, ainsi que André Le Noir, il eut son château de La Musse rasé et ses bois coupés. Plus tard David de la Musse fut créé marquis par Louis XIII, 2, 44.

Chavigny, gentilhomme normand, 373.

Chesnevert (Etienne), s#r# de La Miltière, avocat à Talmont et maître des requêtes de l'hôtel de Navarre. Il était à Châtellerault en 1605, à Jargeau en 1608, à Saint-Maixent en 1609, à Saumur en 1611 : là il fut choisi pour être député général. Il était encore en 1614 au synode de Tonneins, en 1615 à l'assemblée de Grenoble, en 1619 à celle de Loudun, 1, 6, 44, 52, 81, 306, 307.

Chevalier (Abraham), fils de Augier C. et de Jeanne Joly : en 1621 Guiton le choisit pour être son vice-amiral, 217.

Chinon (*Indre-et-Loire*), 68.

Chrestien, 442.

Clairac (*Lot-et-Garonne*), 27, 29, 72, 92, 124, 138, 141, 163, 281, 290, 292-5, 298.

Clairville (N. de), 100, 352, 433.

Clémenceau (Jacques), pasteur à Poitiers depuis la fin du xvie siècle jusqu'en 1637; auteur de plusieurs ouvrages de controverse ; il était à Saumur en 1611, à Loudun en 1619; 3, 4, 17, 49, 93, 97, 105, 115, 136, 211.

— médecin à Fontenay, 17, 49, 68, 105.

Clermont d'Amboise (Henri de), marquis de Gallerande, fils de Georges II, maréchal de camp, et de Marie Clutier. Il présida le synode de Loudun en 1619, assista à l'assemblée de Loudun et s'abstint de venir à La Rochelle, 1.

Cognac (*Charente*), 144.

Colinet, pasteur en Bourgogne, 2, 3, 94, 437.

Coligny, *voy.* Châtillon.

Colombier (Pierre du), 166.

Colville, 435.

Comborn, *voy.* Pierre-Buffière.

Confolens, 61.

Connétable de France, *voy.* Albert de Luynes.

Constant (Augustin de), fils de Antoine de C., sgr. de Resbecq, en Artois, entra au service de Jeanne d'Albret, à laquelle il resta fidèle ainsi qu'à Henri IV qui lui donna le gouvernement de Marans ; il y eut pour successeur son gendre, le baron de Chandolan, 105.

— député de Pons, 82.

Constantin (Mathieu), receveur à Royan, 251, 260, 274, 291-3,

306, 315, 317, 320, 438.
Corbeau (le capitaine), de Loudun, 199.
Cotiby (Samuel), fils de Jacques C., tous deux pasteurs à Poitiers ; député au synode de Charenton en 1620; 279.
Coulon (Charles), écuyer, sgr. des Voiliers, membre du corps de ville, procureur de la ville de La Rochelle en 1618 ; fils de Pierre C. et de Marie Dennebaut, 210, 267, 323.
— (Pierre), 210.
— (N.), marchand de Bordeaux, 267, 287.
Coulonge-le-Reaux, 137.
Courcillon (Louis de), baron Dangeau, fils de Jacques de C., capitaine de 50 hommes des ordonnances, et de Suzanne de Baudrais. Député aux synodes de Chastillon-sur-Loing en 1616, de Tonneins et à l'assemblée de Loudun en 1619, 2, 11.
Courreau (Pierre), soldat blessé à Royan, 348.
Cousineau (Jean), concierge de l'Assemblée de La Rochelle, 196, 212, 222, 313, 429, 437.
Coustau (le capitaine), 184.
Coutances, 172.
Couvrelles, voy. Docok.
Crimal (François de), sgr. du Cros, au comté de Nice, 441.
Cré (N. du), pasteur de Manosque, 32.
Cros (Pierre du), fils de Charles du C., assassiné à Montpellier. Président au parlement de Grenoble, il fut lui-même tué à Valence, dans une émeute, comme il cherchait à s'évader déguisé en femme, 90, 91.

D

Dangeau, voy. Courcillon.
Danjau, ancien à Fontenay, 135.
Dannebaut. voy. Dennebaut.
Dauphiné, 2, 8, 21, 46, 237.
David. Pendant la tenue de l'Assemblée, il y avait trois personnages de ce nom qui figuraient au corps de ville : *Jacques*, maire en 1615 et 1625 ; Jean, pair ; André, 44, 100, 280, 430, 433. 442.
Defaux, rochelais, peut-être le même que David de Fos, voy. ce mot.
Dehargues, marchand rochelais, 50, 64, 176, 184.
Demirande (Jean), fils de Pierre D. et de Marie Dreperat ; sr du Treuil-des-Noyers, échevin en 1589, député au synode en 1607 ; envoyé à Paris pour les affaires de la ville en 1611 et 1614, maire en 1626 ; 87, 126, 146, 148, 184, 214, 229, 312, 317, 395, 437, 452, 464, 513, 520.
— (Gamaliel), fils du précédent, tué en 1622 dans un combat naval, 64, 84, 421.
Dennebaut (Mathieu), rochelais, fils de René D. et de Marguerite David, mort en 1628, échevin, 214, 272, 360.
Denis (Abel), ancien à Bordeaux, 424.
Desbordes, marchand de Bordeaux, 188.
Desert, ancien à La Rochelle, 381, 405.
Destinguant (N. de), gentilhomme normand, 373.
Die (*Drôme*), 103.
Dieppe (*Seine-Inférieure*), 390.
Digdy (lord), ambassadeur extraordinaire de Grande-Bretagne en Espagne, 407.

Dinsy, rochelais, 88.
Diray, *voy.* d'Iray.
Docok (Jean-Casimir), sgr. de Couvrelles, fils de Louis D. et de Suzanne Poussart; député à Loudun en 1619. Il avait épousé Jeanne de La Rochefoucauld, fille de Pierre de L.-R. sgr. du Parc-d'Archiac, et de Marie de Barri, 1, 3, 6, 34, 49, 50, 52, 93 à 96, 102, 108, 306, 429, 433.
Dolus (île d'Oleron), *Charente-Inférieure*, 210.
Dompierre (N. de); plusieurs membres de la famille de Dompierre, sgrs. de Liramont en Picardie, servaient sous Chastillon en Vivarais et en Poitou, 134, 142, 443.
Doncaster (le vicomte), ambassadeur extraordinaire d'Angleterre, 161, 164, 178, 222, 227, 343, 345, 396.
Doucet (Etienne), membre du corps de ville en 1622, remplaça le procureur Coulon absent pour cause de maladie, 252.
Doudas, 71.
Dous, *voy.* Doucet.
Dubois (le capitaine), de Montauban, 431.
— (Daniel), s^r des Illesmaisons, 143, 145, 148, 163, 239, 241, 399.

Dufay, 368.
Dulac (André), de la Tremblade, 188.
Dumoulin (Pierre), fils de Joachim D., pasteur à Orléans, et de Françoise Gobet. Il fut ministre à Charenton, professeur de théologie à l'académie de Sedan, pasteur à Londres; mort en 1658, 404.
Duncaster, *voy.* Doncaster, 343.
Dunois, 66.
Duplessis-Bellay, gouverneur de Taillebourg, 67.
Duplessis Mornay, *voy.* Mornay.
Dupuy, *voy.* Puy (Du).
Durand (N.), baron de Sénégas, fils de Charles D. Il n'assista pas aux réunions de l'Assemblée parce qu'il était occupé à soulever le Languedoc; je ne sais s'il s'agit ici du père ou du fils, mort en 1624 au château de Sénégas, 2.
Duras, *voy.* Durfort.
Durfort (Jacques de), marquis de Duras, comte de Royan, baron de Blanquefort, sgr. de Pujols, capitaine de 50 hommes d'armes des ordonnances, conseiller d'Etat, mort en 1625. Il était fils de Symphorien de D. et de Barbe Cauchin de Maupas, 78.
Duvines, 57, 66.

E

Ecosse, 440.
Edimbourg, 290, 355, 402.
Elbœuf, *voy.* Lorraine.
Eschallart (François), baron de Champdolent, fils de Charles E., sgr. de La Boulaye, et de Marie du Fou, gouverneur de Marans après son beau-père Augustin de Constant. Il rendit cette place au roi Louis XIII, qui la lui laissa, 8, 31, 33, 93, 103, 105, 110, 127.
— (Maximilien), fils de Philippe E. et de Marie Hurault, neveu du précédent. Il était sgr. de La Boulaye, baron de Châteaumur, et eut le gouvernement de Fontenay-le-Comte après son père. Il se soumit au roi et se convertit, 16, 63.

Escodeca (Pierre d'), fils de Jean d'E. et de Marguerite d'Apremont, sgr. de Boisse en Languedoc ; il eut Pardaillan par sa femme Marie de Ségur ; il fut colonel d'un régiment, maréchal de camp et servit en 1619 en Languedoc, sous Mayenne, sans rompre avec les protestants. Tué à Gensac par le sr de Savignac d'Eynesse, 70, 72, 78, 119, 121, 124, 185, 419.

— (Armand d'), fils du précédent, marquis de Mirambeau par son mariage avec Madeleine de Pons, 27, 33, 47, 51, 59, 100, 281, 285.

Espernon, *voy.* Nogaret.

Espinasse, gentilhomme périgourdin, 131.

Espinay (Nicolas), fils de Nicolas E., sgr. de Campigny et de Grandval, et de Geneviève de Boniface de Saint-Aignan ; il était lui-même sgr. du Parc-de-Nerville et ministre à Londun, 1, 3, 6, 91, 111, 150, 160, 162, 241, 246, 313.

— (Timoléon d'), marquis de Saint-Luc, fils de François d'E., grand-maître de l'artillerie et lieutenant général en Guyenne, maréchal de France, mort à Bordeaux le 12 septembre 1644.

Espinet, de l'île d'Oleron, 259.

Essences, *voy.* Ayssènes.

Estival, 105.

F

Faure (le président), 399.

Faux, *voy.* Defaux.

Favas (Jean de), fils de Jean IV de F. et de Louise de La Chassagne. Il était sgr. de Roux, Orriés, vicomte de Castets en-Dorthe, maréchal de camp, gentilhomme ordinaire de la chambre, chevalier de l'ordre, gouverneur de Casteljaloux, mort en 1654. — Son fils Jean (et de Catherine de Gaultier-Camiran) fut tué en 1622 ; 3, 9, 15, 25-27, 30, 31, 34, 35, 36, 40, 82, 83, 86, 89, 100, 107, 115, 122, 125, 126, 128, 131, 134, 142, 156, 160, 172, 174, 187, 192, 226, 238, 248, 249, 260, 304, 305, 321, 323, 419, 420.

Favier (Pierre de), sgr. de Vestric, à l'assemblée de Sommières en 1611, à celle de Lunel en 1613, 2, 3, 6, 157, 179, 308, 322.

Faye (N. de), député de l'assemblée provinciale de Basse-Guyenne, 100.

Feret, commandant du fort de Soulac, 407.

Fermez, 163.

Ferminas, gouverneur de Baix, 110.

Ferran, envoyé de M. de Lusignan, 290, 304.

Fief-Coteret, *voy.* Guilmin.

Fief-Mignon, *voy.* Blandin.

Figeac, 77.

Filembert, de Fontenay-le-Comte, 135.

Fleury. On trouve Jean Fleury, ministre à Baugé, qui assista à plusieurs assemblées et synodes de 1588 à 1614 ; un ministre des Sables-d'Olonne en 1628 portait le même nom, 377.

— (Jean), fils de Jacques F. et de Marguerite Garrier, capitaine de navire, 440.

Fois (N. de), conseiller au présidial de La Rochelle, 270.

Fontainebleau, 86.
Fontaines (N. des), envoyé de Soubize, 256.
Fontenay-le-Comte, 16, 42, 44, 61, 63, 64, 68, 73, 125.
Forain, gouverneur de Saint-Maixent, 127, 417.
Forant (Jacques), fils de Job F., de l'île de Ré, qui fut tué lors de la défaite de Soubise. Jacques fut ensuite amiral dans la flotte de Guiton, servit ensuite au même titre en Angleterre et en Hollande et enfin dans la marine royale, 174.
Forest, pasteur, 179.
Forets ou La Forêt (Alexandre de), fils d'Hector F., sgr. de Blacons et Mirabel. Il figure dans plusieurs expéditions militaires et fut gouverneur de Baix qu'il rendit au roi en 1622; 109, 149, 174.
Fos (David de), rochelais, avoc. au présidial, se distingua pendant le siége de La Rochelle en 1627, et écrivit en 1632 une relation de voyage de la reine dans cette ville, 98, 430, 433, 442.

Fossias (N. de), 94.
Fouilloux. Une famille Odet possédait en Saintonge un fief de ce nom, 187.
Fourchaud, dit le capitaine Chantelouppe, 188.
Fournier, député de l'abrégé de Montauban, 75, 77.
Fresche (Isaac du), sgr. de Léc, gentilhomme du duc de La Force, 33, 47, 54, 71, 73, 86, 91, 101, 109.
Fresneau, de l'île d'Oleron, 259.
Freton (Louis), sgr. de Servas, gentilhomme de Châtillon, maréchal de camp sous Rohan et sous Soubise, mort en 1625 ; ses *Mémoires*, publiés dans les Pièces du marquis d'Aubais, s'arrêtent à l'année 1620; 6, 35, 44, 47, 49, 53, 87, 93, 102, 114, 123, 147, 154, 208, 213, 308, 310 à 312, 322 et seq., 370, 379, 381, 384, 387.
Fromentin, de Saint-Jean-d'Angély, receveur à Royan et en l'île de Ré, 103, 212, 270, 393, 433.

G

Gabriac (Claude de), seigneur de Beaufort, maître de camp sous Rohan, prisonnier au siége de Montauban; il recouvra la liberté à la paix. Lieutenant général dans les Cévennes en 1627, il fut attaqué par Condé dans Pamiers, jugé par le parlement de Toulouse et exécuté, 271, 274.
Galles (le prince de), Charles, fils de Jacques Ier, roi d'Angleterre, et d'Anne de Danemarck, 348.
Gallot (Jean), rochelais, fils de Jean G. et de Marie Bridon, 433.
Gargoulaud ou Gargoulleau (Josué), sieur de Nieulh, fils de

Henri G. et d'Elisabeth Bizet, échevin ; il se retira à Montpellier, où il mourut en 1636 ; 115, 434.
Garnache (La) *(Vendée)*, 117, 121, 131, 134, 141.
Gaschot (Jean), fils de Jean G. et de Marie Thevenin ; il fut procureur de la ville de la Rochelle, pair en 1613, commandant de la flotte en 1622, mort en 1661 ; 361.
Gascogne, 226.
Gauthier, sénéchal d'Oleron, 167, 259, 307.
Gauvain (Etienne), fils de Pierre G.;

— 457 —

il fut pair de la Rochelle, maire en 1623, commandant de la flotte en 1621 ; 369.

Gendrault (Jean), rochelais, pair en 1603, député à Orthez en 1618; 3.

— (N.), veuve du précédent, 170, 317, 433.

Geneste (Isaac), sieur de La Tour, avocat au parlement de Bordeaux, député au synode de Charenton en 1623, comme ancien de Sauvetat, 2, 6, 31, 35, 41, 44, 61, 117, 124, 134, 158, 205, 207, 237, 286.

Genesteau, rochelais, 133, 139, 153.

Gensen, marchand rochelais, 134, 151, 169, 215, 443.

Gentillot, rochelais, un peu soldat, un peu pirate, connu par la fière réponse faite à Guise dont il était le prisonnier, 423, 427.

Geoffroy (Jacques), marchand et ancien à Saint-Gilles, 375.

Georges (Henri), fils de Jacques-Henri G., chevalier, conseiller du roi et son maître d'hôtel, et de Madeleine Dauge ; il était seign. de Mittois, Pontollain, les Aulnées, 2, 44, 57, 78, 80, 103, 119, 129, 134, 136, 307.

Géraut (Vincent), 135.

Gergeau, voyez Jargeau.

Giles (Daniel ou David), marchand flamand, 108, 134, 151, 169, 170, 215, 259, 309 à 312, 315, 440, 443.

Gilet, envoyé de M. de La Force, 123.

Girault (Jean), rochelais, fils de Pierre G. et de Sarah Bouchereau, 267 à 269.

Godefroy (Jean), rochelais, fils de Jean G. et de Françoise Tarquex ; il fut pair en 1608, maire en 1627, et mourut en 1653; 247, 256, 2 5.

Gombault, enseigne de la compagnie La Caze, 21, 43.

Gouin, envoyé de St-Surin, 308.

Goyer, ou Gohier (N.), l'un des rochelais les plus ardents dans la lutte entre les bourgeois et le Corps de ville; il mourut, dit-on, de chagrin en 1628, à la nouvelle que les Anglais trahissaient la cause de la ville, 3, 44, 50, 88, 125, 144, 265.

Grandry, voy. Boussiron.

Grasenlœil, rochelais, 98.

Green de St-Marsault (Daniel), fils de François G., s^{gr} de La Garde, et de Marie Chesnel ; il portait le titre de baron de Chastelaillon et fut mestre de camp des troupes rochelaises en 1622 ; 261, 416.

Grenoble, 24, 40.

Grenon (Daniel), s^r des Grands-Sures, avocat en la sénéchaussée de Saint-Jean-d'Angély, maire en 1616; 48, 57.

Grivel, de Fontenay-le-Comte, 135.

Guérin (Jean), pasteur à Beaugency, 2, 44, 57, 93, 212, 315, 316.

— (Jean), docteur en droit, syndic de Millau en 1586, consul, député aux Etats généraux en 1614, et à l'assemblée de Loudun en 1619. Il était alors lieutenant général en la judicature de Creyssels ; assista à l'assemblée de Millau en 1623 ; 2, 3, 23, 48, 52, 54, 57, 93, 94, 113, 118, 150, 325, 383.

— pair de La Rochelle, 324.

Guérineau, pasteur à Saint-Benoît-de-Poitou, 166, 179, 188, 300, 311, 320.

Guibert (Marthe), femme de François Prévost, 210.

— (Jeanne), femme de Pierre Coulon, 210.

— (Pierre), 210, 216, 232, 251, 258, 262, 279, 314.

Guichinay, 14.

Guillaudeau (Pierre), fils de Pierre G., médecin ; il était doyen des avocats en 1620 ; auteur d'un journal intéressant. Quelquefois on le trouve désigné sous le nom de s^r de Baupreau, 335, 381.

Guilmin (André), rochelais, fils de Pierre G. et de Jeanne Viette ; il était sr du Fief Coteret. En 1621, ayant pris parti pour le roi, il fut pris et massacré le 18 août au moment où il entrait en ville, 165, 270.
Guingan (le capne), 438.
Guinot ou Guynot (N.), sr de Baupreau, 87, 112, 199, 224, 229, 241, 422.
Guiot, 403.
Guise, *voy*. Lorraine.
Guyenne (haute), 38, 71, 92.
— (basse), 28, 39, 139, 141, 193, 195, 198, 203, 207, 239, 276, 328, 330.

H

Hannebaut, *voy*. Dennebaut.
Hargues, *voy*. Dehargues.
Harmel (N. du), prisonnier de guerre, 201.
Harrys (Christophe), commandant de noirs anglais, 349.
Hayes (N. des), envoyé de Chasteauneuf, 139, 146.
Heinleix, *voy*. Royan, 2, 37, 49, 437.
Hespérien (Pierre), ministre de Ste-Foy ; député au synode de Gap en 1603, à l'assemblée de Jargeau en 1608, au synode de Vitré en 1617, à Loudun en 1620, mort en 1644 ; 2, 30, 51, 52, 53, 57, 61, 134, 158, 305, 306.
Hollande (le duc pensionnaire de), *voy*. Nassau.
Hornes, 411.
Horry (René), 426.
Huet (Jean), rochelais, fils d'Etienne H., auteur d'un Commentaire sur la Coutume de La Rochelle, et de Blandine Monjon ; il fut pair, 205, 265.

I

Imbert, membre de l'assemblée provinciale du Vivarais, 423.
Incamps (N. d'), gouverneur de la Vallée d'Ossau en 1592 et 1610, 143.
Iray, *voy*. Rogier.
Islesmaisons, *voy*. Dubois.
Ivernet (le capne), 375.

J

Jacques Ier, roi de Grande-Bretagne, 341 et *seq*.
Janneau (le capne), 197.
Jargeau (*Loiret*), 9, 112.
Jarnac, *voy*. Chabot.
Jarnac (*Charente-Inférieure*), 42.
Jarrie (La) (*Charente-inférieure*), 205.
Jau (Jean de), conseiller au siége de

La Rochelle, maire en 1593 ; il était s^r de Treil et de Maupertuis, 50.

Jaucourt (Jean de), fils de Louis de J., chevalier des ordres, et d'Elisabeth de La Trimouille. Il fut s^{gr} de Villarnoul, gentilhomme de la chambre sous Henri IV, conseiller d'Etat. Il épousa Marthe de Mornay, fille de Du Plessis-Mornay et de Charlotte d'Arbaleste, 11, 44, 53, 86, 89, 95, 437.

Jeannin (Pierre), d'abord conseiller, puis président au parlement de Bourgogne ; conseiller d'Etat et intendant des finances sous Henri IV ; contrôleur général sous Louis XIII, mort le 31 octobre 1622 ; 163.

Jonas (N. de), envoyé de La Force, 208.

Jonchets (N. des), gentilhomme normand, 373.

Jort (*Calvados*), 172.

K

Kip, conseiller à Saintes, 300.

L

Labes (Daniel), rochelais, membre du Corps de ville, 87, 171, 296.

La Boullaye, *voy*. Eschallard.

La Bourdellière (N. de), gouverneur de Thouars, 18, 19, 49, 51, 57, 76, 86, 91, 126.

La Bouscherie (N. de), gouverneur de la Garnache, 117, 121, 131, 134.

La Brachetière, *voy*. Bellenger.

La Caze, *voy*. Pons.

La Chambre (N. de), député des habitants de Royan, 18.

La Chapelière, *voy*. Le Cerclier.

La Charse (le marquis de), de Montauban, 399.

La Chesnaye, gouverneur de Royan, 18, 37, 45, 96, 108, 213, 219, 222 à 225.

La Cloche (Abraham), ministre à Chaltrait, 2, 82, 94, 112, 150, 308.

La Coste (Jean de), rochelais, fils de Michel L. et de Marie Chalmot, 54.

— (N. de), député de l'assemblée provinciale de la Haute-Guyenne, 276.

Lacourt, de Bordeaux, prisonnier, 410.

La Cressonnière, *voy*. Bastard.

La Faurie-Chabirgnac, prisonnier, 413.

La Ferrière (N. de), gouverneur de Vézins, 6, 31, 74.

Lafin (Prégent de), fils de Jean de L., s^{gr} de Beauvoir-la-Nocle, et de Béraude de Ferrières ; il fut vidame de Chartres, et mourut en 1625 ; 64, 137.

Lafont, 154, 157.

Lafontaine, maître d'hôtel ordinaire du roi, envoyé de M. de Chastillon, 105, 114.

La Force, *voy*. Caumont.

La Forest, gouverneur de Castillon pour le duc de Bouillon, 27, 195, 280.

— pasteur de Mauzé, 137.

— (Charles de) s^r de Vaudoré, et de Boisbaudron, 126, 292

— soldat de la garnison de Talmont, 131.

La Garde, gouverneur de Tonneins, 27, 70, 73.

La Goutte (Daniel de), fils de Pierre L. et de Jeanne Perreau ; il fut avocat du roi au présidial de La Rochelle, interprète d'Henri IV pour les langues étrangères, 1, 3, 17, 23, 36, 41, 109, 203, 221, 226, 252, 403.

La Grange, contrôleur général des finances de l'assemblée, 1, 2, 3, 17, 41, 54, 69, 97, 113, 141, 157, 162, 406.

Laguische, cap^{ne} de marine, 283.

La Haryée (N. baron de), gouverneur de Tartas, 52, 53, 57.

— (Dadon), fils du précédent, 52, 57.

La Haye, 2, 10, 390.

Lajargue, envoyé de M. de Savignac, 203.

La Jarrye, voy. Thevenin.

La Lande (David), rochelais, fils de Bertrand L. et de Jacquette Carré ; membre de la chambre de l'amirauté en 1627 ; 153, 303, 353, 414, 422, 434.

Laleu, voy. Yvon.

La Limaille, voy. Robert.

Lambert (Jean), de Horn, capitaine flamand, 426.

Lambertière (N. de), 369.

Lambertière, fief, 271.

La Milletière, voy. Brachet.

— ou La Miltière, voy. Chesnevert.

La Motte, voy. Le Hardy.

— (François de), baron de Castelnau de Chalosse, gouverneur de Marmande en 1585, puis de Mont-de-Marsan, revint au catholicisme en 1608. Bien qu'il ait envoyé Guichenay à l'Assemblée de la Rochelle pour assurer celle-ci de son dévouement, il mourut en 1621, servant dans l'armée royale sous les murs de Montauban. Le fils du précédent, s^{gr} de Miremont, revint au protestantisme, prit Mont-de-Marsan pour l'Assemblée en 1621, puis, changeant encore de parti, livra cette ville à Poyanne ; il fut tué par le marquis de Castelnau, 47.

La Motte-Fouqué (Henri), fils de Charles L.-M.-F., baron de St-Seurin et de Tonnay-Boutonne, et d'Elisabeth de La Cassagne. Son frère et son beau-frère ayant été faits prisonniers, il se laissa persuader de livrer Royan en 1622 pour obtenir leur liberté ; son projet fut déjoué ; il mourut en 1477 ; 126, 224, 229, 251, 268, 275, 308.

La Musse, voy. Chauvin.

La Nasse, 268, 270.

Landebaudière (N. Gaultron, s^r de), 19, 20, 25, 31, 34, 49, 51, 57, 78, 86, 91, 98.

Landes (N. des), receveur à Olonne, 324.

Lanes (Gui Odet de), baron de la Roche Chalais, épousa Anne de Gontaut-Biron, fille d'Armand de G., maréchal de France ; son fils Henri L., s^{gr} de St-Michel, fut gouverneur de Montauban en 1628 ; son frère était au service du roi, 49.

Langros (N. de), ambassadeur des Provinces-Unies, 2.2.

Languedoc (bas), 2, 51, 73, 132, 180, 335, 356.

— (haut), 2, 9, 38, 92.

La Noue (Théophile de), s^{gr} de Montreuil-Bonnin, fils de François de L. N., dit *Bras-de-Fer*, et de Marguerite de Téligny, 40, 160.

— maître d'hôtel de Rohan, 8, 306.

La Pacale (N. de), 341, 357.

La Parée (N. de), 308.

La Perrière (le capitaine), 150.

La Piterne, voy. Préveraud.

La Place (Josué de), né en Bretagne en 1605, mort à Saumur le 17 août 1665, pasteur à Nantes en 1625, professeur de théologie à Saumur en 1633, 2, 94, 162.

La Planche-Vajompe, 159.

La Porte, gouverneur de Nérac, 108, 224.

La Primaudaye (Eléazar de), fils de Pierre, gentilhomme de la chambre de Monsieur, et de Catherine de Plays. Il fut maître d'hôtel du roi, député au synode de Tonneins en 1611, à l'assemblée de Saumur en 1619; 1, 16, 23, 44, 57, 791, 437.

La Ravardière, *voy*. La Tousche.

Larbre, rochelais. 290.

L'Ardène. *voy*. Barbot.

La Renaudie, envoyé de Saint-Surin, 308.

La Roche. *voy*. Du May.

La Roche (Pierre), rochelais, fils de Guillaume L. R. et de Marie Georges, 3, 11, 434.

La Roche-Chalais, *voy*. Lanes.

La Roche de Grane (Paul de), seign. de Grane et de Peyrins, fils d'Antoine, châtelain de Grane et d'Antoine de Gardin, premier gentilhomme de la Chambre, créé comte dans la suite, 65, 67, 83, 86, 89.

La Rochefoucauld (François de), comte de Roucy, fils de Charles de L. R. et de Claude de Gontaut-Biron ; arrêté et enfermé à la Bastille jusqu'en 1629 ; 56, 375.

— (François de), seign. du Parc d'Archiac et de la Rigaudière, fils de Pierre de L.-R. et de Bonne Gillier ; député à Saumur en 1611, à Grenoble en 1615 ; 58, 197, 256.

— (François), fils de Charles de L.-R., comte de Randan, et de Fulvie Pic de la Mirandole ; cardinal du titre de St-Calixte, grand aumônier de France, mort en 1663 ; 163.

La Rolandière, *voy*. Templerie.

La Roque, *voy*. Montaut.

La Rose, rochelais, 388.

La Suze, *voy*. Champagne.

La Taulle, receveur des droits de l'amirauté, 2, 94, 113, 159, 165, 180, 197, 218, 306, 439.

La Touche-Brisson, 50, 88.

La Tour rochelais. 155.

— (Henri de), vicomte de Turenne, duc de Bouillon, prince de Sedan, maréchal de France, mort en 1633 ; il était fils de François II de L. T., vicomte de Turenne, et d'Eléonore de Montmorency, 16, 22, 51, 54, 102, 114, 133, 137, 193, 389, 400.

La Tour-Geneste, *voy*. Geneste.

La Tousche-Chapellière, *voy*. Le Cerclier.

La Tousche, *voy*. Losses.

— (Daniel de), sieur de La Ravardière, fils de François de L. T. et de Généreuse de Champeron ; ce fut un hardi navigateur, qui essaya de fonder une colonie dans le Nouveau-Monde. Député à Jergeau, ancien à Plouër ; vice-amiral à La Rochelle en 1621, 246, 252, 257, 263, 266.

— (Pierre de), sieur de Malaguet, gouverneur de Royan en 1621, tué en 1625 en l'île de Ré, ayant le titre de maréchal de camp. Il avait un frère connu sous le nom de Du Verger, qui le secondait en 1589 dans la défense de Blain, 282, 317, 444.

La Trimouille (Henri de), fils de Claude de L. T. et de Charlotte Brabantine de Nassau ; il refusa de l'Assemblée le titre de gouverneur d'Angoumois, suivit le roi au siége de Saint-Jean-d'Angély, et abjura le 28 juillet 1628 ; 11, 16, 18-20, 35, 38, 42, 51, 65, 74, 76, 86, 89, 91, 93, 97, 102, 104, 109, 118, 120, 126, 130, 143, 146, 389.

Lauraguais, 77.

Laurée (N. de), sieur de Bacalan, lieutenant général à Castelmoron ; député à l'abrégé du conseil de Basse-Guyenne, 26, 28, 29.

Lauret (N. de), 81.

Laurière (Joël de), rochelais, fils de François de L. et d'Andrée Corneau ; membre du Corps de ville depuis 1597 ; 84, 101, 125, 189, 224, 229, 265.

Lauzières (Pons de), marquis de Thémines, maréchal de France, sénéchal et gouverneur de Quercy, lieutenant général en Guyenne

après le maréchal de Roquelaure, mort le 1er novembre 1627 ; 129.
Laval, 75.
La Valade (Pierre de), pasteur à Fontenay-le-Comte, 135, 443.
La Vallée, *voy.* Prévost.
La Verdonnières, 72.
Leblanc, pasteur à Plymouth, 306, 443.
Le Brodeur, messager, 204.
Le Cerclier (Paul ou Louis), sieur de La Chapellière, La Tousche, pasteur à La Rochelle, 1, 6, 17, 41, 44, 47, 48, 49, 52, 57, 74, 81, 110, 119, 121, 161, 307, 397, 441.
Lefebvre, pasteur, 341, 442.
Legoust (Jean), rochelais, fils de Paul L., trésorier-receveur du roi de Navarre, et de Marie Craugnard ; il fut conseiller au présidial, 322.
Le Hardy (Timoléon), dit *La Motte*, soldat de la compagnie de Vaudoré, 292.
Le Large (Jacques), de Preuilly, en Touraine, soldat, 406.
Le Moyne, pasteur à Coutances, 172.
Le Noir (André), sieur de Beauchamps, pasteur de La Rochebernard en 1609, de Blain en 1620, député aux synodes de Saint-Maixent, de Tonneins en 1614, avec la qualification de pasteur de M. de Rohan ; de 1617 à 1620 il se plaignait de ne pas avoir touché le traitement que celui-ci lui avait promis. Condamné et exécuté en effigie par arrêt du Parlement de Bretagne le 10 mai 1622. Il était en 1626 député de Bretagne au synode national de Castres, 2, 57, 97, 444.
Leran, *voy.* Lévis.
Leroy (Edouard), 433.
Lermois (N. de), député du Berry, 7.
Leprince, contrôleur de l'amirauté, 442.
Lescun (Jean-Paul de), conseiller à la cour souveraine de Béarn, conseiller d'Etat du roi de Navarre ; il se fit connaître par un ardent patriotisme aux conférences de Loudun, et porta en 1616 les réclamations des Béarnais à Henri IV. Fait prisonnier à Cozes, il fut condamné à mort et exécuté à Bordeaux le 18 mai 1622 et sa tête exposée sur la porte de Royan, 2, 75, 97, 113, 115, 134, 141, 147, 177, 207, 215, 219, 252, 253, 260, 261, 302.
Lescure (N. de), envoyé de M. de Bouillon, 382, 412, 437.
Lesdiguière, *voy.* Bonne.
Lestang, pasteur, 341.
Levinus, pasteur à Bazas, 25, 31, 81, 84, 86, 87, 301.
Lévis (Gabriel de), fils de Gaston de L., sgr de Leran, et de Gabrielle de Foix ; il fut créé baron, puis vicomte de Leran, présida en 1615 l'assemblée du Haut-Languedoc à Pamiers, et accepta de l'Assemblée de La Rochelle le commandement du pays de Foix.
Lezelay, pasteur à La Rochefoucauld ; envoyé de l'ambassadeur de la Grande-Bretagne, 164, 226, 245, 313, 315.
Lhermite (David), marchand flamand, 218.
Lhoumeau, pasteur à La Rochelle, savant hébraïsant, 7, 405.
Liquières ou Lignières (N. de) pasteur à Figeac, 2, 79, 91, 94, 175, 198, 436.
Londres, 161, 202, 296, 354, 385, 434.
Longeville (*Vendée*), 268.
Loriol (Jean de), seign. d'Asnières, 2, 3, 94, 437.
Lorraine (Charles de), duc de Guise et de Joyeuse, prince de Joinville, amiral des mers du Levant, fils de Henri Ier dit le Balafré et de Catherine de Clèves, 406, 407.
— (Charles II), duc d'Elbœuf, fils de

Charles Ier, marquis, puis duc d'Elbœuf, et de Marguerite Chabot, 131.
Losses (Dominique), scig. de La Touche, pasteur de Mouchamps et de Saint-Fulgent ; député à l'assemblée de La Rochelle en 1588, au synode de Saumur en 1596. Il eut de Madeleine Moreau un fils nommé Jean, 146, 242, 273, 299, 305, 306, 407.
Loubic, *voy.* Louvie.
Loudun (assemblée de), 4, 7, 112, 150, 199, 326.
Loudrières, *voy.* Talensac.
Louvie (N. de), béarnais, substitué au sieur de Benzein comme député de Béarn, mort en 1628, 32, 79, 101, 105, 109, 121, 124, 134, 158, 245, 249, 308, 316.
Luçon (*Vendée*), 282, 300.
Lupé (Paul de), seign. de Maravat. fils de Jean de L. et de Marguerite de Morlhou. Il fut capitaine de chevau-légers, gentilhomme ordinaire de la chambre du roi, gouverneur de Mauvézin en 1606, après son père, député au synode d'Alais en 1620, mort en 1667, 46, 81.
Lusignan (François de), figure dans les assemblées politiques depuis 1579 ; gouverneur de Puymirol ; le Parlement de Bordeaux ayant saisi ses deux filles et cinq caisses remplies de ses objets les plus précieux, il livra, pour recouvrer le tout, la place de Clérac dont l'Assemblée lui avait confié la garde, 27, 47, 71, 72, 290, 293, 295.
Lusignan (*Vienne*), 64.
Lusson (Isaac), 170.
Luynes, *voy.* Albert.

M

Maillezais (*Vendée*), 32, 34, 61, 62, 67, 73, 116.
Malauze, *voy.* Bourbon.
Maleret, député du conseil de Basse-Guienne, 121.
Malleray (André de), seign. de Feuillas, avocat au siège présidial de Poitiers, député à plusieurs synodes et assemblées ; condamné à mort et exécuté en effigie, 1, 3, 17, 35, 45, 52, 74, 108, 117, 154, 241, 259, 283, 305, 391.
Maquain, ou Macquin (Samuel), rochelais, fils d'Antoine M. et de Louise Hairaut ou Cath. Rousseau ; associé de commerce et compagnon d'armes de Guiton, il mourut, noyé, dans un combat naval le 28 octobre 1622 ; 314.
Manosque (*Basses-Alpes*), 32.
Mansfeld (Ernest, comte de), marquis de Castelnuovo et de Boutillère, fils naturel de Pierre-Ernest, comte de Mansfeld, gouverneur de Lutzelbourg, né en 1585, mort en 1626. 389.
Marans (*Charente-Inférieure*), 8, 33, 93, 103 à 105, 110, 127, 282.
Maravat, *voy.* Lupé.
Marcha, ou Marchatz, originaire d'Annonay, ministre à Saint-Fortunat. Il ne semb'e pas devoir être confondu avec son contemporain Pierre M., sieur du Prat, co-seigneur de Saint-Pierreville, ministre à Saint-Etienne en Forez, qui se convertit, et fut excommunié par ses coreligionnaires. Celui-ci fut maître des requêtes de la reine en 1618 et

intendant de l'armée du duc de Ventadour en 1628; 7, 176, 226, 383, 401, 424.

Marchis, capitaine de Brouage pour Saint-Luc, 210.

Marennes (*Charente-Inférieure*), 137, 412.

— *voy*. Martel.

Marescot (Guillaume), fils de Michel M. et de Jeanne Vandovie; il fut maître des requêtes, 163.

Mariault (Théophile), 160.

Marnay (N. de), 338.

Mars (Albert de), seign. de Balènes, était ancien à Pont de-Veyle, 94.

Martel (Gédéon), fils d'Isaac de M., seign. de Lindebeuf, baron d'Oleron, comte de Marennes, et d'Elisabeth Puchot. Isaac lui-même était fils de Francois de M., seign. de Lindebeuf, et de Marie-Anne de Pons, comtesse de Marennes, 105, 119, 382, 386, 412.

Martin (Charles), seign. de Champoléon, fils d'Aubert M. et de Madeleine de Béranger. Il fut député à l'assemblée de Jargeau en 1608, au synode de Saint-Maixent en 1609, aux assemblées de Saumur en 1611 et de Loudun en 1619; 70.

Mas-Grenier (*Tarn-et-Garonne*), 46, 81.

Massias, *voy*. Massiot.

Massiot (Pierre), rochelais, fils de Michel M. et de Geneviève Delaunay; il était médecin, 1, 3, 216, 244, 348, 415.

Masson (Jean), soldat blessé à Royan, 348.

Mauléon auj. Châtillon-sur-Sèvre (*Deux-Sèvres*), 64, 126.

Mauvézin (*Haute-Garonne*), 46.

Mauzé (*Deux-Sèvres*), 137.

May (Martial du) dit le capitaine *La Roche*, 426.

Médoc, 260, 322.

Menanceau, pasteur, 279.

Mennet, 370.

Menuau, avocat à Loudun, 1, 91, 115, 150, 162, 199, 381.

Mercier, envoyé de Soubise, 81, 200, 214, 216.

Miauray (N. de), gentilhomme poitevin, 289.

Millau (*Aveyron*), 24, 77.

Miossant, 245.

Mirambeau, *voy*. Escodeca.

Mirande, *voy*. Demirande.

Miraumont, marchand, 413.

Mittois, *voy*. Georges.

Modène, *voy*. Remond.

Moissac (*Tarn-et-Garonne*), 77.

Molan, député du conseil de Guyenne, 141.

Molines ou Molinet, envoyé de Soubise, 200, 204, 223.

Monflanquin (*Lot-et-Garonne*), 281.

Monheurt (*Lot-et-Garonne*), 141, 237.

Monneville, gentilhomme normand, 306, 311, 312, 314, 315.

Montagne, marchand de Bordeaux, 188.

Montauban, 11, 39, 75, 77, 79, 104, 119, 129, 163, 185, 187, 205, 208, 212, 271, 274, 336, 338, 339, 349, 350, 357, 358, 381, 382, 391, 392, 415, 418, 431, 432.

Montaut (Bernard de), fils de Jean-Marc de M. et de Madeleine d'Andouins. Il fut baron de Bénac, sénéchal de Bigorre. Dès 1621, ses coreligionnaires se méfiaient de lui, et on suppose qu'il abjura. — Son fils, seign. de La Roque-Navailles, combattit pour le roi et mourut à l'île de Riez, où il commandait la cavalerie, 54, 109, 142, 375, 417.

Montbazon, *voy*. Rohan.

Montbrun, *voy*. Du Puy.

Montchamp (*Calvados*), 146.

Mont-de-Marsan, 14.

Montigny (N. de), 163.

Montmézart, député de Cévennes et Gévaudan, 2, 3, 8, 61, 85, 98, 111, 114, 192, 300.

Montmorency (Henri II de), fils de

Henri. I.er de M. et de Louise de Budos ; amiral de France et de Bretagne, vice-roi de la nouvelle France, gouverneur de Languedoc de 1613 à 1630, maréchal de France, exécuté à Toulouse le 30 octobre 1632, 76.

Montpellier, 69, 173, 224, 226, 234, 243, 293, 297, 302, 400, 412, 414, 418, 431.

Montpouillan, voy. Caumont, 153, 192.

Mornac (*Charente-Inférieure*), 257.

Mornay (Philippe de), fils Jacques de M. et de Françoise de Bec-Crespin ; il fut seign. du Plessis-Marly et de la Forêt-sur-Sèvre, gouverneur de Saumur. Mort le 11 novembre 1629, 9 à 11, 20, 35, 49, 51, 68, 80, 86, 89.

Mortagne (*Vendée*), 64.

Moulinet ou Moulins (N. de), voy. Molines.

Movion, 54, 162.

N

Nantes, 400.

Nanteuil (N. de), 49.

Nassau (Maurice de), prince d'Orange, fils de Guillaume IX et d'Anne de Saxe. Après l'assassinat de son père en 1584, bien qu'il n'eût que 18 ans, les Etats lui déférèrent le gouvernement de la Hollande, de la Zélande et d'Utrecht, 87, 224, 377, 391, 426.

Navailles, voy. Montaut.

Nemy (N. de), poitevin, 126.

Nérac (*Lot-et-Garonne*), 73, 108, 142, 277.

Nice (*Alpes-Maritimes*), 441.

Nieulh, ou Nyeulh, voy. Gargoullau.

Nîmes, 24, 424, 426.

Ninch (Corneille), marchand d'Amsterdam, 411.

Niort, 9, 47, 64, 122, 137, 240.

Nogaret (Jean-Henri de), fils de Jean de N. seign. de La Valette, et de Jeanne de Saint-Lary de Bellegarde ; duc d'Épernon, mort en 1642, 86, 205, 257, 261.

Normandie, 2, 373, 393, 435, 438.

Noues (Philippe des), fils de Jacques des N. et d'Anne du Plessis-Mornay. Il fut seigneur de la Tabarière, baron de Sainte-Hermine. Tué le 4 août 1629 au siége de Bois-le-Duc, 131.

O

Oleron (*Charente-Inférieure*), 167, 196, 199, 200, 204 à 211, 214, 216, 217, 220 à 222, 238, 241, 242, 246, 247, 249, 251, 253 à 255, 259, 262, 265, 274, 279, 280, 297, 299, 300, 329, 352, 382, 386, 403, 408, 409, 412, 413, 427.

Olivier (Jean), marchand rochelais, 266, 275, 323.

Olonne (*Vendée*), 258, 297, 300, 324.

Orange, voy. Nassau.

Orléans, 2.

Orliac ou Orillac (N. d'), 314, 420, 430.

Ors (N. des), enseigne de la compagnie de Favas, 187.
Orthez, 326.
Orval, *voy.* Béthune.
Oviliers, *voy.* Auvillers.

Ozanneau (Jacques), membre du Corps de ville de La Rochelle en 1621, chargé du commandement de la flotte avec Guiton, 151.

P

Paboul, député des habitants de Pons, 43.
Pagès (Samuel), marchand rochelais, fils de Jean P. et de Georgette Esquale ; sa famille prit une certaine importance, et son fils fut l'un des directeurs de la Compagnie du Nord fondée par Colbert, 265, 391, 430.
Papin (René), notaire et receveur de la ville de La Rochelle, fils de René P. et de Catherine Courtet, 274, 402, 439.
Papot (Pierre), rochelais, 189.
Paquereau (Paul) dit *Beaurepaire*, soldat de la compagnie de Vaudoré, 292.
Parabère, *voy.* Baudéan.
Parc d'Archiac (Du), *voy.* La Rochefoucaud.
Parcau, rochelais, 380.
Pardaillan, *voy.* Escodeca.
Parthenay (*Deux-Sèvres*), 64.
Pasquier, pasteur à Chandenier, 137, 179.
Passy, *voy.* Brunet, 317.
Patrus (Isaac), pasteur à Jarnac, 42.
Pau, 28, 32, 34.
Pays-Bas, 116, 118.
Pecaix (salines de), 297.
Peccalues (N. de), 70, 73.
Périgné (*Deux-Sèvres*), 245.
Périgord, colloque de, 14.
Périgueux, 131.
Pernan, député du conseil de Saintonge, 104.
Person, receveur du butin et des rançons à Oléron, 409.
Perye, pasteur, 286.

Petit (Auger), rochelais, visiteur et garde de l'amirauté, 128.
Phélipeaux (Paul), seign. de Pontchartrain, secrétaire d'État depuis 1610, mort en 1621 à Castelsarrasin, 7, 66.
Philippon, 368.
Picque (Henri de), 218.
Pié-de-Dieu (Pierre), imprimeur à La Rochelle de 1621 à 1625 ; on pense qu'il avait travaillé chez les Haultin et qu'il devint imprimeur après leur ruine, 299, 404.
Pierre-Buffière, baron de Comborn, marquis de Chamberet et de Châteauneuf, fils de Charles (ou Henri) de P.-B. et de Marguerite (ou Françoise) de P.-B. Il fit ériger Châteauneuf en marquisat en 1615. Des auteurs lui donnent pour mère Philiberte de Gontaut. Député de Basse-Guyenne à Loudun en 1619, Châteauneuf fut d'abord l'un des meneurs les plus ardents de l'Assemblée de La Rochelle ; en juin 1621 il occupa Pons, avec quelques gentilshommes et 1500 arquebusiers, pour donner aux Rochelais le moyen de faire la récolte, et aux villes de Guyenne et de Languedoc le loisir de terminer leurs fortifications ; puis à la fin du même mois, il livrait Cognac au roi, auprès duquel il rentra en faveur et dont il obtint une pension, 2, 12, 17, 44, 47, 85, 92, 130, 134, 142, 146, 215, 436.
Pierregourde (Alexandre de), co-

seign. de Châteauneuf-de-Vernon, tué au siége du Pouzin le 27 mai 1628 ; 7, 141, 160, 164, 169, 436.
Pineau (Marc), rochelais, fils de Marc P. et de Françoise Portier ; pair en 1596, capitaine de la tour Saint-Nicolas en 1600, échevin en 1623, maire en 1626, 44, 184, 221, 320, 324, 380.
Plomb (N. du), envoyé de Soubise, 273.
Plymouth, 374.
Poiré (*Vendée*), 75.
Poitiers, 64, 227, 292.
Poitou, 73, 77, 87, 114, 160, 191, 252, 266, 268, 270, 282, 289, 328, 390, 414.
Pommeret ou Pommiers, rochelais, 125, 148.
Pontchartrain, *voy*. Phélipeaux.
Pons (Jacques de), marquis de La Caze, fils de Pontus de P. et de Françoise de Marsan. Député à Saumur en 1595, à Châtellerault en 1597 et 1615, à Saumur en 1611. Ne recevant pas de secours de l'Assemblée de La Rochelle et ne voulant pas rendre Pons sans résistance, il se démit du commandement de cette place où il fut remplacé par le marquis de Châteauneuf, 21, 43, 98.
Pons (*Charente-Inférieure*), 21, 43, 82, 87, 104, 108, 116, 118 à 120, 124, 139, 142, 146, 151, 168, 211, 409, 436.
Pont-de-la-Pierre, *voy*. Berne.
Pont-l'Abbé (*Charente-Inférieure*), 255, 292.
Pontonville (N. de), lieutenant de St-Luc à Brouage, 197.
Portus, rochelais, 84, 88, 98, 112, 122, 189, 277.
— député de la ville de Montauban, 338, 349, 382, 391, 418.
Pouchard de Ségur (N.), président du conseil de Basse-Guyenne, 121.
Pouchot, député du conseil de Basse-Guyenne, 141.

Poussard (Charles), fils de Charles P. seign. de Fors, vice-amiral des côtes de Normandie, et de Marguerite Girard. Il était seign. du Vigean et possédait le fief d'Anguitar sur lequel était bâti le temple de Poitiers, 14, 118..
Poyanne, *voy*. Baylens.
Preuilly (*Vienne*), 406.
Préveraud (Jean), seign. de La Piterne, juge et ancien de Montagnac, député de Saintonge à Vitré en 1617, à Loudun en 1619 ; 15, 37, 41, 61, 153, 436.
Prévost (François), s^r de La Vallée, fils de François P., maire de La Rochelle en 1609, et de Marie Gounaut de Guanache. Il fut conseiller au présidial et maire en 1622, 210, 265.
Prince (M. le), *voy*. Bourbon-Condé.
— (N. du), contrôleur de l'amirauté, 442.
Privas, 59, 74, 424, 426.
Pron (le capitaine), 119.
Prou (Jean), seign. du Fief-Buot, maire en 1620, fils de Jean P. et de Marie Bouchereau, 100, 147, 189, 414.
Provence, 21.
Prunier, pasteur, 279.
Puissany (Marthe), femme de Daniel de La Goutte, 210.
Pujolz, *voy*. Brunet.
Puy (Jean du), marquis de Montbrun, fils de Charles du P., décapité à Grenoble, et de Justine Allemand de Champs ; il fut maréchal de camp, 78, 237.
— (Jacques du), capitaine de marine, 260, 267.
— (Jean du), de l'île de Ré, 141.
Puybelliard (*Vendée*), 302.
Puyferré (N. de), procureur au Parlement de Bordeaux, 2, 14, 28, 59.
Puymirol (*Lot-et-Garonne*), 27.

Q

Quercy, gentilhomme de fauconnerie du roi, 148.

Quinson, envoyé des cinq provinces tenant à Montpellier, 293, 297.

R

Rapin (Pierre), seign. de Mauvers, fils de Philibert R., gentilhomme du prince de Condé; il fut gouverneur du Mas-de-Verdun. Son fils Jean R., baron de Mauvers, fut aussi gouverneur de la même place, 46, 81.

Raymond, envoyé à l'assemblée en Languedoc, 303.

Ré (île de), *Charente-Inférieure*, 141, 245, 408, 414, 435.

Reaux (N. de), commis aux deniers du Corps de ville de La Rochelle, 83, 395.

Regnier (N. de), sœur du comte de Marennes, 382.

Relion, sergent, 320.

Rémond (François de), baron de Modène, grand prévôt de France, 163.

Renard (François), marchand d'Abbeville, 217.

Respide, dit Béarnais, 185.

Richard, membre de l'assemblée du Vivarais, 423.

Richardeau, rochelais, 181.

Richardière (le capitaine), poitevin, 390, 395.

Richer, pasteur à Marennes, 137.

Richier, 403.

Riez (île de), *Vendée*, 305.

Riffaut (Jacques), rochelais, fils de Mathurin R. et de Anne Delaunay; il fut avocat, député des bourgeois en 1620, membre du Corps de ville en 1625 en remplacement d'Amos Barbot, député sous Richelieu en 1628 à la Sauzaye, 3, 6, 8, 16, 23, 36, 40, 44, 50, 55, 83, 112, 128, 158, 307.

Rinville (N. de), 237.

Rival, pasteur à Nays en Béarn, 97, 134, 315.

Rivière, 212, 275, 276.

Robert (Jean), sieur de La Limaille, fils de Jean R., bourgeois de La Rochelle ; capitaine de marine. Son père, lui-même marin renommé, fut tué en 1597 au siége d'Ancenis, 374.

Rochefleur, pasteur à la Garnache, 117, 122, 131, 134.

Rochefort (Charles de), fils de Jean-Charles de Bordeaux de R., et d'Elisabeth de Royère. Il était marquis de Théobon, baron de Saint-Angel. En 1621 il s'emparait de Sainte-Foix pour déjouer les projets de son beau-père, Boisse-Pardaillan. Mort lieutenant général en 1658, 28, 47, 82, 146, 194, 195, 276, 278, 281, 285.

Rochefoucauld (La), *Charente*, 164.

Rocher (François), marchand, de Bordeaux, 165.

Rodez, 24.

Rodil, 2, 44, 47, 49, 85, 308.

Rogier (Jean), seign. d'Iray, 38, 86.

Rohan (Henri duc de), fils de Henri de R. et de Catherine de Parthenay, né le 25 août 1579,

mort le 13 avril 1638; 6, 8, 10, 13, 16, 51, 62, 65, 74, 89, 91 à 94, 102, 107, 111, 138, 152, 158, 172, 185, 239, 305, 306, 419, 434.
— (Benjamin), seign. de Soubise, frère du précédent, né en 1589, mort à Londres le 9 octobre 1642; 12, 19, 20, 42, 51, 90, 116, 123, 127, 146, 150, 151, 181, 182, 192, 223, 239, 255 à 257, 263, 305, 306, 315, 326, 424, 433.
— (Jérôme de), seigneur de Poulduc, Bellair, fils de Louis de R. et de Michelle de l'Hôpital, avait le fief de Heinleix, arrivé dans sa famille par le mariage de son trisaïeul Jean de R., seigneur du Gué-de-l'Isle, avec Gillette de Rochefort, dame de Heinleix. *Voy.* Heinleix.

Roquemadour, receveur à Pons, 211.
Rosel ou Roussel (P.), ministre à Bédarieux, pendu à son retour en Languedoc, 2, 3, 34, 35, 41, 104, 108, 113, 306.
Rostolan, pasteur à Orthez, 2, 134.
Rotterdam, 383.
Rouault, de Pons, 82.
Roussy, *voy.* La Rochefoucauld.
Royan (*Charente-Inférieure*), 18, 37, 45, 46, 93, 96, 108, 213, 215, 220, 222 à 225, 229, 230, 241, 247, 249, 250 à 255, 260, 261, 266 à 271, 274, 288, 289, 291, 293, 302 à 304, 321 à 323, 331, 334, 348, 354, 363, 393, 406, 438.
Royer (Pierre Le), rochelais, fils de Jean Le R. et de Marie Perreau, 151.

S

Sables-d'Olonne (les), [*Vendée*], 273, 280, 282, 289.
Sadinis, député du conseil des églises de Béarn, 79.
Saint-André, envoyé par le baron de Saint-Surin, 224.
Saint-André-Montbrun, gouverneur de Montauban, 381, 382, 392.
Saint-Antonin (*Tarn-et-Garonne*), 185.
Saint-Benoît-de-Poitou (*Vienne*), 150, 168, 189.
Saint-Bonnet (N. de), député des Cévennes, 2, 3, 29, 53, 115, 436.
Sainte-Croix (Mme de), de Poitiers, 292.
Sainte-Foy (*Haute-Garonne*), 27, 124, 139, 141, 146, 194, 196, 205, 207, 250, 276, 277, 282, 284, 285, 286, 338.

Sainte-Marie-de-Ré (*Charente-Inférieure*), 245.
Saintes (*Charente-Inférieure*), 300, 386.
Saint-Georges (Olivier de), deuxième fils de Joachim de Saint-Georges et de Louise du Fou. Député à l'assemblée de Loudun en 1619, il s'excusa de ne pas venir à celle de la Rochelle, dont la légalité ne lui était pas certaine. Louis XIII le nomma, le 15 janvier 1622, gouverneur de Poitiers, où il se montra peu favorable à ses correligionnaires; il mourut en 1637, et son fils, Olivier, abjura en 1685; 1, 25.
Saint-Germain (N. de), 134, 215.
Saint-Germain-Dechaux (N. de), 319.
Saint-Gilles (*Gard*), 375.

Saint-Jean-d'Angély (*Charente-Inférieure*), 21, 48, 52, 58, 72, 80, 83, 102 à 104, 107 à 109, 113 à 116, 122, 123, 125, 127, 130, 139, 140, 146, 147, 240, 270, 328.

Saint-Léger (René de), seigneur de Boisrond, maréchal de camp en 1622, député de Saintonge au synode d'Alençon en 1637 ; 46.

Saint-Luc, *voy*. Espinay.

Saint-Maixent (*Deux-Sèvres*), 20, 40, 64, 127.

Saintonge, 15, 137, 181, 277, 403, 406, 410.

Saint-Privot (N. de), 73.

Saint-Simon (Jean-Antoine de), fils d'Artus de Saint-Simon et d'Eléonore de Beauvoisin ; baron, puis marquis de Saint-Luc en 1620, gentilhomme ordinaire de la chambre; gouverneur d'Argentan en 1590; dépossédé de cette place en 1594, l'assemblée de Loudun l'autorisa à y rentrer s'il pouvait le faire sans violence. Député de Normandie aux assemblées de Châtellerault en 1597 et 1601, de Saumur en 1611, de Jargeau en 1608 ; commissaire pour l'exécution de l'édit de Nantes ; maréchal de camp en 1620, il servait sous le duc d'Elbeuf. On le retrouve en 1629 levant un régiment pour le service de la Hollande; tué le 1er septembre au siége de Bois-le-Duc, 3, 31, 33, 93, 306, 441.

Saint-Surin, *voy*. La Motte-Fouqué.

Saluczon (N. de), député de la Basse-Guyenne à l'assemblée de Bergerac, 107.

Sancerre (*Cher*), 9, 10, 34, 68, 112.

Sandouville, gentilhomme normand, 373, 413.

Saujon (*Charente-Inférieure*), 255, 256.

Saumur (*Maine-et-Loire*), 9, 16, 40, 68, 80, 83, 106.

Sauvage (Henry), de Londres, 202, 433.

Savary, député de la Basse-Guyenne, 59, 134, 136, 280, 305.

Savignac-d'Ainesse (N. de), se distingua au siége de Montauban et tua Boisse-Pardaillan à Gensac, 203, 204, 335, 419.

Savoie (Charles-Emmanuel duc de), de 1580 à 1630; 441.

Schomberg (Henri de), fils de Gaspard de S. et de Jeanne Chasteigner de La Rocheposay. Il fut comte de Nanteuil et de Schomberg, ambassadeur en Angleterre, surintendant des finances, maréchal de France et gouverneur de Languedoc; mort à Bordeaux le 17 novembre 1632 ; 7, 170.

Sedan, *voy*. La Tour.

— (*Ardennes*), 58, 133, 139, 437.

Segalas (Pierre), 34.

Senegas, *voy*. Durand.

Sérignac, *voy*. Cambis.

Sevennes, 2, 51.

Sibord, envoyé de Parabère, 244.

Sigongne (N. de), 154, 157.

Simon (Berthommée), rochelais, 155.

Soubise, *voy*. Rohan.

Soulac (*Gironde*), 260, 264, 300, 329, 330, 407.

Sully, *voy*. Béthune.

Surgères (*Charente-Inférieure*), 64.

Surin (N. de), poitevin, gouverneur de Mauléon, 12.

T

Taillebourg (*Charente-Inférieure*), 67, 120, 130.

Talensac (René de), seigneur de Loudrières, grand sénéchal d'Aunis depuis 1607, gouverneur de Fontenay-le-Comte pendant la minorité de son neveu Max. Eschallard en 1621; il rendit cette place sans coup férir, et signa la capitulation de Saint-Jean-d'Angély le 25 juin 1621; mort le 2 mai 1628, pendant le siége de La Rochelle, auquel il prit une grande part, 32, 35, 78, 105 à 107, 308.

Tallemant (Gédéon), fils de François T. et de Louise Thevenin; pair de la commune de La Rochelle en 1609, coélu au maire en 1620. De lui et de Anne de Rambouillet, sa femme, naquirent l'académicien de ce nom et l'auteur des *Historiettes*; mort en 1657; 170, 202, 303, 393.

Talmont (*Charente-Inférieure*), 131.

Tandrebist, marchand flamand, 131.

Tartas (*Landes*), 52, 57.

Taulnier (le cap^ne), 122.

Tauriac (Jacques de), seigneur d'Alteyrac, gouverneur de Millau en 1612, fils d'Antoine de T., sgr. de Saint-Rome, gentilhomme de la chambre du roi de Navarre, et de Bernardine Daisse, 38, 103.

Tavernot, membre de l'assemblée de la province du Vivarais, 423.

Templerie (Rolland), seigneur de la Rollandière; il servait dans l'armée de Soubise lorsqu'il fut fait prisonnier à la bataille de Riez, 114, 125.

Tevelot, rochelais, 112.

Texier, avocat à Lectoure, 2.

Thadon, 199.

Tharay (Jean), fils de Jean T. et de Françoise Rabier; il tint une place importante dans les querelles entre le Corps de ville et les bourgeois, et fut l'un des douze bannis après la soumission de La Rochelle en 1628, 153.

Thémines, *voy*. Lausières.

Théobon, *voy*. Rochefort.

Thévenin. Trois membres de cette famille faisaient partie du conseil de ville de La Rochelle en 1622: Pierre T. s^r de La Jarrie, 122, 125, 131, 206, 229, 258, 287, 311, 329; — Jean T., s^r de Gourville; — Jean T., s^r de Vaugoir, maire en 1613, mort en 1628, 101.

Thévenot (Léonard), curé de Saint-Sauvin, embrassa le protestantisme en 1601; fait prisonnier, il se racheta au prix de 2,000 livres, acquittées par l'Assemblée de la Rochelle en 1622. Il était pasteur de Maillezais lorsqu'il rentra dans le giron de l'Eglise, 308, 310, 312, 442.

Thibaut (Jean), fils de Michel T. et de Nicolle Charron; ou Michel, son frère jumeau, capitaine de marine, 197.

Thiboul, 377.

Thinault ou Tinot, ancien à La Rochelle, 374, 405.

Thomas, greffier du conseil de justice à La Rochelle, 162.

Thomasson (Thomas), marchand de Flessingue, 254.

Thouars (*Deux-Sèvres*), 19, 40, 64, 83.

Tirant, 117.

Tixel, pasteur, 179.

Tollé, Tolé ou Taullé (Thomas), rochelais, 177, 199, 433.

Tonneins (*Lot-et-Garonne*), 27, 29, 63, 70 à 72, 290, 340.

Touppet (André), fils de André T. et d'Anne Goribon; échevin, maire en 1624, l'un des députés envoyés vers le roi lors de la soumission de La Rochelle, 3, 44, 64, 115.

Tournon (*Lot-et-Garonne*), 27.

Tours, 81, 84, 87, 89, 90.

Toussaintz, pasteur, 341.

Tranche (la), *Vendée*, 114.

Treillebois ou Trévilbois, *voy*. Vigier.

Tremblade (la), *Charente-Inférieure*, 188.

Tuinse, 69.

U

Uzès (*Gard*), 106.

V

Vadelincourt (N. de), 386.
Vair (Guillaume du), évêque et comte de Lizieux, seigneur de Villeneuve-le-Roi, garde des sceaux de France de mai au 25 novembre 1616, puis du 25 avril 1617, après la disgrâce de Claude Mangot, favori du maréchal d'Ancre, au 3 août 1621, date de sa mort, 7.
Valdan (N. de), lieutenant de La Boullaye, 16, 63, 69.
Vallon (*Ardèche*), 76, 83.
Vendôme (César duc de), fils naturel d'Henri IV et de Gabrielle d'Estrées, gouverneur de Bretagne, 117.
Vanianne (Peter), 409.
— (Ysaac), 409.
Vatable, pasteur de Goulonge-Loreaux, 137.
Vatable, marchand d'Olonne, 258.
Vaudoré, *voy*. La Forest.
Vaugoir, *voy*. Thévenin.
Veilles, *voy*. Bousquet.
Vérac, *voy*. Saint-Georges.
Verboien (Alain), maître de navire à Flessingue, 291.
Verger (Jacques du), fils de Pierre du V. et de Madeleine Henri, secrétaire du conseil de ville de La Rochelle, mort en 1655, 417.
Verger-Malaguet, *voy*. La Tousche.
Verliac, *voy*. Bousquet.
Verpillot, pasteur, 341.
Verron (Philippe), receveur à Oleron, 152, 214, 216, 222, 238, 279, 280, 293, 306, 314, 407, 437.

Vénias (*Aveyron*), 6 à 74.
Vidame de Chartres, *voy*. La Fin.
Viette (Pierre), fils de Jean V et de Jeanne Arraudi, pair de la commune de La Rochelle en 1600, échevin en 1628, alors l'un des commissaires pour la paix, 3, 87, 100, 147, 155, 434.
Vigier (Théophile), seigneur de Treuilbois, gentilhomme saintongeois, 303.
Vignau (N. de), lieutenant de la place de La Garnache, 131, 247.
Vignolles (Bertrand de), dit La Hire, fils de François, baron de V., seigneur de Casaubon et de Preschat, et de Marie de La Roche-Beaucourt ; chevalier des ordres en 1619 ; lieutenant général au gouvernement de Sainte-Menehould, mort à Péronne le 5 octobre 1635, étant alors le plus ancien maréchal de camp de l'armée. Un autre Vignolles, seigneur de Montredon, commandait en 1621 un régiment huguenot, 71, 86.
Villarnoul, *voy*. Jaucourt.
Villette, secrétaire du conseil de Basse-Guyenne, 121.
Villiers, *voy*. Buckingam.
Vitrac (Jean de), 34.
Vivans (Geoffroi de), seigneur de Doissat, fils de Jean de V. et de Catherine de La Dugnie, gouverneur de Tournon par renonciation de son père en 1612, 27.

Y

Yvon (Paul), sr de Laleu, pair en 1559, échevin en 1603, maire en 1616, mort en 1646 ; célèbre par ses excentricités et ses recherches sur la quadrature du cercle; son fils, Paul, fut tué le 27 octobre 1622 dans un combat naval, sur la flotte de Guiton, 247, 301.

Z

Zamet (Sébastien), évêque et duc de Langres, 163.

W

Welch, pasteur de Saint-Jean-d'Angély, 154.
Woodfort, secrétaire de l'ambassadeur de Grande-Bretagne, 227, 228, 230, 231, 235.